世界慕课发展报告
World Moocs Development Report

主　　编　｜　王定华

执行主编　｜　贾文键

外语教学与研究出版社
FOREIGN LANGUAGE TEACHING AND RESEARCH PRESS
北京 BEIJING

图书在版编目(CIP)数据

世界慕课发展报告 = World Moocs Development Report / 王定华主编. -- 北京：外语教学与研究出版社，2020.12（2021.3重印）
ISBN 978-7-5213-2241-5

Ⅰ.①世… Ⅱ.①王… Ⅲ.①网络教学-研究报告-世界 Ⅳ.①G434

中国版本图书馆 CIP 数据核字 (2020) 第 253243 号

出 版 人　徐建忠
项目策划　彭冬林　徐一洁
责任编辑　于　辉
责任校对　徐晓丹
装帧设计　范晔文
出版发行　外语教学与研究出版社
社　　址　北京市西三环北路19号（100089）
网　　址　http://www.fltrp.com
印　　刷　北京华联印刷有限公司
开　　本　787×1092　1/16
印　　张　21.5
版　　次　2021年2月第1版　2021年3月第2次印刷
书　　号　ISBN 978-7-5213-2241-5
定　　价　65.00元

购书咨询：(010) 88819926　电子邮箱：club@fltrp.com
外研书店：https://waiyants.tmall.com
凡印刷、装订质量问题，请联系我社印制部
联系电话：(010) 61207896　电子邮箱：zhijian@fltrp.com
凡侵权、盗版书籍线索，请联系我社法律事务部
举报电话：(010) 88817519　电子邮箱：banquan@fltrp.com
物料号：322410001

《世界慕课发展报告》编写委员会

主　　编　王定华

执行主编　贾文键

副 主 编　李莉文　常小玲

顾问（按姓氏笔画排序）

王启龙　刘　宏　李岩松　徐建中　隋广军　董洪川

学术委员会（按姓氏笔画排序）

王会花　张国强　庞　闻　郑勤华　赵建华　袁　琦　魏礼庆

编者（按姓氏笔画排序）

于　飞　邓　玮　王　萍　元善喜　任雪梅　陈　正　李婉珺
张欣宇　段孟洁　胡　丹　赵建华　郭英剑　唐小兰　晏　博
曹　韦　黄进财　熊晨旭　翟　恒　鞠舒文

项目策划

彭冬林　徐一洁

前 言

在世界教育的发展史中,慕课无疑是一个传奇般的故事。从 2011 年 7 月第一门慕课在世界最大的发达国家美国诞生,到 2019 年慕课学习者人数在世界最大的发展中国家中国达到 2.7 亿余人次[1],这一爆炸般的发展,在世界范围内为科学知识的传播、人类教育水平的提升发挥了巨大的作用。特别是在新冠肺炎病毒肆虐全球之际,联合国教科文组织发布应对疫情的远程学习解决方案,全球七个慕课平台入选,包括中国的爱课程——病毒没有国界,疫情不分种族,教育饱含温度,慕课联通世界学人的心灵,可谓山川异域,慕课同学。

2019 年 4 月,首届中国慕课大会在北京召开,发布了《中国慕课行动宣言》,其中提到:"中国慕课要加强教师之间、高校之间、慕课平台之间、中国与世界各国之间的交流合作,在分享世界慕课发展先进经验与最新成果的同时,努力为世界慕课发展贡献中国经验、中国标准、中国方案。"[2] 中国致力于推动慕课的国际合作与交流,在引进国际慕课资源、向全世界学习的同时,在国际著名慕课平台上线了一批优秀的中国慕课供全世界学习者分享。

正是在此背景下,中国教育部提出,在成功召开首届中国慕课大会的基础上,于 2020 年召开首届世界慕课大会,并倡议成立世界慕课联盟。"独行者疾,众行者远。"世界各国的慕课建设者和学习者们需要体验一次另类的慕课——大规模、开放式的线下交流(Massive, open, off-line contact)。疫情虽然可以迟滞我们相聚的步

---

[1] Pat Bowden & Dhawal Shah. China vs the World. *Class Central MOOCWatch 21*, 2019-11-25.
[2] 中国慕课行动宣言. http://www.moe.gov.cn/s78/A08/A08_ztzl/ztzl_zxkf/201904/t20190418_378663.html,2019-04-17.

伐，但只会使相会时的喜悦弥足珍贵。

九年一路走来，世界各国慕课的建设和运用既有共同点，又各有特色。为推动慕课等信息技术与教育教学的深度融合，共享慕课发展经验，北京外国语大学组织全国部分高校教师和业内专家开展了"世界慕课发展追踪研究"，本研究课题入选教育部高等教育司"高等教育基于慕课等信息技术与教育教学深度融合的教学模式探索与应用推广"项目。其成果《世界慕课发展报告》就是献给世界慕课大会相识相知的一份礼物，是世界慕课学术共同体的一本画像集，但它还远不是全家福，这一次选择了北美洲、欧洲、亚洲、大洋洲共17个具有代表性的国家做重点案例分析。

为使分析结果便于读者做对比观察和研究，报告设计了统一的内容板块，对每一个国家的总结分析包括三大部分：一是背景，包括该国高等教育及政治经济文化的一般介绍，该国慕课开展的缘起，建设慕课的目标与动机，慕课平台及学习者数量等基本数据；二是现状，包括该国官方的政策导向和相应的制度、机构，主要慕课平台和联盟的情况，慕课课程的建（来源、数量、专业大类、面向对象、建设模式），学（学习者身份、动机、完成度、效果评价），管（课程体系、质量体系、保障体系），用（运行数据、使用模式、典型案例）的重要数据，慕课的证书、学分、学位等管理机制，国际合作开展情况等；三是展望，包括该国慕课建设的特色，存在的主要挑战和对策，以及对中国慕课建设与发展的参考建议等。

撰写《世界慕课发展报告》的创意来自中国高校外语慕课联盟的同仁们，这既有偶然性，又有内在的必然性，因为联盟的性质决定了它的国际视野和使命。中国高校外语慕课联盟成立于2017年12月23日，是由致力于推动我国外语语言与文化慕课课程发展的外国语院校、各类大学外国语教学单位等组成的非营利性的全国性社会组织。它积极响应"一带一路"倡议，加快国际化人才培养，促进外语学科教学改革与发展，促进外语教育理念与模式创新。中国高校外语慕课联盟的平台提供英、俄、日、德、法、西、阿、意、韩、泰等十余个语种的课程，开设"一带一路"语言文化、外语话中国、汉语国际教育、国际人才、国际名校精品课程、国家精品在线开放课程等特色专题。

在中国高校外语慕课联盟的章程中，明确了推动国际交流与合作是其重要业务范围：发展与国内外相关院校、国际组织和研究机构的联系和交流，开展多种形式的国际交流与合作，促进中外大学在外语学科慕课课程研发中共建共享。所以，当2019年4月首届中国慕课大会召开时，中国高校外语慕课联盟的同仁们就说过："世界慕课大会还会远吗？"而当世界慕课大会刚刚提上议程，中国高校外语慕课联盟的同仁们就开始着手撰写《世界慕课发展报告》了。专业特点赋予了外语慕课联盟眺望世界的好奇心，一门门外语就是观察世界的一副副望远镜。

中国学者们不乏对世界慕课发展的研究，但是，按照统一的思路和内容框架对17个国家同时进行梳理分析，这还是第一次，但绝不会是最后一次。作为东道主，我们对中国的介绍用了2.5万字，而美国是慕课发源地，我们用了2万字，关于其他国家的篇幅为1万字左右，以此"把中国介绍给世界，把世界介绍给中国"。我们对各个国家的排序进行了认真思考，作为东道主，首先做自我介绍，而作为慕课发源地的美国紧接其后。其他15个国家按照地理位置分别归到亚洲、欧洲、北美洲和大洋洲。在每个洲内部，各个国家按照英文字母的顺序先后排列。我们希望，《世界慕课发展报告》的问世有助于推动各国在慕课建设领域的交流与合作，各美其美，美人之美，美美与共，慕课大同！

贾文键
2020年11月

Preface

In the history of world education, MOOCs are undoubtedly a legendary story. MOOCs first came into being in July 2011 in the United States. By 2019, the number of MOOCs learners had reached more than 270 million in China, the world's largest developing country. The explosive development of MOOCs has played a huge role in the spread of scientific knowledge and the improvement of human education around the world. Especially when the coronavirus disease (COVID-19) was raging around the world, UNESCO released a distance learning solution to deal with the pandemic. Seven MOOC platforms around the world were selected, including China's iCourse—while the virus knows no borders and the pandemic affects all races, education is full of warmth and MOOCs connect the hearts of scholars around the world. It can be said that though not in the same place, not enjoying the same mountains and rivers, we have become classmates through MOOCs.

In April 2019, the first China MOOC Conference was held in Beijing, and the China MOOC Declaration was issued, which says, "China's MOOCs should strengthen the exchanges and cooperation between teachers, universities, platforms, and between China and other countries in the world, and while sharing the world's advanced experience and latest achievements in MOOC development, strive to contribute Chinese experience, Chinese standards, and Chinese solutions to the development of MOOCs around the world." China has been committed to promoting international cooperation and exchanges in MOOCs. While introducing international MOOC resources and learning from the world, it has launched a series of excellent Chinese MOOCs on internationally renowned MOOC platforms for learners from all over the world.

It is against this background that the Ministry of Education of China proposed to hold the first World MOOC Conference in 2020 on the basis of the successful convening of the first China MOOC Conference, and advocated the establishment of the World MOOC Alliance. "One person can go fast, but a group of people can go far." MOOC creators and learners from all over the world need to experience an alternative MOOC—massive, open, off-line contact. Although the pandemic can delay our gathering, it will only make the joy of meeting precious.

Over the past nine years, the construction and application of MOOCs in different countries have shared a lot in common while maintaining their own characteristics. To better intergrate MOOC and other technologies with education and to share the experience of MOOC development, Beijing Foreign Studies University led the Longitudinal Study of World MOOC Development with university professors and MOOC professionals. The Study was selected by the Department of Higher Education, Ministry of Education to be on the list of the Exploration and Promotion of New Teaching Models Based on MOOC and Other Techonologies in Higher Education. The World MOOC Development Report, which was compiled with the findings of the Study, is a gift dedicated to the World MOOC Conference. It is a collection of portraits of the world MOOC academic community, though it is far from a family portrait. For this report, we selected 17 representative countries in North America, Europe, Asia and Oceania for key case analysis.

In order to make the analysis results easier for readers to make comparative observations and research, the report is designed with a unified content framework. The summary analysis of each country includes three parts. The first is the background, including the general introduction of the country's higher education, politics, economy and culture; the origin of the country's MOOC development; the goals and motivations of its MOOC construction; its MOOC platforms; and the number of learners and other basic data. The second is the status quo, including the country's official policy orientation and corresponding systems and institutions; main MOOC platforms and alliances; important data of the establishment (sources, quantities, subject areas, target learners, construction modes), learning (learner identity, motivation, completion, effect evaluation), management (course system, quality system, guarantee system), and usage (operating data, usage patterns, typical cases) of MOOC courses; management mechanisms such as MOOC certificates, credits, and degrees; and international cooperation. The third is the outlook, including the characteristics of the country's MOOC construction, major existing challenges and countermeasures, as well as suggestions for the construction and development of China's MOOCs.

The idea of writing The World MOOC Development Report came from my colleagues in the China MOOCs for Foreign Studies (CMFS). This is both accidental and inherently inevitable, because the nature of the CMFS determines its international vision and mission. The CMFS was established on December 23, 2017. It is a voluntary, non-profit national organization formed by foreign language colleges and foreign language teaching units of universities that are committed to promoting the development of foreign language and cultural MOOC courses in China. It is a social organization that actively responds to the Belt and Road Initiative, accelerates the training of international talents, promotes the reform and development of foreign language teaching, and encourages the innovation of foreign language education concepts and models. The platform of the CMFS provides courses in more than ten languages, including English, Russian, Japanese, German, French, Spanish, Arabic, Italian, Korean, Thai, etc. It also offers courses of several featured themes, such as Languages and Cultures along the Belt & Road, Chinese Culture, Teaching Chinese to Speakers of Other Languages, International Talent Training, Select Courses from International Prestigious Schools, and Select National-level MOOCs.

In the charter of the CMFS, it is clearly defined that promoting international exchanges and cooperation is its important business scope: establishing contacts and enhancing exchanges with relevant universities, international organizations and research institutions at home and abroad, carrying out various forms of international exchanges and cooperation, and promoting the co-construction and sharing of foreign language MOOC courses between Chinese and foreign universities. Therefore, when the first China MOOC Conference was held in April 2019, my colleagues in the CMFS said, "Will the World MOOC Conference be faraway?" When the World MOOC Conference was just put on the agenda, they started compiling The World MOOC Development Report. Professional characteristics endow the CMFS with curiosity to look at the world, and foreign languages are pairs of binoculars to observe the world.

Chinese scholars have no shortage of research on the development of MOOCs in the world. However, it is the first time that 17 countries have been combed and analyzed in accordance with a unified framework of thinking and content, and it will never be the last. As the host, we used 25,000 words to introduce China's MOOCs, 20,000 words on the United States, the birthplace of MOOCs, and about 10,000 words on each of the other countries. Thus, we "introduce China to the world and introduce the world to China". We have carefully considered the order of the countries. As the host, we introduced China first, and the United States, the birthplace of MOOCs, followed closely behind. The other 15 countries were grouped into Asia, Europe, North America and Oceania according to their geographical locations. Within each continent, the countries were arranged in alphabetical order. We hope that the publication of The World MOOC Development Report will help promote exchanges and cooperation among countries in the field of MOOC construction. Each country must not only know how to appreciate the beauty of its own MOOCs, but also the beauty of MOOCs created by others. In this way, one country's beauty combines with the beauty of other countries, and the ideal universal beauty of MOOCs will be achieved.

Jia Wenjian
November 2020

目　录

世界慕课发展概述 …………………………………………………………… 1

中国 …………………………………………………………………………… 9

美国 …………………………………………………………………………… 34

印度 …………………………………………………………………………… 61

日本 …………………………………………………………………………… 77

马来西亚 ……………………………………………………………………… 92

韩国 …………………………………………………………………………… 113

沙特阿拉伯王国 ……………………………………………………………… 132

泰国 …………………………………………………………………………… 147

法国 …………………………………………………………………………… 163

德国 …………………………………………………………………………… 181

意大利 ………………………………………………………………………… 203

罗马尼亚 ……………………………………………………………………… 222

俄罗斯 ………………………………………………………………………… 237

西班牙 ………………………………………………………………………… 252

英国 …………………………………………………………………………… 271

墨西哥 ………………………………………………………………………… 287

澳大利亚 ……………………………………………………………………… 304

英文摘要 ……………………………………………………………………… 322

世界慕课发展概述

慕课（MOOCs）是大规模开放在线课程（Massive Open Online Courses）的简称。慕课与开展多年的开放课程资源运动有着密切的联系，同时又有本质的区别。相比之前的开放课程资源，慕课在免费开放课程资源的基础上，进一步开放了整个学习过程，加强了学习过程中的支持服务，也更加关注学习者的学习效果。慕课尝试通过章节测验、课程考试、师生互动交流等学习支持服务来促进学生大规模在线学习的发生。慕课的出现，是互联网教育应用的一个分界点，在此之前，网络教育的关注点聚焦于开放课程的内容层面，在此之后，慕课探索开放互联网背景下全新的大学课程组织实施模式，撬动着根深蒂固的传统课堂的组织管理模式[1]。很显然，慕课不仅有课程资源，还有教学过程、针对学生的支持服务和针对学习效果的评价。

一、慕课的兴起与发展

慕课虽然以井喷之势在 2012 年获得快速发展，但是在此之前已经进行了长时间的酝酿和准备。早在 2007 年，美国犹他大学戴维·威利（David Wiley）教授在 Wiki 上开设了"开放教育大纲导论"课程，其目的在于使世界各地用户都可以分享课程资源。2008 年 1 月，加拿大里贾纳大学的亚历克·考罗斯（Alec Couros）教授开设了网络课程"社会媒体与开放教育"，并邀请全球众多专家远程参与教学。这两门课程的实验与开设为慕课课程模式的诞生奠定了思想基础和技术准备，可以

---

1 王左利. MOOC：一场教育的风暴要来了吗？中国教育网络，2013(4):11-15.

说是慕课的前身。"慕课"这个专用名词在2008年,由加拿大学者戴维·科米尔(Dave Cormier)和布赖恩·亚历山大(Bryan Alexander)提出。同年9月,加拿大学者乔治·西蒙斯(George Siemens)和斯蒂芬·唐斯(Stephen Downes)应用这个概念开设了慕课课程——"联结主义与联结知识"[1]。根据斯蒂芬·唐斯所述,其实当时他和乔治·西蒙斯的本意并非创建慕课,所以确切来说慕课这一形式并不是他们设计和实施的,但他们当时对自己想要建一个什么样的课程有着清晰的认识,这些认识促使了今天慕课的诞生[2]。2011年,美国斯坦福大学塞巴斯蒂安·特隆(Sebastian Thrun)教授把研究生课程"人工智能导论"(Introduction to Artificial Intelligence)发布到互联网上,吸引了来自190多个国家的16万名学生注册学习。随着这一前所未有的教育组织形式见诸报端,各商业机构、风险投资家、媒体、知名高校都纷纷加入到慕课浪潮中,立刻引来了全世界范围内的一场以慕课为代表的在线教育"海啸"。

随着慕课在全世界的迅速流行,其本身也在发生许多变化,衍化出许多实践形式。最广为人知的即最初基于联通主义学习理论开发的基于网络的慕课(cMOOCs),和后来以"人工智能导论"为代表的、各大高校和商业机构纷纷参与设计的基于内容的慕课(xMOOCs)两类。xMOOCs是发展最快、得到国际社会关注最多的一类。当前对于慕课的讨论,不管是学术界还是商业领域都主要关注xMOOCs,对慕课的本源cMOOCs却已经淡忘。基于对慕课的批判和思考,更多新的实践形式开始出现,例如,小规模私有在线课程(Small Private Online Course,SPOC)、深度学习慕课(Deep Learning MOOC,DLMOOC)、超级慕课(Meta-MOOC)、大规模开放在线实验室(Massive Open Online Labs,MOOL)、移动慕课(Mobile MOOC,MobiMOOC)、分布式开放协作课(Distributed Open Collaborative Course,DOCC)、个性化慕课(Personalized MOOC,PMOOC)、大规模开放在线研究课(Massive Open Online Research,MOOR)。众多慕课实践类型的出现与发展,标志着开放在线教育的后慕课时代开始到来。虽然每一类型都代表着在线教育的一种新型探索与实践,但它们都带有慕课的"免费、公开、在线"的基因,所以,仍可将它们看作慕课的延续与创新。实际上,每一样式的提出都代表了不同的视角、不同的教育假设和教

---

1 李曼丽. MOOCs 的特征及其教学设计原理探析. 清华大学教育研究,2013(4):13-21.
2 Downes s. Connectivism and Connective Knowledge: Essays on Meaning and Learning Networks. http://www.downes.ca/files/books/Connective_Knowledge-19May2012.Pdf,2020-09-20.

育理念。[1]

二、国际慕课的发展现状

慕课作为在线教育的一种形式，引起了教育领域的巨大反应，尤其是在高等教育领域，显示出了巨大的创新潜力。特别是政府对于慕课的积极态度，更是极大地推动了其发展，并被赋予教育改革创新的重大期望。但是不可否认的是，各个国家的慕课发展都与本国的远程教育或者资源开放运动有密切联系，比如澳大利亚始于20世纪50年代的"空中学校"和开放课程为慕课在本国的发展奠定了基础。

1. 发展慕课的目的：推动教育尤其是高等教育的改革创新

慕课在全世界的快速发展，除去慕课本身所具有的开放、共享的属性更加适合一个开放、协作的世界外，更在于其本身所具有的创新性在一定程度上满足了人类社会对于教育创新的期望。比如教育提供方打破了学校这一单一机构的限制，让专业技术公司、教育服务公司和高校、教师之间建立合作联系，共同为学习者提供教育服务；注册学习很少有门槛的限制，教育的开放性进一步增强；教育资源的组织属性进一步减弱，而服务范围却进一步扩大，使得教育生态系统的承载能力大大提升。正是看到了慕课的这一系列创新，各国寄希望于通过慕课推动本国的教育创新。

澳大利亚之所以推动慕课的发展，是基于推动高等教育普及化、促进教育公平、提高教育质量和提升高校影响力等多种需求。德国将慕课的成果国际化、团队国际化和平台国际化战略融合应用，面向世界加强招生宣传，不断提升本国高等教育的创新和国际影响力。俄罗斯由于国土地域广阔，地区间教育发展的差异性很大，为了推进教育公平，发展现代高等教育，对于慕课比较重视。而法国之所以大力推行慕课，其主要目的在于提升其高等教育系统内的信息化程度、改善教育质量和扩大法国高校的国际影响力。东亚的韩国，其发展慕课的动机包括实现大学教学方式和学习方式创新，推动教育公平以及服务韩国终身教育的发展。日本推动本国慕课发展的主要目的是为社会提供高质量的大学课程，促进高等教育资源普及全社会。

---

[1] 祝智庭，刘名卓. "后MOOC"时期的在线学习新样式. 开放教育研究，2014(3):36-43.

通过以上欧洲和亚洲部分国家发展慕课的政策选择可以看出，慕课的发展确实给各国推动本国教育尤其是高等教育创新带来了契机，各国都寄希望于通过发展慕课来解决教育中的一些问题，推动本国教育的创新发展。

2. 慕课课程建设：碎片化多类型的慕课课程服务体系

慕课在其发展的早期阶段，更多呈现的是一种单一的课程，或者围绕某一主题的系列课程，很少与证书尤其是学位证书联系起来。但是随着慕课的发展，尤其是对个人终身学习的深度参与和支持，使得慕课逐渐发展形成了基于项目和学位的系列课程，并且开始收费。

英国的 FutureLearn 平台的课程主要分为短期课程、微证书与项目类课程、学位课程三种类型，可以满足不同学习者的学习需求。其中微证书与项目类课程学习者完成相应课程学习和通过考核后，能够获得对应的专业资格证书或者大学的学分；而学位课程则提供学士和硕士两种类型的课程。中国慕课在课程设置方面除开发共享了一系列单一的课程外，也推出了微学位和在线学位课程。微学位课程由慕课平台与企业合作，学习者学习完规定课程并通过考核后，可以获得平台与合作企业和高校联合颁发的"线上＋线下学习认证证书"；在线学位则由平台和国内外的知名高校合作，课程学习时长为1—2年，按学年或一次性收费，学习者学成后获得对应学校的证书。美国的佐治亚理工学院与 Udacity 早在 2013 年就合作开发了计算机科学硕士课程，到目前为止已有 6000 名学生，从 2017 年开始，他们又与 edX 达成协议，开始提供在线分析科学硕士学位课程。 2016 年，伊利诺伊大学—厄本那—香槟分校在 Coursera 开设了会计学硕士学位课程，同时开设的还有商业和数据科学学位课程。 日本 JMOOC 的课程认定委员会将慕课课程分为三个类别：第一类是由各个大学提供并开设的大学级别的课程。第二类是由各个职业技术类院校和进修学校以及公共研究机构提供并认可的课程。第三类是由大学提供的特定或者是拓展类课程以及企事业单位提供的课程。

3. 慕课平台建设：产学研结合的多方力量投入

技术平台是慕课发展的基础，平台的开发与建设是世界各国在推动本国慕课发展过程中十分关注的一个方面，但是各国在建设慕课平台过程中又有着显著的差异，这些差异主要体现在平台建设主体上，其中高校和企业合作的平台建设模式是目前应用最为广泛的模式。

中国在慕课发展之初，高校先是利用国际上知名的慕课平台，把本校的优质课程通过国际慕课平台推向世界，后逐渐通过多种方式建设了各种类型的慕课平台。2013 年 5 月，清华大学、北京大学、香港大学和香港科技大学等加入 edX，并开始陆续发布上线多门课程；同年 7 月，复旦大学、上海交通大学加入 Coursera 并发布课程。目前中国的慕课平台有政府主导、高校主导、企业主导等多种建设方式，如智慧树平台就是由上海卓越睿新数码科技有限公司推出，而学堂在线、好大学在线以及华文慕课等平台则是由高校主导、联合企业共同建立。中国大学的慕课平台由政府主导建立，而同为东亚国家的日本，企业在慕课平台的建设过程中则发挥了主导作用，目前日本国内使用人数最多的本土慕课联盟平台是 JMOOC，其一共包括四个本土慕课平台，分别为 Fisdom、gacco、OLJ、OUJ，其中 Fisdom、gacco、OLJ 三个平台都是由公司主导建立，分别是富士通株式会社、电报电话公司、Net Learning 股份公司。墨西哥在推动本国慕课发展过程中，除大力使用世界上现有的慕课平台外，在本国平台的建设上主要依靠政府力量。2015 年，墨西哥公共教育部牵头成立了慕课平台 MéxicoX，由公共教育部下设的教育电视台综合管理处负责平台的管理和运营。截至 2019 年底，MéxicoX 提供慕课总数达到了 425 门，涵盖经管、计算机、教育、社会学、语言学、文学等诸多学科，平台合作院校和机构超过 70 所。泰国的情况与中国十分相似，政府、高校、企业都在参与慕课平台建设，例如由政府主导的有 Thai MOOC 平台，高校主导的有 CHULA MOOC 和 MUx，私立慕课平台有 SkillLane、Taladpanya 和 Skooldio 等。

4. 慕课可持续发展：商业模式的设计与选择

从慕课诞生的第一天起，课程的免费一直是其被学习者津津乐道的一个重要方面。免费的优质课程，曾让慕课在短时间内汇聚了大量的学习者，培养了用户的学习习惯。但也正是其免费的属性，一直困扰着慕课的可持续发展尤其是基于商业模式的可持续发展。大多数的慕课平台运营商不仅承诺对注册学生的学习免费，而且也以免费平台服务的方式来征集优质课程。其运营的基本思路可以归结为：以免费平台服务吸引名校加盟并征集优质课程，以顶级高校知名教授的免费优质课程吸引大量学生注册学习，当大量数据积累形成和学生的学习习惯已经养成时，其再考虑收费和盈利的问题。

最初在课程免费的情况下，慕课在收费和盈利模式上是一种创新，即不以产品（课程）为盈利点，而是通过增值服务、课程学习成果认证和广告代理等去盈利。意大利慕课平台发放结业证书的收费有不同标准，比如要获得 Eduopen 平台的结业证书需向网站付费 75 欧元，而获得 Federica.eu 平台的结业证书则需要缴纳 60 美金的费用；西班牙 MiríadaX 的平台，学习者完成课程全部内容且通过考核后，平台将发放电子结业证书至用户账号，但用户需提前缴纳 40 欧元费用；爱尔兰的 Alison 则通过出售网站的广告位而获利颇丰；Udacity 提出了自己的雇主联系计划，通过对学习者学习行为的分析，谋求为雇主找到最合适的员工，并以此向雇主收取一定的费用；Coursera 则宣布为雇主和学生提供就业匹配服务，雇主要为获取潜在雇员的信息支付费用。

但是随着慕课的发展，课程收费的商业模式越来越普遍，慕课收费也越来越普遍。慕课的收费也有多种形式：一是会员制的收费，2020 年 2 月初，Coursera 正式推出 Coursera Plus 全年注册计划，这个会员计划的年费为 399 美元，可访问 Coursera 所提供的绝大多数内容，包括 3900 门一般课程、400 门专业课程和 15 门专业证书课程等；二是基于项目或学位课程的收费，中国慕课平台提供的在线学位课程学习时长为 1—2 年，按学年或一次性收费。

三、慕课将成为世界教育的重要组成部分

慕课作为在线教育的一种实践形式，在信息时代获得长足发展和各国政府的重视有其内在必然性，其在创新教育资源组织模式和学习服务模式方面确实给人类社会教育尤其是传统学校教育带来了许多可借鉴之处。特别是在构建终身教育体系，建设学习型社会越来越成为国际共识的当下，慕课这一创新的教育实践形式会越来越影响到各国政府教育政策的选择和制订。

（1）慕课自身的发展会越来越注重课程的质量，尤其是学习者的学习支持。课程学习完成率低一直是困扰慕课发展的顽疾，这其中固然有学习者学习动机、自我学习能力等方面的原因，但是慕课本身的质量仍然是其中一个重要原因。如西班牙

在推动慕课未来发展的计划中就提出研究制定用户黏度提升量表，精准对标客户学习动机与诉求，从课程本身出发，深挖课程内涵，上线更多专题类"硬核"慕课项目，进一步提升课程完成率。而导致慕课课程质量低的原因有很多，缺乏相应标准或坚实的国家政策支持是其中的重要因素，像罗马尼亚缺乏国家层面的慕课战略和激励政策，教师没有兴趣去探索慕课建设和在教学中的使用，从而导致整体质量不高。因此，各个国家针对慕课的政策会越来越完善，从而推动其高质量发展。

（2）慕课发展会越来越结合各个国家的教育改革政策，并在世界教育变革发展中发挥重要作用。推动教育公平、提升教育质量是各个国家在发展慕课过程中坚持的国内价值追求，提升学校知名度和国家教育的世界影响力是国际目标。而通过慕课来推动教育改革创新会越来越成为各个国家大力发展慕课的重要价值遵循。尤其像中国正在积极构建信息化时代服务全民终身学习的教育体系，慕课本身所蕴含的教育创新及其价值会越来越受到重视。

（3）慕课学习成果会越来越得到认可，并进入正规教育的学分体系。在一个越来越开放的教育世界，学习者多种类型的学习成果通过认证得到认可是一个不可逆的趋势。当然慕课课程质量的不断提升是推动这一趋势的决定性内因。慕课发展之初，其学习者所获得的学分能够得到正规教育学分体系的认可曾经是鲜见和激动人心的事，但是这一现象在当下和将来会越来越常见。如欧洲慕课联盟引入了"通用微证书框架"，以提高慕课的认可度，并提高慕课之间学分的流动性。FutureLearn为自己的课程制定了相应的标准，包括总学习时间要在100到150小时之间，要达到《欧洲资格认证框架》（European Qualification Framework，EQF）或者大学认可的国家资格认证框架中6—7级的水平，要提供总结性评估，要有可靠、合规的身份验证，要有成绩单（其中要包含学习成果、总学习时间、EQF水平和所获学分）等。这就为慕课课程通向高校学分之路，打下了良好的基础。印度政府专门制定的《SWAYAM平台在线课程学分框架》（Credit Framework for Online Learning Courses for SWAYAM）为慕课学习成果的认证奠定了制度基础，印度学生通过SWAYAM平台进行线上学习，一学期最高可获得特定项目下最高20%的学分，并计入其毕业成绩。政府主导、财政支持、平台规范，印度慕课打破了线上线下学习的壁垒，解决了学分认定这一关键问题。

2020年初世界范围内的新冠肺炎疫情，给世界带来了政治、经济、文化、卫生方方面面的挑战，而疫情期间的"停课不停学"实践也无疑为世界在线教育的发展，尤其是慕课的发展提供了难得的机遇和挑战。实践表明，应用慕课能够很大程度上解决或者缓解居家学习的重大命题，社会第一次在被迫状态下全面检验了在线教育实践、服务、平台、技术、资源方方面面的成绩和不足。正如中国教育部高等教育司司长吴岩所说："我们再也不可能、也不应该退回到疫情发生之前的教与学状态。"以慕课为代表的新型灵活、适应性强、高效的"互联网+"教育组织模式和服务模式，终将成为中国乃至世界终身教育体系的重要支柱。我们相信，随着技术的不断迭代突破、资源的不断丰富升华、组织模式的不断创新、配套制度的不断完善，中国和世界各国必将迎来一个崭新的教育场景，"互联网+"的教育生态将要到来。

（郑勤华 北京师范大学）

《世界慕课发展报告》

中国

【摘　要】 经过七年的快速发展，中国慕课的数量与应用规模已经有了大幅提升，并逐步从"中国速度"向"中国标准"转变。在促进教育公平，提升教育质量，促进终身学习和国际文化交流等方面发挥了重要作用。疫情期间，中国慕课的覆盖范围更是得到进一步扩大，基于慕课的"建、用、学、管"得到了更大范围的普及，并为世界慕课的发展贡献了中国智慧，输出了中国经验。与此同时，中国慕课仍面临优质课程资源稀缺，专业课程建设与推广力度不足，课程认证力度有待提升等挑战，但与之相应的，是更大的发展机遇和空间。

一、中国慕课发展背景

慕课在 2012 年于世界范围内呈现井喷之际传入中国。国内慕课的发展则是遵循研究先行（以介绍国外的实践为主）、实践随后的发展模式。2013 年 5 月起，慕课开始全面进入国内相关教育研究与改革视野，不仅教育技术和远程教育领域的研究者关注慕课，高等教育领域的研究者也开始关注和研究慕课。与其相关的学术研讨在国内大量开展。相较于世界各国，中国慕课的建设和发展与高等教育发展整体思路密切相关。

1. 中国高等教育发展概要

自 19 世纪末中国现代高等教育诞生至今，已经有了 120 余年的历史。高等教育发展水平是一个国家发展水平和发展潜力的重要标志。办好高等教育，事关国家发展和民族未来。

党的十八大以来，党和国家持续推进教育领域改革，谋篇布局高等教育发展，取得了历史性成就，发生了历史性变革。以习近平同志为核心的党中央高度重视教育工作，把教育摆在优先发展的战略地位，加大高等教育投入。中国高等教育体系更趋完备，教育公平迈出重大步伐，综合改革纵深推进，人才培养质量和科学研究水平稳步提升，为经济社会发展提供了重要支撑。

党的十九大提出全面建成社会主义现代化强国的宏伟目标，提出了科教兴国、人才强国、创新驱动发展等七个战略，每一战略均与高等教育密切相关。建设教育强国是中华民族伟大复兴的基础工程。强国必先强教，高等教育已摆在国家发展全局的战略地位，地位提高到了前所未有的新高度。据教育部统计，截至 2020 年 6 月 30 日，全国高等学校共计 3005 所。其中，普通高等学校 2740 所，含本科院校 1258 所、高职（专科）院校 1482 所；成人高等学校 265 所[1]。

立足新时代，把握新形势，展现新作为。科技革命和产业革命席卷全球，中国大学承担着"互联网＋教育"时代人才培养重担。提高质量、推进公平是 21 世纪世界高等教育的时代命题。具备"降低教育成本、促进教育公平、提升教育质量、服务终身学习"特征的在线开放课程，是变革新时期教育资源供给方式的重要举措。抓住时机，超前识变、积极应变、主动求变，是中国高等教育发展的应然追求。

2. 中国慕课发展阶段

2.1 萌芽与启动

中国的慕课建设，最早可以溯源到 21 世纪初开展的现代远程教育试点工作。在该工程中，我国政府就鼓励一批高水平高校，利用互联网，将高校的优质课程资源和服务更大范围内与社会共享。在此基础上，既促进教育公平，提高高等教育入学率；又提升教育质量，促进优质资源的充分利用；并有效改进高校内部传统教学模式，促进中国高等教育整体发展。[2]

之后，中国开展了如火如荼的现代远程教育试点工作，招生规模不断扩大，而课程资源作为服务于现代远程教育的关键，也被政府和社会日益重视，先后推出了国家精品课、精品开放课程等重点课程项目，有效推动了高质量课程的建设和发展。与此同时，随着我国互联网教育应用的不断发展，各互联网公司也纷纷引进了大量

---

[1] 教育部. 全国高等学校名单. http://www.moe.gov.cn/jyb_xxgk/s5743/s5744/202007/t20200709_470937.html, 2020-09-18.
[2] 教高厅【2000】10号. 关于支持若干所高等学校建设网络教育学院开展现代远程教育试点工作的几点意见. http://www.moe.gov.cn/s78/A08/tongzhi/201007/t20100729_124838.html, 2020-09-18.

国外高水平课程资源，一时间，"公开课""精品课"等资源纷沓而至，大大扩展了中国高等教育资源的引进、利用、建设和管理工作。随着清华大学、北京大学、上海交通大学、复旦大学等先后将部分课程加入国际慕课平台体系，慕课正式登陆中国，成为一时之热。

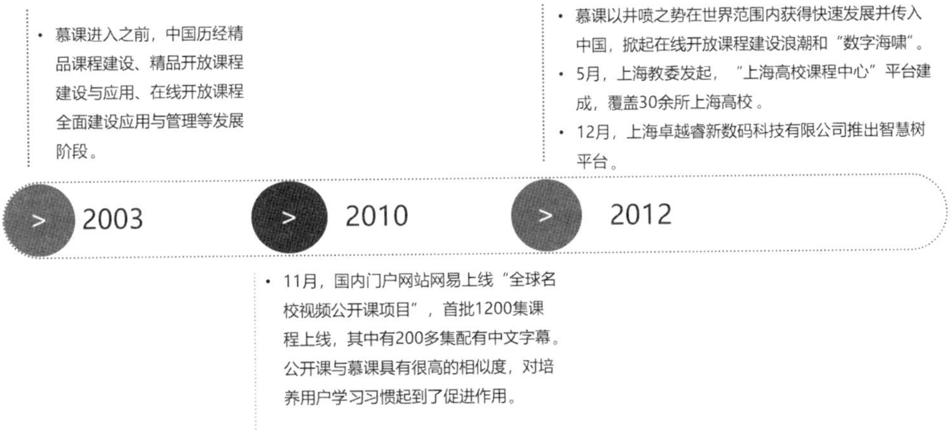

图 1　中国慕课起源

2.2 成长与探索

2013 年为中国慕课元年。当年 5 月，清华大学和北京大学加入 edX 平台。清华大学 edX 项目共有 30 多门课程，前期上线 4 门，面向全球开放。北京大学提出 5 年内争取建设 100 门网络开放课程。同年 7 月，上海交通大学和复旦大学与 Coursera 确立合作关系。Coursera 还将负责培训教师，使课程符合上传标准和授课标准。国内知名高校的加入，进一步推动了慕课在国内的发展。

图 2　中国慕课探索

之后，中国不满足于在课程层面实现慕课建设，开始尝试建设自己的慕课平台，从 2013 年至 2017 年，中国慕课平台已经初具规模，从高校、企业单独创建，到地区联盟性和校企合作性慕课平台的不断涌现，为不同类型的学习者提供了丰富而广泛的学习机会。课程覆盖工学、理学、文学、管理学、经济学等多个领域，服务于中小学教育、高等教育、职业教育、成人教育等各级各类教育和各阶段人群，在推动在线教育的发展、促进教育公平和高校合作以及教育研究等方面作用明显。这些慕课平台在秉承了大规模、开放性等特点的同时，分别进行了各具特色的探索，呈现出百花齐放的繁荣景象。

2.3 成熟与发展

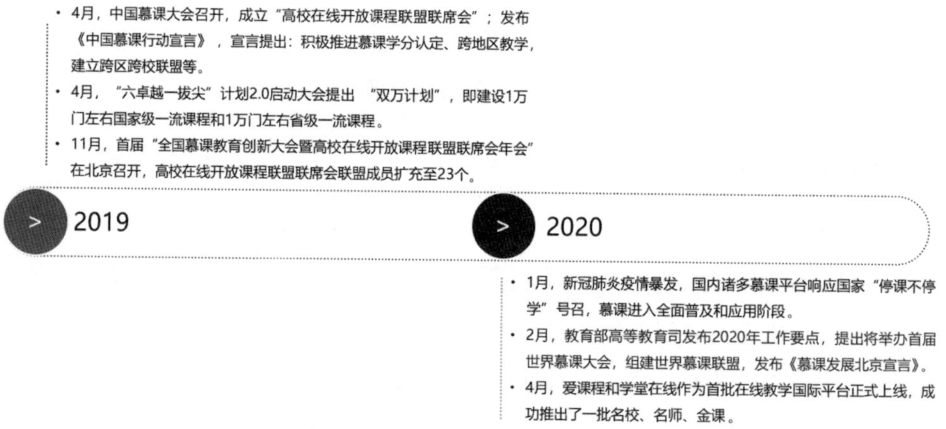

- 4月，中国慕课大会召开，成立"高校在线开放课程联盟联席会"；发布《中国慕课行动宣言》，宣言提出：积极推进慕课学分认定、跨地区教学，建立跨区跨校联盟等。
- 4月，"六卓越一拔尖"计划2.0启动大会提出"双万计划"，即建设1万门左右国家级一流课程和1万门左右省级一流课程。
- 11月，首届"全国慕课教育创新大会暨高校在线开放课程联盟联席会年会"在北京召开，高校在线开放课程联盟联席会联盟成员扩充至23个。

> 2019

> 2020

- 1月，新冠肺炎疫情暴发，国内诸多慕课平台响应国家"停课不停学"号召，慕课进入全面普及和应用阶段。
- 2月，教育部高等教育司发布2020年工作要点，提出将举办首届世界慕课大会，组建世界慕课联盟，发布《慕课发展北京宣言》。
- 4月，爱课程和学堂在线作为首批在线教学国际平台正式上线，成功推出了一批名校、名师、金课。

图 3　中国慕课成熟与发展

2019 年 4 月中国慕课大会上，教育部副部长钟登华在讲话中指出，中国慕课建设自 2013 年起步，经过 6 年的快速发展，形成了"大带小、强带弱、同心同向、共同发展"的良好局面，开辟了一条满足全民多样化需求的信息化学习道路，为学习型政党、学习型社会、学习型国家的建设做出了重要贡献。当前，中国慕课的数量和应用规模居世界第一，在发展理念、推广方式、学习模式、管理机制等方面形成了自己的特色，创造了中国经验，为世界慕课的发展贡献了中国智慧。准确把握高等教育事业发展的时代要求，要把慕课建设作为落实立德树人根本任务、提高人才培养质量的重要抓手，作为加快实现高等教育现代化、建设高等教育强国的关键一招，大力推进慕课的建、用、学、管，促进中国高等教育变轨超车。

3. 中国慕课发展目标

3.1 促进教育公平，落实国家事权

解决本国高等教育资源分布不均是以中国为代表的亚洲地区各国发展慕课的主要定位与目标。当前，中国高等教育仍然面临着优秀师资缺乏、区域结构失衡等问题，中国高等教育监管和指导部门提出"要着力振兴中西部高等教育。围绕落实国家主体功能区规划和区域经济社会发展要求，加快实施中西部高等教育振兴计划升级版，大力提升中西部高水平高校发展的'自身造血'能力和应用型本科高校特色发展的服务能力。"[1]

慕课的出现，有利于弥补高校之间、城乡之间、东中西部之间的教育鸿沟，通过免费、开放的共享在线课程和学分互认机制，优质高等教育资源得以为全民共享：仅一屏之隔，中西部地区的大学生也能够共享北京大学、清华大学、中国人民大学、北京外国语大学等顶尖学府的教学资源，采取同步或异步的方式与名师交流，有效缓解了教育发展不均衡问题，关乎教育公平，关系教育民生。

从治国理政的角度看，除了解决教育公平，建设什么样的课程内容和教材体系，实质上是国家意志的体现，即国家事权。教材（教学内容）体系建设实质上是国家树立文化自信与教育自信的基础。从慕课的发展来看，未来慕课将成为线上教学素材的重要组成部分，涉及国家事权建设工作。

3.2 助力教育转型，深化"互联网＋教育"应用

新冠肺炎疫情暴发期间，为切实阻断疫情在校内传播，保障全体师生的生命安全，中国积极采取政府主导、高校主体、社会参与的方式，共同实施并保障高校在线教学。各高校充分利用上线的慕课和省、校两级优质在线课程教学资源，本着"教学平台流畅、数字资源适切、教学工具灵活、教学管理便捷、支持服务高效、校企协同密切"的原则和标准，全面满足院校教学需求和广大学生的学习需

---
[1] 林蕙青.努力实现新时代高校人才培养新作为.中国教育报，2018（10）.

求,有力保障了疫情防控期间的教学进度和教学质量,实现了"停课不停教,停课不停学"。

中国逐渐形成了政府、企业、学校共同建设、协同运营的高等教育新模式。教育部至各级政府部门在政策上的指导与支持为慕课的全面发展提供了明确方向、必要条件和良好的发展环境,一定程度上促进了高校的实践投入与研究热情,吸引了企业在技术和资金上的投入意愿。高校作为现阶段慕课发展的主要推动者,承担了绝大部分的课程产出、管理与科学研究的角色,在完成其高等教育人才培养责任的基础上,正在借慕课实践之手为处在不同阶段的学习者提供知识共享、流通、汇聚与创新的机会,进而推动高等教育体制的创新变革。大量互联网企业开始关注在线教育,通过技术辅助、合作开发、独立运营等方式不同程度地参与到慕课的建设与管理中,利用其技术与市场资源优势,缩短了相应知识科研成果与实践应用的转换距离,弥补了高校在平台建设和管理上的短板。政府、高校、企业三者跨行业、跨区域的协作模式为中国慕课的创新和可持续发展提供了可能性。

3.3 扩展服务模式,助力终身学习

慕课在中国的快速发展已经使其超越了大规模在线开放课程本身的定位,不仅仅是面对面教育的必要补充、在线教育的新形式、教育资源重新分配的新手段,更重要的是以其为代表的新型教育模式,使中国已有的以精品课程体系、网络教育、开放教育等为代表的在线教育实践开始融合与创新,开始突破传统的教育信息化在教学模式、教学内容和教学手段上的局限,真正促进了互联网模式下的教育服务模式创新,从而为高等教育现代化提供了改革的抓手。慕课的发展开启了教育信息化发展的新阶段,正逐步满足当前人们对高等教育的灵活、多样、开放和个性化的需求。

慕课作为"互联网+教育"时代的一种在线课程开发模式,内容资源选择丰富、呈现形式生动多元,加之互联网时代快速迭代赢取市场的竞争模式,总体资源的更新频度较快。这不仅能为高校课堂提供多样化的教学资源,也能为社会学习者提供终身学习的宝贵机遇,使学习成为一种习惯、一种追求。

3.4 培养国际化人才,服务国家战略

从长远发展来看,慕课的价值不仅在于缩短了课桌之间的距离,更缩短了国际

间文化交流的距离。慕课正在跨越时空界限，形成一种新型的优质教育资源供给方式。基于移动互联网与新技术的信息传播效率以及人与人之间的连接效率明显增加，使全球学生在世界各地"同上一堂优质课"成为可能。一方面，思想的碰撞与文化的交融，通过慕课的形式得以实现，有利于促进国际间的文化传播交流；另一方面，互联网的加持使得信息的充分流动成为可能，搭载慕课的模式，为保障全球各地学生的受教育权奠定了坚实的基础。

聚焦提升人才国际化视野与文化素养，中外课程的高效深度融合，有利于培养一批具备"全球胜任力"的国际化人才：立足中国文化之根，通过在认知、人际与个人三个层次不断探索，提升"世界文化与全球议题、语言、开放与尊重、沟通与协作、自觉与自信、道德与责任"六大核心素养。中国的国际化教育，不能培养"空心化"的国际人，任何人类命运共同体的合格成员，均需扎根本土，有根有源，同时兼具国际视野和全球意识。

回应时代关切，处于"一带一路"倡议的背景下，慕课的建设方向除了需满足高校和社会学习者的基本需求，还应将全球化语境下的东西方文化交流作为其重要发展目标之一。

二、中国慕课发展现状

1. 中国慕课发展整体情况

从 2012 年起，历经数年发展，信息技术与教育教学逐步实现深度融合，带动了高等教育教学理念、教学方法、教育技术、教学方式与模式等的变革，慕课建设的数量与质量均呈稳步增长态势。

中国慕课数量已从 2017 年的 3200 门跃升至目前的 23,000 门（截至 2020 年 3 月，见图 4），各类在线课程共计达 41,000 门。2018 年，教育部认定推出首批 490 门国家精品慕课；2019 年，教育部认定推出第二批 801 门国家精品慕课，同比增长 63.5%[1]。除建设数量位居世界第一之外，慕课内容涉猎广泛，囊括本科 12 个学科门

---

[1] 中国慕课行动宣言. http://www.moe.gov.cn/s78/A08/A08_ztzl/ztzl_zxkf/201904/t20190418_378663.html, 2020-09-18.

类和专科高职 18 个专业大类，覆盖了广大在校大学生和社会学习者，慕课平台培训师资人次新增 394 万[1]。

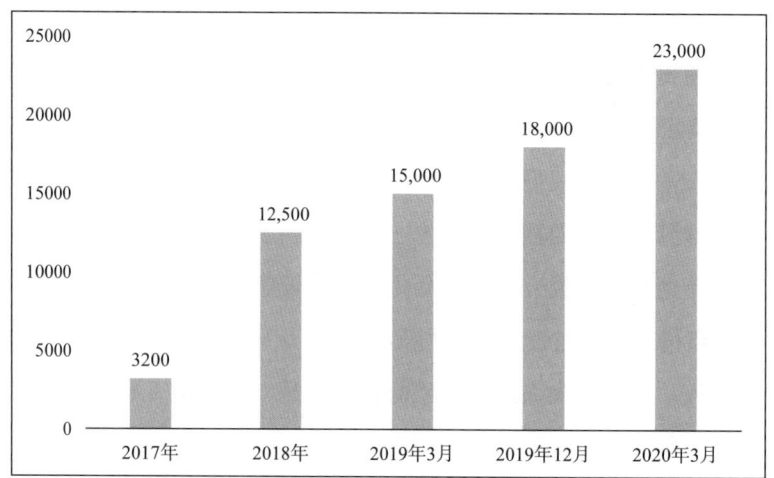

图 4　2017—2020 年中国慕课课程数量

此外，慕课为中宣部"学习强国"平台提供 400 余门精品课程，供 8900 多万党员干部选学；为中央军委军职在线提供 700 多门精品课程，服务于全军指战员职业发展和终身学习[2]。

2. 中国慕课相关政策、制度与指导意见

2.1　2013—2016 年：探索与建设

在教育监管部门的指导下，中国的慕课平台陆续上线，并与高校在课程建设与使用等层面开展密切合作。在此期间，国家的政策、制度和指导意见以鼓励校企开展基于慕课的探索与建设为主。

---

1 吴岩. 应对危机　化危为机　主动求变　做好在线教学国际平台及课程资源建设. https://www.sohu.com/a/387053736_671051，2020-09-18.
2 同注释1。

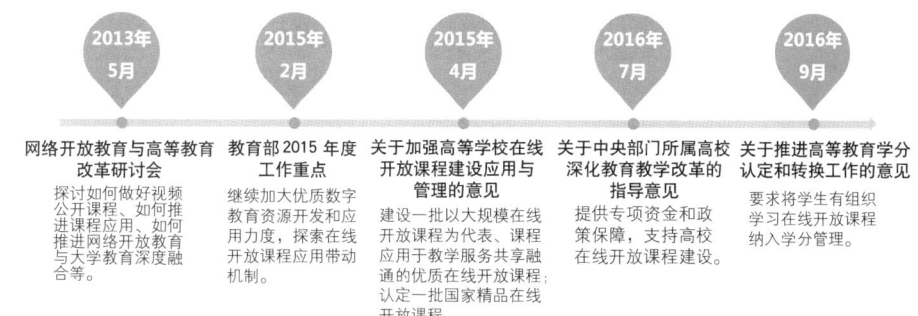

图 5　中国慕课相关政策、制度与指导意见的探索过程

2.2 2017—2018 年：应用与规范

2017 年起，以评选精品在线开放课程为开端，国家在基于前期课程建设的基础上，开始鼓励校企注重对慕课的应用与规范，鼓励教师多模式应用，鼓励学生多形式学习，鼓励优质慕课的产出和评选，为后续建立行业标准奠定了基础。

图 6　中国慕课相关政策、制度与指导意见的应用与规范

2.3 2019 年至今：创新与融合

基于前期积累，中国慕课已形成了举世瞩目的"中国速度"，并逐步走向国际化，随后的政策与指导意见多以鼓励创新与融合为主，加强国际交流与合作，推进成果共享与融合，逐渐摸索和形成"中国标准"。

图 7 中国慕课相关政策、制度与指导意见的创新与融合

3. 中国慕课行业机构发展概况

近年来，通过构建联盟、协同创新、产教结合、教研相长等方式，慕课平台及配套资源的建设与应用获得了长足发展。校际资源共享便捷，精品在线开放课程建设顺畅，一流专业建设得以保障，高校教师信息化素养显著提升，形成了校内教学改革与课程体系创新的良好氛围。

3.1 慕课联盟发展概况

自 2012 年中国第一个高校课程共享联盟——上海高校课程共享中心成立以来，跨地区、跨学校、跨学科的联盟组织相继成立，并逐步发展壮大。截至目前，高校课程共享联盟已达 40 余个，每年还在陆续增加。各类联盟组织共建共享优质慕课资源，创新慕课协同教学模式，构建了中国慕课建设与应用的生态体系。（各联盟概况见表 1）

表 1 高校在线开放课程联盟联席会首批十家联盟简介

联盟名称	概况介绍
高校计算机教育慕课联盟	由教育部高等学校计算机类专业教学指导委员会、软件工程专业教学指导委员会、大学计算机课程教学指导委员会共同倡议并联合组建，由相关高校自愿参加的基于"大规模开放在线课程"的计算机教育共同体。

（续表）

联盟名称	概况介绍
东西部高校课程共享联盟	由重庆大学发起，包括中国人民大学、复旦大学、四川大学在内的29所高校响应，作为中国慕课首批践行者于2013年4月成立，已经发展成为中国规模最大、服务学生最多的慕课联盟。在国家精品在线开放课程的认定中，联盟运营的140门课程获评线上金课。
中国高校外语慕课联盟	由北京外国语大学发起，全国多所外语类院校及具备外语优势学科的各类院校联合组建，于2017年12月23日在中国北京正式成立。截至2020年12月，共有183所成员院校。联盟聚力外语优势与特色，着力打造外语线上"金课"，发力教师培训与科研，让中国更多教师建好慕课、用好慕课，学生学好慕课，实现教育信息技术与外语教育教学的深度融合，推动中国高等外语教育的质量提升，变轨超车。
地方高校优课联盟	2013年，深圳大学提议组建"课程共享、学分互认"联盟；2014年，多个高校达成共识，优课联盟成立。2016年，依托联盟的资源，优课在线学习平台上线。"优课在线"是新一代互联网自主学习平台，可为用户提供慕课学习、混合式学习及私播课学习，也可为用户提供针对职业技能培训的微专业课程，可同时支持百万级用户同时学习。
粤港澳大湾区高校在线开放课程联盟	由中山大学、华南理工大学、暨南大学等11所广东高校联合发起成立，联盟组建不仅得到广东省内高校的积极响应，还得到港澳高校积极支持，香港大学、香港中文大学、澳门大学等13所港澳高校前来参加成立大会，联盟将打造成粤港澳大湾区高校课程建设和应用的共同体。
北京高校优质课程研究会	旨在开展北京高校优质教学资源共建共享的研究，搭建高校间优质课程共享平台，开展新教学模式下的教师培训，从而推动各高校人才培养模式改革和教育教学质量提升。研究会首批成员单位包括中国人民大学、北京交通大学、北京大学、北京航空航天大学、北京师范大学、北京理工大学、北京赢科天地电子有限公司等。
高校电工电子在线开放课程联盟	由教育部高等学校电工电子基础课程教学指导委员会、高等学校电路和信号系统教学与教材研究会、高等学校电磁场教学与教材研究会、全国高等学校电子技术研究会、中国高等学校电工学研究会、中国电子学会电子线路教学与产业研究专家委员会及高等教育出版社联合组建。
浙江省高等学校在线开放课程共享联盟	由浙江省教育厅指导，由省内高校及相关企事业单位自愿组成的开放性、非营利性的组织，旨在面向"互联网+"时代高校人才培养需要，促进联盟成员间优质课程资源的共建共享，提高课程质量，创新人才培养，探索建立质量优良、投入多元、权责清晰、利益共享、开放包容、充满活力的浙江线上大学。
福建省高校在线教育联盟	由福建省教育厅指导，覆盖福建省内各大高校，并制定了《福建省高校在线教育联盟在线开放课程建设规范》《福建高校在线教育联盟课程共享管理实施办法》。
图书馆学在线课程联盟	由教育部高等学校图书情报工作指导委员会、教育部高等学校图书馆学教学指导委员会、"爱课程"网联合发起成立，以建设与图书馆业务相关或图书馆学专业系列在线开放课程（群）为主要目标的开放式协作共同体，覆盖中国32所大学图书馆，33个大学图书馆学院系，目前已上线26门图书馆相关课程。

3.2 慕课平台发展概况

慕课是随着教育技术的发展而逐步形成的一个全新的教育生态环境。中国慕课平台不断加速发展，范围广度、内容深度不断拓展，呈现一派欣欣向荣之景象。（各平台概况见表 2）

表 2　中国知名慕课平台概况

名称	成立时间	发起单位	特色	平台概况
智慧树	2008 年 4 月	上海卓越睿新数码科技有限公司	全球大型的学分课程运营服务平台。独特的"平台＋内容＋服务"三位一体的业务模式，帮助高等院校完成优质课程的引进和服务配套落地，实现教法改革，促进教学产生内生动力。	服务的会员学校近 3000 所，已有超过 1700 万大学生通过智慧树网跨校修读并获得学分。智慧树网帮助会员高校实现跨校课程共享和学分互认，完成跨校选课修读。通过完善服务基础设施，建立全国服务专业团队，来应对大范围、大规模教学服务交付的挑战。
爱课程	2011 年 11 月	高等教育出版社有限公司	教育部、财政部于"十二五"期间启动实施的"高等学校本科教学质量与教学改革工程"，委托高等教育出版社建设的高等教育课程资源共享平台。	承担国家精品开放课程的建设、应用与管理工作。自开通以来，相继推出三项标志性成果——中国大学视频公开课、中国大学资源共享课和中国大学慕课，受到学习者广泛好评，已成为国际领先、中国最具影响力的高等教育在线开放课程平台。
学堂在线	2013 年 10 月	清华大学	全球第一个，也是目前最大的中文慕课平台。	运行了来自清华大学、北京大学、复旦大学、中国科技大学以及麻省理工学院、斯坦福大学、加州大学伯克利分校等国内外一流大学的超过 2300 门优质课程，覆盖 13 大学科门类。
好大学在线	2014 年 4 月	上海交通大学	是中国高水平大学慕课联盟的官方网站，联盟是部分中国高水平大学间自愿组建的开放式合作教育平台，为公益性、开放式、非官方、非法人的合作组织。	上海交通大学自主研发，努力建设具有中国特色的、高水平的大规模在线开放课程平台，实现中国高水平大学之间的教学资源共享及学分互认。
中国大学慕课	2014 年 5 月	高等教育出版社有限公司、网易公司	中国在线开放课程资源最为广泛的慕课平台。	承接教育部国家精品开放课程任务，向大众提供中国知名高校的慕课课程。平台拥有包括 985 高校在内提供的千余门课程，其中首批获得认定的国家精品在线开放课程 322 门，占 2017 年获得认定课程总数的 65.7%。

（续表）

名称	成立时间	发起单位	特色	平台概况
华文慕课	2015年2月	北京大学、阿里巴巴网络技术有限公司	以中文为主的慕课服务平台，为全球华人服务。	合作院校包括香港大学、台湾大学、北京师范大学、北京航空航天大学、厦门大学等，课程涵盖计算机、理学、工程、法与社会、文学等13个类别。
中国高校外语慕课平台	2018年3月	北京外国语大学	中国首个以外语学科特色为主的国际化慕课平台，汇聚全国多所具备外语学科优势的院校的综合语种资源，并通过国内外优势资源互通，建设国家具备多语言能力的国际人才培养战略高地。	依托中国高校外语慕课联盟(CMFS)，由外研在线运营，汇集中国高校外语慕课联盟183所成员院校优质外语资源及课程经验，截至2020年12月，平台共上线课程215门，涵盖英、日、俄、德、法等10个语种，语言技能、文学文化、商务英语等12个课程方向，以及"一带一路"沿线国家语言文化、外语话中国等六大特色专题。
学堂在线国际平台	2020年4月	学堂在线	汇聚国内外一流在线课程，支持汉语、英语，后续将陆续支持俄语、西班牙语、法语及日语等语种。	平台支持慕课、直播、证书、在线学位等多种在线教育形式，重点挖掘来自中国高校的一流课程，同时兼顾引进全球性区域性顶尖高校的一流课程。学堂在线国际版将与学堂在线雨课堂英文版无缝连接，国际版课程经授权后可供雨课堂海外师生应用于混合式教学。学堂在线国际版首批上线课程109门，后续的课程引进与上线工作将持续推进。
爱课程国际平台	2020年4月	爱课程	爱课程国际平台首批推出的课程具有数量品种丰富、名校云集、名师荟萃、金课汇聚等特点，"充分代表中国质量和世界水准"。	首批上线课程共计193门，主讲教师汇聚中国53所"双一流"建设大学和七所专业特色高校顶尖专家和知名教授。课程类别覆盖了医学和疫情防控、经济与发展、自然科学、艺术与设计、工程与技术、智能与虚拟仿真实验、农业与生态、面向未来与创新创业八大领域。

三、中国慕课的"建、用、学、管"

在政策的助推下，中国慕课建设与应用呈现爆发式增长，并在整体上初步形成了完整的行业链条。（见图8）

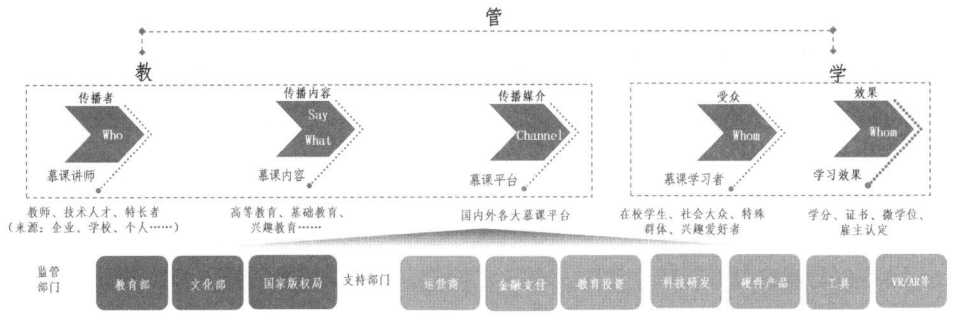

图 8 基于传播要素理论的慕课行业链

行业链条上各利益相关方相互协同,在教、学、管各环节推动中国在线教学方式和方法上的创新与变革,无论是作为专业课程还是资源补充,无论是推荐给学生自主学习还是进行针对性的私播课教学,这些来自全国各高校的名师好课均能辅助教师实现课堂延伸,迅速增强教学力,提升教学质量,保障教学效果。

基于上述行业链,各方联动共同打造了课程讲授的新范式与教学设计的新思路:首先,慕课助力实现了"教"的再定义,从以"教师为中心"的单向灌输式教学转变为师生双向互动的"探究式"教学模式,激发了学生学习的主动性。其次,慕课助力实现了"学"的再定义,从知识习得到自身体验,进而向自我反思和主动探索延伸,并促使从校园场景学习扩展到终身学习,最大化拓展学习周期,进一步突破对客观世界的认知。最后,慕课助力实现了教学方面"管"的定义,基于慕课开展的教学工作所产生的数据,便于高校采用信息化手段开展线上课堂教学质量监控工作,助力其实现用数据决策、用数据管理、用数据创新。

1. 质量为王、立足专业、依靠教师,打好建课基础

在 2015 年颁布的《教育部关于加强高等学校在线开放课程建设应用与管理的意见》中反复强调课程建设是在线课程质量保证的前提。在《中国慕课行动宣言》中提出:慕课建设,"质量为王。中国慕课坚持集中最好的大学、最好的团队、最好的教师的建设原则,让中国慕课成为质量最有保证的中国金课。从面广量大的公共课、通识课入手,逐步拓展到专业基础课、专业课和实验课,慕课内容更加丰富,结构更加合理、类别更加平衡。"

从慕课建设的动机来看，中国高校建设慕课主要是为了促进校内教学改革，改善校内人才管理，并通过国家级与省级精品课和其他优秀教学案例的获评，提高学校知名度，扩大学校影响力。并借此优化高校育人体系，形成整体教改氛围，切实提高专业建设质量。

从慕课建设名单产生路径来看，首先，中国高校主要是通过"由学校层面从特色课程中确定"的方式产生慕课建设名单；其次，是以"老师自愿报名，学校组织专家进行评审"和"学院推荐，学校组织专家评审"的方式；此外，还有以"由学校层面动员名师开设慕课"和"由学校原有精品开放课程转型的方式产生慕课名单"。

从慕课建设的牵头单位来看，高校教务处肩负着学科与专业建设、课程建设、教学计划制订实施、组织管理、教材建设与供应、实验实习实训管理和教学改革与研究等教学管理工作，对学校整体教学情况非常熟悉，当慕课走进高校时，教务处往往被指定为牵头单位。但是慕课的课程并不只是本科课程，一些研究生层次课程需求更甚，于是越来越多的高校把慕课建设作为超越传统课程建设的一项工作，比如成立专门的慕课建设机构，或者把慕课建设作为教师发展工作的重要内容，由教师发展中心牵头建设。

从慕课录制方式来看，有学校专业部门制作，也有课程团队自己制作，但大部分院校采用了外包给专业团队、校企合作的方式进一步加强慕课的建设力度，提高慕课的建设效率和专精程度。

2. 创新方法、联合共享、注重实效，全面聚焦用课

截至 2019 年 4 月，中国的慕课应用已取得长足进步，通过广泛、开放的课程平台，以及注重实效的教学手段，搭载全网共享的学习空间。全国共有超过 2 亿人次参与慕课的学习，其中 6500 万人次获得慕课学分[1]，应用成果有目共睹。

2.1 慕课应用已通过创新手段融入高校教学各环节

基于前期建课储备，慕课现已全面融入高校教学，基于慕课的线上教学和混合式教学模式等已逐步成为高校教师开展教学工作的主流。从在线教学形态来看，慕课在教学当中占据重要地位。[2]（见图 9）

---

[1] 中国慕课行动宣言. http://www.moe.gov.cn/s78/A08/A08_ztzl/ztzl_zxkf/201904/t20190418_378663.html, 2020-09-18.

[2] 吴岩. 应对危机 化危为机 主动求变 做好在线教学国际平台及课程资源建设. https://www.sohu.com/a/387053736_671051, 2020-09-18.

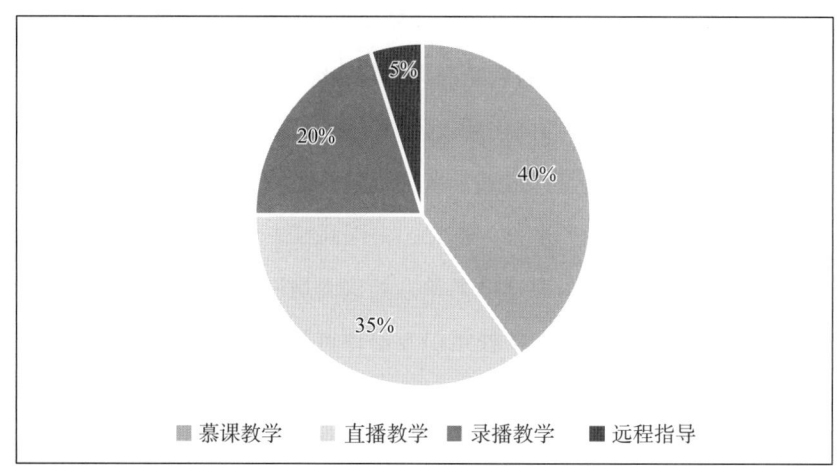

图 9　当前中国在线教学四种形态

除了常态化的在线直播教学与录播教学，依托各类在线教学云平台与工具，结合教学与学习互动、学习者模型构建、学情分析等，慕课应用模式不断推陈出新：基于慕课的翻转课堂教学、私播课（Small Private Onlie Course, SPOC）和线上指导等应用日趋广泛。（见图10）

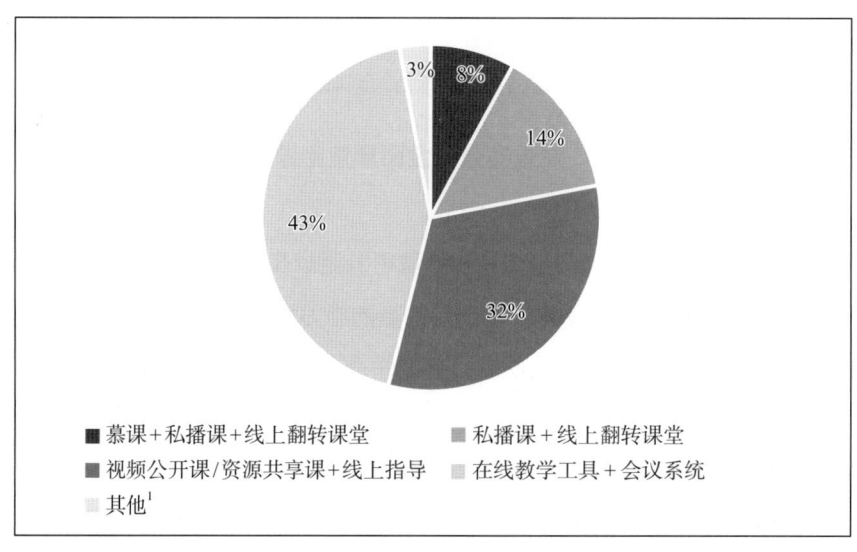

图 10　当前中国在线教学六种典型模式

---

1 "其他"包含教学材料共享与线上指导两种模式，其中，"1+M+N"协同跨校教学模式是指基于开放课程的"1（课）+M（大学）+N（学生群）"的协同教学创新与实践模式。

2.2 疫情期间的慕课应用得到进一步推广

2020年初新冠肺炎疫情期间，教育部组织了37家基础好、实力强的在线课程平台和技术平台带动110余家社会和高校平台积极主动参与，面向全国高校免费开放4.1万门慕课和虚拟仿真实验等在线课程。截至4月3日，全国在线开学的普通高校共计1454所，上线慕课新增5000门，95万余名教师开设94.2万门在线课程，在线课程门次高达713.3万[1]。中国六大慕课平台疫情期间具体举措见表3。

表3 中国六大慕课平台疫情期间具体举措

课程平台	具体措施
学堂在线	（1）提供3000门课程的学习服务。 （2）新增"雨课堂"直播服务。 （3）选出1200门课程（300门通识课与公共基础课，900门优质专业课程）作为学分课免费提供。
中国大学慕课	（1）利用优质慕课资源开展在线教学。 （2）使用"慕课堂"小程序、直播等工具实现远程的"课堂教学"。 （3）开发远程教师教学能力系列慕课。
中国高校外语慕课平台	（1）上线145门优质好课，涵盖10个语种、12个课程方向、6个特色专题，全方位、多角度满足教学需求。 （2）开通私播课教学。
好大学在线	为全国高校（优先保证湖北省）提供完全免费平台及课程服务，包括慕课课程、私播课平台、在线直播、小程序应用、在线实验、教学服务支持、学习数据支持等，各高校实现远程授课或课堂授课。
优课联盟	（1）线上418门慕课免费对外开放。 （2）学分课程对全国高校开放，公开课程对全社会开放。 （3）平台支持私播课教学、微课教学、直播课程、PPT教学、语音教学等。
智慧树	（1）增加在线共享课程供应量，从2000门增加到3223门，计划加到4000门，覆盖通识课与专业课。 （2）提供线上开课服务，配套直播、录播和无纸化测评功能，7×16小时服务。

---

[1] 吴岩. 应对危机 化危为机 主动求变 做好在线教学国际平台及课程资源建设. https://www.sohu.com/a/387053736_671051,2020-09-18.

3. 以学生为中心,构建多样化学习场域,提升学习品质

目前,中国慕课聚焦在高等教育和继续教育阶段,主要目的是提升高校教学质量,增加国民接受高等教育和继续教育的机会,提高人口素质。于慕课学习而言,主要分为校园内和校园外两个场景。除了扎根本土,中国慕课还通过自建平台等方式,以积极主动的姿态走向世界,将中国的先进教学解决方案共享至国际,为全球慕课发展贡献"中国力量"。

3.1 为学习者提供泛在化学习机会

基于校园内场景,中国慕课更加注重与其相关的学分认证和学位授予,并衍化为在线自主学习与混合式学习;基于校外场景,中国慕课的内容设计与建设更加注重职业能力的深化与拓展,并衍化为泛在化学习与混合式学习。(见图11)

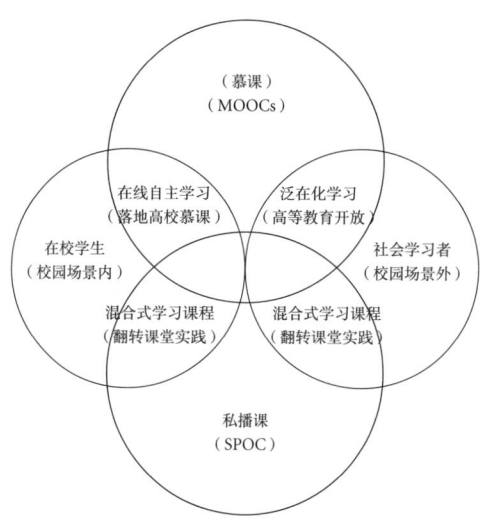

图 11　混合式学习模式的衍化形态

伴随在线课程模块化的趋势,无论是校内场景还是校外场景,学习者均能掌握学习的主动权:科学合理地规划个人学习路径,按照知识的掌握程度灵活选取适合个人能力的学习内容,这种自定步调的学习方式能够满足不同学习者的差异化诉求,有利于保障教学效果、促进教育公平。

（1）校园内

随着课程建设体量的增加，课程内容广度和深度的延展，各大高校基于慕课内容，综合应用各类教学工具、教学管理平台、智能测评工具和社交软件等，将"翻转课堂"的理念有效贯穿教学始终，充分发挥了师生"教"与"学"的主观能动性和创新意识，并通过学分互认，基于慕课、私播课的同步或异步教学等工作的开展，使得慕课的应用更加广泛多元。

除了课程教学内容本身，慕课还配备有多种形式的线上教学资源，主要包括教学大纲、授课计划、考核方法、课程PPT、教学视频、电子教材、音频、阅读资料、仿真软件等，其中又以课程PPT居多，以更好地促进学生加强对慕课的使用和对所学慕课课程内容的消化与吸收。

（2）校园外

慕课在中国的渗透率不断提升，其受众群体和影响范围逐渐扩大，在中国本土特色与中外文化交流的持续浸润中焕发了新的生命力。特别是在综合考量教育成本、入学机会和劳动力准备程度等多种因素之后，人们开始重新审视高等教育的价值，愈发关注自身长期的事业发展。例如，职场人士通过平台学习以提升个人价值和职场竞争力，终身学习者通过学习新知、勇敢尝试、迈出"舒适圈"，慕课平台的生源逐步多样化，用户生命周期不断延长。

此外，在线课程模块化为学习者提供了获取学位的机会，学习者以可承担的成本将正规教育与模块化在线课程相结合，通过不同时长的课程、微学位和在线学位等项目，不断提升其知识技能。电子徽章和微证书，以及与求职平台的合作与背书，为学习者提供了通过多种教育机会获得知识与技能的证据，为社会学习者的职业生涯及其可持续发展提供了资质背书，有利于促进教育公平、实现教育普惠。

3.2 推出首批高校在线教学国际平台

新冠肺炎疫情肆虐全球，中国高等教育做到了有责任、有义务、有担当，通过输出大量在线开放课程，在危机时刻支持世界高等教育共渡难关，用中国优质课程资源服务全球学习者。

2017年以来，教育部连续推出国家级精品慕课、国家级虚拟仿真实验项目，在通盘考虑以往建设的基础上，启动高校在线教学英文版国际平台建设项目，于疫情期间传播和推广了一系列代表中国水平、中国质量的英文版国际平台和课程资源。国际平台建设由教育部高等教育司主办，"爱课程"和"学堂在线"成为首批入选平台，两个平台汇聚了优质课程，全力支持世界各国大学生进行在线学习，同步提供多样化的教学指导与学习服务。此外，教育部还成立了平台和课程建设委员会及专家顾问组，通过审定课程标准和技术规范、开展咨询服务等方式指导平台的运行管理工作。

在此过程中，国际平台建设始终遵循五个入门标准，从访问、界面、服务、功能和技术五个方面严把质量关，确保平台建设契合时代需求、满足国际标准、服务多样群体。[1]（见图 12）

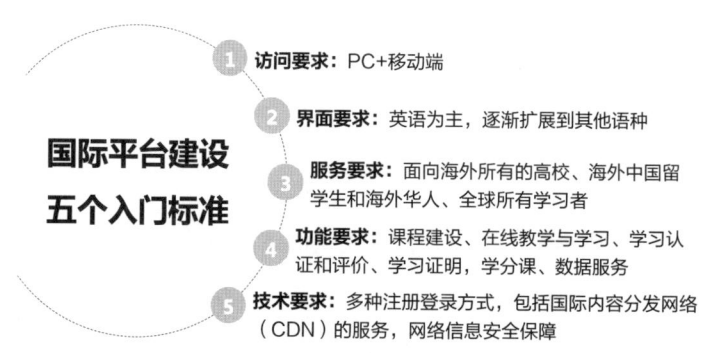

图 12　国际平台建设入门标准

此外，国际课程建设也始终遵照五大基本要求，从内容、设计、传播、纪律和语言五个方面制定全流程基本规范，保障内容建设的系统性、科学性、开放性、共享性和规范性。

图 13　国际平台课程基本要求

---

1 吴岩. 应对危机 化危为机 主动求变 做好在线教学国际平台及课程资源建设. https://www.sohu.com/a/387053736_671051, 2020-09-18.

4. 管质量、管服务、管安全

国家和政府层面，对慕课采取指导、支持和鼓励的管理方式，并通过教育部教学信息化与教学方法创新指导委员会和高校在线开放课程联盟联席会，为慕课联盟与高校提供交流平台，为慕课的整体变革、创新和发展指明方向。其中，教育部教学信息化与教学方法创新指导委员会通过"五个一"工程全面指导慕课教学改革创新，构建好慕课的公平、共享、服务、创新、合作之路，推动教学改革，推进教育公平，培育创新人才。具体如下：

4.1 一批慕课金课（群）

开展精品在线开放课程认证工作，认证范围将包括：公共课与通识课（群）、专业核心课（群）、前沿技术课（群）以及产学合作共建课（群）等。

4.2 一套建用慕课标准规范

构建慕课建课与开放服务规范、慕课教学实施指南、慕课评价指标体系及评价办法。

4.3 一批优秀慕课教改案例

挖掘、筛选出典型的慕课协同教学模式与方法，对典型的慕课教学案例进行评比和认证，并将慕课应用试点学院的典型案例进行推广。

4.4 一个慕课联盟联席会

加强多专业的慕课联盟建设工作，构建和加强慕课联盟联席会机制建设。此外，委员会也将加大课程应用和经验分享，以慕课发展报告等形式加强宣传。

4.5 一系列慕课大会

通过举办中国慕课大会、中国高校外语慕课联盟年会、慕课教学国际研讨会和一系列培训研讨会，搭建沟通交流的平台，共同推进中国慕课的创新与变革。

高校在线开放课程联盟联席会的主要任务包括分类指导、促进交流、立规立标和培训推广，将积极推动高校在线开放课程教育教学改革与发展，在慕课教学理念、教学模式、教学规范、教学方法创新等方面发挥整合、协调、推动、支持、指导与引领作用。目前，联席会已组建了规范宣贯、培训推广、产学合作、机制政策四个工作组。联席会协助教育部高等学校教学信息化与教学方法创新指导委员会为慕课组织立标立规，宣传并贯彻在线开放课程质量规范。（见图14）

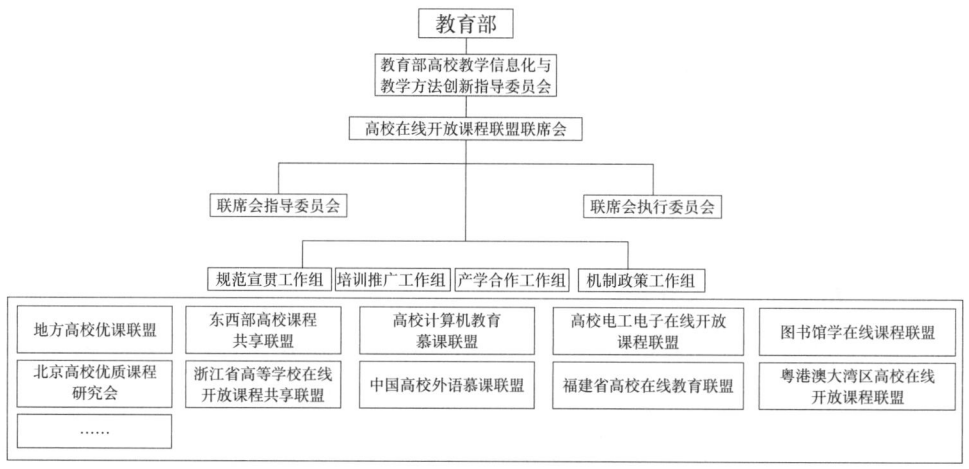

图14 高校在线开放课程联盟联席会机制

高校层面，紧紧围绕"质量"引导教师"教"和学生"学"。在课程教学管理评价体系上，高校秉持以学生为中心、以学习成果为导向的教育理念，普遍及时制定质量保障方面的相关文件制度（如：建立教学状态每日采集通报与周总结制度，建立常态化、全过程的线上教学巡查机制等），多措并举（包括：领导听课看课、管理者环节抽查、教学督导与评价、院系督导与同行评价、学生评教与教师评学和信息员制度等），积极落实并指导线上教学质量保障工作。对标"两性一度"的"金课"建设标准，坚持学生中心、成果导向、持续改进，保证线上线下教学质量实质等效。还有不少高校实行在线教学指挥中心与课程平台建立教学质量保障联动机制，运用大数据平台对在线教学进行质量监控和在线教学检查，实时监测教学运行数据，通过课程资源建设度、实时课堂播报、日常教学状态时报、教师与学生在线活跃度、师生互动等指标，充分了解学生在线学习状态。以学生为中心，从多个质量评价维度对线上教学工作质量进行全面监控，主要包括教学组织、教学内容、教学方法、学习效果等。同时，结合学校重点建设在线课程，促进线上"金课"和线上线下混合式"金课"建设，保障在线开放课程质量。

四、中国慕课发展展望

在当前中国的社会背景和技术浪潮之下，政府引导、企业参与、高校实践的慕课教育协同创新模式逐步形成。在面向未来的人才培养过程中，慕课发挥着不可替代的作用。随着技术的发展和课程的应用，慕课的呈现方式将更加丰富多元，扮演举足轻重的角色。

2019 年 4 月发布的《中国慕课行动宣言》，教育部高等教育司司长吴岩总结了中国慕课的六点重要经验。

1. 质量为王。中国慕课坚持集中最好的大学、最好的团队、最好的教师的建设原则，让中国慕课成为质量最有保证的中国金课。从面广量大的公共课、通识课入手，逐步拓展到专业基础课、专业课和实验课，内容更加丰富、结构更加合理、类别更加平衡。积极推进慕课质量管理和学分认定制度，让高质量课程走进大学课堂，提供给社会学习者分享。

2. 公平为要。中国慕课坚持有质量的公平和有公平的质量的教育原则。开展跨地和跨校的慕课协同教学，创新应用模式，为教师提高专业能力服务，为解决区域与校际之间教育教学水平差异服务。积极促进慕课与课堂教学有机结合，让优质教学资源惠及每一位学生。着力技术更先进、界面更友好，增强慕课吸引力，让更多社会学习者更加便捷地获取高品质的课程学习资源。

3. 学生中心。中国慕课坚持以学生为中心的教育理念。致力于如何让学生"学得更好"，激发学习兴趣和潜能，突出结果导向和持续改进。课程设计和学习支持服务充分考虑新一代大学生"网上原住民"的认知学习和接受特点，注重课程育人，注重学生全面发展，注重学生的获得感和满意度，促进个性化学习。

4. 教师主体。中国慕课坚持教师为主体的慕课建设和使用目标。努力提升教师信息素养，激励优秀教师建设慕课，动员广大教师使用慕课。创新教师团队组建模式，通过强强合作、强弱协同等方式，推广在线学习、翻转课堂、混合式教学，改革教学内容、方法和模式。重视学习反馈与评价，促进慕课迭代，提升教学工作的有效度和教学质量的保障度。

5. 开放共享。中国慕课坚持开放共享的建、用、学方式。建立跨区跨校慕课联盟，打造高质量利益共同体，增强慕课应用活力。推动慕课平台扩大资源开放力度，为学习型社会、学习型政党、学习型国家建设提供支撑。中国一直致力于推动慕课的国际合作与交流，在国际著名慕课平台上线了一批优秀的中国慕课供全世界学习者分享。

6. 合作共赢。中国慕课坚持高校主体、社会参与、政府支持的合作共赢机制。数量井喷式发展、质量飞跃式提高的中国慕课建、用、学、管井然有序的良好局面已经形成。慕课发展的中国经验、中国标准、中国模式可以供世界各国借鉴和分享。

当前中国高等教育综合改革进入关键期，高等教育的改革不再是策略应对式的被动改革，而是互联网时代的系统性改革。慕课被教育尤其是高等教育领域看作是推动变革的重要契机，大量国际知名高校以多种方式争相发展慕课的现实是最好和最有力的证明。以慕课为代表的新型在线教育服务模式，已经彰显出突破传统教育体制和传统教育模式的力量，成为国际高等教育改革与发展的重要实践。慕课的建设与发展是一项长期性、系统性的工程。叠加 2020 年初的新冠肺炎疫情，从学生、家长、学校、教育机构到整个教育行业，无一不卷入这场突如其来的"线上浪潮"，并做出改变。诚如吴岩司长所言，"融合了'互联网＋''智能＋'技术的在线教学已经成为中国高等教育和世界高等教育在教与学方面的重要发展方向"。慕课作为在线教学的重要载体，承担着变革教育资源供给方式的重任。中国慕课将去向何处，它所推动的高等教育改革将如何进一步深入，我们一起努力，共同守望！

截至 2020 年 8 月底，主要慕课平台已陆续向高校和社会开放共享慕课 3.2 万门，平台上的在校生和社会学习者学习人数上升至 4.9 亿人次，其中，在校生获得慕课学分人数达到 1.4 亿人次。在发展规模的同时，强化政企协同、完善标准规范、健全管理体系等一系列政策、制度、组织应运而生，有力保障了慕课的长远发展。为大力推进全国高校慕课的建、用、学、管，提高中国高等教育质量，推进教育公平，2020 年 11 月教育部高等学校教学信息化与教学方法创新指导委员会发布了《高等学校慕课建设与应用指南》。高校在线开放课程联盟联席会成立在线教育企业工作组，进一步发挥社会和企业在慕课发展中的积极推动作用。在全国慕课教育创新大会（第二届）暨高校在线开放课程联盟联席会 2020 年年会上，教育部高等教育司一级巡视员宋毅阐述了疫情后慕课创新发展探讨：立足教改，实现技术服务深度融合；面向未来，激发在线教育创新活力；提升质量，打造教育教学示范精品；聚焦公平，推动优质资源开放共享。

2020 年 12 月 9—11 日，世界慕课大会在清华大学召开。大会以"学习革命与高等教育变革"为主题，是自慕课兴起以来首次以慕课为主题举办的全球性会议。

中国教育部部长陈宝生做主旨报告，分享了中国慕课与在线教育的实践、创新与探索，倡议各国秉承合作共赢、开放包容的理念，继续加大慕课与在线教育资源建设力度，加强慕课与在线教育资源的应用与共享，促进个性化学习和终身学习，推进慕课与在线教育创新发展，共同推动慕课与在线教育的建设、发展和共享。大会发起成立世界慕课联盟，发布了《慕课发展北京宣言》。

以抗击疫情为标志，以慕课为代表的中国在线教育进入新的发展阶段，成为"互联网+"与"智能+"时代的重要引领力量，正在促进"学习革命"与"质量革命"的深度融合。

（张欣宇 外语教学与研究出版社）

参考文献

[1] 董剑桥.后疫情期间的大学外语在线教学：实践、反思与展望[EB/OL].http://ucourse.unipus.cn,2020-09-18.

[2] 教育部.中国慕课行动宣言[EB/OL].http://www.moe.gov.cn/s78/A08/A08_ztzl/ztzl_zxkf/201904/t20190418_378663.html,2019-04-17/2020-09-18.

[3] 林蕙青.努力实现新时代高校人才培养新作为[EB/OL].http://www.moe.gov.cn/jyb_xwfb/moe_176/201810/t20181026_352793.html,2018-10-26/2020-09-18.

[4] 清华大学国际教育.全球胜任力[EB/OL].http://goglobal.tsinghua.edu.cn/cn/competence,2020-09-18.

[5] 吴岩.应对危机 化危为机 主动求变 做好在线教学国际平台及课程资源建设[EB/OL].https://www.sohu.com/a/387053736_671051,2020-04-10/2020-09-18.

[6] 许宁生.新时代中国高等教育的改革与发展[EB/OL].http://sh.people.com.cn/GB/n2/2018/0427/c134768-31514667.html,2018-04-27/2020-09-18.

[7] 郑富芝.尺寸教材,悠悠国事[N].光明日报,2020-01-21(13).

[8] 钟登华.努力建设世界一流水平的中国慕课[EB/OL].http://www.moe.gov.cn/jyb_xwfb/gzdt_gzdt/moe_1485/201904/t20190410_377278.html,2019-04-10/2020-09-18.

《世界慕课发展报告》

美国

【摘　要】慕课源起于美国。从2012年被命名为"慕课元年"起,到如今慕课已经走过了八年多的时间。作为一次革命或者说运动,慕课给高等教育带来了前所未有的变化,教师的教学模式、学生的学习方法、传统的课堂教学,无不受到巨大的冲击,并因此发生了巨大的变革。本文着重对美国慕课的发展历史及路径、面临的问题及未来发展趋势进行了详细阐述和分析。

网络课程或者网络教育是伴随着互联网的诞生而出现的。20世纪90年代中后期,互联网开始逐步进入寻常百姓家,网络教育也随即开始出现。只不过那时的学习者人数有限、规模不大、影响力很小,直到慕课横空出世。

慕课（Massive Open Online Courses，MOOCs），即大规模网上公开课程,源起于美国。如果从被命名为"慕课元年"的2012年算起[1],到如今,慕课已经走过了八年多的时间。但这八年,却是举世瞩目、改变世界、改变高等教育的八年。就其发展历史、规模、速度、人数等指标来看,称这是一场"慕课革命",或者说是一场"慕课运动",都恰如其分。慕课是一场革命,因为它带来的是高等教育的变革,是教学模式与学习方式的革命;慕课是一场运动,因为它涉及人数之多——未来还会更多,气势之恢宏,颠覆传统课堂教学模式之彻底,可谓前所未有。

本文将着重回顾、介绍美国慕课的发展历史及路径,对慕课的现状进行应用分析,直面其所面临的问题,追问其未来的发展趋势。

---

[1] Pappano Laura. The Year of the MOOC. *New York Times*, https://www.nytimes.com/2012/11/04/education/edlife/massive-open-online-courses-are-multiplying-at-a-rapid-pace.html, 2012 - 11 - 02/2020 - 02 - 28.

一、美国慕课的发展历史及路径

慕课产生于21世纪的第二个十年间,发展历史不长,但其发展速度之快、规模之宏大、影响之深远,都出乎人们所料。本节将以时间为经,简略回顾其发展历史与路径。

1. 2011:慕课的缘起

慕课的产生或许出于偶然,但从创始之初就吸引了众多的学习者,则令人始料不及。2011年7月,斯坦福大学教授特隆(Sebastian Thrun)通过其个人YouTube频道宣布,他和同事诺维格(Peter Norvig)将在网上免费提供斯坦福课程"人工智能简介"(Introduction to AI),该课程将同时提供给斯坦福大学的在校学生和全球的在线学习者。十天后,特隆发布视频,详细介绍了该课程的工作原理。[1] 一个月后,斯坦福大学又有教授发布两门在线课程,一门是由宁(Andrew Ng)教授所开设的"机器学习入门"(An Introduction to Machine Learning),另一门则是由韦德(Jennifer Widom)教授所开设的"数据库入门"(An Introduction to Databases)。

上述消息发布不到一个月的时间,仅仅通过网络信息传播,"人工智能简介"就吸引了58,000名学习者。[2] 这引起了《纽约时报》等媒体的高度关注,开始发表有关斯坦福大学免费在线课程的相关文章。

10月10日,更让人目瞪口呆的是,这三门课程上线后,每门课程的注册学生人数都超过5万,"机器学习入门"注册7.2万人,"数据库入门"6.6万人,而"人工智能简介"更是达到16万人,学习者来自世界上190个国家。[3] 从10月到11月,斯坦福大学宣布,将有更多的课程上线。12月,麻省理工学院宣布MITx诞生,这

---

[1] Ackerman Evan. You (YOU!) Can Take Stanford's 'Intro to AI' Course Next Quarter, For Free. https://spectrum.ieee.org/automaton/robotics/artificial-intelligence/you-you-can-take-stanfords-intro-to-ai-course-next-quarter-for-free, 2011-08-04/2020-03-03.
[2] Beckett Jamie. Stanford Engineering professors are reinventing online education with free computer science courses that employ new teaching technology. *Stanford News*, https://news.stanford.edu/pr/2011/pr-compsci-online-081611.html, 2011-08-16/2020-03-03.
[3] Firth Simon. Stanford Engineering's new online courses: hugely popular and bursting with activity. *Stanford News*, https://engineering.stanford.edu/news/stanford-engineering-s-new-online-courses-hugely-popular-and-bursting-activity, 2011-10-17/2020-3-3.

是一项通过内部设计的开源学习平台提供在线课程的计划。[1]

人们都在推测，或许是因为斯坦福大学的名校效应，或许是这几门学科入门课程本身具有吸引力，或许是这几位知名教授本身具有魅力，或许是这几项因素相加，最终使网络学习或在线学习在很短时间内成了人们关注的一个现象。

但需要引起我们注意的是，那时，"慕课"一词，尚没有进入人们的视野。

2. 2012：慕课元年

时间跨入 2012 年，慕课的爆棚发展与商业运作，开拓了高等教育发展的新领域，预示着高等教育的革命，其快速发展的势头令人猝不及防，大批高校和众多公司主动或者被动卷入这股洪流之中。

1 月 18 日，课程时代（Coursera）平台横空出世，该网站发布其使命宣言："致力于向世界上所有人免费提供最好的教育。"[2] 24 日，《高教内幕》(Inside Higher Ed) 发表文章，使用的主标题是："Massive Courses, Sans Stanford."副标题是："The instructors of Stanford's massively open online artificial intelligence course spin their idea into a for-profit venture."[3]

这里面透露出两个重要信息：首先，这大概是迄今为止人们所发现的"慕课"一词的最初表示，尽管并不完整，但它既有主标题中的"Massive Courses"，也有副标题中的"Massively open online…course"。后来人们常见的"Massive Open Online Courses"，在这里已可见其雏形。当然，那个时候，这样的词汇有其特定含义，主要还是指斯坦福大学的网络课程。其次，Coursera 是由斯坦福大学教授宁和科勒（Daphne Koller）所建立的一家教育科技公司，这是商业公司，但致力于为世界提供最好的免费教育。这是慕课建立最初所宣称的使命。

1 月 23 日，因网络课程而名噪一时的计算机科学家特隆宣布离开斯坦福大学，和同样辞去弗吉尼亚大学终身教职的埃文斯（David Evans）教授等一道，组建了

---

[1] MIT launches online learning initiative. *MIT News*, http://news.mit.edu/2011/mitx-education-initiative-1219, 2011-12-19/2020-03-03.
[2] Shah Dhawal. Coursera's Monetization Journey: From 0 to $100+ Million in Revenue. *Class Central MOOC Report*, https://www.classcentral.com/report/coursera-monetization-revenues/, 2019-6-22/2020-03-03.
[3] Kolowich Steve. Massive Courses, Sans Stanford. *Inside Higher Ed*, https://www.insidehighered.com/news/2012/01/24/stanford-open-course-instructors-spin-profit-company, 2012-01-24/2020-02-27.

另外一家私立教育机构，名为勇敢之城（Udacity），号称"21世纪大学"（21st Century University）。该平台在2月20日开始运行。

与此同时，也是在2012年的1月，斯坦福大学所开设的网络课程，每一门的注册人数少则3.5万人，多则6.7万人，[1]人数之多，创下纪录，震惊世人。

3月4日，由麻省理工学院所创建的MITx平台开始运行。4月18日，Coursera宣布成功筹集到1600万美元，还找到一些大学作为自己的合作伙伴，这些高校为普林斯顿大学、密歇根大学和宾夕法尼亚大学等。[2] 4月23日，Coursera的第一批课程上线。[3] 5月2日，哈佛大学和麻省理工学院宣布创建教育在线（edX）平台——该平台基于MITx团队开发的软件来运行——这成为美国第三家慕课平台，也是与Coursera和Udacity相抗衡的一家慕课平台。特别需要说明的是，哈佛大学与麻省理工学院之所以联手，主要是担心网络教育的过度商业化发展。为此，他们从一开始就宣布结成的是非营利性合作伙伴关系，每所大学各投资3000万美元。[4] edX的网上课程系统之所以由两所名校联手，目的是要提供免费的网络课程，搭建共同的教育平台。

在接下来的几个月内，三足鼎立的慕课平台得到了飞速发展。6月，盖茨基金会宣布向edX投资100万美元。7月到10月间，Coursera已经吸引了上百万的学习者，独领风骚，成为第一个拥有百万学习者的平台，其发展速度比Facebook都快。[5] 除此之外，它还找到了33所大学，包括国际上的大学结成合作伙伴，上线了100多门课程。而Udacity紧随其后，也有了超过70万的学习者。到10月，Coursera的上线课程已经接近200门，其中100门已经在运行之中。10月25日，Udacity宣布融资1500万美元，使该公司的总资产达到2110万美元。[6]

---

1 Shah Dhawal. Capturing the Hype: Year of the MOOC Timeline Explained. *Class Central MOOC Report*, https://www.classcentral.com/report/mooc-hype-year-1/, 2020-02-04/2020-02-27.
2 Markoff John. Online Education Venture Lures Cash Infusion and Deals With 5 Top Universities. *New York Times*, https://www.nytimes.com/2012/04/18/technology/coursera-plans-to-announce-university-partners-for-online-classes.html, 2012-04-18/2020-03-03.
3 Coursera把这个时期视为该平台的诞生之时，每年4月下旬庆祝其周年纪念日。
4 MIT and Harvard announce edX. *MIT News*, http://news.mit.edu/2012/mit-harvard-edx-announcement-050212, 2012-05-02/2020-03-03.
5 Pappano Laura. The Year of the MOOC. *New York Times*, https://www.nytimes.com/2012/11/04/education/edlife/massive-open-online-courses-are-multiplying-at-a-rapid-pace.html, 2012-11-02/2020-02-28.
6 Roger Riddell. Online learning platform Udacity raises another $15 million in series B funding. *Education Dive*, https://www.educationdive.com/news/online-learning-platform-udacity-raises-another-15-million-in-series-b-fun/67347/, 2012-10-26/2020-03-03.

至此，从 2011 年 7 月到 2012 年岁末，慕课的快速发展取得了辉煌的甚至是令人瞠目的业绩，从只有一所大学——斯坦福大学，仅提供 3 门课程，吸引 30 万学习者，发展到 40 余所高校参与其中，可以提供超过 250 门免费课程，拥有 400 万学生的规模。可以说，到这个时候，慕课的发展气势如虹，已经成为高等教育界的一个大事件。

正是在这种情况下，2012 年 11 月 2 日，《纽约时报》发表了《慕课元年》（The Year of the MOOC）的报道。[1] 这篇文章有两个重要意义：第一，它在此前有关报道的基础上，综合并创造了 MOOC 一词，从此"慕课"走入人们的视野，为人们所广泛使用；第二，它很好地总结和概括了慕课的发展，着重提到了 Coursera、Udacity 和 edX 等慕课平台，让人们看到了一幅全景图——慕课作为新兴产业，正在或即将给高等教育带来革命性的改变。

由于《纽约时报》出色的文章标题——The Year of the MOOC，以及其强大的影响力，就此，2012 年被认为是"慕课元年"。《时代》杂志也称，免费的"慕课"向"大众打开了通向常青藤盟校的大门"。[2]

综上所述，2012 年之所以能够在"慕课"发展史上占有如此重要的地位不外乎三大原因，一是慕课的三大供应商——Coursera、Udacity 和 edX——在当年应运而生，它们提供了最主要的、公开的、大规模的、免费的网络课程；二是超过 40 所高校，包括哈佛大学、麻省理工学院等世界名校，迅速加入这股高等教育改革的大潮之中，它们的介入，给高等教育界带来了极大的震动，让人们看到了改革的前景；三是《纽约时报》等媒体的推波助澜，在这一年中，针对慕课的发展做了大量的报道，让人们充分认识到慕课的方方面面，极大地吸引了人们的眼球，也使很多人在自觉与不自觉之中参与到慕课的学习或是体验当中。

在 2012 年，人们已经充分意识到，慕课就是一场运动，其声势浩大、规模超前、速度发展之快令人始料未及。这场运动无疑是一次革命，是所有教育领域特别是高等教育领域的一次革命，带来了教师教学模式、学生学习方法、传统课堂形态的巨大变革。而且，这场运动所带来的革命，才刚刚开了个头。

---

1 同 37 页注释 5。
2 Ripley Amanda. College Is Dead. Long Live College! *Time*, https://nation.time.com/2012/10/18/college-is-dead-long-live-college/, 2012-10-18/2020-02-28.

3. 2013：慕课遍地开花

大约从 2012 年后期开始，无论欧洲还是亚洲，或者是拉丁美洲，抑或澳大利亚，世界各国的众多高校都开始推出颇具各国与各自高校特色的慕课公司与课程。[1] 在美国，慕课的发展势头更是极为迅猛，且一直在不断增长之中。如果说 2012 年是以慕课为载体的"网络大学时代"横空出世的一年，那么，2013 年，便可堪称"慕课"突飞猛进乃至狂飙突进的一年。其所呈现的特征体现在以下三个方面：

第一，"慕课"一词，正式进入《牛津英语词典》。[2] 这是一个重要标志，预示着慕课的影响力，以及为人们所接受的程度。尽管其被写入词典时的定义——经由互联网免费提供给众人的课程（a course of study made available over the Internet without charge to a very large number of people）中的"免费"特征，很快就被打破了。

第二，大规模课程层出不穷，令人眼花缭乱。慕课课程数量从 2012 年的大约 100 门，增加到了 2013 年的近 700 门，平均每天有近两门新的慕课上线。而且到 2013 年底，有 1200 多门课程宣布要上线。[3]

第三，像 Udacity 这样最先推出免费课程的网络大学，开始收费了。2013 年新年伊始，圣何塞州立大学宣布与 Udacity 合作，推出第一批"慕课的学分课程"。[4] 当年 5 月乔治亚理工学院宣布，与 Udacity 及美国电话电报公司（AT&T）合作，推出完全基于慕课的硕士学位课程。这是计算机科学领域的首个网上硕士项目。[5] 当然，既然是学分课程，而且还要拿学位，自然就不再是免费的课程而是要付费了。但学费只要 7000 美元，这可能只是在实体大学中所交学费的一个零头而已。但其重要意义在于：慕课所包含的免费的意义，已经被打破了。而慕课真正走入收费时代，

---

1 郭英剑. "慕课"在全球的现状、困境与未来. 高校教育管理，2014，8（4）：42.
2 Jaschik Scott. MOOC Makes Oxford Dictionaries. *Inside Higher Ed*, https://www.insidehighered.com/quicktakes/2013/08/29/mooc-makes-oxford-dictionaries, 2013-08-29/2020-03-03.
3 Shah Dhawal. MOOCs in 2013: Breaking Down the Numbers. *Edsurge*, https://www.edsurge.com/news/2013-12-22-moocs-in-2013-breaking-down-the-numbers, 2013-12-22/2020-03-03.
4 Das Sumi. CNet: Udacity, San Jose State University Offer Online Classes for Credit. *SJSU Newsroom*, http://blogs.sjsu.edu/newsroom/2013/cnet-udacity-san-jose-state-university-offer-online-classes-for-credit/, 2013-01-29/2020-03-03.
5 Georgia Tech Announces Massive Online Master's Degree in Computer Science. *Georgia Tech News*, https://www.news.gatech.edu/2013/05/14/georgia-tech-announces-massive-online-masters-degree-computer-science, 2013-05-14/ 2020-03-03.

是在 2017 年。

4. 2016：慕课稳步前行

总体上看，经过从 2012 到 2016 年的飞速发展，慕课已经进入稳步前进阶段。我们从下面这份研究报告中大致可以看到，到 2016 年底，慕课发展的基本状况。

2016 年 12 月 23 日，哈佛大学和麻省理工学院的联合研究小组发布了一个研究报告，统计了在过去的四年间，两校共建的 edX 平台上的慕课课程进展情况。这是当时规模最大的慕课调查之一。哈佛大学校报《哈佛公报》(*Harvard Gazette*) 对该报告的最新发现做了简要总结，[1] 大体上有如下新的发现：

第一，慕课成绩喜人。调查结果显示，该平台在线课程 290 门，发放证书 24.5 万份，参与学习者 450 万人，学习时长 2800 万小时。单从数据就可以从一个侧面看出慕课在四年间的发展状况。

第二，学习者众多。根据调查结果，四年来，慕课的累计参与量稳步增长。在研究期间，240 万独立用户参与了一个或多个 MITx 或 HarvardX 慕课，平均每天都有 1554 名用户注册课程。一个人要想获得慕课证书，最少要花 29 个小时在线上教学中互动，而最终该平台成功颁发了 245,000 个证书。根据这组调查结果，可以看出，所有获得证书的学习者，其网络学习时间与互动时间平均在 30 小时左右。

第三，参与者各取所需。依据调查，人们学习的状况有所不同，其背景与学习意图也各不相同。但一般来说，如果一门课程最终有 500 人得到认证，那么其中大约会有 7900 名学员注册该课程，他们在注册后都会访问一些课程内容，其中约有 1500 人会选择翻看一半或者更多的课程内容。由此可见，除了完成课程获得证书外，大多数进入相关课程者，都会涉猎其他课程内容。

第四，学习者年龄、性别有差异。统计数据表明，学习者的年龄中位数为 29 岁，而男女比例为 2：1（67% 为男性，33% 为女性）。除了美国外，世界上其他国家学习者也大量参与慕课，大约 71% 为国际人士，29% 为美国人。如果考虑到这里的国际人士来自世界上 100 多个国家，那么，美国这将近 30% 的人数比例，还是相当高的。这一事实说明，学习者多以会电脑、懂网络的青年人居多，而且越是发

---

[1] Perez Esten. Grading the MOOCs. *Harvard Gazette*, https://news.harvard.edu/gazette/story/2017/01/grading-the-moocs/, 2017-01-12/2020-03-03.

达国家与地区，参与者越多。

第五，计算机科学课程是慕课课程的中心。MITx 和 HarvardX 计算机科学课程是网络课程的"枢纽"。与科学、历史、健康和其他学科相比，计算机科学课程规模最大，且可以将更多的参与者引入其他学科领域。这符合当下人们对计算机科学知识的需求。

第六，教师是慕课的积极参与者。该研究发现，教师群体对慕课的参与度很高，32% 的受访者自称"现在"或"曾经"是一个名教师。而在这一群体中，19% 的人表示自己正在指导所参加的在线课程中探讨的同一个主题，16% 的人获得了课程认证。这个发现说明，教师群体是终身学习的最大群体，而慕课在事实上推动了教师首先学习慕课，继而参与并使用慕课的真实过程。

由哈佛大学与麻省理工学院学者的研究报告我们不难看到，经过 2012 到 2016 年这四年的发展，慕课已经进入一个良性循环的发展阶段。课程的良好声誉、人们的积极参与，都为慕课由免费走向付费做好了铺垫。

5. 2017：慕课走向付费时代

2017 年，慕课在稳步前行的基础上，有了一个实质性的变化，那就是它进入了全面收费时代，即学习者若想真正从慕课学习中获得益处（比如获得证书、取得学位），那么就必须为此付费了。

依据中心课堂（Class Central）[1] 所发布的数个有关 2017 年慕课统计数据和趋势年度回顾报告，[2] 可以看出，慕课已经从它要给高等教育带来极大冲击的这一角色，演变为通过针对终身学习者的分层服务来进行创收的一种学习形式。慕课公司或者说慕课平台，都可以独立运作了，尽管他们吸引了众多的高校特别是名校成为自己的合作伙伴，参与其实际运作。

该统计报告显示，全球有超过 800 所大学成了慕课运动的一部分，吸引了约

---

[1] Class Central（中心课堂），是2011年11月28日上线的一个慕课集中展示平台。到目前为止，它已发展成为一家集慕课平台、慕课总结、慕课年度评估为一体的网络技术公司。

[2] Shah Dhawal. 6 Biggest MOOC Trends of 2017. *Class Central MOOC Report*, 2018-01-20; Shah Dhawal. By the Numbers: MOOCS in 2017. *Class Central MOOC Report*, 2018-01-18; Shah Dhawal. MOOC Trends in 2017: Content Paywalls. *Class Central MOOC Report*, 2018-01-17; Shah Dhawal. MOOC Trends in 2017: Online Degrees and Corporate Learning. *Class Central MOOC Report*, 2018-01-17; Shah Dhawal. MOOC Trends in 2017: Increased Flexibility and Convenience. *Class Central MOOC Report*, 2018-01-08.

7800万学习者。若仅从数据上看，2017年学习免费课程的慕课初学者数量为2000万，比2016年（2300万）少了大约300万，原因之一是付费用户数量有所增加。Coursera当下的用户数量已经达到了3000万，其在2017年的付费客户增长了70%，而Udacity中付费参加其微学位（nanodegree programs）[1]课程者，就有50,000名。

慕课进入付费时代所采取的形式大概有三种。第一，会员制。Coursera是将分级作业放在付费墙后面。如果不是会员，或者不付费，就无法完成课程。第二，以内容取胜。Udacity在实际收费之后，积极通过内容的改善来吸引学习者。第三，依靠证书或者学位。在慕课由免费变为付费的过程中，许多新课程都与相关的专业证书联系在一起，同时，一些大学开始使用慕课来提供在线或混合学位（online or blended degrees）。佐治亚理工学院与Udacity早在2013年就合作开发了计算机科学硕士课程，到目前为止已有6000名学习者。从2017年开始，它们又与edX达成协议，开始提供在线分析科学硕士学位课程。2016年，伊利诺伊大学—厄本那—香槟分校在Coursera开设了会计学硕士学位课程，同时开设的还有商业和数据科学学位课程。

总之，到了2017年，诸如Coursera、Udacity等盈利公司的免费课程都在逐年减少。比如，Udacity在2018年还有35门免费课程，到2019年，仅剩7门。[2] 而edX虽然还在提供免费课程，但随着该平台提供越来越多的微学位、学位、证书课程等，付费的课程也越来越多，免费浏览者仅能查看部分内容。[3]

其实，早在2017年之前，慕课平台就不乏收费项目，有些网民也愿意为此付费，但都未达到一定规模。应该说，在经过2013到2016年的发展之后，慕课收费（无论采取会员制还是课程收费的方式）逐渐成为惯例，人们也已经开始接受这种不再免费的学习模式。慕课平台由此进入付费时代。2017年，也就成为慕课发展史上一个重要的历史节点。

---

1 "微学位"，也译为"纳米学位"或"微专业"，是美国出现的新型学位凭证，一般专为企业定制并输送专门人才，能实现定制型人才的快速就业，通常具有针对性强、技术难度不高的特点。
2 Mendez Manoel Cortes. Udacity's 2019: Year in Review. *Class Central MOOC Report*, https://www.classcentral.com/report/udacity-2019-year-review/, 2019-12-11/2020-03-03.
3 Shah Dhawal. EdX's 2019: Year in Review. *Class Central MOOC Report*, https://www.classcentral.com/report/edx-2019-year-review/, 2019-12-09/2020-03-03.

6. 2019：慕课进入新时代

6.1 数据中的慕课

经过八年多的发展，慕课已经达到了它初创以来的最高点。仅通过一些数据，就能看到它的发展轨迹与其非凡的业绩。

根据 Class Central 的统计，[1] 截止到 2019 年底，慕课的相关数据如下：（1）人数过亿。慕课的学习者人数已经达到 1.1 亿。而这个数据，并不包括中国[2]。在这之中，无论是 Coursera 还是 edX，注册学习的人数在这一年中都有大幅增加。（2）课程过万。仅在 2019 年，世界上就有 450 所大学宣布有超过 2500 门课程上线，从而将慕课的总课程数提高到了 13,500 门。（3）微证书课程近千。基于慕课的微证书课程，已经超过 800 门。仅在 2019 年，就有 170 门新课上线（2018 年只有 120 门）。

通过 Class Central 所提供的下图，[3] 可以看到慕课从 2012 到 2019 年间的飞速发展。其发展轨迹一路走高，从未有下行的时候。

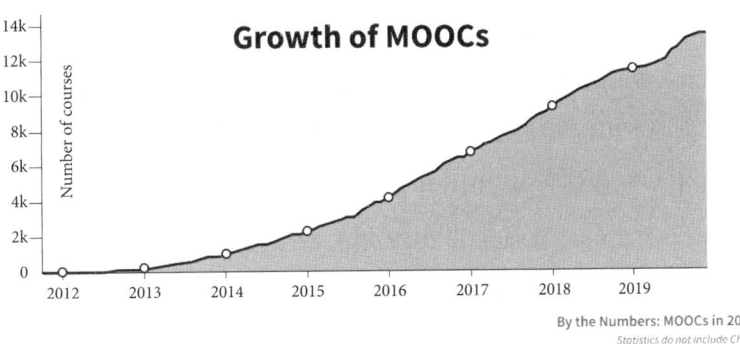

图 1　2012—2019 年慕课发展走势图

---

1 Shah Dhawal. By the Numbers: MOOCS in 2019.*Class Central MOOC Report*, https://www.classcentral.com/report/mooc-stats-2019/，2019-12-02/2020-03-03.
2 据 Class Central 的统计说明，未包括中国数据，主要是因为拿不到数据，或者是对所掌握的数据太过狭隘，无法涵盖中国的慕课状况。
3 Shah Dhawal. A Review of MOOC Stats and Trends in 2019. *Class Central MOOC Report,* https://www.classcentral.com/report/moocs-stats-and-trends-2019/，2019-12-17/2020-2-28.

6.2 慕课三大供应商的业绩

我们再来看看慕课的三大供应商 Coursera、Udacity 与 edX 截至 2019 年的业绩，就更能了解慕课飞速发展的实际情况。[1]

表 1　Coursera 2016—2019 年相关数据统计表

	2016	2017	2018	2019
员工	无数据	无数据	330+	450+
收益（美元）	6000 万	1 亿	1.4 亿	无数据
课程	1700	2700	3100	3800
专业（课程）	160	240	310	400
学位（课程）	2	4	11	16
学习者	2300 万	3000 万	3700 万	4500 万
商业用户	30	500	1500	2000

从表 1 可以看出：首先，从其利润看，虽然 2019 年数据尚未显示，但从 2016 年的 6000 万美元，发展到 2017 年的 1 亿美元，再到 2018 年的 1.4 亿美元，2019 年有所增加，大概在意料之中。其次，从其课程数量来看，也是逐年增加，由 2016 年的 1700 门，到 2017 年的 2700 门，再到 2018 年的 3100 门，最后到 2019 年的 3800 门。其中，专业课程从 2016 年的 160 门，增加到了 2019 年的 400 门。学位课程由 2016 年的 2 门，增加到了 2019 年的 16 门。最后，从其学生数量看，2016 年有 2300 万人，2017 年增加到 3000 万，到 2018 年增加到 3700 万人，而到 2019 年则高达 4500 万。

---

[1] 表 1、表 2、表 3 数据分别来自：Shah Dhawal. Coursera's 2019: Year in Review. *Class Central MOOC Report*, 2019-12-01; Mendez Manoel Cortes. Udacity's 2019: Year in Review. *Class Central MOOC Report*, 2019-12-11; Shah Dhawal Shah. EdX's 2019: Year in Review. *Class Central MOOC Report*, 2019-12-09.

表2 Udacity 2017—2019年相关数据统计表

	2017	2018	2019
收益（美元）	7000万	9000万	无数据
毕业生	1.8万	6.5万	10万
微学位（课程）	22	35	40
员工	~500	~350	~300

从表2可以看出：首先，从其利润来看，虽然2019年还尚未公布，但从2017年7000万美元，2018年9000万美元来看，2019年有所增加，当无疑问。其次，从其毕业生数量来说，2017年只有1.8万人，到2018年迅速增加到6.5万人，而到2019年已经突破10万人了。最后，其所提供的微学位数据，2017年为22个，2018年为35个，2019年为40个。所有数据都在快速增长之中。

表3 edX 2016—2019年相关数据统计表

	2016	2017	2018	2019
硕士学位（课程）	0	1	9	10
课程	1290	1820	2275	2650
学习者	1000万	1400万	1800万	2500万
微证书（课程）	118	174	233	292

从表3可以看出：首先，从其所提供的硕士学位课程看，由2016年的0门，递增到2019年的10门。其次，课程数量逐年增加，到2019年，该平台的课程总数达到了2650门。再次，就其学习者数量来说，2016年有1000万人，2017年增加到1400万人，2018年增加到1800万人，而到2019年则直达2500万。最后，其微证书课程从2016年的118门，增加到2019年292门。与前面两大平台一样，各种数据也都一路向好。

二、慕课应用分析

1. 丰富的慕课资源

慕课，在今天的美国有着广泛的用途，也极易为人所体验到。慕课的主要内容，可以分为三大类：

第一类，主要是普通知识类内容。日常生活中，人们常常存在种种问题，这些问题可能是五花八门的，但总有人以此为切入点，去制作相应的慕课来予以解答，它们或供消遣娱乐之用，或解人们日常生活所需。这部分内容占据的分量不在少数，在各平台中富有特色，但总体看缺乏系统性，观看或者学习者分流严重。

第二类，主要是普通的大学教育类内容。一般以人文社科类内容居多，在科学技术工程等领域，多以入门类课程为主。人们通过这类课程学习，或者可以弥补现有大学教育内容之不足，从而获得相应的学分或者证书，或者通过学习直接达到大学教育的一般水平，进而获得本科学历与学士学位。目前，这部分内容最多，应用也最为广泛。

第三类，是相对专业的知识体系类内容。主要通过特定的或者专门的硕士研究生课程来体现，可以弥补现有研究生教学体系之不足，但大多数是以通过学习直接获得硕士学位为目的。

人们通常所指，也是本文所主要讨论的，还是第二类和第三类内容。

总体来看，慕课所提供的应用内容，只要不是特别专业化的，几乎涵盖任何知识领域中的任何内容。这些内容可谓琳琅满目，往往多到令人眼花缭乱、目不暇接。

举一个简单的例子。当今世界，"写作"已经成为人们必不可少的一项技能，但谁也不能否认，这项技能无法单纯靠天赋所得，它是一项需要通过学习才能掌握和运用得好的技能。作为日常生活中的写手，难免要起草个人简历或者撰写求职信，工作中更是电子邮件不断，或者自己要记记日记，记录下自己的所思所想……因此，如何写作，会成为人们所遇到的一件大事。而创意写作，更是需要知识、体验、训练，才能真正有所提高；通过专业训练，可以为一些人成为一名作家，甚至为那些想以写作为生的人们，提供学习与接受指导的机会。如今，教人写作的慕课课程（无论免费还是付费）可谓比比皆是、应有尽有。

在 Class Central 上，就罗列出了 90 门免费的提高写作能力的课程。[1] 写作课程分为多种类型，主要有：（1）一般性写作：基础写作与作文课程（Basic Writing and Composition Courses）、简历写作课程（Resume Writing Courses）等。（2）新闻类或者博文类写作：新闻与博文写作课程（Journalism and Blogging Courses）。（3）创意写作：创意写作课程（Creative Writing Courses）。（4）商务类写作：商务写作课程（Business Writing Courses）。（5）技术类写作：英语与技术写作课程（Applied and Technical Writing Courses）。在各大类别中，又有大量细化的或者说专业化的课程供人选择，可谓丰富多彩。

以上述第一类基础写作与作文课程为例，其中就有众多的、涉及细节的课程——篇幅所限，仅举几例：

英语作文（English Composition），是由亚利桑那大学通过 edX 平台所开设的。这是一门有关英文写作的综合性课程，可以帮助提高英语写作技巧。学习该课程可以获得学分。

语法与标点符号（Grammar and Punctuation），是由加州大学尔湾分校通过 Coursera 所开设的课程。讲授如何正确使用动词时态，有效使用逗号，以及几种不同的句子类型，从而使学习者更加有效地使用英语写作。

英语作文 I（English Composition I），是由杜克大学通过 Coursera 所开设的课程。其目的是为未来所有领域中需要达到大学水平的写作打下基础。

上述各门课程可以细化到比我们日常高校中的写作课程更深入细致的程度，这样的课程，其实正是学习者所需要的，而多类别与多课程的丰富资源，更是给不同需求的学习者提供了更多的选择机会。

2. 慕课的四种用途

慕课在美国的用途与慕课的相关内容有关，主要有如下四种：

第一，消遣娱乐或终身学习。免费的网上学习，属于终身学习的一种。这样的学习目的，可以是以个人消遣或个人娱乐为主，也可以是个人为职业考虑，为生活

---

[1] Shah Dhawal. 90 Free Online Courses to Improve Your Writing Skills. *Class Central MOOC Report*, https://www.classcentral.com/report/writing-free-online-courses/, 2020-02-02/2020-02-28.

所计。至少，慕课为这样的网上学习提供了极好的机会。在很多慕课平台上，只要你点击注册，就可以享受一定的免费资源。这种方式，在过去是很难想象的。而在当下，这样的学习形式对很多人来说，已经成为重要的学习途径之一了。

第二，短期培训或提高技能。通过学习，人们可以获得相应的技术证书。现代社会的发展突飞猛进，新兴产业如雨后春笋般涌现，而这样的社会急需那些特定的、新型领域中的专业人才。这些人才，无法通过正规的大学四年教育来培养，因此，在灵活的时间里通过短期培训得到相关专业的人才，无疑就成了人们最有效的选择。而这种培训方式，恰恰也是慕课在最初发展阶段所采取的最主要的进军高等教育领域的最为智慧的方式之一。它找到了高等教育在快速培养人才，特别是实用型人才上的短板，也弥补了职业学校在临时、短期培训上所存在的不足，进而在高等教育的领地上，找到了一块立足之地。

不但如此，慕课公司还常常采取与企业合作的方式，为相关合作企业订单式地培养专业人才，即学业结束之后，不仅掌握了一门技术，还可以直接到相关企业去工作，可谓一举两得。而这种方式，对于慕课公司来说则是一举四得：在大学、职业学院的地盘上，找到了栖息与生存之地；赢得了一些学习者的欢迎；为企业与社会输送了所急需的人才，从而拓宽了自己的发展渠道；为学习者所颁发的技术或行业证书，获得了人们与社会的认可。慕课的此种用途，虽然是其最早运用的盈利方式之一，但到现在，这种运行模式更具规模，更加成熟，已是慕课发展的常见途径之一。

第三，获得证书或证明技能。很多高校或者慕课平台所推出的课程，可以由学习者注册学习后，免费获得课程证书。现在，越来越多的高校所推出的是付费的课程证书，即要想获得证书，就要付费。而在这方面，以微证书居多。

所谓微证书，主要是指在新兴的领域中，为了提高一个人的技术水平而设计的专门课程，在读完或学完这门课程之后，就可以获得该课程的证书。这种微证书课程，既可以转换学分，即未来可以转到一所高校获得认可并顶替相应的学分，也可以作为独立的资格证明。依据有关研究报告，截至 2019 年底，共有 820 个基于慕课的微证书课程，数目相当可观。[1] 无论如何，获得一张课程证书，不仅可以使学习

---

[1] Shah Dhawal. By the Numbers: MOOCS in 2019. *Class Central MOOC Report*, https://www.classcentral.com/report/mooc-stats-2019/, 2019-12-02/2020-03-03.

者有获得感与成就感，对于不少人来说，这也是在寻求职业时证明自己具有某种资格的方式。这种形式的学习，现在越来越普遍，也越来越受到人们的欢迎。

第四，获得学位或继续深造。应该说，这是最受人们期待的一种学习用途，即通过网上学习获得学位，抑或取得继续深造的机会。当下，主要有两大类学位证书课程，即本科学士学位课程与硕士学位课程。

第一大类，本科学士学位课程分两种情况：第一种是一些高校开始推出的网上微学士学位或纳米学士学位课程。[1] 这类课程主要针对成年人，为其事业发展所需而设置。edX 平台就推出了众多的微学士学位课程。正如 edX 在其微学士学位课程项目中所说，"无论您有没有大学经验，微学士学位计划都是为希望发展事业的成年学习者而设计的。edX 的微学士学位计划由顶尖大学创建，并得到《财富》1000 强公司的支持，是获得学士学位的最佳途径。该课程可让您今天就职，并获得完整的证书。现在，您无须等待数年即可改变自己的未来"。[2] 一些高校承认微学士学位的学历资格，允许这类学习者进入研究生专业的学习。第二种则是与大学本科教育相当的学士学位课程，采用远程教育的方式，只需完成线上学习，通过相应考试，就可以获得网络教育相关领域或专业的学位证书，这也是当下越来越流行的一种学习方式。比如，北得克萨斯大学通过 Coursera 在 2020 年秋季开设完全依靠网上学习的学士学位课程，名为"应用文理本科学位"[The Bachelor of Applied Arts and Sciences (B.A.A.S.) program]。[3] 这就是说，学习者就可以不必进入校园，完全通过网上学习的方式获得本科学历与学士学位。

第二大类，硕士学位课程也分为两种情况：第一种是微硕士课程项目。所谓微硕士课程，是美国一些顶尖大学为个人职业发展需要开设的研究生水平的网络课程。[4] 通过 edX 平台进行网上硕士课程学习，所学内容相当于通常硕士课程的四分之一。微硕士课程毕业生可以衔接升读相关大学的硕士学位。开办微硕士课程的大学包括麻省理工学院、哥伦比亚大学等。该计划通过在 edX 上成功完成慕课课程学习之后，从 2020 年开始，将其供应链管理计划中的部分学生带入校园，从而提供通往校园教育硕士学位的加速途径。第二种就是通过网上学习获得硕士学位，这类课

---

[1] 参见 MicroBachelors Programs for Undergraduate Education. https://www.edx.org/microbachelors, 2020 - 03 - 03.
[2] 参见 https://www.edx.org/microbachelors, 2020 - 03 - 01.
[3] 参见 https://www.coursera.org/degrees/unt-online-bachelor-completion, 2020 - 03 - 03.
[4] 参见 https://www.edx.org/micromasters, 2020 - 03 - 03.

程项目主要以商业、金融类为主。

3. 慕课的最新变化

回望 2019—2020 年的发展情况，慕课又有了一些新的变化。

首先，edX 平台上的众多课程，不再以学期为单位，而是每天都可以是学习的新起点。[1] 这个学习规则的变化，是为了适应学习者的需求，也是为了不被最早创立这种学习方法的 Coursera 淘汰。

其次，各种平台在整合。斯坦福大学从 2020 年 3 月 31 日起停止运行自己的在线网站 Lagunita，而将其所有公开课程移至 edX 平台。[2] 这种整合，相信在未来还会有进一步发展。

再次，有些课程依旧免费。像 edX 平台，依旧致力于向广大网民提供免费的课程。比如，哈佛大学的"计算机科学入门"（Introduction to Computer Science）课程仍然属于免费证书课程（当下的开课时间是从 2019 年的 1 月 1 日到 2020 年的 12 月 31 日），[3] 其中增加了新的内容——三个专业方向，如果自学完成，可以获得免费的证书。由此我们可以看到，像哈佛大学这样的高校，还在为普通民众提供免费的课程以及所需要的相关证书。

最后，慕课收费渐趋正常化。比如，斯坦福大学加盟 edX 平台后，其相关证书不再免费。但各大慕课平台也都更加注重在内容上、特色上下功夫，以此吸引更多的学习者。其中一个重要做法就是采用会员制，让大家可以更多地接触并学习与知名高校合作的课程。Coursera 在这方面总是先行一步。2020 年 2 月初，Coursera 正式推出 Coursera Plus 全年注册计划，并将其扩展到全球。[4] 这个计划的年费为 399 美元，可访问 Coursera 所提供的绝大多数内容，包括 3900 门一般课程、400 门专业课程和 15 门专业证书课程等。[5] 从其课程丰富的内容上来看，卖点之一就是提供了与之合作的世界名校的一些广受欢迎的精品课程，包括普林斯顿大学的"算

---

[1] Bowden Pat. Now edX Self Paced Courses Start Every Day. *Class Central MOOC Report*, https://www.classcentral.com/report/edx-courses-start-every-day/, 2020-01-06 / 2020-03-03.

[2] 参见 https://lagunita.stanford.edu, 2020-03-03; https://online.stanford.edu/lagunita-Platform-FAQs, 2020-03-03.

[3] 参见 https://online-learning.harvard.edu/course/cs50-introduction-computer-science, 2020-03-03.

[4] 参见 https://www.coursera.org/courseraplus?action=enroll, 2020-03-03.

[5] 参见 https://learner.coursera.help/hc/en-us/articles/360036151932, 2020-03-03.

法概论"、密歇根大学的"人人编程"等。

4. 慕课带给高等教育的冲击

慕课,虽然源于高校,但它的产生还是对高校以及整个高等教育产生了巨大的冲击。主要体现在如下三个方面:

第一,"三名主义"。慕课是以"三名主义"的面目出现的,这也是它与普通高校中的普通课程不同的地方。[1] 所谓"三名主义",是说慕课课程有三个特征,即名校、名师与名课。从慕课诞生的那天起,凡是受到欢迎的慕课,几乎无不来自名牌大学的、知名教授的、堪称精品的课程。我们知道,在世界各地,除非是名校,否则在大多数的普通高校之中,很难同时拥有这样"三名主义"的宝贵资源。然而现在,因为慕课的出现,这种"三名"课程,可以通过网络使任何人都能聆听世界名校的大师级人物的精品课程。

当然,从一方面来说,慕课课程给高校许许多多的青年教师树立了学习的榜样,但另一方面,其在网上的广泛流传也无疑会给很多普通教师的教学带来冲击和压力。试想,那些讲授与"三名主义"课程相同主题的教师,在"三名主义"课程面前,该如何自处?这个问题比较复杂,在后面还会论述到。但无论如何,"三名主义"的慕课,更多的还是带给高等教育以积极意义与正面影响。

第二,开放证书。慕课供应商都在设法向学习者颁发证书,而这样的证书也越来越得到一些传统高校的认可。这种证书,相对于封闭式的高校所颁发的学历证书来说,含金量不足,但它无疑更具开放性。这种证书的重要性主要表现在,在新兴领域之中,人们并不在乎你是在哪个大学学到的这门技能,也不在乎它属于哪所大学的独门绝技。你可以终身学习,也可以在工作岗位上、在家里、在教堂中学习,学习之地可谓无处不在。这种开放的证书体系允许人们自由地将信息掌控在自己的手中,然后将其全部直接展现在自己未来的老板或者其他需要展示的人们面前。与之相比,大学文凭则难以言说,也固定不变。

第三,网络大学。慕课带给世界最重大的变化,就是"网络大学的时代"的到

---

[1] 郭英剑.网络化时代,为什么还要来上大学——在2012年新生开学典礼上的演讲.教育研究与评论,2012(5):55.

来。[1] 所谓"网络大学",即通过网络学习相关知识,特别是慕课平台所提供的有关课程,即可系统地完成实体校园中的高等教育,达到大学教育的水平与要求。

网络大学与过去已经出现的远程教育的区别在于：一方面,远程教育是校园教育的延伸,其建设思路、授课模式,包括教材都与后者基本一致；另一方面,远程教育大都附属于高校,因而其独立性不强,难以得到有效的发展。即便是独立的开放式大学,因为大都按照校园教育模式建设,又受到师资力量的限制,因此发展并不如预料得那么快,规模也没有那么大。直到网络普及、慕课出现,才打破了这种局面。

现在,网络无处不在。在这样一个网络化时代,一个重大变化就是教育的网络化和国际化。现如今,一台电脑、一个摄像头和一根网线,就可以把一个人与整个世界联结起来。在教育的网络化时代,美国一马当先,利用其在世界上技术领先的绝对优势,不仅将传统的远程教育推向了新的高度和广度,更使我们看到了一个新的时代——网络大学时代,已经大踏步地向我们走来。

总体而言,慕课改变了教师、改变了学生、改变了课堂、改变了学术。而这种种变革,还在进一步发展与深化之中。

慕课的快速发展推动着高等教育向前发展。现在越来越多的高校在争先恐后地加入慕课行列就是一个例证。但在这股潮流之中,慕课既要面对传统思想观念的严峻挑战,更要面对新的教育技术革命带来的高等教育的重大变革所必然遇到的现实困境。而这样的挑战与现实困境是全方位的,而非细枝末节的,因此,无论是慕课供应商,还是积极推进慕课发展的高等院校,抑或是响应技术革命与教育改革号召的教学先驱们,都需要面对这样的挑战与现实困境,更要回答乃至解决慕课所带来的一系列的重大问题。

三、慕课面临的问题

如果从2012年慕课被正式命名算起,发展到今天已经有八年多的历史,无论是观看或学习的人数、注册的人数、网络课程的数量、融资的情况以及与知名高校开展合作的情况等,都取得了非凡的成绩。然而,慕课发展中所面临的问题同样很多,障碍也不小,制约着慕课的未来发展。其面临的问题,主要有如下三个方面：

---

1 郭英剑.网络大学时代已经到来.科学时报,2012-08-27(7).

1. 来自教师群体的阻力

慕课从其创立的那一天开始，就与高校有着密不可分的关系。最初的慕课课程都是由高校推出的，如 Coursera 和 Udacity 这两大慕课公司都是由名校教授所创建的。因此，慕课公司与高校之间一直都有着若即若离、纠缠不清的联结关系。

虽然很多名校从一开始就积极参与到慕课运动中，但在众多高校中，慕课的发展还是在校园教育中遇到了巨大的阻力。慕课的出现，严重挑战了人们传统的教育思想观念，引发了新的教育技术革命，给现实的课堂教学带来巨大冲击，因此，慕课发展遇到的最大阻力来自教师群体。这里仅举几个慕课最初兴起时所遭受阻击的例子。

我们知道，哈佛大学的迈克尔·桑德尔（Michael Sandel）教授因其在哈佛大学的视频公开课"正义"（Justice）而红遍全球。事实上，桑德尔教授早在20世纪80年代初期，就开始在哈佛大学讲授本科生课程"正义"。该课程一直是哈佛大学最受欢迎的课程之一。2005年，哈佛大学录制了该课程，两年后将其放在继续教育学院的网站上，在2009年也以公开课形式首推了该课程。2011年1月25日，英国广播公司（BBC）开始播出8集、每集30分钟的简约版"正义"课程，从此，桑德尔更为世人所知。现在的12集系列课程"正义"是由波士顿公共电视频道（WGBH）与哈佛大学共同录制的。相关视频与简介内容，既可以在哈佛大学的网站上找到，也可以在 edX 平台上见到。在 edX 平台上，有21万余人注册学习该课程。[1]

有趣的是，2013年上半年，圣何塞州立大学宣布加入由哈佛大学与麻省理工学院所主导的 edX，并表示将使用更多的网络公开课，这其中就包括在哲学系使用桑德尔的誉满全球的"正义"。对于学校的这一提议，哲学系拒绝接受。由于考虑到在不久的将来，会有更多的高校推行这一做法，圣何塞州立大学哲学系的教师决定向学界和社会公开自己予以拒绝的理由。[2]

2013年5月2日，《美国高等教育纪事》刊登了圣何塞州立大学哲学系全体教

---

[1] 有关Michael Sandel的情况与其"正义"课程情况，参见这些网站上的信息：https://www.edx.org/course/justice-2, https://online-learning.harvard.edu/course/justice, https://scholar.harvard.edu/sandel/justice；http://justiceharvard.org, 2020-03-03.

[2] Lewin Tamar. Professors at San Jose State Criticize Online Courses. *New York Times*, https://www.nytimes.com/2013/05/03/education/san-jose-state-philosophy-dept-criticizes-online-courses.html, 2013-05-02/2020-03-03.

师在 4 月 29 日给哈佛大学教授迈克尔·桑德尔的一封公开信，声明反对这样的教学模式成为未来的教学标准。[1]

无独有偶。同年 4 月，美国著名的文理学院阿默斯特学院在投票表决中，以 60% 的多数票否决了该校加入 edX 的提议[2]。4 月 25 日，美国名校杜克大学的艺术与科学委员会以微弱的多数票反对杜克大学的本科生从网络课程中获得学分[3]，换句话说，虽然该校依旧与慕课供应商 Coursera 保持着伙伴关系，但其学生却不能从慕课学习中获得学分。

当哈佛大学教授也站出来的时候，反对慕课的声音传遍了美国乃至全世界。2013 年 5 月 23 日，哈佛大学文理学院的 58 位教授，联名给院长写了一封信要求成立一个特别委员会指导应对和处理 edX 与 HarvardX 所引发的相关问题，这些问题包括从教师监管到对整个高等教育体制的影响[4]。在署名的人中，有很多是哈佛大学的知名教授，包括英文系的校聘教授史蒂芬·格林布拉特（Stephen Greenblatt）等。

从表面上看，诸多教师反对慕课最直接的理由有二：

第一，如果"三名主义"的慕课得以推广，那么其他"三不名"（非名校、非名师、非名课）的教师，就会沦落为"三名主义"慕课教师的助教，失去其在自己课堂上的主体地位。

第二，任由慕课课程传播与发展，高等教育将成为少数精英教师的天下，高校将失去其各具特色的风格，甚至连丰富的思想都有可能被禁锢。

应该说，这样的理由不无道理，事实也可能如此。如果慕课流行，"三名主义"在各大高校课堂穿行，那么相关课程的教授就只能以让学生听取慕课为主、自己讲解为辅，如此一来，这些任课教师似乎就变成了诸如桑德尔教授这样的知名慕课教师的助教。而且，当慕课名师流行，其他教师的思想观点、教学理念似乎也难以发挥出来，学生也未必会再认真聆听自己教师的讲解与辅导。

---

[1] An Open Letter to Professor Michael Sandel from the Philosophy Department at San Jose State University. *The Chronicle of Higher Education*, 2013-02-05.

[2] Rothman Alissa. Faculty Vote Down Joining edX Pilot Program. *The Amherst Student*, http://amherststudent.amherst.edu/?q=article/2013/04/17/faculty-vote-down-joining-edx-pilot-program, 2013-04-17/2020-03-03.

[3] Kolowich Steve. Duke U.'s Undergraduate Faculty Derails Plan for Online Courses for Credit. *The Chronicle of Higher Education*, https://www.chronicle.com/article/Duke-Us-Undergraduate/138895, 2013-04-30/2020-03-03.

[4] Letter from 58 [Harvard] Professors to Smith Addressing edX. http://www.thecrimson.com/flash-graphic/2013/5/23/edx-faculty-letter-smith/, 2013-05-23/2020-03-03.

然而，如果仔细研究上述理由，全面观察慕课发展对于高等教育的冲击，我们也会逐渐意识到，上述反对的声浪其实是站在传统的教学理念上，以传统的方法来看待慕课所产生的不满和不同意见。这些问题并非不可解决。

比如，关于慕课发展会导致教师成为助教的问题。其实，高科技时代首先改变的是学生，他们都很难再有耐性去认真聆听那些以基本事实或者基础知识为主的课程了，因为有了慕课，他们在顷刻之间轻点鼠标，这样的基础知识或者历史事实便可以一览无余。在寻求知识的过程中，学生们会发现：如果仅仅是学习知识，教师已经变得不那么重要了。无论是慕课还是名师，带给教师最大冲击的其实应该是课堂上到底该"教什么"和"如何教"的问题。这才是教师必须要思考与面对的重大问题。

再比如，慕课推动了"名师天下行"而导致其他教师的思想与方法受到禁锢的问题。我们认为，这不仅不会起到禁锢作用，反而会引发教师更多的思考与讨论。只要教师不再以单纯的传播知识为主要使命，而是注重培养学生观察世界、思考人生、探讨问题、找到解决问题的途径，那么教师在其中的作用，无论在何时都不会过时，也不会被名师替代。

经过八年多的发展，慕课刚刚兴起时教师群体那股强大阻力的浪潮已经逐渐退却，很多教师也意识到仅靠阻击，试图把慕课排除在课堂之外，事实上是徒劳无益。然而，依旧有不少教师对慕课存有抵触情绪，不愿涉足其中者也大有人在。这其中的原因比较复杂，有传统的思想意识作祟，也有对技术的陌生乃至恐惧，应区别对待。可以预计的是，随着网络技术的快速发展，人们思想意识的逐渐转变，对慕课的抵制大体上也就烟消云散了。但在当下以及未来相当长的一段时间里，我们可能还会面对不少教师对慕课的质疑和抵制。

2. 来自高校体制性的障碍

回顾八年多慕课发展史，很容易发现，当年如日中天的慕课，曾经被视为是当今高校教育的巨大破坏者，实际上并未取得人们意料之中的发展。除了上述教师的抵制之外，更重要的一个原因是来自高校内部体制的视而不见，或者说是明确抵制。

高校的抵制主要表现在两个方面：一方面，拒绝从体制上给予慕课在校园课程体系内的一席之地，使得慕课课程无法与校园教育中的课堂教学相对接；另一方面，不接纳学生在自由学习慕课时所获得的成绩作为学分——这是人们对慕课最常见的抱怨。一些慕课平台为了注册学生所学课程能够得到高校的认可做出了很大努力，但最终能否被接受，还要取决于学生所在的高校。因此，从某种程度上说，虽然很多高校对于慕课在某些环节、某些政策上，有所松动，但总体来看，高校在体制上采取的是不合作的态度。

当然，很多高校对慕课采取不合作的态度，似乎情有可原。

首先，如果允许慕课课程的成绩进入学分，那么势必要减少学生在本校所学课程的学分。而我们知道，美国高校的学生全都是按照学生选修课程的学分多少来交学费的。慕课课程的学费，要远远低于高校课程。如果让学生来选择，自然会选择慕课课程的学分，那未来高校的损失将会是巨大的。

其次，不少高校坚持认为，校园教育是（传统的）高等教育的价值所在，即上大学就是要到校园中来，同时，校园教育不单单是培养技能型人才，还要进行全人培养。大多数人之所以乐意支付高昂的学费上大学，就是为了经过四年努力才能获得的这个文凭、学位，以及后续的工作。

当下，已经有不少高校开始接受小部分的慕课学分进入自己的课程体系，这是一个突破。

从未来发展的角度看，目前高校对慕课的视而不见或者明确抵制，很难持久，也并非明智之举。原因有二：

第一，慕课平台正想方设法通过与各类高校的合作，推出有学历和学位的课程，这方面的发展速度很快。

第二，人们对慕课各种证书与学历资格的认可度在增加。当学习者有机会获得各种证书时，慕课的作用与影响力无疑会真正显现出来。换句话说，当人们能够从慕课等网络教育中获得大家普遍认可的证书乃至学位时，高等教育的危机就真的到来了。当信息技术向大学文凭和学位发起挑战时，现有学术体系之下的经济基础将会发生剧烈的动摇。这就倒逼高校不得不与慕课合作，或者直接制作自己的慕课。

然而，高校如何接受慕课，如何认可并接受其成绩作为学分的问题相当复杂，需要认真研究才能应对。至于慕课教育能否像校园教育那样培养出合格的"全人"，则是个更为复杂的学术问题，需要学者深入思考，并在实践中做出回答。

3. 来自技术的难题

慕课时代的课堂所发生的巨变，就是进入了高科技时代。所有的教室不仅有电脑、多媒体等设备，还必须有网络，从而保证师生随时进入互联网调取所需的各种资源。利用这些高科技的教学设备，教师可以更加集中于讲解，而寻求各种工具与资源则纯粹都是为了使讲解更有效率。

然而，并不是所有教师都对技术感兴趣，也不是所有教师都懂技术，或者都能应对日常教学中所遇到的技术问题。因此，现代技术，包括网络世界中丰富的学术资源如何获取，也都会对教师和学生造成一定的甚至是巨大的困难。

四、慕课未来发展趋势

依照目前的发展来看，慕课除了坚持以往所具有的各种优势与特色之外，其未来的发展趋势主要体现在以下五个方面：

第一，相对成熟的常态发展阶段。我们进入 Coursera 的网站就可以发现，他们已经将过去的使命——向世界上所有人免费提供最好的教育，演变为随时随地为你提供世界一流学问（World-class learning for anyone, anywhere）。在这里，"免费"已经销声匿迹。在其网站上我们所看到的语句是：（进入你）通向成功的课程（Your Course to Success）。其所宣称的是，可以通过 Coursera 达到你人生成功的目标。[1]

第二，慕课平台与表现形式更趋多样化。过去的慕课，更多的是依靠 YouTube 或自建的网络平台，到现在，人们有了诸如抖音（TikTok）这样的平台。从慕课到抖音，不仅是平台的变化，也是内容的变革。

第三，高校将会更多地接受慕课学分。这方面，除了高校会更加开放之外，慕课平台也为此做出了更多的努力。2019年4月，欧洲慕课联盟（the European MOOC Consortium）引入了"通用微证书框架"（Common Microcredentials Framework, CMF），旨在提高慕课的认可度，并提高慕课之间学分的流动性。[2] 像英国的未来学

---

[1] 参见 https://www.coursera.org, 2020-03-03.
[2] Niamh O'Grady. The European MOOC Consortium (EMC) launches a Common Microcredential Framework (CMF) to create portable credentials for lifelong learners, https://about.futurelearn.com/press-releases/the-european-mooc-consortium-emc-launches-a-common-microcredential-framework-cmf-to-create-portable-credentials-for-lifelong-learners, 2019-04-30/2020-03-03.

习（FutureLearn）慕课平台，就在此框架之内引入了一些微证书课程，但同样可以使学习者获得学分。为了更容易使高校接受在线课程的学分，FutureLearn 为自己的课程制定了相应的标准，包括总学习时间要在 100 到 150 小时之间，要达到《欧洲资格认证框架》（European Qualification Framework，EQF）或者大学认可的国家资格认证框架中 6—7 级的水平，要提供总结性评估，要有可靠、合规的身份验证，要提供成绩单（其中包含学习成果、总学习时间、EQF 水平和所获学分）等。[1] 这就为慕课课程通向高校学分之路打下了良好的基础。欧洲的这种新变化，会对美国的慕课发展产生积极的影响。

第四，网络大学带来革命性变化。虽然美国是慕课的发源地，但随着慕课在全球的发展，这股大潮也会反过来对美国产生积极的影响。比如，印度在其 2020 年的联盟预算中提出，为了帮助社会贫困阶层的学生，政府建议该国排名前 100 的高校开设在线本科学位课程，而且强调是完全的在线课堂学习。[2] 英国伦敦大学和伦敦大学学院也都提供网上学士学位课程。这些必将对美国慕课的发展起到重要作用，特别是对美国高校在体制内认可、接受相应的学分起到助推作用。

第五，疫情时期的线上教学带动慕课发展。2020 年 1 月中旬突然暴发的新型冠状病毒肺炎疫情所引发的巨大危机，波及全球。在这种情形下，春季延迟开学成为各校不得已的选择，而在这种情形下，线上教学被推到了前台。从目前的情形看，中国抗击疫情时期的高校线上教学运行良好。2020 年 2 月 2 日以来，中国教育部组织了 22 个在线课程平台制订了多样化的在线教学方案，免费开放了包括 1291 门国家精品在线开放课程和 401 门国家虚拟仿真实验课程在内的课程 2.4 万余门，覆盖了本科 12 个学科门类、专科高职 18 个专业大类，以供高校选择使用。除此之外，教育部还倡导社会力量举办的在线课程平台免费提供优质课程资源和技术支持服务。[3] 应该说，此次中国大规模的线上教学，可谓史无前例、举世无双，我们所做出的表率，必将为推动慕课在全球的发展做出巨大的贡献。

---

1 Bowden Pat. FutureLearn Announces Microcredentials under the Common Microcredential Framework. *Class Central MOOC Report,* https://www.classcentral.com/report/futurelearn-announces-microcredentials-under-cmf/, 2020-02-17/2020-02-28.
2 Union Budget 2020: India's top 100 institutes to start online UG degrees soon. *EdexLive,* https://www.edexlive.com/news/2020/feb/01/budget-2020-indias-top-100-institutes-to-start-online-ug-degrees-soon-10092.html. 2020-02-01/2020-03-03.
3 教育部.关于在疫情防控期间做好普通高等学校在线教学组织与管理工作的指导意见，http://www.moe.gov.cn/jyb_xwfb/gzdt_gzdt/s5987/202002/t20200205_418131.html, 2020-02-05/2020-03-03.

今天，慕课发展到了一个稳步前行的阶段。以Coursera为例，它是目前全球最大的慕课供应商，学习者来自世界各地，人数达到4000万，其合作名校超过150个。这就是现在慕课的规模。正如Coursera现在所倡导的理念：我们所设想的世界是——无论何人何时何地，都可以通过获得世界上最好的学习经验来改变人生。这，已经与传统高等教育的使命与目标相一致。这，也应该是慕课未来的发展方向。

（郭英剑 中国人民大学）

参考文献

[1] 郭英剑.网络大学时代已经到来[J].科学时报，2012-08-27(7).

[2] 郭英剑."慕课"在全球的现状、困境与未来[J].高校教育管理，2014，8(4).

[3] 郭英剑.网络化时代，为什么还要来上大学——在2012年新生开学典礼上的演讲[J].教育研究与评论，2012(5).

[4] Beckett Jamie. Stanford Engineering professors are reinventing online education with free computer science courses that employ new teaching technology[EB/OL]. *Stanford News,* https://news.stanford.edu/pr/2011/pr-compsci-online-o81611.html, 2011-08-16/2020-03-03.

[5] Bowden Pat & Shah Dhawal. MOOC Watch 22: The MOOC Hype Revisited[EB/OL]. *Class Central MOOC Report,* https://www.classcentral.com/report/moocwatch-22-the-mooc-hype-revisited/, 2020-02-20/2020-03-03.

[6] Bowden Pat. Now edX Self Paced Courses Start Every Day[EB/OL]. *Class Central MOOC Report,* https://www.classcentral.com/report/edx-courses-start-every-day/ 2020-01-06/2020-03-03.

[7] Georgia Tech Announces Massive Online Master's Degree in Computer Science[EB/OL]. *Georgia Tech News,* https://www.news.gatech.edu/2013/05/14/georgia-tech-announces-massive-online-masters-degree-computer-science，2013-05-14/2020-03-03.

[8] Jaschik Scott. MOOC Makes Oxford Dictionaries[EB/OL]. *Inside Higher Ed,* https://www.insidehighered.com/quicktakes/2013/08/29/mooc-makes-oxford-dictionaries, 2013-08-29/2020-03-03.

[9] Markoff John. Online Education Venture Lures Cash Infusion and Deals With 5 Top Universities[EB/OL]. *New York Times,* https://www.nytimes.com/2012/04/18/technology/coursera-plans-to-announce-university-partners-for-online-classes.html，2012-04-18/2020-03-03.

[10] Mendez Manoel Cortes. Udacity's 2019: Year in Review[EB/OL]. *Class Central MOOC Report*, https://www.classcentral.com/report/udacity-2019-year-review/ 2019-12-11/2020-03-03.

[11] MIT and Harvard announce edX[EB/OL]. *MIT News*, http://news.mit.edu/2012/mit-harvard-edx-announcement-050212. 2012-05-02/2020-03-03.

[12] Pappano Laura. The Year of the MOOC[EB/OL]. *New York Times*, https://www.nytimes.com/2012/11/04/education/edlife/massive-open-online-courses-are-multiplying-at-a-rapid-pace.html, 2012-11-04/2020-02-28.

[13] Perez Esten. Grading the MOOCs[EB/OL]. *Harvard Gazette*, https://news.harvard.edu/gazette/story/2017/01/grading-the-moocs/, 2017-01-12/2020-03-03.

[14] Schaffhauser Dian. Report: MOOCs Attracting More Paying Customers[EB/OL]. https://campustechnology.com/Articles/2018/02/12/Report-MOOCs-Attracting-More-Paying-Customers.aspx?Page=2, 2018-02-12/2020-02-27.

[15] Shah Dhawal. 90 Free Online Courses to Improve Your Writing Skills[EB/OL]. *Class Central MOOC Report*, https://www.classcentral.com/report/writing-free-online-courses/, 2020-02-02/2020-02-28.

[16] Shah Dhawal. A Review of MOOC Stats and Trends in 2019[EB/OL]. *Class Central MOOC Report*, https://www.classcentral.com/report/moocs-stats-and-trends-2019/, 2019-12-17/2020-02-28.

[17] Shah Dhawal. By the Numbers: MOOCS in 2017[EB/OL]. *Class Central MOOC Report*, https://www.classcentral.com/report/mooc-stats-2017/, 2018-01-18/2020-03-03.

[18] Shah Dhawal. By the Numbers: MOOCS in 2019[EB/OL]. *Class Central MOOC Report*, https://www.classcentral.com/report/mooc-stats-2019/, 2019-12-02/2020-03-03.

[19] Shah Dhawal. Capturing the Hype: Year of the MOOC Timeline Explained[EB/OL]. *Class Central MOOC Report*, https://www.classcentral.com/report/mooc-hype-year-1/, 2020-02-04/2020-02-27.

[20] Shah Dhawal. Coursera's 2019: Year in Review[EB/OL]. *Class Central MOOC Report*, https://www.classcentral.com/report/coursera-2019-year-review/, 2019-12-01/2020-03-03.

[21] Shah Dhawal. EdX's 2019: Year in Review[EB/OL]. *Class Central MOOC Report*, https://www.classcentral.com/report/edx-2019-year-review/, 2019-12-09/2020-03-03.

[22] Shah Dhawal. MOOCs in 2013: Breaking Down the Numbers[EB/OL]. *Edsurge*, https://www.edsurge.com/news/2013-12-22-moocs-in-2013-breaking-down-the-numbers, 2013-12-22/2020-03-03.

《世界慕课发展报告》

印度

【摘 要】 印度是世界上最大的慕课市场之一，2014年推行了更为有力的教育振兴政策，印度慕课自此也走上了加速道。在政府的支持下，形成了以国家平台为核心集中推广、各大慕课平台依托顶尖高校师资进行课程开发、线上线下有序协同发展的态势。同时，由于印度基础设施不完善，评估机制欠缺以及经费不足等问题，印度慕课的发展仍然面临着诸多困难。

一、印度慕课行业发展历程及基本情况

1. 印度慕课建设发展背景

印度人口超过13.5亿，其中30岁以下的人口占总人口的一半以上，且贫困人口占比超过三分之一，社会经济发展较为缓慢。在印度，人们对教育的需求巨大且与日俱增，然而印度在高等教育方面面临着重大挑战。2007年印度总理辛格指出，在印度几乎一半的地区高等教育入学率都非常低，三分之二的印度大学在教学质量参数上均低于全国平均水平。在国家不能满足民众教育需求的情况下，高等教育正越来越受到印度精英和部分中产阶级的私有化影响，公共教育机构有被印度国内外的私人机构控制抑或逐渐资本化的趋势。公共教育机构的衰减进一步削弱了国家满足民众教育需求的能力，使问题长期存在。此外，私人化的教育机构往往限于狭窄的专业领域，并且经常受到薄弱的内部治理体制和繁杂的国家监管系统的困扰。

大规模在线公开课程（MOOCs）是一种潜在的解决方案，这或许不能完全克服印度高等教育所面临的困难，但可以缓解高等教育中存在的教育资源获取和教学

质量提升方面的问题。在慕课发展初期，世界各地的一些领先大学与慕课提供者合作（如 Coursera 和 edX），向全球数百万学生免费提供高质量的在线课程，并由此积累了不少慕课建设与发展方面的有益经验，这也为印度本土慕课的建设发展提供了宝贵的经验启示。

近年来，全球电子信息技术的革新发展不断加速，科技的进步促进了教育的变革。在印度，电子信息化教育在现代科技的基础上成为可能，这种教育方式增强了学生和老师的共同参与度。与此同时，社会需求的变化促进了慕课的发展，传统的面对面教学方式难以满足成人继续教育的巨大市场需求，而慕课却是很好的方式。互联网技术和电子媒体，如 PDF 文件传输、播课、网络广播和视频直播等现代网络教学手段为慕课的发展提供了必要的技术支持。

2. 印度慕课建设发展的动机和目的

印度 2015 年大学毛入学率只有 23.6%，只有 1 所大学进入世界大学学术排行榜前 500 名，且尚未进入前 200 名。印度高等教育体系面临提高入学率和提高教育质量的双重难题。[1] 在拥有世界第二多人口的发展中大国印度，由于慕课是免费的、开放的且便利的，并且慕课课程的提供者大多是声名卓著的教育机构，因此它有很大的潜力为不同经济条件、不同社会阶层、不同地域的人提供优质教育资源，缓解教育不公平并缩小教育差距。

慕课可以增加印度的受教育人数，扩大教育通达的地域范围。网络能够到达的地方人们就能学习慕课课程，慕课的建设与发展能够促进印度教育便利化和全民化的进程。慕课对于那些贫困的、有健康问题的及受交通条件限制的人而言更有帮助。三分之二的印度人居住在农村地区，他们中大多数人负担不起高额的教育花销，而学习慕课，这些学生不需要长途跋涉去上学，他们只需要一个移动设备和互联网。慕课可以克服时空的限制，并为居家学习的学生节省开支和时间，让学生可以将更多精力集中在学习上。此外，在这种在线教学模式中，政府无须在学校的建设上投入大量的金钱，也无须雇佣专门的教师，这也比较符合如今印度整体的社会经济发展阶段和水平。

---

1 邱伟华.高等教育慕课市场的学分认定机制.开放教育研究，2017(2):70.

从开放教育革命的角度看，慕课对印度人而言是一个巨大的机会。一方面，印度顶尖大学的申请人数比空缺席位数要多得多；另一方面，大量印度人仍然生活在贫困中，无力负担较高的教育费用。慕课可以为印度学生提供在全球市场上具有竞争力的教育资源，学生通过慕课的学习能获取并保持自己的竞争优势，比如说，可以增加他们进入欧美知名大学和研究机构的概率，增强他们在全球就业市场上的竞争优势。

慕课发展策略从属于印度的国家发展战略。印度是一个经济相对落后的人口大国，亟须扩大优质高等教育供给。政府将慕课作为公共产品提供给全体国民，可以快速提高人力资本积累，促进经济增长。[1] 要求著名大学制作优质慕课、强制所有普通大学引进慕课，并采用由政府主导的认证学分模式，反映了印度政府利用新技术推进高等教育发展的战略决策。印度建设自己的慕课体系，能够跨越文化和语言的障碍，为印度学生提供更为本土化的慕课方案。

3. 印度慕课发展历程

印度高校发展慕课建设的第一步可以看成是由英迪拉·甘地国立开放大学（IGNOU）创办的"电子知识库"项目（Digital Repository/eGyankosh）。此后，印度政府人力资源发展部（Ministry of Human Resource Development, MHRD）借助现代信息和通信技术发起了一项国家教育使命计划——"触手可及"远程教育项目（Sakshat Programme）。这个在线教育项目旨在建立一个一站式的教育门户网站，向中央和地方高校的师生提供诸如电子书、电子期刊、电子资料库、电子图书馆之类的电子学习资源，并创造有效的便利条件来满足学生与老师互动交流、写博客、在线交谈和学术研讨等学习活动方面的需求。这一计划曾在2006年得到印度前总统阿卜杜尔·卡拉姆（Dr. P.J. Abdul Kalam）的授权和支持。国家中等教育委员会（SBSE）则支持了"教育"项目（Shiksha Programme），该项目旨在为印度高中生提供电子学习资源。印度人力资源发展部在2013年启动了一项名为"电子硕士课堂"的慕课项目（e-PG Pathshala），该慕课在信息与图书馆网络公司提供的电子学习平台上运行，采用了在线录音和视频教学等形式，其教学内容主要是硕士课程。该慕课提供

---

1 邱伟华.高等教育慕课的价值创造与盈利模式.现代远程教育研究，2017(4):45.

丰富的在线学习内容，将尽可能多的知识传授给学生，为那些没有机会进入主流教育机构学习的孩子提供宝贵的学习机会。

2014年，印度理工学院孟买分院（IIT Bombay）在edX平台创建了3个慕课课程，随后印度理工学院德里分院（IIT Delhi）也在该平台创建了自己的慕课课程。印度理工学院坎普尔分院（IIT Kanpur）于2012年发布了自己的慕课课程。由于慕课平台使用过程的复杂性和一定的规模需求，于是这三所理工学院分院联合创立了穆基特（MooKIT）平台以供慕课教学使用。此外，其他一些机构，如比尔拉科学技术学院、罗摩女子学院、印度科学学院班加罗尔分院、维斯韦瓦拉亚科技大学等，也在印度慕课的发展过程中做出了自己的贡献。2016年8月，印度国家慕课平台"自我学习"（SWAYAM）上线，其以扩大学习机会、促进教育平等、提高教育质量为目标。SWAYAM平台计划发布2000门课程，向所有学习者免费开放。印度人力资源发展部负责制定课程标准，挑选全国最好的教师建设课程，并对慕课质量进行监督，学生在SWAYAM上获得的慕课学分将计入毕业成绩单。SWAYAM作为一个全面系统的远程教育平台，具有完备的教学管理机制，是印度慕课发展历程中一个里程碑式的突破。近年来，印度政府不断推广各类慕课方案，并努力将慕课概念介绍给普通大众，老师们大多给予支持并鼓励学生学习不同的慕课来进一步提升自己的专业知识水平和综合能力。

4. 印度慕课基本数据及整体现状

在2015年以前，印度人参与的慕课学习主要集中在Coursera、edX和Udacity等世界主要的慕课平台。到2016年，印度国内的慕课注册学生数量是世界上第二多的，仅次于美国。根据世界主要慕课平台的数据统计，截至2016年，印度学生在世界三大慕课平台Coursera、edX、Udacity上的注册人数分别达到1,500,000、883,400（27%）和112,000（13%）[1]，且世界范围内的慕课注册用户增长量的很大一部分是来自印度，这个增长趋势还会在未来继续保持下去。

近年来，印度国内慕课学习者越来越多地选择本土化的慕课学习方案。SWAYAM

---

1 Jyoti Chauhan. An Overview of MOOC in India. International Journal of Computer Trends and Technology (IJCTT), 2017(7).

是印度最大的综合性慕课学习平台，上面汇集了颇具声望的教育机构提供的优质课程，内容跨度广，涵盖从小学到硕士研究生的基本知识性课程。SWAYAM 上的自定进度课程和国际课程是由印度科技教育委员会（AICTE）制作并提供的，工程技术课程由国家技术促进学习计划（NPTEL）提供，非技术性硕士研究生课程由印度大学拨款委员会（UGC）提供，本科教育课程由教育传播联合会（CEC）提供，基础教育课程由全国教育研究与培训理事会（NCERT）和国立开放学校（NIOS）提供，非在校生教育课程由英迪拉·甘地国立开放大学提供，管理学课程由印度管理学院班加罗尔分院（IIMB）提供，国立教师技术培训研究院（NITTTR）则提供教师培训课程。[1]

慕课在印度产生了积极的社会效益，近 140 万学生通过慕课学习初高中阶段的课程内容。此外，慕课的发展还满足了印度职业技能教育、继续教育、教师职业发展等方面的市场需求。

截至 2017 年，印度学生占世界慕课市场的 13%，仅次于美国的 36.2%，高于中国的 9.5%。美国、印度和中国是世界慕课的前三大市场。[2] 印度的慕课发展情况有其自身特点：慕课学习者更倾向于高技术性课程，如移动应用程序、语言编程以及机器技术类课程；慕课学习者的年龄中位数是 26 岁，全日制学生占比 32.2%，雇员占比 66%；拥有本科及以上学历的学习者占比为 84.3%，显著高于普通大众 8.15% 的占比；81% 的慕课学习者为男性，女性只占 19%；学习者首要的学习目的是为他们现有的或将来的职业发展提供更多技能帮助。慕课教育对传统教育内容起到一个补充作用，大部分学习者希望通过慕课学习获得一个证明自己知识或技能水平的证书或者凭证以便提升自己在就业市场上的竞争力；学生在学习慕课的过程中把大部分注意力集中在能力资格考试和作业的反馈评价上，因此其获得证书的比率为 5.12%，高于美国慕课学习者的 3.75%，其背后的影响因素主要是教育体制的区别（印度的应试教育和美国的探讨式教学）。

有一个比较有意思的慕课学习现象：由于互联网和电脑设备不足，且不少人英语能力欠缺，尤其是农村地区的印度人不能获得有效的途径学习慕课，因此有机构

---

[1] IOSR Journal Of Humanities And Social Science. MOOCs in Education. *Lopamudra Dey*, 2019(5).
[2] Li, Yanxuan. Massive Open Online Courses (MOOCs) in The United States, China, and India. *Advances in Social Science, Education and Humanities Research*, 2017.

主动组织安排线下教学资源和渠道帮助这些人进行"线下慕课学习"。贾加（Jagga）就是这样的一家印度公司，他将知名慕课平台上的不同学习资源转换成线下的课程资源供当地人学习使用。公司不仅将慕课视频提供给学生，还组织他们进行课堂研讨活动并提供个人指导意见。慕课的"线下教学"方式造就了一种印度特有的慕课学习模式，即学生将慕课看作一个能力或资格的证明机制，且只在线上完成慕课的能力资格测试。

二、慕课应用分析

1. 印度慕课教育相关政策及制度

印度慕课为政府主导，慕课教育规划的牵头单位是印度人力资源发展部下属的高等教育司（Department of Higher Education），该部门负责牵头制定印度慕课相关的政策及制度，包括制定慕课课程标准，支付课程开发及运行的成本，监管慕课质量。其中，起到提纲挈领作用的是以下两份规范性文件：2015年印度人力资源发展部颁布的《慕课开发与实施指南》（Guidelines for Development and Implementation of MOOCs）（以下简称《印度慕课指南》）以及2016年印度大学拨款委员会专门制定的《SWAYAM平台在线课程学分框架》（Credit Framework for Online Learning Courses for SWAYAM）（以下简称《学分框架》）。

这两份文件针对的主体慕课平台均为印度国家慕课平台SWAYAM，为保证教育资源得到最大化的公平分配，该平台涵盖了印度学制基础教育（9—12年级）、高等教育基础课程以及技能培训等2000多门课程，时长达8万多课时。各高校及慕课平台根据《印度慕课指南》要求在SWAYAM平台上发布慕课，平台进行运营管理，除收取少量证书费用外，其他费用直接由政府支付，课程版权均归SWAYAM平台所有。在《印度慕课指南》的基础上，《学分框架》从法律层面保障了慕课学分能够被各大高校认可，要求各大学为SWAYAM平台的课程配备相应的硬件支持，同时选派指导教师。印度学生通过SWAYAM平台进行线上学习，一学期最高可获得特定项目下最高20%的学分，并计入其毕业成绩。政府主导、财政支持、平台规范，印度慕课打破了线上线下学习的壁垒，解决了学分认定这一关键问题，为"慕课进入高等教育体系铺平了道路"[1]。

2. 印度主要慕课平台

目前印度主要有 SWAYAM、NPTEL、mooKIT、IITBombayX 和 IIMBx 五大慕课平台，旨在为学生提供开放性的课程资源。现将这五大平台的创建机构、创建年份以及平台网址列表如下：

表1 印度主要慕课平台（按创立时间排列）

平台名称	中文名称	创建机构	创建年份	平台网址
NPTEL	技术促进教育国家计划	印度人力资源发展部、印度理工大学（七校）、印度科学研究所	2003	https://nptel.ac.in/
mooKIT	穆基特平台	印度理工学院（坎普尔）	2012	https://www.mookit.co
SWAYAM	自我学习平台	印度人力资源发展部、印度技术教育委员会、微软公司	2014	https://swayam.gov.in
IITBombayX	印度孟买理工学院慕课平台	印度理工学院（孟买）	2014	https://iitbombayx.in
IIMBx	班加罗尔印度管理学院慕课平台	印度管理学院（班加罗尔）	2014	https://www.iimbx.edu.in

由表1可以看出，印度慕课平台的建设是在21世纪初起步的，2014年在政府与高校的大力推动下，达到了一个建设高峰期。虽建设时期基本相同，但由于主办机构的主体差异性，这五大平台的基本情况、教学资源设计、课堂组织与互动、成绩评定和结业认证方式均有所不同。以下是对这五大平台的简介。

---

[1] 邱伟华.高等教育慕课的价值创造与盈利模式.现代远程教育研究，2017：45.

2.1 NPTEL

图 1　NPTEL 慕课平台主页截图

NPTEL 是印度人力资源发展部于 2003 年启动的一个项目，全称"技术促进教育国家计划"（The National Programme on Technology Enhanced Learning），在这个项目的推动下，印度理工大学（七校）和印度科学研究所于 2003 年共同创办了 NPTEL 慕课平台。

平台初期上线的五大核心学科为土木工程、计算机科学与工程、电气工程、电子与通信工程和机械工程，主要面向理工科学生，课程内容为印度科技教育委员会遴选的示范课程。NPTEL 平台的门户网站由谷歌（google）提供技术支持。

2.2 mooKIT

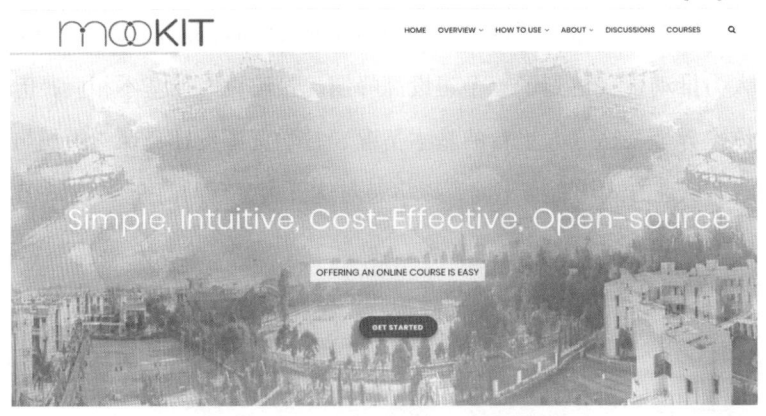

图 2　mooKIT 慕课平台主页截图

mooKIT 是由印度理工学院坎普尔分院于 2012 年构思设计及开发创建的，该平台受 edX 的启发，由该院计算机科学系自行设计搭建，旨在打造轻量级慕课管理系统。

该平台的特色在于专门为低带宽地区设计了适应性功能，学生可根据当地带宽调整播放形式，比如将原先的视频播放调整为只将音频与幻灯片同步放映，[1] 在保证流畅度的同时，达到视频学习的效果。如果学生所在地带宽仍达不到要求，也可以选择电话连线的方式收听课程，因而该平台课程受到网络覆盖较差地区学生的欢迎。

2.3 SWAYAM

2014 年，莫迪当选印度总理后，发起了新的教育计划，印度国家慕课平台 SWAYAM 便是其中重要的一环。该平台的主旨是：将印度最好的教育资源共享于全国。该平台由印度人力资源发展部和印度技术教育委员会于 2014 年开始创建，微软公司为其提供技术支持，2016 年正式开始运行。印度人力资源发展部下属高等教育司专门为平台运行管理颁布了《SWAYAM 课程开发指南》，从平台构建、课程制作到质量监管都进行了规范。

平台受众广泛，包含中学生到研究生以及有志于提升技能的社会人士，同时该平台不仅支持移动终端观看，还开设了"自我学习一览"（SWAYAM Prabha）系列电视台，共 32 个频道，7 天 24 小时不间断播放 SWAYAM 平台制作的课程。平台课程由印度各大高校及慕课平台提供，种类多样，包括人文、社科、法律、理学、工学等各类课程，同时课程使用语言也基本覆盖包括英语和印地语在内的 20 多种印度高频使用语言，为全民教育提供支撑。[2]

---

1 Jyoti Chauhan. An Overview of MOOC in India. International Journal of Computer Trends and Technology (IJCTT)，2017(7).
2 赵建华，李铭，王雷岩.抓住数字机遇，实现联合国第四个可持续发展目标——2018年联合国教科文组织亚太地区高等教育慕课研讨会综述.现代远程教育研究，2018(4): 9.

2.4 IITBombayX

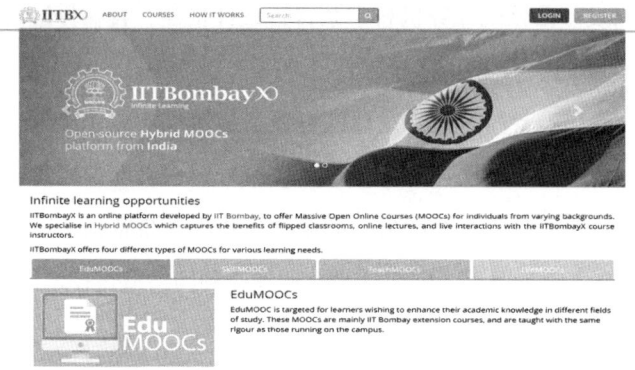

图 3　IITBombayX 慕课平台主页截图

　　IITBombayX 是印度理工学院（孟买）于 2014 年创建的非营利性慕课平台，由印度人力资源发展部和印度技术教育委员会资助建立，该平台使用开源平台 Open edX 进行搭建，目前拥有 60 多门特色线上课程。

　　IITBombayX 平台的特色在于大力推行创新教学法，实践翻转课堂，提供与课程讲师实时互动的功能，以实现混合式教学。该平台为满足各种学习需求，提供四种不同类型的慕课：学生慕课（EduMOOC）、技能慕课（SkillMOOC）、教师慕课（TeachMOOC）和终身慕课（LifeMOOC）。

2.5 IIMBx

图 4　IIMBx 慕课平台主页截图

IIMBx 平台于 2014 年由印度管理学院（班加罗尔）创立，与 IITBombayX 平台类似，使用 Open edX 开源平台搭建。IIMBx 平台的愿景是为亚洲及非洲的管理学专业学生、管理人员提供教育支持，使其能实现"随时随地学习"。2016 年 IIMBx 平台被印度人力资源发展部确定为 SWAYAM 平台管理类课程的国家协调单位，为国家慕课平台提供管理学类课程。

3. 印度慕课管理机制

3.1 课程管理

以国家慕课平台 SWAYAM 为典型案例，印度政府对于慕课的上线及运营制定了详细的规定，所有线上课程必须根据《印度慕课指南》进行制作。

首先，根据国家教学大纲选定课程，然后由负责的国家协调单位在全国范围内遴选最好的教师作为该课程的"首席研究员（Principal Investigator）"或"主题专家（Subject Matter Expert）"。首席研究员或主题专家再选择有能力的教师进行组队，并分配课程模块。在有必要的情况下，还会对选定的教师进行培训，以确保录制的质量和标准。

其次，课程内容准备必须符合"四象限法（Four quadrant approach）"：

（1）象限 -I 电子教程

包括音频演示、视频演示、动画演示、虚拟实验室等。

（2）象限 -II 电子内容

包括 PDF 文本、电子教程、插图、文档、交互模拟软件等教学材料。

（3）象限 -III 网络资源

包括课程相关网址链接，维基百科相关链接，网上开放资源、案例研究，相关电子书、研究论文、文章等。

（4）象限 -IV 自学测评

包括课程后对应的练习、测验，作业和参考答案，讨论主题设置和常见问题解答等。

最后，课程建设团队将根据监管机构给出的示范课程进行录制，录制以及后期的视频制作都会在分配好的工作室中进行。国家协调单位负责建立监察系统，实时审查课程内容。课程时长一般以周来计算，一门课程的总时长约为 40 小时，其中一般包括 20 小时左右的视频或音频内容，视频制作水平必须达到行业最高标准，《印度慕课指南》中也给出了明确的拍摄及后期处理的各项参数标准。

3.2 学分管理

印度慕课的学分管理属于"政府主导的学分认证模式"[1]，具体执行由上文提到的《学分框架》进行规范，SWAYAM 平台会定期向各大高校教务处通报课程名单，各大学在四周内根据本校专业选择可以转换学分的课程。选定后，各大学要负责为每门慕课课程指派一名课程协调人，负责线下指导学生进行课后练习或实验，同时也要负责期末考试安排及监考。

印度慕课的学分计量标准为：13—15 个小时的学习时间对应 1 个学分，学习时间包括线上学习课程、参与课程研讨、完成课程指定任务等所需的时间。因而，一般 4—10 周的短期课程对应 2—3 个证书学分，12—16 周的长期课程对应 4—6 个证书学分。学生完成线下考试，同时首席研究员或主题专家给出通过意见后，各大学不得以任何理由拒绝认定学生的慕课学分。

4. 印度本土慕课研究情况

印度对慕课发展的研究与梳理较为系统和全面，同时也进行了大量的比较性研究，印度本土慕课的研究主要集中在以下几方面。

4.1 印度主要慕课平台的比较

印度本土对于慕课的研究较为注重应用性，倾向于对目前已有的主要慕课平台进行比较。在这方面德里大学的文献成果较多，德里大学的学者乔迪·觉杭（Jyoti Chauhan）在 2017 年发表了论文《印度慕课概览》[2]，印度慕课在 21 世纪初得到了较大发展，观看人数显著上升，出现了许多大平台，论文主要对各平台特点进行了比较。2019 年另一组德里大学学者伦华敏（音译）和玛尔刚（Margam Madhusudhan）

---

1 邱伟华. 高等教育慕课市场的学分认定机制. 开放教育研究，2017(2): 70.
2 Jyoti Chauhan. An Overview of MOOC in India. International Journal of Computer Trends and Technology (IJCTT), 2017(7).

发表了论文《概述:印度慕课》[1],罗列了从 2010 到 2019 年以来的主要慕课平台,并论述了发展慕课对于均衡印度教育资源的重要性。

4.2 印度慕课与世界慕课比较研究

随着印度慕课的发展,印度学界也开始有意识地进行比较研究,以更好地发展本土慕课,在这方面,印度近三年的成果丰硕。其中比较有代表性的有:2017 年中英印三国高校联合进行了一项研究,来自印度安萨尔大学的桑吉塔(Sangeeta Trehan),印度对外贸易学院的拉盖什·莫汗·觉希(Rakesh Mohan Joshi),英国开放大学珍妮丝·桑兹吉里(Janesh Sanzgiri)和李晨曦以及来自中国清华大学的王荣生联合发表了一篇论文《关于中印大规模开放在线课程(MOOC)的批判性讨论》[2],论文中提到,中印两国同为发展中大国,慕课建设在短期内得到了极大的提升,同时也面临着相同的挑战,慕课的学分转换认证制度等方面仍存在问题。2018 年,发表自萨维萨管理学院的一篇论文《慕课:印度与全球比较》[3]对印度慕课发展及其在世界背景下的特点,特别是印度主要慕课平台的特点进行了分析,比较了世界上现有的大型慕课平台,总结了印度慕课发展形势与世界慕课发展形势,分析说明了目前印度慕课发展的痛点。

4.3 慕课与未来印度高等教育发展

印度慕课应用广泛,在职业教育方面作用突出,在高等教育领域也引发了广泛的探讨。2014 年,印度高校联合出版了论文集《慕课与未来印度高等教育》[4],对印度慕课在未来高等教育中将充当的角色进行了充分的探讨,编者 B.N. 耆那教授(Prof. B N Jain)在论文集的结语中总结道:"作者们的愿望非常好,但在慕课发展过程中,仍需要国家政策的大力支持以及坚持不懈的创新与努力。"旁遮普大学学者

---

[1] Haumin, Lun & Madhusudhan, Margam. An Indian Based MOOC: An Overview. *Library Philosophy and Practice (e-journal)*, 2019.
[2] Sangeeta Trehan, Janesh Sanzgiri, Chenxi Li, Rongsheng Wang & Rakesh Mohan Joshi. Critical discussions on the Massive Open Online Course (MOOC)in India and China. International Journal of Education and Development using Information and Communication Technology(IJEDICT), 2017:141-165.
[3] Gomathi Sankar Jaganathan, N. Sugundan & SiranjeeviSivakumar. MOOCs: A Comparative analysis between Indian scenario and Global scenario. International Journal of Engineering & Technology, 2018:854-857.
[4] B N Jain, Girish Gopalakrishnan, Lokesh Mehra, Mohan Kannegal, Manish Upadhyay, Rajesh Pankaj & Viplav Baxi. MOOCS and the Future of Indian Higher Education. FICCI Vision Paper, 2014.7.

鲁帕克·查克拉瓦蒂（Rupak Chakravarty）和贾斯普雷特·考尔（Jaspreet Kaur）也在2016年《印度慕课：尚未发光》[1]一文中表达了对目前印度高校慕课发展的担忧，由于印度语言多样及硬件缺乏等问题，慕课发展仍有很长的一段路要走，预计要到2020年才能真正"大放异彩"。

印度本土慕课研究之丰富，从侧面说明了政府及各大高校对慕课发展的重视，也印证了印度慕课对高等教育发展以及本国青年就业等方面起到的重要推动作用。

三、慕课面临的问题及未来发展趋势

1. 印度慕课的特色

1.1 政府主导，全民推广

印度慕课最突出的特色在于其政府主导性，国家慕课平台SWAYAM的建立一方面树立了慕课的权威性，另一方面也起到了集中选拔的作用，优中选优，推选全国最为优秀的教师，集中力量将优秀的教育资源推广到全印度。电视台和音频教学方式的使用，同时兼顾了网络覆盖率不高地区人们的学习需求，在语言方面以英语和印地语为主，各地方语言为辅，为全民推广打下基础。

1.2 课程集中，平台开放

印度慕课平台多依托Open edX等开放性平台建设起来，具有很大的开放性和可获取性，SWAYAM平台建立后，各大慕课平台为其提供了丰富的课程，不仅满足了印度学生的自学需求，同时也对外开放，特别是澳大利亚和英国的学生也能从中获益。

2. 印度慕课发展过程中面临的挑战与机遇

2.1 印度慕课在发展过程中面临的挑战

（1）基础设施不完善。实施慕课教学需要电子设备和互联网，然而印度的大学和民间普遍存在基础设施缺乏或陈旧的现象。结果，即使慕课对所有人都免费开放，

---

[1] Rupak Chakravarty & Jaspreet Kaur. MOOCs in India: Yet to Shine. *International Journal of Information Studies & Libraries*, 2016, 3(1).

但它在普通民众中难以产生实质性影响。对于印度当局而言，提供有效访问网络的基础架构工程是迫切而艰巨的。

（2）慕课评估机制欠缺。教育以学生为中心，评估和反馈是教育系统的重要组成部分。但在大多数情况下，慕课的评估机制不强。观看视频和回答在线问题，不仅不能起到充分评估学习效果的作用，反而会影响学生成功获取更高的认知技能，例如人际交往能力、实践运用能力、综合学习能力、决断能力和创新能力等。慕课中缺少的一个关键要素，是结构化评估和个性化的一对一反馈。

（3）经费问题。建设慕课的成本可能使印度大学负担额外的费用，因而需要一种普遍的机制或政策来解决建设慕课的经费问题。

（4）慕课的完成率低。由于慕课的学习环境相对独立，凝视计算机屏幕学习是无聊的，也是寂寞的。整个慕课学习的过程没有约束，也很少得到反馈或鼓励。在印度，只有约5%的注册学生完成免费的慕课课程学习。

2.2 印度慕课未来的发展趋势

（1）慕课与就业市场联系。在印度，慕课与就业市场的联系越来越紧密。面向印度市场的慕课提供商正在与领先的印度公司合作以提升其课程证书的含金量，这将激励更多的印度学生学习慕课，因为这些证书对雇主具有信号价值；同时，这将在吸引合格专业人员进入市场方面形成一个紧密的链接。

（2）慕课学习主体全民化。随着社会经济发展，印度慕课的学生群体由"上层精英"扩大到"普通大众"；印度的弱势族群，如女性、低种姓者将来会越来越多地参与到慕课的学习中去。我们很可能会在不久的将来，看到慕课为印度的普通大众和弱势族群提供更多的学习机会。

（段孟洁　熊晨旭　四川外国语大学）

参考文献

[1] 邱伟华.高等教育慕课市场的学分认定机制[J].开放教育研究，2017(2).

[2] 邱伟华.高等教育慕课的价值创造与盈利模式[J].现代远程教育研究，2017(4).

[3] 赵建华,李铭,王雷岩.抓住数字机遇,实现联合国第四个可持续发展目标——2018年联合国教科文组织亚太地区高等教育慕课研讨会综述[J].现代远程教育研究,2018(4).

[4] Dr. Sreetanuka Nath. MOOC in Indian School Education Scenario: A Study towards Understanding the Preparedness In Terms Of Awareness among Teachers of Indian Schools[J]. *International Journal of Innovative Studies in Sociology and Humanities*, 2019(5).

[5] Faizul Nisha & V. Senthil. MOOCs: Changing Trend Towards Open Distance Learning with Special Reference to India[J]. *Journal of Library & Information Technology*, 2015, 3(2).

[6] Li, Yanxuan. Massive Open Online Courses (MOOCs) in The United States, China, and India[J]. *Advances in Social Science, Education and Humanities Research*, 2017.

[7] Lopamudra Dey. MOOCs in Education[J]. *IOSR Journal Of Humanities And Social Science*, 2019(5).

[8] Lun Haumin & Margam Madhusudhan. An Indian Based MOOC: An Overview[J]. *Libraries at University of Nebraska-Lincoln, Library Philosophy and Practice*, 2019(4).

[9] MHRD(2016). Guidelines for Development and Implementation of Massive Open Online Courses (MOOCs) [EB/OL]. http://epgp.inflibnet.ac.in/download/moocs.pdf, 2017-04-05/2020-03-15.

[10] Rajwinder Kaur. MOOCs in Higher Education: Challenges and Oppurtunities[J]. *International Journal of 3600 Management Review*, 2019(5).

[11] Sadanand Y. Bansode. Library and Information Science MOOCs: An Indian Scenario[J]. *Annals of Library and Information Studies*, 2019(3).

[12] Sumeet Malik. Indian MOOCs (Massive Open Online Courses): Need of the hour [J]. *International Journal of Applied Research*, 2015.

[13] UGC(2016). Credit Framework for Online Learning Courses through SWAYAM [EB/OL]. http://www.ugc.ac.in/pdfnews/0272836_moocs.pdf, 2017-04-05/2020-03-15.

《世界慕课发展报告》

日本

【摘　要】自2013年日本国立东京大学首次通过慕课平台进行了网上授课以来，日本高等教育也紧随世界教育改革潮流，开启了慕课时代。为了推进教育的信息化改革，日本积极开展以慕课为主的线上教学，实现日本国内教育国际化，推进学科建设多元化、国际化发展，全面迎接"OPEN（开放）"时代的到来。本文针对日本国内出现的Fisdom、gacco、OLJ、OUJ四大慕课平台展开调查，对日本慕课的现状进行了具体深入的分析和阐述。

一、日本慕课发展背景

1. 日本高等教育发展概况

日本高等教育的主管部门是文部科学省（以下简称为"文科省"）。根据文科省的规定，日本的高等教育分为大学、高等专门学校（简称高专）、专门学校（专修学校专门课程）[1]。其中大学教育包括大学院（研究生院）、大学（本科）、短期大学（专科）、专业大学院四个级别。

日本高等教育目前遇到的主要问题之一是18岁（高等教育主要对象）人口急剧减少。18岁人口在1992年达到顶峰205万人，之后一直呈减少趋势。按目前的统计预测，2040年18岁人口将减少至80万人。基于这一状况，日本高等教育面临缩减招生规模或私立学校倒闭的危机，也将导致社会劳动力大大减少，影响国民经济的发展。

与此相对，日本高等教育机构整体数量虽然在减少，但近15年大学的数量却增加了100多所，这也是日本政府重视高等教育的一个体现。随着18岁人口数量的减少，很多高等教育机构在减少招生规模或探讨大学之间的合并。

---

[1] 专修学校培养职业及生活中需要的实际能力。分为：专修学校一般课程、专修学校高等课程、专修学校专门课程。这里的专门学校指的是专修学校专门课程。

目前日本主要的高等教育机构数量见表1。

表1　日本主要的高等教育机构数量统计表

	国立	公立	私立	合计	私立占比
大学（大学院）	86（86）	93（83）	603（467）	782（636）	77%
短期大学	0	17	314	331	94%
高等专门学校	51	3	3	57	0.5%
合计	137	113	920	1170	78%

数据来源：平成30年度文部省学校调查报告，2018.3.

从表1的数据中可以看出，除了高等专门学校以外，私立大学所占比例非常大。这表明大部分日本高校的经营资本完全来源于个人或企业团体。国立性质的高校中3年制以下的短期大学（类似于中国的专科学校，主要分类为师范类、女子类与编入大学本科类）为0。相比之下，高等专门学校（类似于中国的职业技术学校）绝大多数为国立。这是因为技术立国是日本长期的国策，日本政府为了提高专业人才的职业能力和素养，加大了政府教育经费的投入。高等专门学校与高新技术产业结合度较高，其就业率几乎为100%，为社会经济的发展培养了大量的职业技术人才。

日本各高等教育机构在校生的具体情况见表2。

表2　日本高等教育机构学生数量与男女比例统计表

	男	女	合计	女子占比
大学	1,628,753	1,280,406	2,909,159	44%
短期大学	13,505	105,530	119,035	89%
高等专门学校	46,530	10,937	57,467	19%
专门学校	290,173	365,081	655,254	56%

数据来源：文科省统计要览（2018年版）

从表2的数据可以看出，各类高等教育机构中，普通本科大学的学生人数比例最高，之后依次是专门学校、短期大学、高等专门学校。特别要强调的是，由于日本社会对女性的工作岗位限制及其特殊性，2年制短期大学生中几乎9成为女性。与此相反，因为高等专门学校如同中国职业技术学校，基本专业课程为工科类，因此 8 成以上为男生。

近三年日本高等教育的入学率情况见表 3。

表 3　日本高等教育机构入学率统计表

	2018 年	2019 年
大学	52.6%	53.3%
短期大学	4.7%	4.6%
高等专门学校	0.9%	1.1%
专门学校	22.4%	23.6%
合计	80.6%	82.6%

数据来源：平成 30 年度文部省学校调查报告，2018.3.

从表 3 统计数据中，可以肯定的是：日本社会对教育较强的重视度带来很高的入学率，入学率一直处于缓慢增长状态。但如图 1 所示，与大学本科入学率的增长相反，短期大学的入学率却逐渐降低。这说明，学生对大学本科四年制的学历还是非常重视，可以看得出日本仍处于"学历社会"。

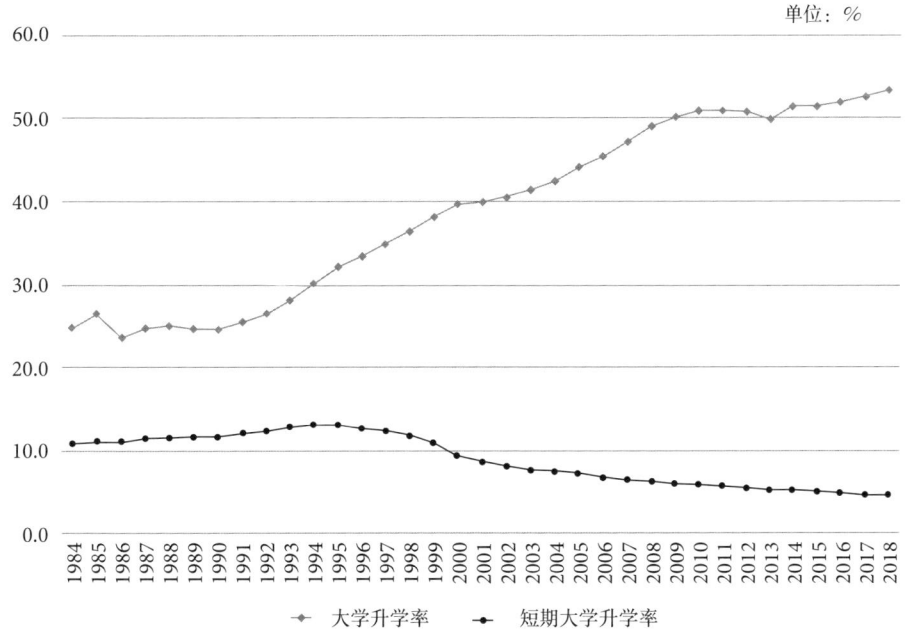

图 1　日本的大学与短期大学的入学率整体趋势

数据来源：平成 30 年度文部省学校调查报告，2018.3.

2. 日本高等教育的基本方针与改革举措

2005年日本文科省就指出，日本高等教育的主要任务是：（1）建设高水平世界一流大学；（2）培养高水平专业技术人员；（3）培养广泛的职业技术人员；（4）提高人员综合素质；（5）积极培养特定领域的专业人员（如艺术、体育等）；（6）提高地方高校生的职业生涯价值观意识；（7）高校需致力于助力社会发展和提高服务意识（服务地方、产学研同育人、国际交流等）。

2019年4月23日，文科省发布的《提高研究能力改革2019》指出，近年来日本高等教育领域的研究能力、发表论文数量和质量均有下降趋势，跨国合作研究论文数量增长缓慢。为了解决上述问题，文科省提出了提高高等教育研究能力改革的倡议，并成立研究能力改进工作组，提出了具体工作方案。其中，研究改革范围包括人才培养、研究经费以及研究环境等问题，同时也提到了大学教育体系改革等。具体改革内容是：（1）研究人才队伍方面，确保年轻研究人员队伍的稳定性，提高年轻研究人员的自主研究能力和管理能力，通过产学研合作方式促进人才流动，并进一步实现国际化人才培养的良性循环，从而提高研究工作对青年学者的吸引力。（2）研究经费改革方面，构建"金字塔型"研究经费体制，确保研究资金来源的多样性，为具有挑战性和优秀的顶级研究项目提供充足的资金支持。（3）在科研环境改革方面，通过实验室（主要为工科类）和研究室改革，使研究效率最大化，同时为研究人员创造自主的、专心致力于研究的良好环境。（4）大学教育体系改革方面，加强教学与行政部门的协调性，推进管理体系改革等。

《提高研究能力改革2019》报告中还提到了"国际化""跨国合作"等新时代教育以及研究改革等概念。由于受到环境与语言以及时差等诸多因素的限制，高等教育机构的改革也随着形势的发展，重点逐渐转向利用网络高科技进行资源的"线上"多元化交流与共享。

二、日本高等教育慕课平台建设概况

1. 日本慕课的创立

日本的慕课建设始于2013年，日本国立东京大学首次通过慕课平台Coursera

进行网上授课标志着日本高等教育进入慕课时代。首次发布的课程有 2 门，当时来自全世界的听课学生达到 8 万多人。2014 年发展到 6 门（其中 Coursera 4 门，edX 2 门），课程登录人数累计增加到 21 万人，来自 180 多个国家与地区，仅结业课程人数就达到了 1.2 万多人。东京大学在 coursera 平台开设的 "Welcome to Game Theory" 课程的课后问卷调查数据显示，3 成以上的学习者"上课前不知道东京大学"，但是其中 7 成以上的人回答"对东京大学的印象非常好"。这个数据说明，东京大学通过线上慕课平台大大提高了在国际上的知名度。随后，京都大学、大阪大学等日本一流大学也纷纷加入世界慕课联盟的队伍。

2014 年 4 月，日本自主研发的慕课平台 gacco 问世，该慕课平台由日本电报电话公司（Nippon Telegraph & Telephone，NTT）创立。东京大学及庆应义塾大学的两位教授先后在此平台上开始授课，之后陆续有多位知名教授参与授课，使该平台在日本国内得以迅速发展起来。创立后短短五个月，gacco 平台已开设了 12 门课程，学习者超过了 7 万人。gacco 平台与 Coursera、edX 平台相比最大的优势在于使用日语授课，这一特点对日本本土学习者来说非常有吸引力，因为他们的平均英语水平并不高。目前该平台的课程越来越多样化，涵盖了工学、经济、科技、历史、文化等各学科。

2. 日本国内慕课平台建设概况

目前日本国内学习者使用的网络平台有 JMOOC（使用人数最多的慕课联盟平台）、Coursera（美国）、edX（美国）、iBooks Store（美国苹果公司独自开发平台）等。

日本本土慕课联盟 JMOOC，2013 年 10 月 11 日由财团法人日本网络教育推进协会（Japan Massive Open Online Education Promotion Council）成立并运营。该协会是产学合作的成果，由日本国内知名大学和企业（住友商事、富士通等）共同运营，为社会各类需求者提供大学高水平公开课程。所提供的课程不仅面向日本国内，也同时提供给亚洲及世界各国的学习者。内容包括大学提供的各类专业课程，以及社会各界（企业、学会、独立法人等）提供的基于实践的应用型内容。其目的是通过网络公开课程提高全社会整体知识水平，为形成终身学习的社会氛围做贡献。

目前 JMOOC 一共包括四个平台：Fisdom、gacco、OLJ、OUJ。这四大日本本土慕课平台的具体情况如下：

（1）Fisdom 平台

Fisdom 是 2016 年由富士通株式会社创建的，也是一般社团法人日本公开线上教育推进协会公认的提供大规模公开线上课程的平台之一，该平台实行免注册费、免手续费、免学费等优惠政策。Fisdom 的宗旨为"Freedom is Wisdom.（知识就是自由！）"2016 年 3 月 24 日，国立金泽大学开设的课程"与大自然共生的生活方式：日本和世界的里山、里海"首次在该平台上线。目前在该平台开设课程的组织机构有大学、企业、技术学校、行政法人以及大学院（研究机构）等。

Fisdom 采用了日本富士通公司安全可靠的云技术，全年 365 天 24 小时根据高科技安全对策运营管理，使用富士通专属云服务"FUJITSU Cloud Service K5（以下称为 K5）"，为学习者提供有效的学习资源。"K5"中具备连接外部系统所需的各种应用程序接口以及虚拟环境的资源。因此各教育机构开设新课程时，可以在更短的时间内创建可缩放的慕课系统环境。2018 年 Fisdom 荣获微软公司日本合作伙伴"Education award 2018"奖。

目前该平台公开的课程一共有 49 门。其中期间限定[1]课程 6 门、应时课程[2]12 门、理工科基础科目系列课程 26 门、高中教科书情报系列课程 5 门。除此之外，该平台还上传了已经截止报名的课程及收费的翻转课堂使用的课程等。提供课程的有金泽大学、明治大学、岐阜大学、长冈技术科学大学、早稻田大学、中央大学、东京学艺大学（5 门高中教科书系列课程均由东京学艺大学提供）等大学，以及平台运营商富士通株式会社等企业与社团法人、研究所等机构。

由于 Fisdom 平台为富士通公司运营，因此该平台的课程内容大部分以信息数据以及 Java、Web、Phyton 等计算机程序开发与编程为主线，也开设了编程人员必须具备的理工类基础科目，如统计学、微积分线性代数等。高中系列课程也几乎都是系统加密、十进制转换二进制、光纤游戏制作等信息类。可见，该平台针对的学习对象非常明确，对数字化时代的 IT、AI 人才的基础知识与专业知识的在线培养会起到有效的促进作用。

---

1 期间限定课程是指限定报名时间，过期不予受理的课程。
2 应时课程是指结合实事新闻或国内外动向开设的课程，例如2020年4月开设的与防疫相关的课程。

（2）gacco 平台

gacco 是日本国内最大的慕课平台。由日本电报电话公司创立运营，于 2014 年 4 月 14 日开始向社会提供公开课程。目前使用该平台的学习者已超过 60 万人（2019 年 9 月末数据）。JMOOC 向该平台推荐经验丰富的讲师及技术支持服务，目的是向社会提供更多的高等教育资源，实现全社会共享，让世界了解日本。该平台的课程主要由各大学的一流教授们参与授课，除了提供给个人学习者，也为企业法人专门定制"gacco ASP""gacco Training"等企业研修课程服务，同时还提供丰富的研修课程视频短片等。

该平台的第一批上线课程是东京大学本乡和人教授的"日本中世纪的自由和平等"、早稻田大学栗崎周平教授的"国际安全保障论"、庆应大学村井纯教授的"互联网"。课程要求每周学习 10 个左右的视频课，通过自主学习或与他人交流加深理解，按课程进度安排测试和提交课题报告。该平台除了提供线上课程以外，也为学习者准备了面对面教学课程，学习者通过线上观看视频等教学资源以后，再通过面对面教学与课程讲师以及其他学习者进行深层次讨论，进一步巩固所学知识。

gacco 平台的特点是创立了学习者相互评分制。该平台每一门课程平均学习人数多达百人甚至数千人，授课教师的评价能力有限。因此，平台采取提交的作业或课题报告书由学习者根据教师提供的评分标准相互评分的方式进行评判。由于学习者之间的相互观点和立场不同，就为被评分者提供了崭新的评价观点，这也是该平台与其他平台最明显的不同之处。此外，该平台的课程也致力于促进学习者的循环教育[1]，采用日英双语的课程模式，为学习者提供充足的讲座以及服务。该平台可连接 SSO[2]，用一个账号和密码可登录多个网络服务或 APP，目的是为了更加有效地使用 gacco，可对应 SSO 或其他各种数据服务。

（3）OLJ（Open Learning Japan）平台

OLJ 平台由日本教育服务企业 Net Learning 股份公司（1998 年成立，主要业务内容为教育、研修、智能化学习解决方案服务等）于 2014 年 7 月正式建立。该平台的宗旨是向社会免费提供大学一线教师的课程，修满一定的课程内容后即可拿到学习证书。目前该公司制作的课程累计 9533 门（含 e-Learning 课程，2020

---

[1] 循环教育是指可以不断翻看已修完结业的课程内容，巩固学习效果的教育方式。
[2] "Single Sign On" 的简称，使用一个 ID 可以同时进入多个应用。

年 3 月 31 日数据），学习人数多达 59,512,065 人。该公司在 OLJ 平台提供课程设计及策划、视频制作、内容编辑等一体化服务。平台重视学习者的学习体验，主要提供语言方面的课程，目前平台学习者的结业率为 29.1%（2019 年 4 月末数据），多数课程非常适用于海外学习者。该公司主要合作方有埃森哲、永旺、日本电报电话、佳能、资生堂、日本制铁、住友商事、日产汽车、日本可口可乐、野村证券、微软、日立、三菱商事等知名大牌企业，以及东京电机大学、早稻田大学、独立行政法人日本学术振兴会等教育机构，企业与教育机构的客户总数达 5072 家。

该平台近四年新上传的课程数为：2016 年 11 门、2017 年 12 门、2018 年 4 门、2019 年 2 门，包括"商务计划入门""心理学入门""宏观经济学"以及"土木情报学入门"等课程。OLJ 平台提供的部分课程来自麻省理工学院、耶鲁大学以及加利福尼亚大学，均附带日语字幕，颇受学习者的青睐。除了提供慕课，OLJ 平台还参与开发初高中学生使用的科学类教材以及 SDGs[1]、教学用的新闻素材等方面的教材。2020 年 4 月，该平台提供的课程是 40 门，已截止报名的课程共有 36 门。提供课程的有国立九州大学、同志社大学、京都情报大学院大学、早稻田大学、金泽工业大学、学习院女子大学、东京外国语大学、杏林大学、创价大学、东京农工大学、国际教养大学、土木学会等大学和机构。除此之外，还有 4 门大学生参与制作的在线课程，分别是：日本放送大学的"广播电视大学的魅力——一路快乐学习吧（放送大学の魅力、旅するように学ぼう）"，cyber[2] 大学的"线上大学—学习・教育资源建设（オンライン大学～学習・教育・制作の立場から）"，京都情报大学院大学的"志在 IT 创投—与龙头企业共享创业经验（目指せ！IT ベンチャー　～きょこたんと起業を考える～）"以及圣学院大学的"高校中的区域学（大学で学ぶ"地域"）"。

OLJ 平台的优势在于把全世界一流高校教学第一线教师提供的高水平课程汇聚在一起，让学习者身在日本也可以免费学到最前沿的优秀课程，并且还可获得结业证书。由于该平台运作方 Net Learning 公司已从事了多年在线学习课程的制作，拥有丰富的经验和大量的客户群，因此在宣传力度与社会知名度方面有更大

---

1 "Sustainable Development Goals" 的简称，国际社会可持续开发共同目标相关课程。
2 2017 年由软银旗下公司的教育研究所创办的一所网络大学。

的优势。

（4）OUJ（Open University of Japan）平台

OUJ 由日本放送大学（广播电视大学）主要运营，协助单位有 NPO 法人 CCC-TIES[1]。

该平台的结构与运营模式不同于其他平台，需使用社交网络账号（如 Facebook，Google+ 等）登录，并使用 Moodle 软件进行学习管理，使用教材为 iBOOK 等。观看 OUJ 课程所需的网络环境与组织结构为：学习者使用的电脑或智能手机需要具备以上网络环境，并下载合作方的 APP 和会员资格后，方可使用该平台学习在线课程。

目前 OUJ 平台开设的课程共有 12 门，具体为："计算的原理"、国际交流基金提供的"日语入门"、帝塚山大学提供的"亚洲文化交流"与"信息网络入门"，以及不丹王立大学的"不丹国民幸福指数（GNH）社会与信息通信技术（ICT）"等。

OUJ 平台的特点是平台上所有资源和服务都可以免费使用，根据个人情况可自由组合多种功能，并同时满足各学习者的需求。

3. 日本高等教育慕课建设的管理及政策

3.1 慕课课程建设的管理

文科省的调查显示，高校学生利用慕课进行学习的目的各有不同。使用他校在平台上的课程时，用于学分课的并不多。对平台所出具的成绩证明，70% 左右未被使用，直接作为升学或毕业成绩使用的也极为有限。目前没有发现经过平台课程学习直接颁发学位的情况。另外，JMOOC 的证书并没有像 Coursera、edX 等欧美平台那样受到社会的高度认可，其目的主要是为社会提供高质量的大学课程，促进高等教育资源普及全社会。

JMOOC 平台一般以 1 周为 1 个学习单位，1 周内大概指定的课程为 5—10 课，每节课为 10 分钟左右的动画视频。课程内容结束后，为了测评学习效果，平台会提供小测验，并要求在指定时间内提交答卷。一般连续上课四周以后，会再次要求学习者提交综合测试卷。如果每周的课题和综合测试题均符合结业条件，学习者就可

---

[1] NPO法人，由一线的大学教师和研究者发起，超越大学组织的界限，为社会提供公开的教育。

以拿到结业证书。在学习过程中,如遇到问题,可直接写在平台的公告栏上,与其他学习者进行讨论与交流,必要时讲师会解答。

JMOOC 平台还具备了"网络交流(Meetup,about-lecture-meetup)"功能。如果想与其他同课程学习者面对面进行讨论,可以在公告栏上发起被称为"meet up"的自主学习会,召集其他学习者共同分析课程内容,互换意见,相互指导。除此之外也有"面对面学习"的附加功能,即在部分讲座中,可以让课程的讲师直接给予指导,采用了线上线下混合教学模式。学习者通过线上课程中出现的动画或音频以及课程资源,积累知识,并通过面对面课程与讲师或其他学习者讨论,加深理解,培养应用能力。

目前来看,在 JMOOC 平台学习的成果,大部分高校没有用于对学生的评价,仅有少部分高校用做评价学生综合素质的参考依据。

3.2 文科省的政策支持

文科省在 2014 年对大学信息通信技术的调查显示,日本在这一方面落后于世界其他先进国家。不过,随着近几年科学技术的飞速发展以及智能化手机等科技产品的普及,为了满足社会需求和提高教育整体质量,文科省正积极通过日本慕课平台,提供更具时代元素的信息。比如,"smart SE[1]"社会人士教育项目已被日本文科省资助项目 enPiT-Pro[2] 采纳,并与 JMOOC 和 gacco 公司共同合作,2018 年 7 月至 2019 年期间,在 gacco 平台陆续发布了 13 门与信息通信技术相关的最前沿的课程。

由于近几年日本社会人工智能、物联网以及大数据等方面的高科技人才紧缺,文科省呼吁国内高校与企业紧密合作,通过产学研等项目渠道,积极培养相关人才。smart SE 文科省资助项目,主要以早稻田大学为代表的 35 所高校与企业等机构合作,已形成了全国规模的校企合作网络平台。其目的是为了顺应智能化社会的发展,培养一批具备跨学科领域终身学习能力的国际化创新人才。

目前参与的日本高校有茨城大学、大阪大学、九州大学、群马大学、工学院大学、信息体系研究机构(NII)、鹤见大学、东京学艺大学、东京工科大学、东京工

---

1 smart SE 指的是 2018 年 6 月开始的培养人工智能、物联网领域创新人才的社会人士教育事业的资助项目。
2 enPiT 是日本文部科学省信息技术人才培养基地建设项目(Education Network for Practical Information Technologies)的缩写,其宗旨为通过产学研合作开发模式,重点培养信息科学技术领域人才。

业大学、东洋大学、奈良先端科学技术大学院大学、北陆先端科学技术大学院大学、早稻田大学等。

4. 慕课课程及学习者

日本慕课的认定委员会将慕课课程分为三个类别：第一类是由各个大学提供并开设的大学级别的课程。第二类是由各个职业技术类院校和进修学校以及公共研究机构提供并认可的课程。第三类是由大学提供的特定或拓展类课程，以及企事业单位提供的课程。JMOOC 平台上提供课程的学校总数超过 80 所，提供的课程总数已经超过 340 门，涵盖文、理、工、商等多个学科，会员注册总人数超过 100 万人。在上述 4 个平台中，课程数量存在较大差异，课程总数的 80% 以上集中在 gacco 平台。因此，从日本慕课现状来看，其课程数量与质量都有很大的提升空间，政府对线上教育方式的政策以及经费方面的支持也值得期待。

4.1 现已上线的课程分析

目前在 JMOOC 认证平台上开设的课程总数已经从最初的 3 门扩大到了将近 340 门。就各大学在各个平台所提供的课程数量来看，多数大学都仅仅提供了 1 门课程（这一部分接近课程总量的 70%），提供课程最多的是东京大学，为 8 门课程。而从提供课程的学科分布来看，主要为：艺术与设计、教育与学习、健康与医疗、计算机科学、自然学科、经济、国际交流等社会学科，以及心理学、历史等人文学科和统计学、数学、商学、经济管理学等理工学科。此外还有各类资格证考试对策科目以及理工类基础科目等。由于网络课程的制作需要大量的人力、物力以及财力，大部分慕课平台课程都使用了共建模式，其余的则为自建和购买知识产权。日本社会对知识产权保护高度重视，在购买过程中也存在不少资金问题。

尽管少部分课程在开课之初就得到了好评且报名人数过万，但实际修读完的学员数量有限，各平台上的结业率较低的情况非常突出。课程选修人员基本集中于高校学生和部分有专业学习需求的上班族，其中最主要的卖点是学分制以及结业证。

慕课课程的最大特点是不受地点与时间的限制，但是由于这类学习者都有自己的大学专业课程或工作任务，因此能够长期坚持修完网络课程还是有一定的难度。

4.2 现有学习者的结构分析

日本慕课平台使用者大部分为高校学生和上班族。从学习者年龄结构来看，基本在 20—60 岁之间，基本是大学到退休之前的人员。从学历分布来看，大学本科学历占 51.3%，之后依次是高中学历 18.4%、研究生学历 12.4%、专科学历（2 年或 3 年制）11.4%（见图 2）。大部分高校将慕课课程作为线下课程中的素材，或者作为翻转课堂的多媒体资源使用。

当然，教育模式也会根据社会的不定因素发生变化。例如，2020 年受新冠肺炎疫情的影响，日本很多高校开始实施线上授课，慕课建设迫在眉睫。

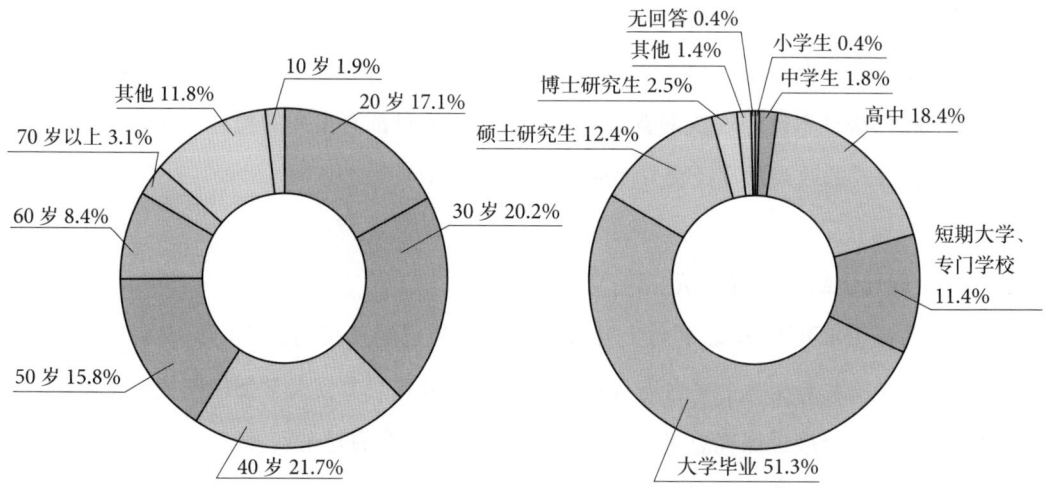

图 2　慕课使用者年龄分布与学历结构

三、日本高校慕课建设案例及未来发展趋势

1. 高校慕课建设案例

1.1 东京大学案例

东京大学作为日本国内首个尝试慕课教育的高校，2013 年秋季开始使用慕课平台 Coursera，向全世界提供优秀课程。东京大学提供慕课的目的：一是与海外学习者共享最前沿的知识，提高其在海外的知名度，吸引更加优秀的留学生生源。二是通过翻转课堂等线上线下相结合的教学，努力开发崭新的教学方法，改善校内教学模式。

2013 年度，东京大学在 Coursera 提供的慕课课程有：卡布里数物联合宇宙研究机构负责人村山齐特聘教授的"From the Big Bang to Dark Energy"和政策未来研究中心安全保障研究组组长、法学政治学研究生科藤原归一教授的"Conditions of War and Peace"。这两门课程的学习者超过 80,000 人，分别来自 150 个国家和地区，其中有 5000 多人修完课程。

1.2 京都大学案例

京都大学于 2013 年 5 月正式加入 edX 平台，该平台由美国哈佛大学与麻省理工学院组织开发，全世界一流大学参与。在 edX 平台中，每所高校都拥有自己的英文简称，京都大学以"KyotoUx（https://www.edx.org/school/ kyotoux/ ）"的学校名称提供各类课程。京都大学加盟 edX 的目的主要是通过此平台，推广京都大学的优质课程，收集线上学习数据分析和教育效果，与其他加盟大学交流合作，推进京都大学教育研究开发进程。

京都大学最初通过 edX 平台提供的课程有 2014 年 4 月到 7 月上杉志成教授的"The Chemistry of Life"。该课程的在线学习人数约 18,000 人，颁发结业证书的分数要求为 65 分以上，合格者人数为 447 人。

2. 日本慕课建设的未来发展趋势

日本的高等教育普及率在 20 世纪 80 年代已经达到很高的水平，但是，近年来其高等教育技术改革似乎落后于世界其他先进国家。美国早已积极利用慕课平台向全世界 6000 万人提供本国课程，但目前日本国内高校参与度较低，面向未来 AI 社会的高科技人才短缺。安倍政权在 2013 年宣布，"今后 10 年内让日本的 10 所高校进入世界大学排名前 100"，文科省为此特选了重点高校纳入国际化战略。但是，政府的支持力度与实际效果并不理想。

目前日本国内大部分高校仍然使用黑板或白板进行教学，引进电子黑板等教学设备改革计划也没有提上日程。但是在美国的普通学校中，学生都可以租赁电脑，并通过 iMovie 等资源参与动画编辑以及撰写课题报告。英国、新加坡等国家的电子黑板使用率已达到 80% 以上，但在日本小学中电脑的使用比例仅为 16.6%，电子黑板的普及率虽然超过了 70%，但不是所有教室都配备先进的设备。

日本教育审议会在 2018 年的《面向日本高等教育未来的建议的中间报告》中指出，今后日本要全面提高学习者的自主学习能力，积极推进短期实践型、专业型教育的认定制度，重新探讨资格证考试课程中的学时限制，将其缩短为 60 个学时。在学位制度中，加入辅修课程学位证颁发体系，全面推进日本放送大学以及远程教育、慕课等线上课程的发展与普及。该报告提出了今后 20 年的高等教育计划与展望，希望日本的高等教育能够与世界高等教育同步，积极开展以慕课为主的线上教学，实现日本国内教育国际化，推进学科建设多元化、国际化发展，全面迎接开放时代的到来。

受新冠肺炎疫情影响，相对保守的日本大学不得不进一步加强线上教学的资源建设及相应的教学模式的改革。疫情导致各国闭关，许多留学项目的授课转为线上，为线上课程的国际化带来了改革的新契机。

四、总结

慕课自 2013 年在日本拉开序幕以来已经得到一定程度的发展。从教育主管部门的投入、大学的行政引导、提供和使用课程的大学数量、社会学习者的参与程度等方面来看，日本高等教育改革过程中，对慕课的认知和接受度还不是很高。面向 2040 年，日本政府确定了高等教育机构今后要解决的问题以及未来的发展方向，强调高等教育需重新构建学习者与社会之间的关系，打破旧观念，积极吸收崭新的教育方式以及实现世界教育的"竞争"与"共创"；学习者应该通过自主学习，构建高质量知识体系，改变传统的依赖教师的学习方式，坚持终身学习与多样化的学习理念；高校的信息教学改革要以多样化的形式不断创新，建立真正的信息化和国际化的教育体系。

（于飞 大连外国语大学）

参考文献

[1] 独立法人大学評価・学位授与機構. 日本の高等教育分野における質保証システムの概要. 第 3 版[EB/OL]. https://www.niad.ac.jp/media/008/201909/overview_JP_j_3rd.pdf, 2019/2020-10-18.

[2] 文部科学省. 我が国の高等学校教育の現状と今後の改革の方向性. 第7回経済・財政一体改革推進委員会教育・産業・雇用等ワーキンググループ報告資料[EB/OL]. https://www5.cao.go.jp/keizai-shimon/kaigi/special/reform/wg4/280826/shiryou2.pdf, 2016/2020-10-18.

[3] 文部科学省国立社会保障・人口問題研究所. 日本の将来推計人口[EB/OL]. http://www.ipss.go.jp/pp-zenkoku/j/zenkoku2017/pp29_ReportALL.pdf, 2017/2020-10-18.

[4] 文部科学省大学・ICT推進協議会. 先導大学改革推進委託事業報告書(3). MOOC等を活用した教育改善に関する調査研究[EB/OL]. https://www.mext.go.jp/a_menu/koutou/itaku/__icsFiles/afieldfile/2015/08/14/1357548_03.pdf, 2014/2020-10-18.

[5] 文部科学省. 平成30年度学校基本調査(確定値)の公表について[EB/OL]. https://www.mext.go.jp/component/b_menu/other/__icsFiles/afieldfile/2018/12/25/1407449_1.pdf, 2018/2020-10-18.

《世界慕课发展报告》

马来西亚

【摘　要】马来西亚是当前东南亚慕课领域发展势头最好的国家。自2014年起步后,马来西亚慕课在政府高等教育规划的大力扶持下迅猛发展,至今已经历了铺垫和爆发两个阶段。官方平台为主、高校平台为辅、四门大学公共必修课的慕课化和政府配套政策的推行,成为马来西亚慕课的重要特点。本文主要介绍了马来西亚慕课发展的背景、起源、政策与制度以及平台与联盟等方面,并提出了对中国慕课发展的可借鉴建议。

一、马来西亚慕课建设背景

1. 基本国情

马来西亚,全名马来西亚联邦,属东南亚君主立宪联邦制国家,由13个州和3个联邦直辖区组成,面积约33万平方公里。[1] 自独立以来,政府一直是马来西亚教育领域的主导力量,具体负责部门为教育部,超过95%的小学和中学教育、60%的高等教育由政府资助。[2] 根据教育部2018年的统计,马来西亚目前共有20所公立大学、36所公立理工学院、103所公立社区学院和447家私立高等教育机构(包括外国大学和学院的分校或校区)。[3] 高等院校在校学生约130万人,公立大学教学科研型教师人数为31,528人。[4] 马来西亚高等教育机构分为四大类:公立大学、私立高等院校、理工学院和社区学院。公立大学又分为三类,包括研究型公立大学(5

---

[1] 中华人民共和国外交部.马来西亚国家概况. https://www.fmprc.gov.cn/web/gjhdq_676201/gj_676203/yz_676205/1206_676716/1206x0_676718/, 2020-01-25.
[2] Ministry of Higher Education. Malaysia Centre of Educational Excellence, 2009: ii.
[3] Educational Data Sector. Educational Planning and Research Division. Quick Facts 2018: Malaysia Educational Statistics, 2018: vii.
[4] Ministry of Education Malaysia. Statistik Pendidikan Tinggi 2018, 2018: iv.

所）、综合型公立大学（4所）和特色型公立大学（11所）。此外，公立院校设立的卓越科学研究中心有15所。[1]

马来西亚是世界上为数不多的由政府主导慕课发展的国家。上述5所研究型公立大学包括马来亚大学（Universiti Malaya）、马来西亚国民大学（Universiti Kebangsaan Malaysia）、马来西亚博特拉大学（Universiti Putra Malaysia）、马来西亚理科大学（Universiti Sains Malaysia）、马来西亚科技大学（Universiti Teknologi Malaysia）。这5所大学在马来西亚当地被称为"五大名校"，代表着马来西亚高等教育的最高水平，相当于马来西亚高等教育的"国家队"。目前，马来西亚官方慕课平台课程的最早提供方主要来自这五大名校和开展慕课较早的其他高等院校。

在线学习在马来西亚的出现可上溯至2000年前后，但快速发展是近10年的事情，慕课是其中的突出典型。马来西亚教育部对"慕课"的定义是公开、免费的在线学习课程。[2] 以2014年9月为起点，马来西亚慕课在过去5年间完成了从铺垫到爆发式的发展，取得了亮眼的成绩，完成了数项世界首创举措，其中一些有益的经验值得研究和借鉴。慕课的兴起与马来西亚社会、经济和高等教育发展需求是高度匹配的，目前呈现出政府主导、民间推动的鲜明特色，国际化、大学化、产业化程度较高，但也存在不少问题。本文将大致回顾马来西亚慕课发展的主要轨迹，通过数据和事例来介绍现状，最后展望未来，为中国慕课建设提供一些启示。

2. 起源

慕课在马来西亚的兴起大致经历了以下两个阶段。

第一阶段，铺垫（2007—2013）。在线教育作为这一阶段马来西亚高等教育改革的重要政策之一，开始全面进入马来西亚高等教育学界和大众视野，形成了"政府主导，公立院校主办"的发展模式，为其后马来西亚慕课实现爆发式发展奠定了基础。

2007年8月，马来西亚高等教育部出台《面向2020年及未来的国家高等教育

---

[1] Kementerian Pendidikan Malaysia. Institusi. https://www.moe.gov.my/pendidikan/pendidikan-tinggi/institusi-pt, 2019-10-05/2020-01-16.
[2] Kementerian Pendidikan Malaysia. Massive Open Online Courses. https://www.moe.gov.my/pendidikan/pendidikan-tinggi/redesigning-higher-education/inisiatif-utama/mooc, 2020-01-12/2020-01-25.

战略规划》[1]（Pelan Strategik Pengajian Tinggi Negara，PSPTN，以下简称《2007年规划》）。《2007年规划》将马来西亚高等教育发展的目标明确为"东南亚地区卓越高等教育枢纽"，并将国际化确立为建设上述目标的基础。力争到2020年，将马来西亚高等教育体系建成世界一流的教育体系。[2]

《2007年规划》出台后，马来西亚高等教育部成立了"在线学习规划重点项目委员会"（Jawatan Kuasa E-Critical Agenda Project，e-CAP），以确保各项政策落实到位，成为政府层面的政策指导机构。随后，马来西亚多所公立大学针对在线学习联合成立了公立大学在线教育机构委员会（Majlis E-pembelajaran Institutsi Pengajian Tinggi Awam，MEIPTA），以确保公立大学的在线教育能够保持相对统一的标准。[3] 上述两个委员会的成员多有重叠，说明官方和高校之间的政策指导和专业咨询沟通渠道已经打通。

2010年8月，马来西亚高等教育部在线学习规划重点项目委员会编写的《高等教育机构在线学习政策》[4]（Dasar e-Pembelajaran Negara untuk Institusi Pengajian Tinggi，DePAN）出版。2011年4月16日，该政策正式实施，标志着马来西亚在线教育正式进入"政府主导，公立院校主办"的发展模式。

2011年，在"国民在线学习"政策及配套措施日益深入的背景下，以Coursera、Udacity、edX为代表的西方国家慕课平台开始在马来西亚流行起来，大众开始参与上述平台举办的各种各样的线上和线下活动，推行马来西亚自有慕课平台的时机到来。

第二阶段，爆发（2014—）。2014年至2020年，马来西亚高等教育改革已经进行到了《2007年规划》所描绘的四步走的"第二步"和"第三步"。马来西亚高等教育部针对存在问题完成了回顾性检讨研究报告，并面向"第四步"出台了下一阶段的发展规划。慕课的爆发式发展成为这一阶段马来西亚高等教育改革，尤其是在线教育发展的一大亮点。

---

1 Ministry of Higher Education Malaysia. National Higher Education Strategic Plan (PSPTN) beyond 2020, 2007:i.
2 Ministry of Higher Education Malaysia. National Higher Education Strategic Plan (PSPTN) beyond 2020, 2007:iii.
3 A. Ahmed et al. Dasar e-Pembelajaran Negara (DePAN) untuk Institutsi Pengajian Tinggi . Jawatan Kuasa e-CAP. Kementerian Pengajian Tinggi, 2010: iv.
4 A. Ahmed et al. Dasar e-Pembelajaran Negara (DePAN) untuk Institutsi Pengajian Tinggi. Jawatan Kuasa e-CAP, 2010:vii.

2014 年 9 月 7 日，马来西亚教育部首次在四所公立高等院校的本科生公选必修课程中试行慕课，成功实现在一个平台上开设四门课程，同时为 20 所马来西亚大学全体本科新生共 16,000 人上课，在全球范围内开创了先例，成为马来西亚慕课发展的起点。[1]

2014 年 9 月 18 日，马来西亚慕课平台 OpenLearning.com 全面上线，由此拉开了马来西亚建设自有慕课平台的序幕。

2015 年 4 月，马来西亚高等教育部发布了历时两年编纂完成的《马来西亚教育发展规划 2015—2025（高等教育版）》[Pelan Pembangunan Pendidikan Malaysia 2015—2025（Pendidikan Tinggi），PPPM，以下简称《2015 年规划》]，成为目前马来西亚高等教育领域最高、最新的规划文件。[2] 2014 年的慕课试行被作为成功先例编入该文件。

作为最新的马来西亚高等教育发展规划性文件，《2015 年规划》在第九章中提出"全球在线学习"（Global Online Learning，GOL）概念。该章首语指出，在线学习在马来西亚的发展已有 20 多年，这种学习方式已经成为提升教育普及度的重要方式，同时使提升教与学的质量和根据学生需求进行学习成为可能。下一阶段基于通信技术的学习方式是"全球在线学习"，而实现"全球在线学习"的主要方式正是慕课。[3]

《2015 年规划》出台一个月后，由新一届公立大学在线教育机构委员会编纂的《国民在线学习政策 2.0》（Dasar e-Pembelajaran 2.0，DePAN 2.0）正式公布实施。[4] 如果说 2010 年的《国民在线学习政策》指明了马来西亚在线教育的发展目标，那么 2015 年的《国民在线学习政策 2.0》就描绘出了达到这个目标的路径。由此，慕课正式全面进入马来西亚政府的高等教育发展规划，马来西亚慕课的爆发阶段到来。

总而言之，2007 年至今，从《2007 年规划》到《2015 年规划》，从"国民在线学习"到"全球在线学习"，马来西亚慕课完成了从铺垫阶段到爆发阶段的转变，取

---

1 Kementerian Pendidikan Malaysia.Malaysia Education Blueprint 2015－2025 (Higher Education), 2015：9-2.
2 Kementerian Pendidikan Malaysia. Pelan Pembangunan Pendidikan Malaysia 2015－2025 (Pendidikan Tinggi), 2015：8-3.
3 Kementerian Pendidikan Malaysia. Pelan Pembangunan Pendidikan Malaysia 2015－2025 (Pendidikan Tinggi), 2015：8-4.
4 Jabatan Pendidikan Tinggi. KementerianPendidikanTinggi: Dasar e-Pembelajaran Negara 2.0, 2015.

得了令人瞩目的成绩。

3. 基本数据

目前，马来西亚的慕课平台可分为三大类，第一类为官方慕课平台；第二类为高校或政府部门的慕课平台；第三类为西方平台。

第一类，官方慕课平台，目前只有一个，即 OpenLearning.com。该平台共提供 443 门慕课，学生人数为 375,666 人（截至 2020 年 3 月 4 日），课程内容均由 20 所马来西亚公立高等院校提供。平台首页提供排名前四位的课程接入口和各校慕课分平台接入口。

第二类，高校或政府部门的慕课平台，是指除在官方慕课平台上开设课程外，由高校或政府部门独立建设的慕课平台。高校慕课平台以马来西亚佩特拉大学慕课平台为代表。该慕课平台主要面向校内学生，不对社会学习者开放，目前共开设六门慕课，学生人数不详。政府部门慕课平台较少，据笔者所知目前只有马来西亚国家银行信用咨询与管理局（Agensi Kaunseling dan Pengurusan Kredit，AKPK）建设的慕课平台较为活跃。

第三类，西方国家已经兴起的慕课平台，包括 Coursera、Udacity、edX 等。这些平台大多是在 2014 年后进入马来西亚的，主要提供以英语为教学语言的课程，慕课课程数量和学习人数还未公开。

二、马亚西亚慕课发展现状

1. 马来西亚高等教育的慕课时代

1.1 官方唯一的慕课平台上线

马来西亚教育部对"慕课"的定义是公开、免费的在线学习课程。既然是公开的和免费的，商业化空间几乎为零，因此慕课目前在马来西亚主要是一种政府行为。政府行为则意味着马来西亚教育部有权选择最适合该国需求的平台运营商。目前，马来西亚官方慕课平台 OpenLearning.com 的运营商是一家来自澳大利亚的同名教育技术公司，马来西亚教育部是唯一的投资方。

马来西亚教育部门对该平台寄予厚望。2014年9月18日，OpenLearning.com马来西亚官方慕课平台上线，首批四门慕课同时开课，两周内已经有超过20,000名来自20个大学的学生在该平台注册。[1]时任马来西亚第二教育部长暨前任高等教育部部长伊德利斯·尤索（Dato' Seri Indris Jusoh）在上线仪式上接受媒体采访时表示，该平台能够提升马来西亚高等教育的发展水平，并提升公立大学的世界排名。他透露，作为教育部规划项目的一部分，该平台开设的公立大学慕课课程比重到2015年底将达到15%，到2020年底将达到30%。他相信，慕课平台能够在降低教育成本的同时，助力教育大众化改革，即从目前的被动讲课向主动学习过渡。慕课平台上的课程，将令教育资源变得更触手可及，包括低收入群体，都能够为建设知识型社会出一份力。[2]

OpenLearning.com马来西亚慕课平台学习者在2015年至2020年间的变化如图1所示：

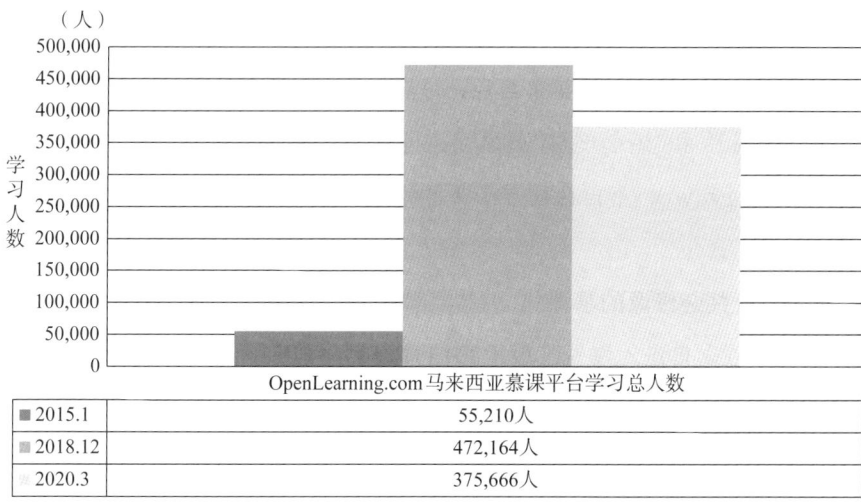

图1 马来西亚官方慕课平台OpenLearning.com学习人数统计

数据来源：OpenLearning.com马来西亚慕课官方平台 https://www.openlearning.com/malaysiamoocs; N. Nordin, M. A. Embi & H. Norman. Malaysia MOOCs: The Way Forward, in B. Kim, ed., MOOCs and Educational Challenges around Asia and Europe, KNOU Press, 2015: 89.

---

[1] Sarah Sahyoun.OpenLearning.com Selected as Malaysia's National MOOC Platform. https://www.openlearning.com/pressreleases/OpenlearningComSelectedAsMalaysiaSNationalMooc- Platform/, 2014‑09‑25/2020‑01‑28.

[2] Govt Hopes for More Online Varsity Courses. *The Sun Daily*, https://www.thesundaily.my/archive/1174084‑MRARCH272874, 2014‑09‑19/2020‑01‑20.

2015 年 1 月，OpenLearning.com 马来西亚慕课课程学习人数已达 55,000 余人，其中约 54,000 人为在校大学生，其余为没有在任何高等院校注册的学习者。在试行阶段，最早开设的四门公共必修慕课学习人数一直是最多的。[1] 至 2018 年，马来西亚境内官方及各高等院校慕课平台上的慕课课程总数至少达到 584 门，学习人数已达到 472,164 人，该数字到 2020 年 3 月初出现明显回落，但四门大学公开慕课的学习人数依然保持增长，说明上述两部规划的实施已初见成效。[2]

1.2 政府部门慕课平台的建立

马来西亚国家银行信用咨询与管理局就在官方慕课平台 OpenLearning.com 上开设了专页（https://learn.akpk.org.my/），面向公众介绍理财知识。目前，该平台共开设六门慕课，包括："我的家（马来语版）"（选课人数 169,334 人），"我的家（英语版）"（选课人数 6292 人），"婚前理财（马来语版）"（255 人），"婚前理财（英语版）"（113 人），"个人理财常识"（498,417 人），"现金流管理"（379 人）。[3]

值得注意的是，在 2020 年 1 月后，该局把选课人数较少的两门课程，即"婚前理财（马来语版）"和"婚前理财（英语版）"转到了自有网站的在线学习栏目（https://power.akpk.org.my/），不再在官方慕课平台上运行。

1.3 大学公共必修课的慕课化

如上文所述，自进入爆发阶段（2014 年 9 月）以来，马来西亚的四门大学公共必修课已经实现慕课化。过去五年以来，通过慕课来取得公共必修课学分已经成为马来西亚大学的"新常态"。马来西亚公共必修慕课完成从井喷到分流的过渡。

---

[1] N. Nordin, M. A. Embi & H. Norman. Malaysia MOOCs: The Way Forward. MOOCs and Educational Challenges around Asia and Europe, 2015：89.
[2] Wan Z. Saad. Redesigning Learning through MOOCs(UNESTEAMS). https://teams.unesco.org/ORG/fu/bangkok/public_events/Shared%20Documents/EISD/HigherEducation/MOOCs 2018 China/WanZuhainisSaad-Malaysia, 2020-04-28.
[3] 上述课程选课人数合计截至 2020 年 5 月 11 日。

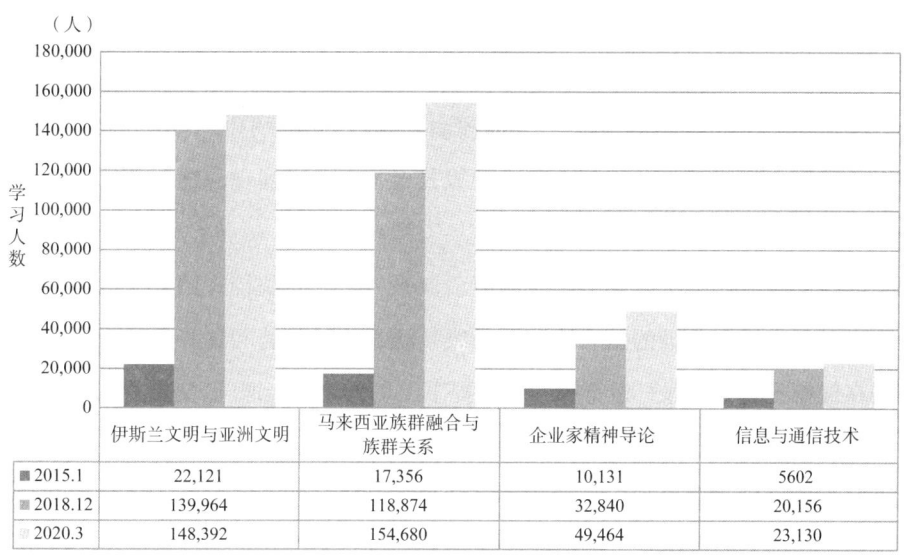

图 2　马来西亚四门大学公共必修慕课学习人数

数据来源：OpenLearning.com 马来西亚慕课官方平台 https://www.openlearning.com/malaysiamoocs; N. Nordin, M. A. Embi & H. Norman. Malaysia MOOCs: The Way Forward, in B. Kim, ed., MOOCs and Educational Challenges around Asia and Europe, KNOU Press, 2015: 89; Wan Z. Saad: Redesigning Learning through MOOCs，联合国教科文组织大学团队协作项目（UNESTEAMS）数据库 https://teams.unesco.org/ORG/fu/bangkok/public_events/Shared%20Documents/EISD/HigherEducation/MOOCs2018China/WanZuhainisSaad-Malaysia. 说明：因 OpenLearning.com 马来西亚官方慕课平台当前没有"伊斯兰文明与亚洲文明"这门课，故无法得知累计选课人数；2020 年 3 月数据根据最早开设该课程的马来西亚博特拉大学慕课平台总学习者和往年占比得出；《企业家精神导论》2020 年 3 月数据根据 OpenLearning.com 马来西亚慕课平台开设同类课程人数总和与往年占比中位数得出。

由图 1 和图 2 可知，2015 到 2018 年，OpenLearning.com 马来西亚慕课平台的学习总人数出现了井喷式增长，增长率达到了惊人的 758.5%。其中，"伊斯兰文明与亚洲文明"选课人数增长率达到 536.2%，"马来西亚族群融合与族群关系"达到了 599.3%，"企业家精神导论"和"信息与通信技术"也分别达到了 224.2% 和 259.8%。这一时期，以上述四门课程为名的课程门数也激增到了 584 门，马来西亚慕课迎来了井喷式爆发。

从 2018 年 12 月到 2020 年 3 月的 15 个月内，因各公立院校建设自有校级慕课平台等原因，马来西亚慕课热度消退，"黄金期"结束。但笔者认为，这并不意味着马来西亚慕课发展出现停滞或倒退，相反，伴随着 OpenLearning.com 马来西亚慕课平台上的学习总人数减少（20.4%），课程门数回落（下降 24.1%），公立院校自有慕课平台成为马来西亚慕课新的增长点。马来西亚慕课发展从井喷式爆发向分流调整过渡。

OpenLearning.com 马来西亚慕课平台作为官方唯一平台，依然是 80% 以上学习者的选择，但因部分公立院校自有校级慕课平台开始涌现，这些院校的学生和对其课程感兴趣的社会学习者出现分流。

以马来西亚博特拉大学为例，重视慕课平台的公立院校开始采取以校内慕课平台为主、官方平台为辅的策略。这些校级慕课平台的优势和劣势是显而易见的，优势是在保持现有"金课"运行顺畅的前提下，培育新"金课"，集中力量利用校内有限的网络硬件资源和人力资源，打造校级慕课品牌。劣势是开放度降低，透明度更是无从谈起。账户注册仅对校内用户开放，不利于社会学习者学习，也不利于研究者和政府评估部门横向对比并考核其发展现状。

2. 平台和联盟

2.1 OpenLearning.com 马来西亚慕课平台

OpenLearning.com（https://www.openlearning.com/malaysiamoocs/）是目前马来西亚唯一的官方慕课平台，于 2014 年 9 月 18 日正式全面上线。

在 OpenLearning.com 上的马来西亚慕课目前可分为三大类：第一类，公共课，指公立高等院校皆需开设的公共必修课；第二类，特色课程，指各高等院校按自身特色开设的课程；第三类，终身学习技能课程，指培训某项专门技能的课程。上述三类课程由马来西亚教育部主导，公立大学在线教育机构委员会负责协调管理，OpenLearning.com 马来西亚慕课平台负责提供在线课程内容、技术支持和日常运营维护。下图是 OpenLearning.com 马来西亚慕课官方的平台首页截图。

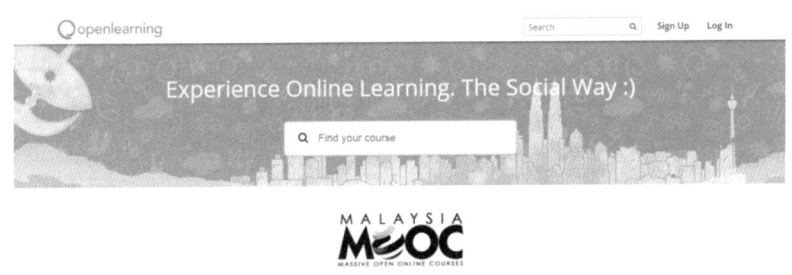

图 3 OpenLearning.com 马来西亚慕课官方平台首页截图

平台首页并不对课程进行分类，而是按注册人数由多到少自动生成排序。截至 2020 年 2 月 29 日，排名前十位的课程见表 1：

表 1 OpenLearning.com 马来西亚慕课平台注册人数排名前十的课程

排位	课程名称	选课人数	开课单位
1	Kesepaduan & Hubungan Etnik di Malaysia 马来西亚族群融合与族群关系	154,680	UKM MOOC 马来西亚国民大学慕课部
2	ICT Competency 信息与通信技术	23,130	UNIMAS MOOC 马来西亚沙捞越大学慕课部
3	Asas Keusahawanan 企业家精神导论（马来语授课）	12,555	UUM MOOC 马来西亚北方大学慕课部
4	Modul Umum Latihan Sukarelawan Kuala Lumpur 吉隆坡志愿者培训公共模块课	8857	UKM MOOC 马来西亚国民大学慕课部
5	Fundamentals of Entrepreneurship & Innovation 企业家精神与创新导论（英语授课）	8690	UKM W. Mimi Diyana 马来西亚国民大学教师 W·米咪·蒂亚娜

（续表）

排位	课程名称	选课人数	开课单位
6	Rethinking Teaching; Redesigning Learning 反思教学，重塑学习	7905	UKM Mohamed Amin Embi 马来西亚国民大学教师穆罕默德·阿敏·艾穆比
7	MPU2412/TMX1022 ICT Competency 信息与通信技术（限沙捞越大学本科生）	7425	UNIMAS MOOC 马来西亚沙捞越大学慕课部
8	Kenegaraan dan Pembangunan Mutakhir Malaysia 马来西亚国家政治体系与发展现状	6284	UTHM MOOC 马来西亚敦侯塞翁大学慕课部
9	Introductory Japanese Language (Level 1) 日语入门（初级）	5939	UiTM MOOC 马来西亚玛拉工艺大学慕课部
10	Introduction to Entrepreneurship 企业家精神导论（英语授课）	4969	UiTM Siti Zahrah Buyong 马来西亚玛拉工艺大学教师希蒂·扎赫拉·布翁

数据来源：https://www.openlearning.com/malaysiamoocs/，2020-02-29.

上述排名反映出三个现象：

第一，公选课慕课化在马来西亚已初步成型。上述排名一、二、三、五、七、十的课程实际上就是在2014年9月爆发阶段初期马来西亚教育部在世界范围内首次试行的四门大学新生公选课慕课中的三门课的延续或多语种变体，可以视为是马来西亚慕课平台OpenLearning.com打造出来的实质上的"国家级精品课程"。除长期排名第一的"马来西亚族群融合与族群关系"外，"信息与通信技术"（排名第二、第七）和"企业家精神导论"（排名第三、第五、第十）其实是不同院校开设的同一门课程。唯一没有出现在上述排行榜上的"伊斯兰文明与亚洲文明"则成了马来西亚博特拉大学自有慕课平台的招牌"金课"，下文会详细论述。上述六门课程的总注册人数已达到了211,449人，是试行时期的13.2倍。可以说，到2020年底，马来西亚公立院校公选课慕课化初步成型。

第二，打破五大名校的垄断地位，其他公立院校慕课部成为主力。不难发现，上述选课人数排名前十位的课程，其开课者除五大名校中的马来西亚国民大学慕课部和教师外,其他均为五大名校之外的公立院校慕课部和教师。具体比重为:马来西亚国民大学共计四门,占40%,其中慕课部和教师各两门;马来西亚沙捞越大学慕课部两门;马来西亚玛拉工艺大学共计两门,慕课部和教师各一门;马来西亚北方大学、敦侯塞翁大学慕课部各一门。如此格局,在一定程度上,促使非传统名校集中资源建设精品慕课,提升了非传统名校公立院校的知名度,实现了优质教育资源的扁平化,助力马来西亚高等教育公平化。

第三,兼具教师、学者与政策制定者身份的教师团队开设课程,有利于实现教学与科研的"双赢"。排名第六位的"反思教学,重塑学习"课程主讲教师穆罕默德·阿敏·艾穆比是马来西亚国民大学教育学院教授,本身就是长期从事在线教育研究的学者。他也是铺垫阶段《2007年规划》"在线学习政策"出台后公立大学在线教育机构委员会的主席,并以马来西亚高等教育部在线学习重大项目研究委员会会员的身份参与编纂了《高等教育机构国民在线学习政策》,是马来西亚公立院校慕课研究领域最活跃的学者之一。他的团队开设的"反思教学,重塑学习"课程内容就是围绕在线教育尤其是慕课对教与学未来发展方向来展开的,该课程能够跻身第六位,选课人数达到近8000人,说明慕课在马来西亚已经成为大学生甚至社会大众感兴趣的教育方式。

2.2 OpenLearning.com 上的五大名校慕课平台

作为马来西亚高等教育最高水平的代表,马来西亚五大名校都在 OpenLearning.com 上分别开设自己的慕课平台,但规模差异较大,显示出各校目前对慕课平台建设的重视程度和策略差异。此外,除五大名校以外,部分公立高校也单独开设了慕课平台,其中不乏有特色者,形成了"国家队"和"地方队"两个层次。马来西亚五大名校慕课平台相关情况见表2。

表2 马来西亚五大名校的慕课平台

序号	校名	类型	慕课平台	规模
1	马来亚大学 Universiti Malaya(UM)	研究型公立大学	https://www.openlearning.com/UM/	课程:1门 代表课程:医护专业人员科研入门(现已下架) 学费:100美元 累计注册人数:637人

（续表）

序号	校名	类型	慕课平台	规模
2	马来西亚国民大学 Universiti Kebangsaan Malaysia(UKM)	研究型公立大学	https://www.openlearning.com/ukmmooc/	课程：71门 代表课程：企业家精神与创新导论（累计选课人数154,676人） 学费：免费 累计注册人数：238,150人，来自160个国家
3	马来西亚理科大学 Universiti Sains Malaysia (USM)	研究型公立大学	https://www.openlearning.com/usmmooc/	课程：20门，分为8类，即职业发展与领袖教育、医学与健康科学、工程学、教育与语言、商业与经济、计算机科学与科技、艺术与人文、管理学 学费：免费 代表课程：翻转课堂——课堂的全面重构（累计选课人数1941人） 累计注册人数：5949人，来自112个国家
4	马来西亚科技大学 Universiti Teknologi Malaysia (UTM)	研究型公立大学	https://mooc.utm.my/（该校自有慕课平台）	课程：15门 学费：免费 代表课程：机械与电子工程测量（累计选课人数296人） 累计注册人数：10,697人，来自151个国家
5	马来西亚博特拉大学 Universiti Putra Malaysia (UPM)	研究型公立大学	https://www.openlearning.com/putramooc/ 及 http://putramooc.upm.edu.my/mooc/（该校自有慕课平台）	课程：共18门，9门（官方平台）+9门（校内平台） 学费：免费 代表课程：伊斯兰文明与亚洲文明 累计注册人数：158,496人，来自94个国家

数据来源：笔者根据各校慕课平台网站信息整理，数据更新至2020年3月2日。

由表2可知，作为马来西亚顶尖高等学府的马来亚大学慕课平台仅开设了一门课程，反映出该校尚未重视慕课发展，且收费的学习方式似与马来西亚教育部对"慕课"的定义和政策不符。

马来西亚国民大学是五大名校中慕课数量最多的，达到 71 门，也是累计注册人数最多的，同时也是排名前十位课程占比最高的院校。仅排名第一的"马来西亚族群融合与族群关系"，选课人数便达 154,680 人，占该校全部慕课选课人数的 65%，可以说，这门课就是该校的"金课"。课程除由慕课部开设外，其余皆以主讲教师的名义开设，形成多个课程团队。例如，上文提到的穆罕默德·阿敏·艾穆比教授在该校慕课平台上共开设三门慕课，分别是"反思教学，重塑学习""社交媒体与学习"和"网络时代成人教学法：调动学生自主性的艺术"，皆为滚动开课的免费课程。应该说，这三门课代表了当前马来西亚慕课教育的最新形态。

马来西亚理科大学和马来西亚科技大学的慕课发展阶段大致相似，但特色不同。前者为研究型综合院校，学科门类较全，是除马来亚大学外又一开设医学类慕课的名校。由于马来亚大学医学类课程现已下架，意味着马来西亚理科大学是目前唯一开设医学类慕课的名校。该校个别课程选课人数较多，但累计选课人数偏少。

马来西亚科技大学是一所创新驱动的企业式研究型大学，主要关注工程和技术类学科，自有慕课平台，课程全部免费，且部分特色课程与该校人才培养计划对接，可直接获得该校本科学分，累计选课人数较多，但目前选课人数较为分散。

马来西亚博特拉大学是最早试行本科公选课慕课的五大名校之一，在官方平台和校内平台各开设 9 门课程。课程直接对接该校本科人才培养计划，可直接获得该校本科学分。学校对校内慕课管理采取相对保守策略，不面向大众开放。但是，令人不解的是，该校在 2014 年试行阶段所开设的"伊斯兰文明与亚洲文明"是选课人数最多的公选必修慕课，直至 2018 年依然如此，该课程相当于排名第一的"国家级精品课"，自然也是该校的"金课"，但目前在 OpenLearning.com 平台上已没有这门课，只在其校内平台上面向本校学生开放。据笔者搜集的资料显示，其他公立大学也已经自行开设这门课，且不再依托慕课平台。这一变动背后的原因，需进一步研究。

综上可见，尽管慕课自 2014 年试行起至今已有六年时间，代表马来西亚高等教育最高水平的五大名校对慕课的态度仍然冷热不均，马来西亚国民大学目前一枝独秀，马来亚大学最滞后，其余三所名校发展水平差不多，其中两所选择自主建设慕课平台。

2.3 其他公立院校慕课平台

除五大名校外，其他 15 所公立院校慕课发展水平差异较大。整体而言，综合型公立大学对慕课的重视程度明显高于特色型公立大学。例如，马来西亚玛拉工艺大学的课程数量和注册人数仅次于马来西亚国民大学和马来西亚博特拉大学，是目前慕课领域排名第三的马来西亚公立大学。在此仅列举三所公立院校的慕课平台，详见表3。

表3　马来西亚三所公立院校慕课平台

序号	校名	类型	慕课平台	规模
1	马来西亚玛拉工艺大学 Universiti Teknologi Mara(UiTM)	综合型公立大学	https://www.openlearning.com/uitm/	课程：64门，分为4类，即科学与技术类16门、社科与人文类16门、商业与管理类16门、终身学习类16门 学费：免费 代表课程：日语入门（初级）（累计选课人数5955人） 累计注册人数：147,280人，来自176个国家
2	马来西亚沙捞越大学 Universiti Malaysia Sarawak	综合型公立大学	https://www.openlearning.com/unimasmooc/	课程：36门，分为10类，即应用与创意艺术、资源科学与技术、认知科学与人类发展、计算机科学与信息技术、经济学与商业、工程、医学与健康科学、语言与沟通、社会科学与人文科学、建筑环境 代表课程：信息与通信技术（累计选课人数23,135人） 学费：免费 累计注册人数：41,802人，来自156个国家
3	马来西亚敦侯塞翁大学 Universiti Tun Hussein Onn Malaysia	特色型公立大学	https://www.openlearning.com/uthmmooc/	课程：7门 代表课程：马来西亚国家政治体系与发展现状（累计选课人数6284人） 学费：免费 累计注册人数：10,742人，来自151个国家

数据来源：笔者根据各校慕课平台网站信息整理，数据更新至2020年3月2日。

马来西亚玛拉工艺大学是目前规模最大、在校生最多的马来西亚综合型公立大学。该校建于1956年，现拥有15个校区、3个卫星校区，主校区位于马来西亚雪兰莪州首府莎阿南，在校学生达17.2万人，教职工1.7万人左右。目前，该校下设21个学院（系），学科门类较全，这一特色也显示在慕课门类上。"日语入门（初级）"成功跻身官方慕课平台前十位的"国家级精品课程"，说明该校在确立校级"金课"

的慕课建设上已经取得一定成果。

马来西亚沙捞越大学和马来西亚敦侯塞翁大学都是 20 世纪 90 年代才建校的年轻院校。获教育部认证纳入 20 所公立大学后，办学特色愈发突出。位于东马的沙捞越大学慕课部负责的"信息与通信技术"能够在 2014 年成为慕课试运行的四门公选慕课之一，并至今依然保持前十位以内的选课人数，也从侧面说明马来西亚教育部有意扶持东马高等院校发展慕课。

从注册人数和学生所在国家可以看出，上述三所公立院校在慕课课程数量、类别、国际化方面都显示出了自身的优势和特色，同时也表明了三所院校管理者对慕课在提升自身教学质量、品牌知名度、国际化程度及影响力方面抱有较大期望。

3. 政策与制度

马来西亚慕课领域最重要的政策可以分为两大类：规划文本与配套政策。

目前最新的规划文本是上文提到的《2015 年规划》，是从国家层面推出的高等教育规划文件，其中在第九章中提到的"全球在线学习"政策，并明确提出慕课是实现上述政策的重要方式。

配套政策又分为政府和其他两类。政府配套政策以马来西亚教育部下辖马来西亚质量局（Malaysian Qualifications Agency，MQA）出台的《慕课学分转换指南》（Guidelines on Credit Transfer MOOC）为代表。其他配套政策则来自非政府主体，其中又以公立高等院校各自的在线教育管理规定为主。

2016 年 9 月，作为保证《2015 年规划》顺利实施的措施之一，马来西亚质量局制定了《慕课学分转换指南》（以下简称《指南》）。可以说，这部《指南》是马来西亚教育部规范所有当前马来西亚在线课程学分认证的"一揽子方案"。

《指南》进一步明确了"慕课"的定义和内涵。"慕课"定义中有四个关键词：大众、公开、在线、课程。所谓"大众"（Massive）是指课程为大量学习者服务的能力；"公开"（Open）是指慕课所提供的学习体验是面向全球学习者的，不论年龄、地点、收入、受教育程度和意识形态，无先修要求且免收学费；"在线"（Online）是指通过互联网接入慕课课程后，能够提供实时或非实时的师生互动和课程内容；"课程"（Course）的含义与高等教育语境中的"教学单元"（Unit of Teaching）有所区别。《指南》认为，在慕课语境中，"课程"包含六个要素：课程学习成果、课程描述、课程内容、学习活动、课程时长和课程考查。一门慕课至少由一名教师完成,而该教师通常附属于某个学术机构或组织。除了慕课以外,大型公开在线课程(BOOC)和协作式在线课程(DOOC)都需符合《指南》的各项规定。

《指南》以《马来西亚质量法》为法律依据,以《马来西亚质量框架》(Malaysian Qualifications Framework,MQF)为准绳,与课前经验学分认证政策(The Accreditation of Prior Experiential Learning Credit Award,APELC)相配套,允许拥有工作经验或完成短期培训的个人,通过学习高等院校提供的慕课,实现慕课学分认证,达到减免学时的目的,从而缩短符合条件的学习者的修业年限。

此类学习者若要申请慕课学分与高等院校学分转换,需要满足以下要求:第一,慕课课程的质量;第二,课程内容足够丰富;第三,所学慕课学分分值;第四,申请人身份的真实性;第五,课程考查结果审核通过。

一个典型的成功学分互换过程见图4。

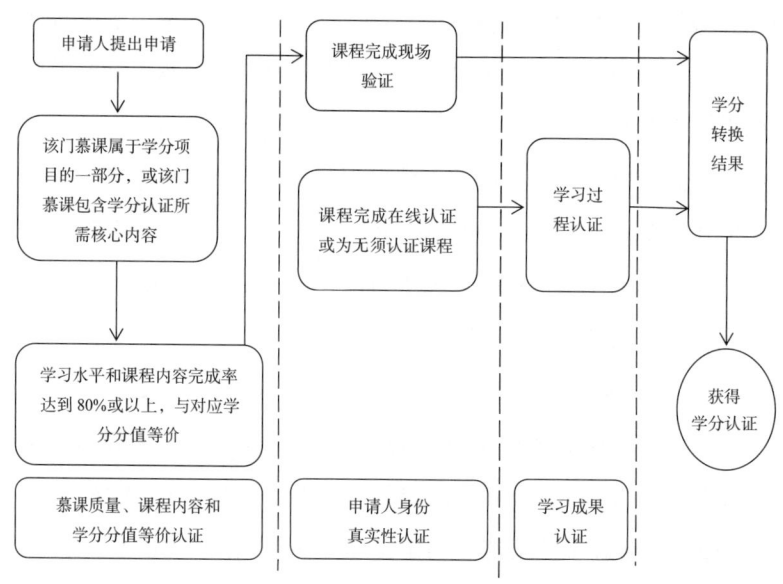

图 4　马来西亚《慕课学分转换指南》学分认证过程

来源:笔者根据马来西亚质量局《慕课学分转换指南》译制。Malaysia Qualifications Agency, Guidelines on Credit Transfer for MOOC, Petaling Jaya, Selangor: Malaysia Qualifications Agency, 2016, appendix B.

上述转换过程遵循真实性、覆盖率/足量/等价、相关性、时效性、公平对等原则。《指南》规定，慕课学分与各类非学历教育和学历教育项目学分之间的转换比例不得超过该学位项目总学分的 30%。上述各类项目分类和可进行学分转换的总学分数已经有学者进行过研究，在此不再赘述。[1]

4. 小结

综上，马来西亚慕课的发展现状整体呈现以下几个特点：

第一，官方平台为主，高校平台为辅。Openlearning.com 是马来西亚最主流的慕课平台，同时五大名校及其他公立高校也建有慕课平台。

第二，通过大学必修公共课的慕课化来推动慕课在马来西亚大学生群体中的普及，并以此为基础，推广到其他类型的课程。

第三，以政策文本和配套政策为准则，指导慕课学分转换的开展，为慕课的实施提供法律依据和实施细则。

三、马来西亚慕课发展展望

1. 马来西亚慕课建设特色

综上所述，马来西亚慕课建设特色可归纳为以下三点：

第一，政府主导，公司搭台，高校唱戏。马来西亚教育部是马来西亚慕课的主导者，官方慕课平台由政府授权给具有资质的境外教育科技公司，公立大学成为目前马来西亚慕课发展的主体。

第二，规划明确，发展迅猛，国际化程度高。从铺垫到爆发，从《2007 年规划》到《2015 年规划》，从试行到推行，从酝酿到井喷，再到调整，马来西亚慕课在马来西亚教育部的规划下，在过去七年内逐步被马来西亚在校大学生、社会学习者，乃至世界各地的学习者接受，马来西亚慕课品牌逐步成型。

第三，把控质量，推进评估，弥合差异，促进公平。以马来西亚教育部、马来

---

1 方旭，王娟. 马来西亚的高等教育与慕课学分转换. 现代教育技术，2017(11):15-32.

西亚质量局及各高校组成的慕课质量监控评估制度日渐完善，在线教育、成人教育、高等教育之间的界限日益模糊。慕课成为马来西亚教育部促进民族融合，缩小地区高等教育资源差异，最终推动教育公平的抓手，是适应该国经济发展需求的高等教育改革九项重大举措之一。

2. 马来西亚慕课面临的主要挑战

马来西亚慕课在取得迅猛发展的同时，也面临着不小的挑战。

第一，政府官方慕课平台和高校慕课平台的角色分配。Openlearning.com 作为马来西亚高等教育部目前认证的唯一官方慕课平台，在过去几年间一直代表着马来西亚慕课发展的最高水平。但伴随着以马来西亚博特拉大学等高校慕课平台的出现，官方平台和高校平台之间的角色如何重新分配，成为马来西亚慕课下一个阶段规划需要解决的问题。

第二，马来西亚联邦政府慕课政策的可持续性存在变数。2018 年以来，马来西亚联邦政府领导人发生更迭，主管高等教育的官员变更频繁，慕课是否能够继续受到政府重视，保持现有发展势头，尚待观察。

第三，从 2019 年底至 2020 年上半年的新冠肺炎疫情，刷新了马来西亚政府和社会对慕课在高等教育体系中所扮演角色的认知。2020 年 3 月 16 日，马来西亚总理穆尤丁宣布，为控制马来西亚新冠肺炎疫情，从 3 月 18 日起至 3 月 31 日，在马来西亚全国实施为期两周的行动限制令，关闭各级学校，包括幼儿园、寄宿学校、国际学校、宗教学校，以及公立、私立的所有小学、中学和大学。马来西亚大学慕课和线上直播教学成为大学生上课的主要方式。[1] 截至 2020 年 2 月 29 日，该限制令再次延长至 6 月 9 日。疫情之下，现有官方平台和高校平台的慕课成为高等教育体系维持运转的不二之选，慕课零门槛、公开、公平、大众化、利于传播等优点开始为大众所知，但与此同时，缺乏互动、难以精英化、无法因材施教、回馈滞后等缺点也随之暴露。这场疫情会对马来西亚慕课带来什么样的机遇和挑战，值得持续关注。

---

[1] 14-day Movement Control Order begins nationwide on Wednesday. *New Straits Times*, https://www.nst.com.my/news/nation/2020/03/575180/14-day-movement-control-order-begins-nationwide-wednesday, 2020-03-16.

3. 对中国慕课的建议

对中国慕课而言，马来西亚慕课的发展历程有不少宝贵经验值得参考。

第一，慕课规划的具体实施路径，需要依靠大量的学术研究。可以设立类似马来西亚公立大学在线教育机构委员会的机构，建立政府和学界的沟通协作机制，以学术研究成果为依据，科学规划实施路径。2019年4月，中国教育部发布《中国慕课行动宣言》，提出中国慕课发展的五大愿景：建设公平之路，建设共享之路，建设服务之路，建设创新之路，建设合作之路。[1] 如何将这些愿景落到实处，关系到中国慕课的未来。

第二，充分学习马来西亚在慕课爆发阶段遇到问题时的解决方案，鼓励中马学界开展合作，互相借鉴。通过科研项目等形式，鼓励精通马来西亚国情文化的中国学者与马来西亚相关学者合作开展高质量研究，尤其是对《2007年规划》《2015年规划》《慕课学分转换指南》等重要文件在实施过程中遇到的案例进行分析，学习先进经验，为世界慕课发展贡献中国经验、中国标准、中国方案。

第三，全面研究和总结2019年底到2020年春新冠肺炎疫情下高等学校"停课不停教，停课不停学"，利用主流在线课程平台开展教学过程中所遇到的问题和解决方案，摸索适合中国高等教育实际的慕课平台发展方式。以提升教学质量，降低教学成本，促进教育公平为使命，创造有利于师生开展教与学的网络环境和技术工具，同时避免重复建设。

第四，促进优质高等教育资源共享，同时尊重地域文化差异，适应地区经济发展需要，鼓励有条件、有能力的部属和地方高校设立慕课教学部，建设地区高校慕课平台或联盟，如现有的高校在线开放课程联盟等。为愿意投身慕课建设的教师提供激励机制，开放优质资源，打破垄断，分类型、分层次、分特色建设自身"金课"，可以通过小范围的先行先试，将部分公共需求较大的"金课"建成"国家级精品课程"，打造中国慕课品牌。

第五，明确参与慕课建设和管理各方的分工。马来西亚在推进慕课建设的进程中，教育部、高校分工明确，职能与权利界限清晰。如果把整个慕课建设比作一场

---

1 中华人民共和国教育部高等教育司.中国慕课行动宣言. http://www.moe.gov.cn/s78/A08/A08_ztzl/ztzl_zxkf/201904/t20190418_378663.html, 2019-04-09/2020-05-10.

足球比赛,那么各方大概的分工可以说是马来西亚教育部当"足协主席",定"规则",马来西亚质量局当"守门员",公立高校组"球队",教师当"教练",技术客服当"队医",学习者当"球员",各司其职,各展所长,各得其所。

(李婉珺 广东外语外贸大学)

参考文献

[1] 方旭,王娟.马来西亚的高等教育与慕课学分转换[J].现代教育技术,2017(11).

[2] 马来西亚国家概况.中华人民共和国外交部.https://www.fmprc.gov.cn/web/gjhdq_676201/gj_676203/yz_676205/1206_676716/1206x0_676718/,2020-01-25.

[3] 中华人民共和国教育部高等教育司.中国慕课行动宣言.http://www.moe.gov.cn/s78/A08/A08_ztzl/ztzl_zxkf/201904/t20190418_378663.html,2019-04-09/2020-01-28.

[4] Ahmed et al. Dasar e-Pembelajaran Negara (DePAN) untuk Institutsi Pengajian Tinggi [M].Jawatan Kuasa e-CAP, Putrajaya: Kementerian Pengajian Tinggi, 2010.

[5] Educational Data Sector, Educational Planning and Research Division.Quick Facts 2018: Malaysia Educational Statistics [M].Putrajaya: Ministry of Education Malaysia, 2018.

[6] Jabatan Pendidikan Tinggi. Dasar e-Pembelajaran Negara 2.0 [M].Kementerian Pendidikan Tinggi, Putrajaya: Kementerian Pendidikan Malaysia, 2015.

[7] Kementerian Pendidikan Malaysia. Malaysia Education Blueprint 2015—2025 (Higher Education) [M]. Putrajaya: Kementerian Pendidikan Malaysia, 2015.

[8] Malaysia Qualifications Agency: Guidelines on Credit Transfer for MOOC [M].Petaling Jaya, Selangor: Malaysia Qualifications Agency, 2016.

[9] Ministry of Higher Education. Malaysia Education: Malaysia Centre of Educational Excellence [M]. Putrajaya: Ministry of Higher Education, 2009.

[10] Ministry of Higher Education Malaysia. National Higher Education Strategic Plan (PSPTN) beyond 2020 [M], Putrajaya: Ministry of Higher Education Malaysia, 2007.

[11] Ministry of Education Malaysia. Statistik Pendidikan Tinggi 2018 [M]. Putrajaya: Ministry of Education Malaysia, 2018.

[12] N. Nordin, M. A. Embi & H. Norman.Malaysia MOOCs: The Way Forward[A]. in B. Kim, ed., MOOCs and Educational Challenges around Asia and Europe, KNOU Press, 2015.

《世界慕课发展报告》

韩国

【摘 要】韩国的慕课建设历经十余年,已经形成了独有的规范、特点,并取得了不少的成绩。本文主要从韩国慕课建设的背景、发展现状以及未来发展趋势方面进行分析,整理出其建设经验,为中国慕课的建设提供借鉴。

一、韩国慕课建设的背景

1. 韩国的教育

韩国教育采用单线型学制,任何国民都能根据自己的能力享受初等、中等和高等教育。目前采用 6—3—3—4 制,即小学 6 年、初中 3 年、高中 3 年、大学 4 年的分级式学制。高等教育机构包括研究生院、四年制大学和二三年制专科大学。

随着初、中等教育的普及和高等教育的大众化,韩国学前教育和终身教育呈现出不断增长的趋势。政府因此计划把目前的学制改编为更灵活的未来型学制。

截至 2019 年,韩国的高等教育机构共有 430 所,其中有 191 所大学、10 所教育大学、137 所专科学校、47 所其他学校[1] 及 45 所研究生院。2019 年考入国立、公立大学的人数为 461,937 名,考入私立大学的人数为 1,539,706 名。这一数据相对于 1980 年各增长了 2.5 倍与 7.1 倍。2019 年从大学生所选择的学科分布上看,工科以 571,155 人(28.5%)位居第一,其次是社科为 543,106 人(27.1%),紧随其后的是人文与自然学科,分别为 233,513 人(11.7%)、231,788 人(11.6%)。此外还有文艺体能类为 211,137 人(10.5%),医药学类为 130,896 人(6.5%),教育类为 80,048 人(4.0%)。在考生数逐年递减的情况下,工科类和医药学类的学生数却于

---
[1] 包括工业大学、广播通信大学、远程大学、技术大学及其他各种高等学校等。

2011年起一直呈现持续递增状态[1]。

为顺应 21 世纪初技术集约型的高度产业社会，提高国际竞争力，韩国培养了大批富有创意性的高级科技人才。高级人才主要由大学和研究生院负责培养。政府在该领域采取了各种措施，远程教育就是其中一种方式。

远程大学利用尖端信息通信技术创造的网络空间为学习者提供无时空制约的教育服务，属于高等教育和终身教育机构。学习者修完一定学分后，可以获得与专科大学或本科大学毕业生同等的学历和学位。

远程大学以尖端的信息通信技术为基础，使错过大学入学机会的上班族能边上班，边通过网络自学取得学位。在知识爆炸和知识循环周期极短的知识社会，它为上班族提供了接受网络再教育的机会，有助于人们迅速适应环境的变化。目前得到韩国政府认可的远程大学共有 19 所（见表 1），预计今后远程大学的数量将会越来越多。

各远程大学的成绩管理都不尽相同，通常可分为网络出勤成绩、出勤时的问答成绩、小论文成绩、网上交流和讨论成绩、期中和期末成绩等。

表 1　韩国远程大学统计表

学校名称	网址
建阳网络大学	http://www.kycu.ac.kr
崇实网络大学	http://www.ssu.ac.kr
庆熙网络大学	http://www.khcu.ac.kr
大邱网络大学	http://www.dcu.ac.kr
网络外国语大学	http://www.cufs.ac.kr
国际数字大学	http://dcu.ewcu.ac.kr
首尔网络大学	http://www.iscu.ac.kr
世宗网络大学	http://www.cybersejong.ac.kr
开放网络大学	http://www.ocu.ac.kr
韩国网络大学	http://www.kcu.or.kr
汉阳网络大学	http://www.hanyangcyber.ac.kr

---

1 教育统计服务. https://kess.kedi.re.kr, 2020-04-30.

（续表）

学校名称	网址
高丽网络大学	http://www.cuk.edu
釜山数字大学	http://www.gdu.ac.kr
首尔数字大学	http://www.sdu.ac.kr
岭南数字大学	http://www.yncu.ac.kr
圆光数字大学	http://www.cybergame.ac.kr
韩国数字大学	http://www.koreadu.ac.kr
世界网络大学	http://www.world.ac.kr
永进网络大学	http://www.ycc.ac.kr

韩国教育改革委员会（总统咨询机构）为构筑"开放的教育社会"和"终身学习的社会"，于1995年5月提出了"学分银行制"，其目的就是鼓励国民努力获得学位，从方便学习的角度扩大其接受高等教育的机会。1996年2月提出了"学分银行制"的具体实施方案，并开始试运营。1997年9月规定了认证制度和标准化课程，首次提出对教育机构和课程进行评定，进一步严格规范了"学分银行制"的操作过程。1998年3月起由韩国教育开发院负责"学分银行制"的运行和管理，"学分银行制"开始全面正式实施。而从2008年开始，"学分银行制"改由国家终身教育研究院负责运作。

韩国的"学分银行制"是一个认证各种校内外学习经历，并根据《学分认证法》认定学分的教育体系，当学分累积到某个特定标准时即可获得学位，从而打造一个开放的、终身学习的社会。

经过20多年的发展，韩国逐步建立了从中央主管机构到地方各类教育机构连贯一体的组织管理体系。各级各类组织机构在运行过程中分工明确、权责一致。目前，韩国国家终身教育振兴院（隶属于韩国教育部）是学分银行的中央主管机构，其下设的"学分银行总部"负责学分银行相关政策的制定、实施与业务指导。韩国学分银行主要由教育科学技术部、国家终身教育振兴院、各省级（市、道）教育办公室等机构负责日常管理工作。至2020年2月，其下属的教育机构共有432所，其中大学附属终身教育院以200所的数量位居第一，其次是各类职业专门学校共65所。而韩国线上公开课（Korean Massive Open Online Course，K-MOOC）也于2019

年1月（试行）加入了这一行列。

2. 韩国慕课的起源

韩国在2004年4月出台了缩减民办教育经费的政策，由此，韩国教育广播电视公司通过EBSi[1]创建了线上课程网站，视频课程服务开始投入使用，韩国远程教育正式拉开了帷幕。早期的线上课程，学生在官网进行线上申请后即可听课。学生如有疑问或讨论事项，均可在指定区域留言，老师再进行解答。这样的远程教育让学生的自主学习不再受时间和空间的限制，相对在教室上课来说可谓是创新之道。不过，远程教育也有一定的局限性，即难以像线下课程那样实现师生间关系的建立和互动。金义英（音译）（2007）的研究显示，线上学习过程中师生间的互动会影响学生注意力的集中，但同时远程教育可以利用授课方式、过程评价和总体评价来完善这种互动。人们对于远程教育的学习方式不断进行探索，慕课的开发也随之展开。

慕课是一个可实现双向学习的课程平台，它不同于传统的线上课程，而是致力于免费或以低成本向大众提供参与全球名校课程的学习机会。慕课被视为一种"创新之举"，它不仅向大众公开各所大学封闭管理的知识和信息，更是通过网页实现师生、同学间的互动。慕课自2012年在美国问世后，陆续在Coursera、edX、Udacity等多个平台投入使用，并于2013年登陆法国慕课平台FUN和英国慕课平台FutureLearn。

K-MOOC问世前，韩国也曾为了跟上全球高等教育开放的潮流，推出过韩国开放课程（Korea Open Course Ware，KOCW）等各种各样的服务平台。同时，韩国的多所大学也开始自主开发运营本校的慕课平台。这一切为K-MOOC在政府主导下实现飞速发展奠定了坚实的基础。

韩国开放课程是由韩国教育研究信息院（KERIS）提供的一种高等教育教学资源共享服务，同时利用韩国国内大学和国外开放教育资源（Open Education Resource，OER）的开放课程资源（Open Course Ware，OCW），共享课程资料和信息。而开放教育资源就是开放式免费教学资源，允许教师和学习者自由使用。比较具有代表性的开放教育资源机构有美国麻省理工学院（MIT）、联合国教科文组织（UNESCO）

---

1 EBSi是面向韩国高中生的线上教育网。

等。创作共用协议（Creative Commons Licence，CCL）规定，可依据承载信息的免费开放条件来使用开放教育资源。韩国在2007年开始构建开放课程相关系统，2008年12月开始试运营，2009年3月起正式投入使用。截至2020年2月，韩国开放课程提供了韩国国内187所大学、29个相关机构等共216个机构的18,511门课程和272,376份课程资料。此外，有9所国外大学和相关机构、3个开放档案倡议（Open Archives Initiative，OAI）共12个机构参与其中，提供了15,506门课程和147,042份课程资料[1]。

从文件类型来看，上传到该平台的课程资源大致可分为视频资源、文件资源、网络教学资源及其他形式的资源。视频资源为WMV格式的视频和课程制作教程；文件资源为转换成PDF格式的HWP或PPT文件；网络教学资源主要为Flash动画格式的课程资源；其他形式的资源则包括语音资源等。所有课程资源中，视频资源占54%，文件资源占29.4%，网络教学资源占15.1%，相对于网络教学资源或文件资源，以视频为主的课程资源占据了较大的比例。

但是，韩国开放课程不具备开展多种教学活动的功能，仅限于提供课程视频。此外，韩国开放课程还难以实现师生、同学间的互动，缺乏发放结业证书等相应的认证制度，难以激发学生的学习动力。为了弥补这些不足，韩国联合麻省理工学院等机构不断地尝试将开放课程资源转变为慕课。

为顺应全球发展趋势，以国家终身教育振兴院为主导，"韩国慕课"——K-MOOC于2015年10月正式问世。

3. 韩国慕课发展的必要性

慕课有别于传统的大学课程和线上课程，以下四大原因促进了慕课在韩国的发展。

（1）实现大学教学方式和学习方式的创新，培养创新人才。目前，以教师为主的知识传播和被动学习模式需要转变为以学习者为主、创新主动的新型学习模式。在这样的背景下，K-MOOC课程则被视为实现这种新型学习模式的基础。另外，在国内外公开和普及慕课等优秀课程模式的大背景下，K-MOOC课程也可以作为

---

1 参见http://www.kocw.net/home/kocwStatistics.do，2020-04-30．

助燃剂，有效推动大学课程实现务实创新。

（2）K-MOOC 的问世可推动实现真正公平的高等教育。目前，在经济合作与发展组织（OECD）成员国当中，韩国的大学入学率处于较高水平，基本实现了高等教育的普及。但各大学的教学质量仍存在较大差距，有碍于实现真正公平的教育。这时，有必要向大众公开共享利用信息通信技术（Information and Communications Technology，ICT）打造出的高质量 K-MOOC 课程，为实现真正公平的高等教育奠定坚实基础。

（3）K-MOOC 的崛起可有效应对慕课的全球化普及和高等教育模式的转变。慕课的前身为开放教育资源运动，其初衷是公开教育资源，自 2012 年起逐渐发展成现在的模式。慕课发源于美国，正在向欧洲（法国、德国）、亚洲（中国、日本）等地区辐射。在此背景下，韩国也急需大力发展本土的慕课。此外，韩国大学对国外的慕课日渐关注，但由于国外的慕课课程多为英语授课，对韩国的教师和学习者来说具有较大难度。随着韩国国内慕课需求增大，韩国本土慕课平台的构建和相关负责部门的角色担当则显得尤为重要。

（4）K-MOOC 是韩国全民百岁时代和终身教育的基础。如今，不断提升个人能力可有效应对社会老龄化现象，增加跳槽优势，这导致人们对面向高等教育的终身教育需求日渐增加。这时，就很有必要构建韩国本土的 K-MOOC 系统。通过该系统，可以将大学的优质学习资源数字化并系统地公开共享，从而实现为终身教育奠定基础、为国家人力资源开发做贡献的目的。

二、韩国慕课的发展现状

2015 年 2 月，韩国国务会议部门工作报告针对 K-MOOC 提出了具体的推动方案。同年 4 月，韩国指定 10 所大学参与 K-MOOC 建设，正式推动课程开发。K-MOOC 的基本目标是提供免费课程，以缩小各大学间的教学质量差距，实现真正公平的高等教育。而其终极目标，则是为面向高等教育的终身教育奠定基础，为国家培养人才做贡献。从这一点来看，K-MOOC 与由开放课程资源衍生而来的国外慕课不同。K-MOOC 是国家从终身教育层面出发，不断向慕课靠拢的创新之举。另一方面，韩国在 2015 年才开始推进 K-MOOC 建设，与英国、法国、日本、中国等国家自 2013 年便开始普及慕课服务相比，起步较晚。

K-MOOC 指定当前特定领域的权威人士（如大学教授）为授课讲师，完全开放课程内容，大众可利用慕课教育平台获取课程资源。部分大学还通过本校的慕课平台向本科生提供课程服务，以小规模限制性在线课程（Small Private Online Course，SPOC）的形式有效利用慕课。今后，随着慕课的量化普及，供需双方达到最大值时，一定会促进迷你慕课（Mini-MOOC）的建设与发展，最近部分大学，如韩国科学技术院（KAIST）就在试运营慕课的衍生产品微型慕课（SMOC）平台。

1. 建设机构

通过韩国出台的《2015 年 K-MOOC 试运营基本计划（大纲）》和《2016 年刺激服务业的线上公开课（K-MOOC）运营计划（大纲）》可确认 K-MOOC 建设的主要机构。首先，由教育部全权负责慕课建设计划，并根据慕课建设计划制定各个年度的工作目标，发布慕课建设通知，制定标准，选定参与建设的大学。此外，教育部还负责选拔和表彰优秀课程及参与建设的优秀科研人才。

国家终身教育振兴院负责落实 K-MOOC 建设的运营工作，具体流程是根据教育部的慕课建设通知，选定参与慕课建设的大学，并与这些大学签订相关的协议，向签约的大学提供经费，管理和支持选定大学的慕课建设工作。

而另一个慕课建设的重要参与方——大学，则主要负责开发、运营和使用慕课。大学根据教育部发布的通知，提交参与慕课建设的申请书，申请获准后，可进行建设，同时获得国家终身教育振兴院的资金支持。慕课建成后，其管理及维护都由大学负责，并需要定期提交相关报告书。在 K-MOOC 课程建设和开发过程中，以及后期运营和收集学生意见反馈过程中，大学的作用至关重要。

2. 运营方式

K-MOOC 建设主要包括签约、开发课程、课程内容审核、课程最终认证和准备运营、课程运营等。

（1）申请获准的大学与国家终身教育振兴院签约。教育部发布 K-MOOC 建设通知后，国家终身教育振兴院召开推介会，向有意参与建设的大学介绍申请流程。

之后，有意参与的大学制定和提交申请书，由国家终身教育振兴院成立专门评选委员会，审核其课程运营能力、课程优势，最终选拔出合格的院校。选拔结果公布后，与通过申请的大学签约。合约内容包括关于使用经费的义务、版权相关事项、解除和变更合约等内容。

（2）开发课程。K-MOOC 建设申请通过的大学在第一年要各开发建设 2 门以上的课程，第二年要开发建设 3 门以上的课程。开发建设的课程有上课周数的要求，其中 1 门以上的课程授课时间要求为 13 周（不含期中考试和期末考试）以上，其他课程的授课时间自主安排，但不能少于 6 周。接受财政支持建设慕课的大学要求只开发建设 2 门以内的课程，在自主安排授课时间时注意切合课程使用目的，授课时间为 6 周或 13 周以上，但必须保证高品质建设。

开发课程时，要求注意以下几点：1）课程开发应以大学已开设或打算开设的正规课程为主，多领域、多科目，但要避免重复建设或偏重某些领域。2）授课周数尽量安排为 13 周以上，建议分成两期，其中一期课时不少于 6 周。3）每周的课程内容由不同的主题和模式构成，各种课程模式应实现自主创新，可由讲解型、模拟型等多种形式构成，利用阅读资料、问答、文章、讨论和组织学习小组等方式促进师生间的有效互动。4）开发的课程应包括教学内容和评价标准。5）每周的上课时间包括视频学习时间、作业时间、问答时间等，总的课程时间以一周为单位，统计平均学习时间。6）用英语或韩语授课，同时提供英韩双语字幕。7）开发课程时应充分考虑到使用移动客户端的学习者需求。

（3）课程内容审核。K-MOOC 课程质量管理委员会由慕课、教学和学习中心（Center for Teaching and Learning，CTL）、版权和网页亲和力研究等机构领域的专家学者组成，将严格执行预审、课程质量审核和认证流程。预审是指对一周内上传的所有新课程的类型进行审核。课程质量审核则是指对课程总量的 70% 进行审核，只有通过审核和认证的课程才能正式上线。课程质量审核包括对课程内容质量、版权、网页亲和力的审核评价。其中，针对课程内容质量的评价包括伦理性、视频内容和学习资料等关键指标，以及教学设计、互动和评价等附加项目；对版权的评价标准则为是否遵照国际版权标注法在所有引用作品中准确标注信息（如出处、作者、日期等）；网页亲和力审核，主要查看学习者对开发课程的好感度。最后的认证流程就是给符合以上标准的课程盖上"K-MOOC 课程质量管理委员会"的认证章。

（4）课程最终认证和准备运营。课程开发机构在得知课程内容通过审核后，须上报课程运营计划，计划内容包括课程名称、开课时间、结课时间、课程数量等，然后按照上报的计划内容开始运营。

（5）课程运营。参与 K-MOOC 课程学习的人数会很多，这是与传统线上课程最大的不同之处。为此，需要确定课程运营和学习活动的负责人，即教学助理(Teaching Assistant，TA)。TA 通过各种学习活动为教师和学习者提供帮助，如组织运营线上—线下学习小组、线下课程、视频会议等"师生会面"活动。TA 人选由开发课程的教师推荐，通常一门课的 TA 为 1—3 人。

2020 年 2 月[1]，在上述运营方式的基础之上，课程开发的主体变得更加多样化，不仅有传统的大学，还新增了企业和企业附属研究所。同时，为了支持机构制作出更多样的课程内容，国家终身教育振兴院允许机构申请追加课程开发经费。即为期 6 周的课程开发经费为 3000 万韩币，为期 15 周的课程开发经费为 4000 万韩币，如果课程富有特点且具有创新性，可申请追加 1000 万韩币。此外，为了使课程开发方式更加多样化，在传统的公开征集的基础上，还增加了由专业机构或专家指定开发的方式。

3. 平台与课程建设

K-MOOC 是由国家终身教育振兴院利用开放资源软件——开放在线课堂（Open edX）构建而成的共享平台，并充分考虑解决了早期服务中稳定性、课程内容的国际兼容性等方面的重要问题。2015 年 10 月，平台构建和课程开发告一段落，韩国国内 10 所大学共 27 门课程正式上线试运营，学习者可在 K-MOOC 主页 www.kmooc.kr 申请听课。2015 年开发的 27 门课程整理如下（见表 2）。

表2　2015年开发课程表

大学名称	专业	科目	课程时长（周）	学习时间（小时）
庆熙大学	社会科学	世界公民教育	14	35
	人文科学	政治	14	35

---

[1] 国家终身教育振兴院.2020年K-MOOC基本计划.2020:5.

（续表）

大学名称	专业	科目	课程时长（周）	学习时间（小时）
高丽大学	法律	民法学入门	15	60
	语言·文学	古典文献和历史文化	10	30
	电气·电子	信息技术纳米技术及生物工程技术的量子力学	14	45
	数学·物理·天文·地理	广义相对论	10	30
釜山大学	生物·化学·环境	生命起源	13	60
	经济管理	企业经营管理	13	60
首尔大学	经济管理/社会科学	经济学入门	13	75
	生物·化学·环境/数学·物理·天文·地理	宇宙和生命	13	75
成均馆大学	语言·文学	论语	16	64
	生活科学	创新思维	16	48
延世大学	语言·文学	文学概论	13	26
	经济管理	服务设计	7	17
	数学·物理·天文·地理	宇宙认知	13	26
梨花女子大学	数学·物理·天文·地理	现代物理学和人类思维的变化	13	42
	语言·文学	电影剧情理解	7	17
	美术·造型	人类行为和社会结构	16	45
	社会科学	从建筑看社会文化史	16	45
浦项工科大学	电气·电子	数字通信系统：变幅槽和电子光谱	16	45
	机械·金属	连续介质力学和有限元素解析	16	45
韩国科学技术院	机械·金属	动力学	13	60
	电气·电子	人工智能和机械学习	13	75

（续表）

大学名称	专业	科目	课程时长（周）	学习时间（小时）
汉阳大学	建筑	建筑空间论	9	45
	经济管理	管理数据采集	15	36
	社会科学	信息社会学入门	14	60
	社会科学	政策学概论	14	60

虽然平台运营初期只有10所大学参与，上线课程只有27门，但随着政府300亿韩币的资金支持，上线课程数不断增加。2016年课程数增加到143门，2017年为324门，2018年为510门。2019年，参与运营的大学达116所，共开设745门课程。

自2018年起，为了满足学习者的课程需求，K-MOOC改变了公开征选课程的方式，从传统的以大学为单位转变为以课程为单位（个别课程和综合课程[1]）。同时，为了了解国民对课程开发的需求，K-MOOC平台设置了意见窗口，广泛收集国民意见，以此来确定2020年的课程开发领域[2]。

表3为截至2019年8月K-MOOC平台上各学术领域的课程统计数据。其中，人文学占比最高（27.0%），其后依次为社会学（23.4%）和工学（23.2%）。

表3　K-MOOC平台各学术领域课程统计

学科	人文	社会	工学	自然	艺体	医药	教育	总计
课程数	142（27.0%）	123（23.4%）	122（23.2%）	57（10.9%）	31（5.9%）	31（5.9%）	19（3.6%）	525

数据来源：韩国教育部2019年8月数据。

自2015年起，K-MOOC课程的学完率持续增长，2019年1月至7月，学完率达19.2%。不同年度的K-MOOC学完率见表4。

---

1 提供集4—5门特定领域(第4次工业革命、专业人才培养等)课程于一体的综合课程。
2 征集问题为"希望在K-MOOC上学到的课程有哪些"，共收集1738条意见。

表4 不同年度的K-MOOC学完率统计

年度	2015	2016	2017	2018	2019	平均
学完率（平均）	3.2%	11.9%	12.7%	14.0%	19.2%	13.63%[1]

数据来源：韩国教育部2019年8月数据。

除了人文学、社会学和工学，教育部还不断开发、提供关于第4次工业革命和职业教育等多领域的K-MOOC课程，并有望于2022年上线超过1200门课程[2]。

《2020年K-MOOC基本计划》[3]提出开发170门新课程，累计开发900门课程的目标。为达成上述目标，教育部的主要措施是：

（1）选定15所第二批一流慕课大学，争取每年开发出2门以上的个别课程和微课，以保证稳定开发优质课程，维护品牌形象。

（2）选定5门综合课程，此类综合课程是以第4次工业革命和专业人才培养等内容为主，集4—5门课程知识于一体。

（3）在理工科的基础学科、大学公共课（如选修课等）、职业教育、韩国学等涉及国家战略开发的领域，争取开发出40门课程。

（4）集中开发20门人工智能课程。根据不同学习者的知识基础和学习目的，目前K-MOOC平台提供人工智能（Artificial Intelligence，AI）技术系统选课体系图，以供不同学习者选择。在此基础之上，通过AI技术系统选课体系图（共55科）和已开发的慕课课程映射，完成AI课程开发。

（5）确保开发30门自选课。大学、公共机构等部门有效利用政府财政支持和自身的财政收入，确保开发30门慕课自选课。

4. 使用情况

4.1 学生身份

大学认可K-MOOC的课程学分，同时公司在职人员内部培训、公务员培训、教师培训的课程，K-MOOC都可提供相关学习、培训成绩。最有特点的是，K-MOOC

---

[1] 该数据为直接引用数据。
[2] 教育部未来教育规划科.通过开发多领域课程及提高学完率等措施持续提高K-MOOC的成果.2019:2.
[3] 教育部国家终身教育振兴院.2020年K-MOOC基本计划.2020:4.

修订了相关规定，于2019年9月推出了"K-MOOC学分银行制课程"[1]，使得普通学习者不只停留在上课的层面，其课程进修结果可以不受时间限制得到积累与认证。

表5 K-MOOC学分银行制与非学分银行制的区别[2]

分类		学分银行制课程	非学分银行制课程
申请	申请期限	开课前2周以内	开课后也可自由申请
	申请课程（数）	无限制 （不能超过学年、学期可选学分）	无限制
	申请人员	有限制 （根据课程性质和申请顺序而定）	无限制
学习	学习方式	每周出勤及课题	开课过程中可随时参与
	学习费用	免费*	免费
评价	评价指标	出勤率＋成绩	成绩
	学分认证标准	出勤率80%＋成绩60分以上	无

＊申请课程为免费，但在学习过程中会因具体情况产生相应费用。（如申请公证书、注册学分银行学习者身份等）

在多重努力之下，使用K-MOOC平台的学习者不断增加。截至2019年8月，该平台上的累计听课申请次数达100万，注册用户数达45万，已成为名副其实的国家级远程教育项目。表6和图1反映了平台用户数据变化。

表6 2019年用户数据统计

	访问数（次）	听课申请（次）	注册用户（名）
人数（累计）	10,483,045	1,042,185	454,264

---

[1] 2019年6月认可K-MOOC课程学分的大学为6所，课程为11个。
[2] 参见https://cb.kmooc.kr, 2020-04-30.

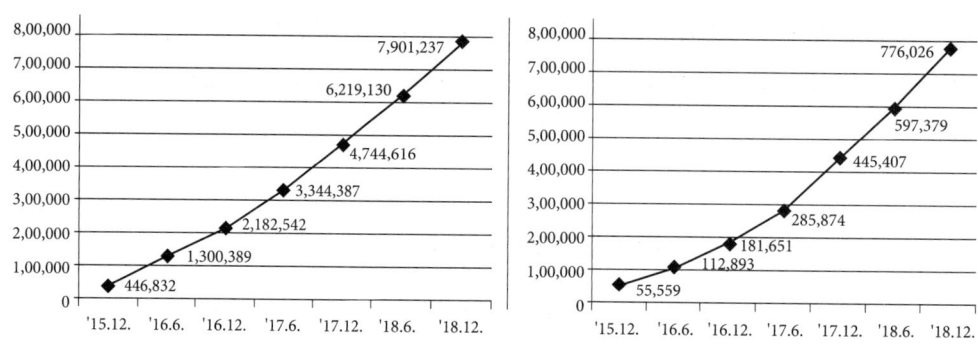

图 1　累计访问次数 / 听课申请次数

据统计，截至 2018 年 12 月，注册者中，20—29 岁的占比最大（32%），其次为 40—49 岁（18%），20 岁以下和 30—39 岁的分别占 17%。由此可见，注册使用 K-MOOC 的学习者主要为 20 岁以上的成年人。另外，从性别分布来看，年龄在 20 岁以下和 20—29 岁的注册者中，女性多于男性，但 30 岁以上的注册者中则是男性多于女性。这表明，成年男性对 K-MOOC 学习更有兴趣。从 K-MOOC 注册者的学历分布来看，持学士学位的成年人最多（约 36%），其后依次为硕士（14%）、博士（5%）。由此可见，该平台有超过一半的注册用户为学士或学士以上学历。

截至 2019 年 8 月，注册用户的年龄分布情况显示，20—29 岁的最多（45.1%），其后依次为 20 岁以下（16.3%）、30—39 岁（13.8%）、40—49 岁（12.7%）。这表明，K-MOOC 的注册者主要为 20 岁以上的成年人。

表 7　2019 年 8 月 K-MOOC 注册用户年龄统计表

年龄段	人数（%）
未满 20 岁	73,518（16.3）
20—29 岁	203,641（45.1）
30—39 岁	62,194（13.8）
40—49 岁	57,231（12.7）
50—59 岁	39,776（8.8）
60 岁以上	15,041（3.3）
合计	451,401（100.0）

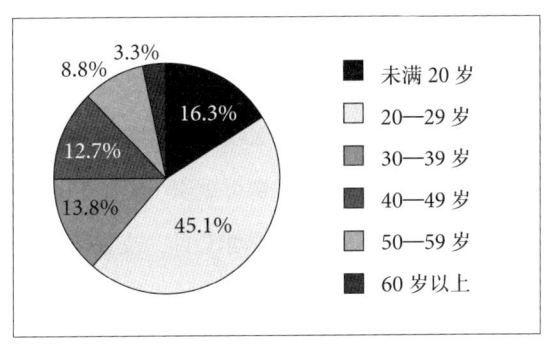

图2　K-MOOC注册用户的年龄分布情况[1]

以上统计结果还显示，截至2019年，K-MOOC的主要用户为大学生。其中约20%—30%的用户选择了认可学分的课程，这些用户与普通用户的不同之处在于他们的选课率很高，有利于稳定的课程运营。

同时，从大学生用户的听课动机来看，主要原因是比较容易修得学分。使用K-MOOC不但能减轻线下课程的压力，还能修得学分，这便是吸引大学生用户的最大优势。

此外，使用者可以通过K-MOOC满足自己的兴趣学习，也可以学习自己关心但不擅长的领域。出于个人兴趣通过K-MOOC学习的用户，选择的课程多为本专业以外自己感兴趣的领域，他们希望了解其基本知识，而非对此进行深入学习。K-MOOC提供的程序化教程也深受使用者的欢迎，使用者可利用该平台自学这些课程，提升自己。

4.2 社会评价

随着申请慕课建设的大学的增多、课程数量的增加、平台访问量增大、注册用户的大幅增加，对K-MOOC课程质量的要求也越来越高。为检测课程质量，并落实相应改善措施，K-MOOC进行了针对课程满意度的调查。调查结果显示，拥有较高满意度的课程主要有以下三个特征：

（1）使用便捷，深受用户好评。K-MOOC平台支持在线回放，用户可根据自身水平控制课程进度，自由安排学习时间。

---

[1] 教育部未来教育规划科.通过开发多领域课程及提高学完率等措施持续提高K-MOOC的成果.2019:3.

（2）课程配置令用户满意。平台不但向用户提供课程内容，同时还提供针对课程内容的问答，有助于提升学习效果。

（3）可与同学、老师实时沟通。这是K-MOOC与传统远程教育的差异所在。学生不再只是被动地单方面汲取知识，而是可就某一问题与老师或同学进行互动，从而强化学习效果。K-MOOC作为一种互动工具，支持讨论、提问、发布内容、论坛等功能。

三．韩国慕课发展展望

1. 韩国慕课发展中形成的特点

（1）世界慕课行业权威第三方评论网站班级中心（Class Central）于2017年12月进行了问卷调查，参与调查的人中有45%为研究生及以上的高学历拥有者，这一调查结果体现了K-MOOC与海外慕课不同的特点，即K-MOOC平台的理念是打造面向大学生和非大学生的终身教育。同时，调查结果还显示，海外慕课根据授课目的决定免费或收费，而韩国K-MOOC是免费提供所有课程。因此，Class Central表示，K-MOOC应规划好目前课程的改进和管理[1]，慕课与传统的在线学习特性不同，K-MOOC应摸索出适用于新型远程教育系统的授课方式。

（2）K-MOOC的主要用户为大学生，运营主体是国家，国家大力提倡推广利用慕课，并允许运营学分认证的课程，这是K-MOOC的另一大特点。从K-MOOC的中长期发展方向来看，在第一阶段就明确了发展目标——"共同开发课程，试行学分认证，提供稳定的慕课服务"。截至2017年第二学期，K-MOOC针对33所学校的101门线上和线下课程学分进行同等认证，有11所学校还认可了其他学校的K-MOOC课程学分。运营学分认证的课程，激发了大学生学习动力，保证了慕课的使用率，学分认证课程的运营规模正在不断扩大。国外慕课也以各种方式实现学分认证，但与K-MOOC有一定的差异。从课程运营的角度来看，哈佛大学、麻省理工学院所运营的edX和斯坦福大学的Coursera对提供给本校学生的课程和提供给大众的课程采用了不同的运营方式，而K-MOOC提供给非大学生的课程和提供

---

1 奇英华（音译）.全球慕课的学习形态和K-MOOC学习经验分析.教育文化研究，2018 (24): 65-86.

给大学生的课程运营方式是一致的。从认可学分的角度来看，美国一部分慕课认可学士和硕士课程的学分，个别专业修满课程后甚至可以获得硕士学位，这是轻松就读大学或研究生的一种手段，也可以看作是缩减攻读学位所需课程的一种方法。日本慕课（JMOOC）主要是民间运营，政府不参与，JMOOC 的主要用户为渴望实现自我提升的在职人士，大学、民间各种机构都可以开发运营，开发建设的课程以实用为主，难以做到学分认证。K-MOOC 规定，修读慕课课程的学分等同于大学里相应的常规线下课程学分，因此 K-MOOC 平台上修读学分认证课程的用户占比达 20%—30%。美国和日本慕课用户也以大学生为主，但 K-MOOC 的大学生用户的比例更高一些。

2. 韩国慕课发展过程中存在的问题

（1）需引进可监督用户自主学习的系统。自律性是远程教育成功与否的关键。平台无法强制用户学习，有些学生因为时间等原因又不能按时完成学习任务，这些都会导致学习者难以长期坚持在线学习或者学习效率低下、学习效果不理想等。所以，需引进可监督学习者自主学习的系统，分析在线学习情况，比如提供学习进度提示、发布作业、安排考试、学习效果分析等服务，这对学习者有一定的促进作用，能够提高其学习效果。K-MOOC 支持学分认证，学习者有效的时间管理对 K-MOOC 也会产生有益影响，引进可监督用户自主学习的系统不但能督促学习者长期坚持在线学习，也能提升用户对 K-MOOC 平台的满意度。

（2）K-MOOC 课程须设计教师与学生、学生与学生间有效互动的环节。K-MOOC 使用的平台是 Open edX，与注重互动的 cMOOC（强调自学、互助模式的慕课）相比，K-MOOC 被称为注重知识传达的 xMOOC（基于行为主义的在线学习慕课，接近于传统教师授课的在线教学模式）。即 xMOOC 更注重提供模式化的视频、阅读资料、在线提问、答疑解惑和讨论等功能，难以实现有效互动是该平台的最大问题，也是学习者难以长期坚持慕课学习的重要因素。美国慕课通过各种方式实现线上交流和线下会议，从而实现师生间、学习者间的有效互动。K-MOOC 课程应参考美国方式，多设计出有效互动的教学环节，同时，K-MOOC 平台应鼓励用户多使用能促进有效互动的其他辅助工具，选出优秀案例，并推广到所有的课程中。修读学分认证课程的学习者反映，在和老师互动的过程中，K-MOOC 平台和本人所在学校学习管理系统间的连接、兼容也常出现问题。解决这些问题将更有利于学分认证课程的稳定运营。

（3）课程内容不但要确保覆盖各领域，还要细分课程难度，提高课程质量和水平。慕课平台特点之一就是综合课程的"开放性"，利用慕课，用户无法根据不同的大学专业系统地选择课程，而是根据自身目标和计划自由选择综合课程，从而不断积累专业知识。让用户自行选择关心的综合课程，这个过程也是学习的一部分。K-MOOC 在运营过程中也应充分考虑这一问题，细分课程难度，打造出更加专业的课程内容。尤其是针对选修学分认证课程的大学生用户，目的是代替大学里线下课程的学习，所以，提供更加多样化的选择才能使他们满意。另外，课程内容是影响用户长期坚持慕课学习的重要因素，日本 JMOOC 针对的是拥有高学历的在职人士，提供非常实用的课程内容，吸引用户长期坚持学习，保证了用户的忠诚度。所以，如果能在课程内容方面有所改进，K-MOOC 的大学生学习者一定会成为终身用户。

（4）K-MOOC 只运营韩国国内的大学课程，而其他国家的慕课不仅运营大学课程，还让博物馆、图书馆、企业等机构共同参与课程开发和运营。K-MOOC 有必要在今后让其他机构参与开发建设并运营课程，同时加强与其他国家慕课平台的联系。海外慕课平台为了盈利打造出了多种收益模式，也建立了学分认证和修读学分获得学位的多种实用模式，K-MOOC 在今后也应该向多元化发展，提高平台的利用率。

3. 韩国慕课今后发展趋势

韩国教育部发布的《2020 年 K-MOOC 基本计划》大纲[1]指出，K-MOOC 建设的目标是"提高韩国线上公开课的服务质量"。具体目标和措施是：

（1）开发优质课程，扩大可申请机构范围。首先，加大对人工智能等领域课程的开发力度，保障提供可自主参与的课程和国外慕课等全球化课程，丰富新开发课程的领域。其次，扩大申请机构范围，丰富申请方式，激活成绩评价的运营方式。最后，提高课程的质量，落实课程质量审核，强化课程质量管理。

---

[1] 教育部国家终身教育振兴院.2020年K-MOOC基本计划.2020：4.

（2）提高K-MOOC课程利用率。首先，举办"K-MOOC课程教学创新优秀案例征集活动[1]"，支持翻转课堂，扩大学分认证课程数量，支持大学课堂创新。其次，激活K-MOOC"学分银行制"，普及针对企业和公共机构等在职人员的培训课程；提高外国留学生和国外用户的利用率，提高普通国民、企业和公共机构的课程利用率。最后，按不同的目的和主题对课程进行细分，以完善课程分类体系，为用户提供更加便利的选课服务；综合现有的课程，开发有针对性的课程推荐功能，增加预览课程视频的功能，强化支持用户选择课程的功能，提升亲用户性的平台功能。

（3）实现可持续发展。首先，探索开发和引进付费模式，制定付费服务的法律法规，积极推进付费服务。其次，探索KOCW、STAR-MOOC[2]、Match Up[3]间具体的连接方式，制定完善平台方案，促进与相似慕课平台间的联系，提升国民使用率。最后，开发用户所需的多种新功能，如开发付费系统、引进K-MOOC企业B2B（Business-to-Business）付费服务、开发开放市场功能等，确定平台构建的方向，为建设新一代的创新平台奠定基础。

（黄进财 元善喜 四川外国语大学）

参考文献

[1] 教育部国家终身教育振兴院.提高K-MOOC使用率的方案研究[R]. 2017.

[2] 教育部未来教育规划科.通过开发多领域课程及提高学完率等措施持续提高K-MOOC的成果[R]. 2019.

[3] 教育部国家终身教育振兴院. 2020年K-MOOC基本计划[R]. 2020.

[4] 金义英(音译).线上教学中网上互动给予学生学习投入度的影响：以成人教育网页为中心[D].首尔：梨花女子大学, 2007.

[5] 李正民(音译), 陈正我(音译).有关申请K-MOOC课程的大学生认知度的分析[J]. IT融复合研究, 2019(17).

[6] 奇英华(音译).全球慕课的学习形态和K-MOOC学习经验分析[J].教育文化研究, 2018(24).

[7] 全秀景(音译).如何积极使用开放式课程网页：以KOCW和K-MOOC为中心[J].人文社会21, 2019(10).

---

1 包括表彰优秀教学者和分享优秀案例。
2 STAR-MOOC是韩国科技领域线上课程服务网。
3 Match Up是为想要从事与第4次工业革命有关领域工作的人员提供职务教育的线上课程服务网。

《世界慕课发展报告》

沙特阿拉伯王国

【摘　要】 得益于石油经济的飞速发展,沙特政府于20世纪50年代开始向教育领域投入大量资金,沙特的高等教育得到前所未有的重视和支持。首个阿拉伯慕课平台在沙特创立,沙特的慕课建设自此开启了一个持续繁荣的时期。本文对沙特的慕课发展历程进行了梳理:首先,回顾慕课在沙特兴起以前的本土在线教育情况;其次,对沙特主要慕课平台的现状进行介绍,从平台属性、用户群体、课程设置和政策导向等方面分析各平台的特点;最后,探讨慕课建设对沙特文化教育事业的意义,并对其未来的发展趋势和可能面临的挑战做出预测。

一、沙特慕课建设背景

1. 沙特高等教育与"2030愿景"的教育规划

沙特阿拉伯王国(以下简称"沙特")位于亚洲西南部的阿拉伯半岛。20世纪初的沙特,战乱频繁、资源匮乏,教育严重落后。"二战"后,得益于石油经济飞速发展,沙特政府开始向教育领域投入大量资金,高等教育得到前所未有的重视和支持。自1975年设立高等教育部以来,相关领域的政府预算逐年增加,国内兴建的院校规模不断壮大,沙特高等教育事业发展惊人。[1]

尽管如此,沙特高等教育领域仍存在不足和薄弱环节,主要体现在两个方面:一是初、高中毕业生的数量已经超出现有教育机构的承载量,导致很大一部分有意愿接受本科教育的人无法进入大学;[2] 二是本国高等教育的产出无法满足劳动力市场

---

1 赵菡菡. 沙特阿拉伯高等教育的体制机制管窥. 牡丹江教育学院学报,2014,153(11):60.
2 Īmān bint 'Awḍah al-Ḥārithī. Muttallibāt taf'īl al-muqarrarāt al-maftūḥa wāsi'a al-intishār 'abr al-'intarnat wa-daraja 'ahmmiyyatuhā wa-tawāfuruhā wa-l-ittijāhāt naḥwahā fī al-jāmi'āt al-su'ūdiyyah. Almanhal, https://platform.almanhal.com/Details/Article/89529, 2020-01-28.

的需求,有七成科学领域工作者毕业于国外院校。[1] 对此,沙特政府决定采取积极、科学的手段来解决教育资源匮乏和劳动力短缺的问题。沙特教育部建立了电子教育和远程教育中心,为发展灵活便捷的、全方位的本科教育提供人力、技术和资金支持,由此增强民众自我学习和终身学习的能力,提升沙特在高教领域的国际优势。[2] 正是在这样的背景下,依靠信息技术兴起的慕课风潮在全球蔓延,并很快进入沙特,促成了本土民众对前沿科技的一次尝试。

2016年4月,《沙特阿拉伯2030愿景》(以下简称《2030愿景》)正式颁布,为推进社会转型、促进经济增长和实现国家战略目标做出了整体规划。其中,教育作为社会发展的基石,"立德树人,德育为先"的社会功能得到重申。还提出教育应致力于实现对经济发展的贡献。《2030愿景》中特别强调两点:一是大力加强职业教育,二是加强高等教育的"就业导向"。[3]

《2030愿景》颁布之后,"沙特阿拉伯2020国家转型计划"和"国家转型项目2016倡议"(以下简称"2016倡议")相继推出,对沙特教育的未来发展方向都有详细要求。"2016倡议"中有关教育事业投入预算较大的项目就包括数字教育体系工程和终身教育体系建设。[4] 此外,沙特政府提出鼓励民间资本对教育的参与,推进沙特教育的多元化转变。这些规划和举措都为慕课在沙特的发展和繁荣做好了准备。

2. 慕课风潮以前的阿拉伯国家在线教育

慕课平台的创建和使用受制于数字化基础设施的完善程度,如智能手机、电脑、互联网的普及率和成本等因素,这在阿拉伯各国家存在很大的差异。海湾地区大部分国家使用互联网的人口比例高达90%,而北非一些国家如索马里、科摩罗等,其比例尚不足10%。[5] 如此悬殊的对比形成了阿拉伯世界互联网地图的两个极端,导致

---

[1] 张静. 沙特阿拉伯增加投入 进一步扩大高等教育规模. 中国教育报, http://www.jyb.cn/rmtzgjyb/201812/t20181214_123383.html, 2018-12-14/2020-01-28.
[2] Īmān bint 'Awḍah al-Ḥārithī. Muṭṭallibāt tafʿīl al-muqarrarāt al-maftūḥa wāsiʿa al-intishār ʿabr al-ʾintarnat wa-daraja ʾahmmiyyatuhā wa-tawāfuruhā wa-l-ittijāhāt naḥwahā fī al-jāmiʿāt al-suʿūdiyyah. Almanhal, https://platform.almanhal.com/Details/Article/89529, 2020-01-28.
[3] 孔令涛,沈骑. 沙特"2030愿景"中的教育发展战略探析. 现代教育管理,2017(11): 125.
[4] 孔令涛,沈骑. 沙特"2030愿景"中的教育发展战略探析. 现代教育管理,2017(11): 126.
[5] Marwan H. Sallam. A Review of MOOCs in the Arab World. *Creative Education*, 2017(8): 565, https://doi.org/10.4236/ce.2017.84044, 2020-01-21.

阿拉伯国家的慕课发展具有明显的不平衡特征。

在全球慕课风潮来临以前，部分阿拉伯国家已具备在线教育或远程教育的条件。起初，一些人自发录制特定课程的视频，上传至 YouTube 之类的网站，这样的行为逐渐向专业化和体系化方向发展，并出现了专门从事在线教育的机构，如 2011—2012 年间先后成立的阿尔达兰学院（Aldarayn Academy）、阿拉伯电子教育学院（Arab eLearning Academy）和解放学院（Tahrir Academy）等。[1] 这种整合互联网资源进行的远程教育已十分贴近慕课平台的模式，并且其中一些机构在后来的发展中直接转向对慕课的运营。

在沙特，从早期在线教育向慕课演进的典型案例是赫立德国王大学（King Khalid University）于 2012 年建立的远程教育培训班。课程的开发由教师、学生和教育机构成员共同参与，内容涉及医学、语言等领域。至 2017 年，赫立德国王大学在此基础上建立的 KKUx 平台投入使用，专注于技能教育，以慕课形式呈现，设有考试，考试通过者可以取得校方签发的学术认证。KKUx 网站首页见图 1。

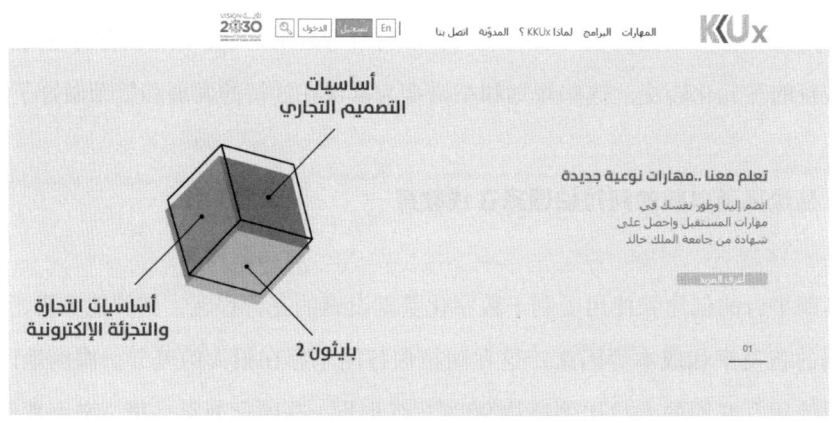

图 1　KKUx 网站首页截图 [2]

3. 慕课初现沙特与阿拉伯慕课的崛起

虽然 KKUx 算得上沙特本土院校远程教育发展成慕课的一个代表，但该慕课平

---

1 Marwan H. Sallam. A Review of MOOCs in the Arab World. *Creative Education*, 2017（8）: 565-567, https://doi.org/10.4236/ce.2017.84044, 2020-01-21.
2 参见 https://kkux.org/, 2020-04-28.

台的建立时间较晚，因此在本地以及阿拉伯国家的影响力相对有限。其实，在堪称"慕课元年"的2012年前后，已经有一些国际品牌的慕课平台获得了阿拉伯学习者的认可，如Coursera、edX、Udacity等。这些平台进入阿拉伯市场的方式不尽相同，有些因为契合语言或技能上的需求而吸引了一些懂外语的阿拉伯学习者；有些则是将外文的慕课翻译成阿拉伯语后发布在平台上，更加直接面向阿拉伯用户。无论以哪种方式让阿拉伯学习者参与慕课，这些平台终究不是产自阿拉伯国家本土，其内容也不带有任何阿拉伯特色。

此时，不少电子教育和远程教育领域的专家、学者一边关注全球的慕课风潮，一边开始呼吁建立阿拉伯国家自己的慕课平台，并进行了一系列调查和研究，向政府及相关行业的负责人提供数据分析和可行性报告。2013年9月，正当政府的决策者们细细考量之时，首个阿拉伯慕课平台——Rwaq[1]在沙特民间资本的运作下诞生了，由沙特人福阿德·法尔汉（Fouad Al Farhan）和萨米·侯赛因（Sami Al Hussayen）共同创立。此处"首个"的意义在于这是阿拉伯世界第一个由来自阿拉伯国家的杰出学者用阿拉伯语面向阿拉伯人进行教学的慕课平台，是具有阿拉伯内容和特色的慕课崛起的一个象征，是真正意义上的阿拉伯慕课。2014年，由约旦"拉尼亚皇后教育发展基金"发起，以edX为支撑的Edraak平台[2]成立。黎巴嫩、埃及等国也相继了出现阿拉伯慕课平台。

二、沙特主要慕课平台现状

1. 第一个阿拉伯慕课平台 Rwaq

Rwaq是由阿拉伯语"رواق"一词的拉丁字母转写而来，本义指"清真大寺中为求学者提供的生活和学习的场所"，可以等同于"学者的宿舍或工作室"。当初，创始人挑选这样一个既能反映平台功能，又独具阿拉伯伊斯兰韵味的名字，体现了该慕课平台将引领沙特教育从传统模式走向技术革新。这种传统与现代结合的寓意同样体现在Rwaq平台的产品整体设计上。

---

[1] 参见 http://www.rwaq.org/, 2020-04-28.
[2] 参见 http://www.edraak.org/, 2020-04-28.

Rwaq 网站的首页风格简洁，平台适用的三类电子设备（电脑、平板和手机），一目了然。主界面是一位身着传统服饰的阿拉伯学者形象以及用传统阿拉伯字体书写的宣传语"Rwaq——开放式教育的阿拉伯平台"，这恰恰对应了"由阿拉伯学者用阿拉伯语讲学的首个阿拉伯慕课平台"的产品定位。主界面左下角表示同时支持苹果（ios）和安卓系统的图标，展现了该慕课平台作为网络电子产品的科技、互联、便捷和社交特性。用户可以通过左上角的三个链接按钮实现"登录""注册"和"浏览课程"，从而进入课程界面，路径清晰、操作方便。值得一提的是，Rwaq 是沙特最早推出智能手机应用程序的慕课平台，手机端的欢迎界面同样延续了其平台网站的简约风格。（见图 2）

图 2　Rwaq 手机端首页截图

与网站首页不同的是，手机端仅允许通过"注册"和"登录"两种操作进入课程界面，无法以访客身份浏览课程。不过，Rwaq 平板电脑端和智能手机端应用的开发打破了网页访问的单一模式，为用户提供了更大的便利。

1.1 平台发展与课程

Rwaq 自创办以来发展迅猛，始终处于阿拉伯世界慕课平台的领军地位。2013 年 11 月 27 日，艾什拉弗（Ashraf Fagih）博士在 Rwaq 平台发布了第一个慕课，题为"机器如何思考：计算机技术导论"，成为阿拉伯世界首位慕课讲师。如图 4 所示，七年来，Rwaq 平台已从起初涉及三个领域的四门课程发展至如今覆盖文、理、医、工等不同学科共 22 个类别的 595 门课程。截至 2018 年，Rwaq 平台的慕课总量已在世界慕课平台的排名中位列第四，[1] 发展速度着实惊人。（见图 3）

---

[1] Mahā' bint Ṣāliḥ ibn 'Abd-l-'Azīz al-'Ajlān. Taṣawwur muqtaraḥ li-istikhdām minaṣṣāt al-ta'allum dhāta al-muqarrarāt al-'ilakturūniyya al-maftūḥa wāsi'a al-intishār (MOOCs) fī jāmi'a al-'imām muḥammad ibn su'ūd al-'islāmiyya. IMAMU, 2017: 60.

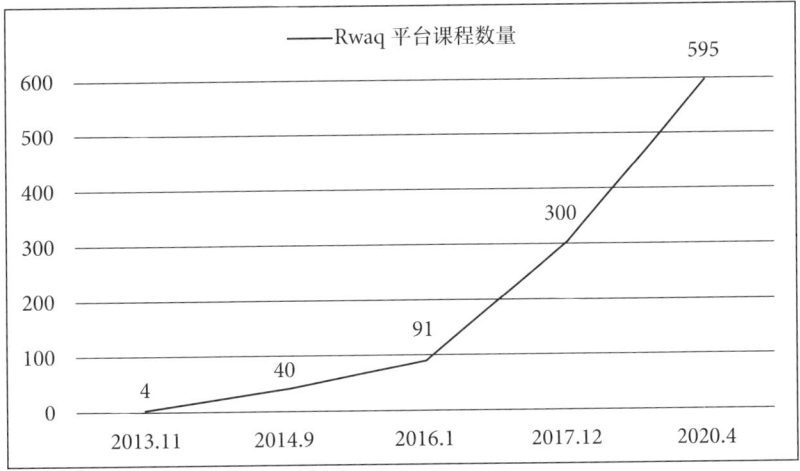

图 3　Rwaq 平台课程数量增长情况[1]

为了确保平台慕课的高质量，在 Rwaq 发布的视频讲座都有专门的技术团队支持，具有鲜明、统一的风格，通过 YouTube 链接播放。以"批判思维导论"为例，[2] 该课程为期四周，每周的视频讲座时长为 15—20 分钟；课程内容会根据小标题分为 1—5 分钟的短视频发布，并在课后布置相应的作业（活动）；课程界面有明确的功能选项卡，包括"课程内容""讨论区""评论墙""通知""课程基本信息"。此外，用户还可以通过"我的活动"查看自己在该课程中的综合表现，如已观看视频的时长、任务完成情况和发表评论数等。

1.2 用户与认证情况

强大的技术开发团队，对高质量课程内容的坚持，加上"移动式学习场景"的便捷，Rwaq 由此赢得了众多的学习者和参与者。据 2019 年初的报道，仅 2018 年间，Rwaq 注册用户增长数达 80 万，至此，平台已有注册用户 290 万。[3] 其中，非

---

1 各阶段数据统计来源：Khalid Al-Shahrani. MOOC in the Arab World: A Case Study.（A paper uploaded to ResearchGate on 17 April 2017）.https://www.researchgate.net/publication/310800635, 2020 - 01 - 21. Reine Farhat. The rise of the Arab MOOCs. Will education in the Arab world ever be the same? https://www.wamda.com/2017/12/rise-moocs-education.Rwaq, 2017 - 12 - 11/2020 - 01 - 28.官网课程数量见 https://www.rwaq.org/, 2020 - 04 - 28.
2 参见 https://www.rwaq.org/courses/critical-thinking, 2020 - 04 - 28.
3 Ḥusayma sītī. Minṣṣa riwāq al-taʻlīmiyya tunhī ʻām 2018 bi-tawfīr 425 muqarrar wa 2.9 milyūn tasjīl.https://www.hoceimacity.com/2019/01/13/%D9%85%D9%86%D8%B5%D8%A9-%D8%B1%D9%88%D8%A7%D9%82-%D8%A7%D9%84%D8%AA%D8%B9%D9%84%D9%8A%D9%85%D9%8A%D8%A9-%D8%AA%D9%86%D9%87%D9%8A-%D8%B9%D8%A7%D9%85-2018-%D8%A8%D8%AA%D9%88%D9%81%D9%8A%D8%B1-425, 2019-01-13/2020-05-15.

阿拉伯国家的用户也占有一定的比例。这一方面是由于居住在非阿拉伯国家的阿拉伯人也有使用 Rwaq 的需求；另一方面则反映出非阿拉伯人通过阿拉伯慕课平台进行在线学习的一种趋势。Rwaq 平台的用户主要来自以下四个群体：

（1）在校大学生：通过加入与在校所学内容密切相关的课程，发展和增长专业知识，获得学术体验；

（2）在职人员：利用闲暇时间学习与当前的工作或专业相关的课程，在自身的专业领域继续发展或习得其他的新技能；

（3）求职者：在寻求工作的过程中学习特定专业的知识，发展职业技能，为将来的职业生涯做好充分准备；

（4）求知者：尤指那些享受学习过程、希望拓宽知识面的人群，通过平台课程弥补因未进入大学学习或未从事特定工作而导致的知识缺憾。

Rwaq 平台课程的主讲人多来自沙特本土的学校，如沙特国王大学、塔伊夫大学、阿卜杜勒·阿齐兹国王大学等，也有其他阿拉伯国家高等院校的教师，同时还有一些机构中相关领域的专家。例如，2020 年 4 月 30 日至 5 月 30 日开课的"SPSS 在数据统计分析中的应用"就是由统计中介服务机构 S.E.A 的经理兼分析师主讲的。[1] 可见，除了高等院校的教学资源，跨领域、跨行业知识技能的分享可以全方位满足广大用户的需求。

尽管有众多高等院校和专业机构的教师、专家入驻 Rwaq，但该平台尚未向学习者提供学分或学位的认证。不过，应用户的要求，Rwaq 可以出具一份在线完成课程的证明。至于能否颁发具有学术效力的证书，则取决于阿拉伯国家高等教育与学术管理的大环境，也是 Rwaq 平台一直努力的方向。

据 Rwaq 创始人法尔汉介绍，平台最初设想的模式是学习者通过选修慕课，与高等院校实现学时互换。而在运营过程中却发现，平台与企业合作创建在线"微专业"教育项目的效果甚佳。由此，Rwaq 在向大众提供各知识领域和学科免费课程的同时，成了企业培训现有员工和发掘未来员工的最佳场所。[2]

---

[1] 参见 https://www.rwaq.org/courses/sea_analysis_data_spss, 2020-06-28.
[2] Reine Farhat. The rise of the Arab MOOCs. Will education in the Arab world ever be the same? https://www.wamda.com/2017/12/rise-moocs-education, 2017-12-11/2020-01-28.

1.3 Junnah 和 Maharah 平台[1]

Rwaq 的成功激励了其两位创始人向在线教育领域继续投入，先后建立了 Junnah 和 Maharah 两个平台。

Junnah 于 2014 年 12 月发布，旨在帮助社会大众运用科学的方法预防和治疗流行疾病。该平台首推的项目是对沙特第二大慢性病——糖尿病的防治，通过提供有关均衡饮食和运动计划的专业方案，配合可穿戴智能设备的自动监控，逐渐形成一个以倡导健康生活方式为主、可供用户交流经验和进行专家咨询的社交网络。[2] 尽管 Junnah 可以被视为教育平台的一种，也在线提供具有专业资质的训练指导，但从严格意义上说，并不是典型的慕课平台。或许是因为出自 Rwaq 创始人的手笔，Junnah 才会作为案例出现在阿拉伯慕课情况的一些报道和研究中。Junnah 网站首页见图 4。

图 4　Junnah 网站首页截图[3]

基于互联网的互助学习理念，Rwaq 平台创立后一年半左右，其技术团队应平台众多用户的需求，开发了一个独立项目——Maharah。不同于 Rwaq 是由平台挑选的院校教师或专家来授课，Maharah 的课程创建权限向所有用户开放。在该平台

---

[1] 参见 https://www.junnah.com/ 和 https://www.maharah.net/, 2020 - 01 - 28.
[2] Safar Ayad. A new Saudi healthcare app looks to solve the obesity epidemic. https://www.wamda.com/2015/02/can-app-tackle-diabetes-epidemic-saudi-arabia, 2015 - 02 - 02/2020 - 01 - 28.
[3] 截图来自网络，Junnah 平台暂时无法打开，原因待进一步核实。

注册的任何人都可以是学习者，同时又成为授课者。这种模式应该是受到了 Rwaq 与企业合作建设在线课程项目的启发，一改 Rwaq 原先的学术性质和讲座环境，更加符合职业教育和技能培训类课程的要求。Maharah 网站首页见图 5。

图 5　Maharah 网站首页截图

2. 政府导向的慕课平台——Doroob[1]

2014 年 7 月 15 日，沙特劳动和社会事务部与慕课供应商 edX 签订合作协议，由沙特人力资源发展基金出资，edX 提供技术支持，建立一个面向阿拉伯学习者的慕课平台，并于同年 9 月推出了首个具有政府背景的阿拉伯电子培训平台——Doroob。（见图 6）

图 6　Doroob 网站首页截图

1　参见 https://www.doroob.sa/，2020-04-01。

Doroob 在阿拉伯语中意为"小路",象征该平台为人们提供通往职业成功的路径。除了资金来源不同于 Rwaq，Doroob 专门针对求职者和在职人员进行技能培训的平台功能是非常突出的,正如首页的宣传语所言,"知识越提升,工作越出色"。（其旁边还配有一张工卡的图）尽管 Doroob 呈现的界面不如 Rwaq 的设计简洁,但有一个十分值得关注的点：其背景图描绘的是一幅身着传统服饰的人们在电脑前学习或工作的场景,从服饰可以判断他们中有男也有女。这对教育领域长期处于性别隔离状态的沙特而言是一个极大的突破,传递的是打破性别隔离、呼吁教育平等的现代理念。此外,Doroob 是目前沙特唯一一家提供双语（阿拉伯语和英语）版本课程的平台,从侧面反映了英语在现代沙特社会中的重要性。英语版本的课程也可以满足沙特境内国际院校的学生以及使用英语进行学术研究的人群的需求。

Doroob 是沙特政府在教育领域的一项重大举措,其优势在于可以借助平台与企业、雇佣单位之间的紧密合作关系,快速、准确地掌握劳动力市场的具体需求,有针对性地设置培训课程,提供职业技能,从而帮助平台的学习者获得合适又稳定的工作。目前,平台的课程数量为 171 门,[1] 绝大多数专注职业技能的提升,如计算机操作技能、语言技能（主要针对英语——包括提高听说读写能力和备战雅思考试）、人际交往技能、基本职业素养以及一些专业知识（如会计、工商管理、法律和 IT 技术等）的培训。平台用户在参与培训之初既可以选择单独的课程,也可以按照平台设定的模块课程进行学习。平台绝大部分的培训都是免费的,仅有个别与专业机构联合进行培训的课程需要付费,如与沙特注册会计师协会合作开发的两门课程"中小型企业财务报告国际标准"（SAR 450）和"增值税及其应用"（SAR 650）。[2]

对求职者而言,Doroob 最大的吸引力在于完成培训之后能够获得由沙特人力资源发展基金和平台共同认证的完课证书。因该基金隶属沙特劳动部,Doroob 又具有政府背景,两者联合颁发的证书受到沙特政府部门和企业雇主的广泛认可。近年来,在《沙特 2030 愿景》关于建立知识型社会的目标框架下,政府机构也开始利用平台实施一些知识管理项目,为政府和私营部门的人员提供与政策相关的学习资料。

3. 伊斯兰教法慕课平台——Zadi 和 Zad 学院

2015 年 6 月以后,沙特数字传媒运营商扎德集团（Zad Group）先后推出了

---

1 参见 https://www.doroob.sa/ar/individuals/elearning/,2020-04-28.
2 参见 https://www.doroob.sa/ar/individuals/socpa,2020-04-28.

Zadi 平台和 Zad 学院两个具有伊斯兰特色的慕课平台，面向广大穆斯林在线介绍伊斯兰教相关知识。

3.1 Zadi 平台

Zadi 于 2015 年 6 月底正式面世，是沙特第三个慕课平台。Zadi 首页具有明显的阿拉伯伊斯兰传统文化元素：右上角的标识是一本打开的书，上面的文字为："教法知识开放学习平台——Zadi"；主体画面的电脑显屏区重复播放着平台课程的宣传视频；左侧用雅致的阿拉伯书法写着："知识之清泉"，揭示学识的价值，鼓励人们不断求知。

目前，Zadi 平台共有课程 172 门。[1] 这些课程从类型上看，既有与伊斯兰教法学知识密切相关的专业门类，如教义学、经注学和圣训学等，也有贴近日常为人处世之道的一些主题类别，如家庭与教育、金融交易以及谦和与美德等。所有课程均划分了等级（预备级、一至四级和专业级），其中一些课程也包括考试和任务，以获取完课证书。

3.2 Zad 学院

对有研习伊斯兰教法学理论知识需求的学习者而言，与 Zadi 并行的另一个平台——Zad 学院则可以提供更加专业化的课程，注册、选课和完课的要求更加严格，并为学习者发放专门的课程证书。

Zad 学院首页的风格与沙特高等院校的门户网站十分相似，分性别登录的设定正是现实教育中性别隔离制度在虚拟网络教学中的一种反映。首页主体部分呈现了关于注册事宜的说明以及课程相关的公告。首页左下角是 Zad TV 频道的链接，学习者可以根据学院制定的课程时间表点击观看相关讲座。

Zad 学院的课程专注伊斯兰教法领域，下设七门主课，分别为教义、经注、圣训、教法、先知传记、阿拉伯语以及伊斯兰教育。完成所有七门课程的期限为两年，分四个阶段。每门课的持续时间约为三个月，期间包括两次月考和一次期末考试。平台为学习者免费提供课程的教学大纲和学习资料。学习者须保证一周五天（平均每天观看三个讲座）的学习频率，在两年内通过所有阶段课程的考试，可获得结业

---

[1] 参见https://zadi.net/courses, 2020 - 04 - 29．

证书。不过，Zad 学院的注册功能并非所有时间都对用户开放，如同一个实体的院校，每年有固定的时间办理注册。

三、沙特慕课建设的意义与展望

1. 沙特慕课的文化特色与意义

通过沙特慕课发展历程的梳理，不难发现，诸如 Coursera、edX 等国际知名慕课平台在进入沙特之初，的确为本地的教育和知识领域带来一种全新的体验。随着沙特本土慕课平台的创建，越来越多的沙特人或阿拉伯国家的求知者选择加入以阿拉伯主讲人和阿拉伯语内容为主体的慕课。这与沙特的单语制社会状况密切相关：大多数沙特人只懂得一门语言，即阿拉伯语。若非精通英语的人士，在参与英文讲授的慕课时仍然会面临跨文化交际的挑战。由于社会文化不同，部分阿拉伯参与者不适应西式教学法或学习方式。于是，在这个互联网的时代，具有共同文化背景的、渴求知识的阿拉伯民众促成了阿拉伯慕课的整体崛起。

如前文所述，阿拉伯慕课的主要受众是说阿拉伯语的阿拉伯人。除了为本国民众的教育提供便利的手段和丰富的知识来源，阿拉伯慕课平台的建设动机还存在一个重要的共性——为阿拉伯世界（尤其是中东地区）由于政局动荡而被剥夺了受教育权利的人群提供免费的学习机会。例如，沙特的 Rwaq 与约旦的 Edraak，作为目前阿拉伯世界最受欢迎的两家慕课平台，向广大用户提供高质量慕课产品的同时，都致力于缓解难民危机引起的教育资源紧张。

沙特慕课研究中一个突出的文化特征就是长期存在于沙特教育中的性别隔离制。因受到传统观念的约束，沙特的教育体系一直采取男女分校制度。在现实的校园中，除了严格的行动区域监管，为男女生设定的学科和课程也不相同，有些专业甚至只设在男性校区。慕课的出现正在打破这种传统教育体系中的性别隔离，为沙特女性提供了相对平等的受教育机会。此外，往返学校的交通费是女性教育成本中不得不考虑的一项，参与慕课则可以节省这部分的开支。[1]

从性别隔离制引申出一个值得关注的话题，即虚拟化身技术在阿拉伯慕课中的

---

[1] 2018 年以前，沙特不允许女性开车上路。女生往返学校需由亲人接送或支付相应的交通费用。

应用。出于对传统观念中男女社会边界的顾及，一些女性讲师会选择在视频或交流中使用虚拟化身。相关研究表明，这种虚拟化身形式的课程反馈积极，并且达到了理想的互动效果。[1] 由此可见，沙特的慕课建设一方面是对传统社交空间和性别限制的突破；另一方面则是利用现代技术适应传统社会观念的惯性，帮助本土慕课参与者完成一种向新型教育的过渡。

2. 沙特慕课的未来发展趋势和面临的挑战

目前，沙特主要的慕课平台均表现出良好的状态。虽同为慕课的形式，但这些平台的特色鲜明，各具优势，预示着沙特慕课未来的多元化发展趋势。

第一家阿拉伯慕课平台 Rwaq 将继续发挥行业标杆的作用，以其丰富的慕课内容、高质量的视频讲座，在阿拉伯国家以及全世界范围内吸引更多的用户，同时为地区的教育资源共享做出贡献。Rwaq 在发展过程中发现了"微专业"培训模式的潜力，不仅反映出沙特以及阿拉伯国家劳动力市场亟待满足的技能需求，还体现了慕课模式在推进现代职业教育方面的巨大优势，颇具前景。

Doroob 是在沙特国家层面对教育事业进行部署和规划中应运而生的慕课平台，定位明确，专注于职业技能的培训，以确保毕业生或求职者契合市场需求。这个模式一旦被证明有效，将促使沙特政府继续在具备职业培训功能的慕课平台加大投入。在这一方面，像 Rwaq 和 Doroob 这样的平台引领了沙特本土慕课平台的建设，也为其他阿拉伯国家的慕课发展提供了借鉴。

此外，作为政教合一的国家，沙特始终奉行将伊斯兰价值观融入国民教育体系的理念。建设和推广像 Zadi 这种与民众信仰息息相关的慕课平台，将在国民的德行教育中发挥越来越重要的作用，同时，也象征着一种现代化的阿拉伯伊斯兰文化观念，意义不可小觑。

谈及未来可能面临的问题，资金通常被认为是阿拉伯慕课平台发展面临的一大

---

1 R. Adham, P. Parslow, Y. Dimitriadi & K. Lundqvist. The Use of Avatars in Gender Segregated Online Learning Within MOOCs in Saudi Arabia - A Rwaq Case Study. *International Review of Research in Open and Distributed Learning*, 2018, 19 (1).

挑战。[1]沙特的慕课建设既有民间资本的助推，也有政府的大力投入。由此可以判断，短期内资金问题不会成为沙特慕课发展的主要障碍。但是，由于缺乏严格的监管和明确的规定，慕课中的知识侵权现象时常出现，其在造成阿拉伯慕课繁荣假象的同时，给平台的课程质量造成不良影响，让人诟病。[2]因此，确立明晰的知识产权政策是沙特慕课平台亟待完善的一个方面。

沙特本土的慕课平台尚未出现统一的官方机构进行学术认证，各家平台签发的完课证明或证书效力不一。相比之下，具有政府背景的Doroob平台提供的证书可以获得一些部门和企业的认可，而其他平台证书的社会认可度有待观望。这种现象并非沙特本土的慕课平台独有，其他阿拉伯国家的慕课建设中同样存在。证书的认可会是未来阿拉伯慕课在向专业型和学术型迈进的过程中不可回避的议题。

（鞠舒文　上海外国语大学）

参考文献

[1] 孔令涛，沈骑.沙特"2030愿景"中的教育发展战略探析[J].现代教育管理，2017(11).

[2] Khalid Al-Shahrani. MOOC in the Arab World: A Case Study. https://www.researchgate.net/publication/310800635，2020-01-21.

[3] Manal A. Almuhanna. Participants' Perceptions of MOOCs in Saudi Arabia[D]. The University of Sheffield, 2018.

[4] Marwan H. Sallam. A Review of MOOCs in the Arab World[J/OL]. Creative Education, https://doi.org/10.4236/ce.2017.84044，2017/2020-01-21.

[5] Reine Farhat. The rise of the Arab MOOCs. Will education in the Arab world ever be the same? [EB/OL]. https://www.wamda.com/2017/12/rise-moocs-education, 2017-12-11/2020-01-28.

[6] Īmān bint 'Awḍah al-Ḥārithī. Muttallibāt taf'īl al-muqarrarāt al-maftūḥa wāsi'a al-intishār 'abr al-'intarnat wa-daraja 'ahmmiyyatuhā wa-tawāfuruhā wa-l-ittijāhāt naḥwahā fī al-jāmi'āt al-su'ūdiyyah[J/OL].

---

1 Mahā' bint Ṣāliḥ ibn 'Abd-l-'Azīz al-'Ajlān. Taṣawwur muqtaraḥ li-istikhdām minaṣṣāt al-ta'allum dhāta al-muqarrarāt al-'ilakturūniyya al-maftūḥa wāsi'a al-intishār (MOOCs) fī jāmi'a al-'imām muḥammad ibn su'ūd al-'islāmiyya. IMAMU, 2017: 60.
2 同注释1。

Almanhal, https://platform.almanhal.com/Details/Article/89529, 2020-04-28.

[7] Laylā Saʿīd al-Jahnī. al-Muqarrarāt al-'ilakturūniyya al-maftūḥa wāsiʿa al-intishār (MOOCs) wa-dawruhā fī daʿm al-dāfiʿiyya wa-istarātījiyyāt al-taʿallum al-munaẓẓam dhātiyyan[J/OL]. *Almanhal*, https://platform.almanhal.com/Details/Article/112229, 2020-05-10.

[8] Mahā' bint Ṣāliḥ ibn ʿAbd-l-ʿAzīz al-ʿAjlān. Taṣawwur muqtaraḥ li-istikhdām minaṣṣāt al-taʿallum dhāta al-muqarrarāt al-'ilakturūniyya al-maftūḥa wāsiʿa al-intishār (MOOCs) fī jāmiʿa al-'imām muḥammad ibn suʿūd al-'islāmiyya[D]. IMAMU, 2017.

[9] http://www.rwaq.org/, 2020-04-28.

[10] https://www.junnah.com/, 2020-04-28.

[11] https://www.maharah.net/, 2020-04-28.

[12] https://www.doroob.sa/, 2020-04-28.

[13] https://zadi.net/, 2020-04-28.

[14] https://www.zad-academy.com/, 2020-04-28.

[15] https://kkux.org/, 2020-04-28.

《世界慕课发展报告》

泰国

【摘　要】 与众多亚洲国家类似，泰国的在线教育和慕课发展在很大程度上得益且依赖于国家政策的推动。在相关政策的支持下，泰国慕课呈现出多维度资源建设和多层次平台创建的发展特点。泰国政府依托网络大学（TCU）建设开放式教育资源，并以此为枢纽，连接政府和高校资源，创建中央慕课平台泰国慕课（Thai MOOC），为本国的慕课发展做出了极大的贡献。本文主要从慕课发展的背景、动机、现状等方面分析泰国慕课建设的总体情况，以及未来需要改善的问题，并提出了可行性的解决办法。

一、泰国慕课发展背景

泰国位于亚洲中南半岛腹地，是中国的近邻。自 2015 年加入东盟经济共同体（AEC）后，泰国各行业获得了难得的发展机遇，也面临着各种挑战。泰国政府重视慕课建设和应用，在过去的十几年间，为慕课发展出台了多项政策，并提供充足的资金保障。经过多年的发展，泰国慕课初步形成了自己的特色，取得了一定的成效，扩大了民众受教育范围，为终身学习创造了条件，也为经济发展提供了人力支持。

1. 泰国在线教育发展与信息通信技术（ICT）建设目标

泰国的在线教育可追溯至 20 世纪 80 年代初。泰国教育工作者创造性地将计算机应用于培训，从而成为泰国在线教育的先驱。而后，泰国在线教育的发展与其他众多亚洲国家类似，很大程度上得益且依赖于政府的作用。泰国在线教育的主导者主要是本国国家信息技术委员会和教育部高等教育委员会。

泰国政府自 1992 年成立国家信息技术委员会以来，制定了一系列重要的信息通信技术政策和总体规划。这些政策和规划分为三个阶段：（1）第一阶段旨在使国家利用信息通信技术实现经济繁荣和社会公平;(2)第二阶段旨在提高人民经济水平和生活质量,从而引导泰国迈向"知识型社会与经济";(3)目前泰国已进入信息技术发展的第三阶段,即"智慧泰国 2020",其重点为建设"基于知识和智慧的经济与社会"。"智慧泰国 2020"的愿景指出,"信息通信技术是引领泰国人民走向知识和智慧,引领社会经济走向平等与可持续发展的主要动力"。

除了国家信息技术委员会,泰国教育部同样对信息通信技术及在线教育给予了高度重视。目前,泰国已经进入 4.0 经济发展阶段,该阶段致力于促进国家现代化、增加国家和人民收入以及缓解收入不平衡的矛盾。为了实现该阶段预期的经济目标,泰国教育部制定了 2017 至 2021 年数字技术教育发展计划。该计划的目的是通过提供平等且有效的信息技术服务为泰国民众提供终身学习的机会,强调民众可在正式和非正式、正规和非正规等各种环境下获取信息通信技术服务。与此同时,泰国教育部还颁布了 2011 至 2022 年的信息技术政策,该政策制定了信息通信技术基础设施发展和人力资本开发战略,强调培养具有国际专业知识和能力的信息通信技术人才,明确开发和应用信息通信技术的目的是为所有人提供公共资源,创造平等教育和健康生活的基本服务,从而缩小经济和社会差距。

综上所述,泰国政府试图通过信息通信技术建设和在线教育发展实现提高国民教育水平、使国家更具竞争力、减少收入不平衡以及促进民众终身学习的经济和教育发展目标。

2. 泰国开放教育资源(OER)建设状况

政府颁布和实施的国家政策极大地推动了泰国开放教育资源建设。例如,自国家信息技术委员会实施 IT2000 以来,政府为了弥合数字鸿沟,为了向泰国民众提供开放可访问的数字内容,迅速启动了包括泰国网络大学(Thailand Cyber University,TCU)在内的一系列建设,如 CAI Studio、e-Learning Website、Field Trip、SciMath、South eLearning Project 等。这些项目的实施和推广逐步激发了教育工作者在其日常教学工作中使用新媒体资源的积极性。

在政府资助及推动的多个在线教育项目中,泰国网络大学项目地位突出。该项目成立于 2005 年,由泰国教育部高等教育委员会办公室与信息和通信技术常任秘书办公室合作建立,负责联系高校及分配泰国高等教育委员会支持的资金,其目是为民众提供开放式在线教育和终身学习内容。具体而言，为了发挥教育在泰国4.0经济时代的作用，泰国网络大学的战略发展计划为：以开放教育为中心，通过完善数字学习平台来实现终身学习目标，并促进学习型社会的发展。泰国网络大学创建的数字学习平台在2005至2014年间，完成了与泰国40个政府部门和开放大学、7个国际组织和研究所的合作，提供了800多个不同领域的课程，范围涵盖教育、人文、艺术、法律、社会研究、商业和管理、大众传播、家政、服务业、纯科学、数学和计算机科学、医学、工程、建筑、林业和渔业等。相关研究已普遍认为泰国网络大学开发的开放教育资源极大地促进了泰国在线教育的发展和高等教育质量的提高，也为形成新的东盟教育市场区域一体化做出了贡献。

泰国政府对于开放教育资源的推动不仅体现在政策导向上，在资金方面也提供了强有力的支持。教育部向愿意创建和开发开放内容的泰国大学提供了约1.9亿泰铢的资金。一些大学则将大学社会责任（University Social Responsibility）视为管理过程及战略规划的一部分，积极参与和促进开放教育资源及慕课的建设与发展。由大学建立的开放教育资源有清迈大学的CMU Online，朱拉隆功大学的Open Learning University Network和OpenLearn System等。另外，一些非营利组织也建立了Krua Baan Pimde和trueplookpanya等开放教育资源。在以上开放教育资源创建项目中，泰国网络大学始终起着核心主导作用。

3. 泰国慕课发展概述

作为开放教育资源运动和在线教育的重要突破，慕课的出现使得泰国优质在线教育资源发生向课程和教学的转变。因此，研究泰国慕课的发展，对于探究其教育发展状况，尤其是在线教育发展状况有着极其重要的意义。泰国网络大学项目对本国的慕课发展起着极大的促进作用。其战略实施计划分为三个阶段（见图1）：（1）使用泰国高等教育机构的信息通信技术分析目前本国开放教育的现状以及与其他领先国家之间的差距；（2）基于现状和差距，提出泰国网络大学开放教育战略计划（2018—2022）；（3）以泰国慕课（Thai MOOC）平台和高校慕课教学的教师发展指南为样本，记录战略计划的实施和开放教育资源的应用。显然，慕课发展在泰国网络大学战略计划中得到了充分的重视。在过去几年里，其重要工作主要集中于Thai MOOC平台的创建以及讲师和系统开发人员的培训。

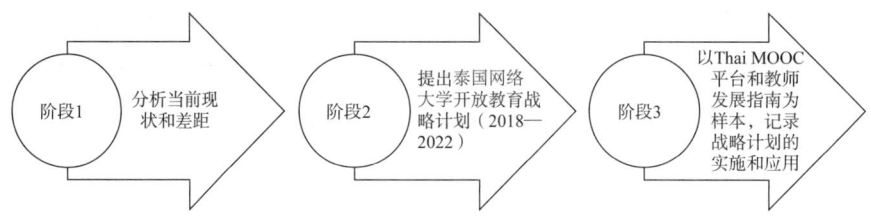

图1 泰国网络大学项目的战略和实施计划

事实上，泰国网络大学项目于2008年便开始尝试进行慕课推广，可以认为泰国的慕课发展自此进入起步阶段。[1] 2014年前后，大量学者和专家通过出版物等呼吁政府和民众关注泰国慕课的发展，并寄希望于通过慕课改变泰国教育面临的问题。基于国际慕课发展动态以及国内学者的积极呼吁，泰国教育部高等教育委员会办公室以及泰国网络大学项目机构意识到慕课发展对本国教育和经济发展的重要性。因此，为了响应国家"终身数字学习平台"政策和"数字经济与社会驱动项目计划：利用数字技术建立质量社会"的战略计划，泰国网络大学与高等教育委员会办公室、教育部、科学技术部常任秘书办公室、数字经济与社会部（前身为信息和通信技术部）通力合作，共同开发了泰国慕课项目，以此作为全国慕课提供中心。至此，泰国慕课依托国家政策和政府组织，得以从国家层面进行推进。

泰国慕课项目实施的主要目的是在不同高等教育机构之间实现学习资源共享以及慕课课程合作开发和管理。为了实现该目的，多个高等教育机构共同开发了用于在线教学和测评的中央慕课平台：Thai MOOC。这是一个支持"终身学习"的开放教育系统，于2016年正式建立，可储存教学内容、学生数据、课程测评等信息。学生可在该平台注册课程并进行大学之间的课程学分转移。目前，Thai MOOC已为47所大学提供共享学位，可以将一所大学的资源和学分转移到另一所大学。

除了国家政策和资金支持的Thai MOOC平台以外，泰国还允许大学建立自己的慕课资源和平台，例如AsianUX academy、Course square、Knowbita、SkillLane、MUx等。此外，对于国际主流的慕课平台，如iTunes、TED Talk、YouTube等，泰国的大学也与其进行了合作。可见，在泰国政府的支持和引领下，泰国的慕课发展取

---

[1] Thaipisutikul, T. & Tuarob, S. MOOCs as an Intelligent Online Learning Platform in Thailand: Past, Present, Future Challenges and Opportunities. the 10th International Conference on Ubi-media Computing and Workshops, 2017.

得了一定的成就。

二、泰国慕课发展动机和现状

泰国慕课发展具备多维度资源建设和多层级平台创建的特征。从资源建设的角度来说，泰国在引进国外优秀慕课资源的同时，也研发符合本土需求的慕课课程。而承载课程的慕课平台既包括由政府机构主导创建的中央慕课平台，也有高校和企业创建的自定义慕课平台。泰国的慕课发展，目的在于提升本国的教育质量以及人才培养水平，提供更多的教育机会并促进终身学习。

1. 泰国慕课发展动机与目标

目前，泰国高等教育面临着学生人数减少、教育成本增加、经济地位低下者缺乏接受高等教育的机会、教育质量有待提升以及专业领域人才数量不足等多种挑战。面对目前的状况，泰国政府和高校将慕课发展作为应对挑战的积极策略。具体而言，泰国试图通过引进国外优秀慕课资源、联合本国高等教育机构合作创建本土中央慕课平台以及高校和企业自定义慕课平台等方式，实现四个教育发展目标：（1）为无法通过公立大学入学考试或没有足够预算支付高等教育费用的学生提供学习和毕业渠道，以减轻高等教育的危机；（2）在大学之间建立合作网络，以共享人力资源和教育资源，从而最大限度地减少资金投入；（3）通过使用相同标准创建慕课平台，从而增强和确保远程教育质量；（4）为企业发展提供人才储备和培训课程以及平台资源。

2. 泰国不同慕课平台对比

泰国在其慕课发展过程中，既引入了国外优质慕课资源，也创建了具备本土特色的慕课平台。对于国外知名慕课资源，泰国的大学偏爱 TED Talk、iTunes U 和 YouTube 三个平台。首先，泰国翻译并本土化了现有的 TED Talk 视频资源以满足泰国民众的学习需求。与此同时，泰国朱拉隆功大学工程学院对 iTunes U 上的 MIT Open Course Ware 资源进行了翻译。除此之外，泰国民众还会将一些视频资源发布在 YouTube 上，以此作为泰国的慕课频道。

泰国本土慕课，则包括由泰国政府和泰国网络大学主导的 Thai MOOC、高校主导的自定义 CHULA MOOC 和 MUx 以及企业和个人建立的 SkillLane、Taladpanya 和 Skooldio 平台。

（1）Thai MOOC

Thai MOOC 作为泰国慕课的中央系统，创建于 2016 年，其主要目标群体为雇员、企业家、学生、教师，次要目标群体则包括整个泰国民众。课程内容涵盖软件开发和网络技术、21 世纪中小企业管理、职业和专业学术知识、现代教学管理，以及泰国和东盟语言、文化、工作和生活等多个领域。关于 Thai MOOC 的创建背景，上文已经进行了详细的介绍，这里不再赘述。

（2）CHULA MOOC

CHULA MOOC 创建于 2017 年泰国朱拉隆功大学的 100 周年校庆时，创建目的是将其作为服务社会的礼物。学习者可使用其"脸书"（Facebook）账户登录平台并免费获取在线课程资源。平台的主要目标受众为高中生和大学生，以及对在线学习感兴趣的其他民众。当前提供的课程涉及法律、语言、商业、数据工程、艺术和佛教等领域。

（3）MUx

MUx 于 2016 年启动，旨在帮助泰国玛希隆大学成为具有卓越学术成就的领先大学，目标受众仅限于玛希隆大学的学生。

（4）SkillLane

SkillLane 由具备咨询经验的初创公司建立。该平台提供金融、投资、房地产、市场营销、计算机、图形设计和语言等领域的课程。

（5）Taladpanya

Taladpanya 同样由企业建立，目的是创建一个为学习者、讲师和营销人员服务的生态系统，并以此获取额外收入。该平台提供大约 100 位讲师制作的 150 多个课程，内容涉及商业金融、在线营销、互联网技术和自我发展等领域。

（6）Skooldio

Skooldio 由前"脸书"网数据专家创立，旨在提供编程、数据科学、设计思维和数字业务等符合大众需求的技能课程。该平台教学方法包括在线、面对面和混合学习。

除 MUx（该平台需学校账户才能登录）之外，其他五个慕课平台的学习方式、课程费用、证书费用、授课语言、授课教师和学习测评方法见表 1。

表 1　泰国主要慕课平台对比

特点	Thai MOOC	CHULA MOOC	SkillLane	Taladpanya	Skooldio
学习方式	固定时间	固定时间	点播	点播	点播和线下
课程费用	免费	免费	免费/单课付费	免费/单课付费	免费/单课付费
证书费用	免费	免费	无	无	无
授课语言	泰语/英语	泰语/英语	泰语	泰语	泰语/英语
授课教师	大学教师	大学教师	领域专家	领域专家	领域专家
学习测评	后测/作品提交	后测/作品提交	无	无	无

通过表 1 可以看出，泰国主要慕课平台的学习方式分为固定时间、点播和线下三种。其中，由政府和大学主导创建的 Thai MOOC 和 CHULA MOOC 学习方式为固定时间，即学习者选择想要学习的课程，然后在固定的时间参与在线学习。而另外三个小型企业慕课平台，即 SkillLane、Taladpanya 和 Skooldio 则主要采用点播方式，便于学习者随时随地学习。此外，Skooldio 平台还提供线下面对面学习的机会。关于费用、教师和测评，Thai MOOC 和 CHULA MOOC 提供的所有课程免费，授课教师为大学教师，且学习者在通过测试或提交作业后，平台将免费授予相应的证书。而企业慕课平台 SkillLane、Taladpanya 和 Skooldio 则同时提供免费和付费课程，授课教师为相关领域专家，且所有课程不提供测评和证书服务。与国外慕课平台不同，泰国慕课主要授课语言为泰语，这在很大程度上减少了学习者的语言障碍。

总而言之，泰国从不同层级创建了不同类型的慕课平台，既有国家主导创建的 Thai MOOC 平台，也有大学主导的 CHULA MOOC 和 MUx 平台，还有企业和个人创办的 SkillLane、Taladpanya 和 Skooldio 小型慕课平台。三者分别扮演着不同的社会角色和功能。国家主导创建的 Thai MOOC 平台服务于泰国所有民众，其目的是增加教育机会，实现终身学习。大学主导的慕课平台服务于本校师生，其目的是满足教师学术兴趣并提高本校教学质量和高校影响力。而企业慕课平台则基于商业诉求，服务于具有特定职业和技术需求的职场人员，其目的是提供有助于技能获取的专业课程，并从中赚取费用。

3. Thai MOOC 平台概述

泰国的慕课发展主要依托于政府从国家层面进行推进，因此，Thai MOOC 作为国家中央慕课平台，其重要性显而易见。加深对 Thai MOOC 的了解有助于进一步认识泰国慕课的发展现状。

3.1 发展目标

Thai MOOC 项目的具体发展目标和活动包括：（1）开发一个数字学习平台，用以保存学习者信息、学习记录和学分等；（2）制定教学过程、媒体和管理标准及指南，以确保开放教育资源质量；（3）按照质量标准开发国际认可的慕课课程和媒体资源；（4）在大学之间建立合作关系，共同开发和改进慕课资源，并建立学分转移制度；（5）开发测试和评估系统，收集课程数据，优化教学系统。

3.2 平台管理方式

Thai MOOC 将 9 个位于泰国不同区域的大学设置为网络中心，以此实现全国范围内的高等教育机构慕课资源管理。这些中心作为集线器连接了包括自身在内的 172 所泰国大学，有利于推动泰国不同地区的慕课活动和服务。9 个网络中心及其覆盖的高等教育机构数量分别为：

（1）以清迈大学为中心的上北部网络枢纽，覆盖 17 所高等教育机构；

（2）以那瑞仙大学为中心的下北部网络枢纽，覆盖 13 所高等教育机构；

（3）以孔敬大学为中心的上东北部网络枢纽，覆盖 15 所高等教育机构；

（4）以苏拉纳里科技大学为中心的下东北部网络枢纽，覆盖 17 所高等教育机构；

（5）以朱拉隆功大学为中心的上中部网络枢纽，覆盖 45 所高等教育机构；

（6）以蒙古特国王科技大学为中心的下中部网络枢纽，覆盖 34 所高等教育机构；

（7）以布拉法大学为中心的东部网络枢纽，覆盖 8 所高等教育机构；

（8）以瓦莱拉克大学为中心的上南部网络枢纽，覆盖 9 所高等教育机构；

（9）以宋克拉王子大学为中心的下南部网络枢纽，覆盖 14 所高等教育机构。

9 个区域网络中心合作开发、管理和监测 Thai MOOC 平台，将其作为共享高等教育资源的中央系统。

3.3 课程的研发和开设

Thai MOOC 课程主要通过三种方式进行研发和开设。

（1）由全国各地的高等教育机构研发和开设的课程。一方面，Thai MOOC 相关机构告知 9 个网络中心其所需课程的范围和框架，由各网络中心通知相关合作机构和大学进行相应课程的研发和开设。另一方面，全国各地的高等教育机构也可以向 9 个网络中心提出课程建议，由网络中心与 Thai MOOC 共同审查课程需求及准备情况，再由各网络中心负责管理课程项目的研发，监督合作大学的课程制作和教学管理。

（2）由政府机构开发的用于支持在线教育和促进终身学习的课程。例如，与数字经济促进局合作开发的五期旨在培养中小企业家和农民的课程；与国家数字经济和社会委员会办公室合作开展的数字社区发展项目；与公务员制度委员会办公室合作，为政府官员开发的课程。到目前为止，由政府机构制作的课程分为 5 个主题：农业、公共卫生、职业晋升、技术和其他（如传统文化和绘画艺术）。

（3）国内外组织或个人也可通过发送正式信函的方式，要求将自己开发的课程发布在 Thai MOOC 平台上。每门课程皆包含一个有关教师自我介绍和课程框架介绍的视频，方便学习者快速获知课程信息。各个课程的在线学习时间约为 4—6 周。课程设有截止时间，如果学习者在规定的时间内通过了课程测试，则该课程可重复学习，以便学习者进行复习；否则系统将自动删除课程。测试方式和通过标准由授课教师决定。

3.4 注册人数和课程概况

Thai MOOC 平台于 2016 年创建，至 2018 年 7 月，注册人数为 70,000+，至 2020 年 4 月，注册人数为 454,000+。在 2016 至 2018 年间，该平台增长的注册人数超过 7 万，而 2018 至 2020 年间，增长的注册人数则超过了 38 万。开放的课程数量也从 2018 年 7 月的 195 门增长至 2020 年 4 月的 390 门。[1] 由此可见，注册 Thai MOOC 平台的教师和学习者人数在近几年持续快速增长，慕课资源得到了更为广泛的关注和应用。

---

1 Theeraroungchaisri, A. & Khlaisang, J. Thai MOOC sustainability: Alternative credentials for digital age learners. *EMOOCs-WIP*, 2019：203-209.

3.5 教师培训

为了帮助专家和教师更快地适应在线教育方式，也为了在一定程度上保障慕课课程质量，Thai MOOC 平台为教师准备了三门培训课程。教师在完成所有培训课程后，才具备在 Thai MOOC 平台上开设课程并进行教学的资格。培训课程为开放资源，教师可自行选择时间和地点完成课程学习。三门课程分别为：

（1）edX THAI。旨在帮助教师和相关人员了解如何使用 Thai MOOC 平台计划、设计和制作慕课课程。

（2）StudioX THAI。介绍在 Thai MOOC 平台上创建慕课课程的具体方法和步骤，以及 Thai MOOC 平台上每种工具的详细使用方法。

（3）VideoX THAI。介绍在 Thai MOOC 上创建视频的过程，包括如何组织课程内容并通过视频进行展示，以及如何在适当的时间创建视频制作计划并邀请和组织团队创建高质量的视频。

3.6 国际合作

Thai MOOC 不仅联合了国内高等教育机构，同时还与多个国际组织开展了项目合作，例如东盟开放大学协会、东南亚教育部长组织和联合国教科文组织等。

综上所述可以发现，上至发展战略，下至教师培训，Thai MOOC 平台具备较为完善的教学体系和发展规划。

三、泰国慕课发展展望

泰国慕课在政府机构的推动及高校和企业的配合下，目前已在国内获得了一定程度的关注。与此同时，泰国的慕课发展也面临着一些问题和挑战。

1. 特色和经验

与许多发展中国家类似，泰国的慕课发展主要受益于国家政策的支持，这样的发展模式推动力度较大，民众关注度较高。在国家政策和资金的支持下，由泰国政府引领创建的 Thai MOOC 平台通过连接不同区域的 9 个大学网络中心，以较低的资金投入实现了全国高等教育机构的慕课资源集合；其学分转移制度激发了学习者的学习积极性；所提供的教师培训课程更是充分考虑了教师在创建慕课课程时可能遇到的困难；这些都是值得借鉴和参考的经验。除了政府机构的引领，慕课发展同时受到了大学和私营企业的青睐，因此为泰国的慕课发展注入了许多活力。值得注意的是，无论是国家层面的大型慕课平台，还是大学和企业层面的小型慕课平台，都非常注重与国际组织的合作以及国际慕课资源的获取。通过举办国际交流会议和创建数字平台，不断加入与在线教育相关的国际网络是一条重要的发展经验，不仅可以为本国民众引入更多优质的教育资源，也能加快本国的慕课发展进程。泰国的慕课发展战略同时包含创建符合国际质量标准的慕课课程，这一点同样值得重视。

2. 困难和挑战

虽然在国家政策的强力推动下，泰国的慕课发展取得了一定的成效，但目前仍存在许多困难和挑战：

（1）教师方面：职业竞争导致不愿贡献教学资源、质疑慕课教学效果、与传统课堂衔接压力大、报酬不明晰。

首先，泰国许多保守派教师并不愿意在开放的网络平台和媒体上分享他们的教学技巧。因为学生对教师教学质量的评价会影响教师的职业发展，教师在职业竞争中的这种态度无疑会对慕课发展产生负面影响。其次，许多教师认为，在线下课堂中使用的许多非正式的教学技巧并不宜在公开的、可访问的慕课平台中使用，且学生的学习风格各不相同，而慕课平台对教师实施个性化教学有所限制，因为教师和学生在慕课平台上的互动非常有限。如果想要实现较好的慕课教学效果，则需根据平台特点重新设计课程。然而，他们并不知道如何设计慕课，以及如何有效地使用数字工具吸引学生参与课程。换句话说，教师一方面对慕课平台所能实现的教学效果表示怀疑；另一方面他们认为，如果要将自己的课程分享到慕课平台上，则需要根据平台特点重新调整和设计课程，这对其日常工作带来了巨大的压力，更何况他们对自己开发并上传慕课课程的能力并没有信心。最后，不透明的慕课报酬进一步阻碍了教师将其课程分享到慕课平台上的积极性。准备慕课课程资料、组织内容、进行课程录制和实施测评等都是非常烦琐且耗时的工作，而泰国目前并没有关于慕课教师的付酬标准。

（2）学生方面：语言存在障碍、教学依旧以教师为中心、学习动机弱、拥有被动学习特质。

语言和教学方式是阻碍泰国学习者参与慕课学习的两个重要原因。许多优质的慕课资源，尤其是引入的国外资源，其教学语言主要为英语，而泰国民众的英语水平位列亚洲倒数。有限的英语水平大幅度增加了学习难度，从而导致只有已经获得高等教育机会且具有较高英语水平的学习者才能享受优质慕课课程。虽然泰国国内自主研发了许多泰语课程，但这些课程的教学方法并未脱离传统，依旧以教师为中心进行授课。以教师为中心的在线课程与传统线下课程相比，师生之间以及生生之间的互动性更为不足，更容易引起学习者的倦怠感和挫败感。因材施教在目前泰国慕课发展中难以实现。

学习动机是阻碍学习者完成慕课学习的另一个原因。泰国民众对于通过慕课平台学习课程并获得学分或证书的动机并不是很强：一方面，虽然慕课平台试图通过共享学分的方式激发大学生的学习动机，但在同样能够获得学分的情况下，这些学生更愿意选择传统而非在线课程；另一方面，对慕课平台针对的另一部分群体，即想要获取工作技能和知识的劳动者而言，慕课课程的质量影响了他们的积极性。

受佛教文化和传统教育的影响，泰国学习者具有被动学习的特质。[1] 而在线慕课课程对学习者的主动性、积极性和专注力都有着较高的要求。如何应对学习者被动学习特质也是泰国慕课发展面临的挑战。教学方式、学习动机和被动学习特质等都与目前泰国慕课的高辍学率有关。[2]

（3）平台支持人员方面：数量和质量有限、数字资源整合能力不强和学科知识欠缺。

除授课教师外，慕课课程的开发和管理还需要许多技术人员的支持，例如课程拍摄人员、视频剪辑人员、字幕编辑人员以及管理慕课平台的网格技术人员。这些重要的技术支持人员目前在泰国较为缺乏，能够提供高质量工作内容的人员更是有限。许多技术支持人员缺乏相应的学科知识，数字资源整合方面的能力也明显不足。平台支持人员在数量和质量上的不足都影响着慕课的开发效率和内容质量。

（4）课程方面：内容建设仍需改进、已有课程不易整改、出于商业目的研发的

---

[1] Yamo, P. Learner intrinsic motivation in online social learning platforms: A case study of massive open online course (MOOC) in Thailand. (Master), Queensland University of Technology, 2017.
[2] Hew, K. F. & Cheung, W. Students' and instructors' use of massive open online courses (MOOCs): Motivations and challenges. *Educational Research Review*, 2014(12): 45–58.

课程不易普及。

一种评判慕课内容的方法是本地主要大学如何与 Coursera、edX 和 Udacity 等世界主要慕课平台一起合作创建内容。与中国、印度和日本等其他亚洲国家相比，泰国无一高校加入 Coursera、Coursesite、edX、FutureLearn、Udacity 等慕课平台。由此可见，泰国高校研发和共享慕课课程的积极性并不高。

对于已有的本土慕课课程，即使许多学习者已经在互联网上表达了对课程质量的不满，并做出了许多负面评论，但仍旧没有提出针对性的改进策略和建议，所以教师不会对课程进行整改。可以预见，在很长一段时间内，这些课程仍将停留在已有的质量水平。而优质的慕课资源往往由一些优质大学和企业基于商业目的进行研发和开设，费用支付又在很大程度上阻碍了这些课程的普及。

（5）网络设施方面：信息设施普及缓慢、网络连接速度有限。

基础设施和网络连接是慕课成功部署的关键因素。然而，泰国缺乏足够的基础网络通信设施，这成为泰国慕课发展的重要障碍。此外，慕课平台需基于高速互联网连接才能实时地向多个学习者传送课程内容（主要是视频流）。然而，泰国目前的网络设施仍无法支持高效的平台运转，有限的可访问性以及资源获取的流畅度都会让学习者感到不满。因此，国家网络基础设施的建设需加快步伐。

（6）慕课资源推广方面：只有获得高等教育机会的学习者才能享受相关资源。

泰国推动慕课发展的一个重要目标是实现高等教育大众化，促进终身学习。然而，受限于语言水平、教学方法、课程质量和网络设施，泰国目前只有已获得高等教育机会的学习者才会通过慕课进行学习，享受相关资源。因此，泰国慕课尚未达到推广高等教育资源的目的。

3. 应对策略

面对上述困难和挑战，一方面需要加大国家政策的执行力度，另一方面需要综合分析特定问题以采取针对性措施。

（1）加大国家政策执行力度。

泰国政府在新颁布的国家政策中提出了一系列慕课发展战略和对策。例如，泰国信息技术委员会在"智慧泰国 2020"中强调，建立通用安全的信息通信技术和宽带基础设施，提高本国信息通信技术产业竞争力并积极参与东盟一体化。泰国国家战略计划中明确提出，利用慕课促进创新者、思想家和企业家等人力资源的学习方式转变。此外，泰国数字教育计划（2018—2021）战略中明确提出：通过数字社会创造机会实现教育平等；开发和推广慕课，以涵盖所有等级的所有课程类型；向所有年龄段和职业的民众开放在线课程；慕课课程的学习可以用作教育认证的一部分。因此，加强国家政策的执行力度与速度将有助于推进泰国慕课进程，缓解其发展过程中遇到的困难。

（2）将慕课创建纳入教师职业发展的评估标准中，并明确慕课报酬。

面对教师在慕课发展中遇到的问题，泰国政府可将慕课资源研发和共享纳入教师职业发展的评估标准中，并明确相应的慕课报酬，以此鼓励教师积极参与慕课资源建设。教师的慕课课程研发和管理并不容易，因此需要相关机构提供政策和资金支持。

（3）在慕课平台上开设平台技术人员培训课程。

针对平台支持人员数量和质量有限的现状，可效仿 Thai MOOC 平台的做法，在更多的慕课平台上开设相应的技术培训课程。这样，在降低培训成本的同时，还能以较快的速度增加技术人员的数量并确保技术支持的质量。

（4）利用慕课资源进行混合学习。

网络基础设施的普及和改进在很大程度上依赖政府的强力推进。因此，在网络基础设施充分满足慕课教学需求之前，大学可先将慕课资源作为传统教育的补充，实施混合教学，然后再逐步将更多教学内容转化成完整的在线课程。

（5）提升课程质量标准，提供优质资源案例和教学建议供教师参考，推动创新。

课程质量的提升，一方面需提升慕课课程审核标准，确保新的课程符合国际质量标准。这一点虽然在泰国国家发展战略中已经被提及，但目前并没有获得明显的成效，需加大政策执行力度。另一方面，可对已有的慕课课程进行评优分级，鼓励教师对优质课程案例进行学习，并在此基础上进行创新。提供有关教学方法的培训和建议也是提升慕课课程质量的应对策略。教师积极性、课程质量、技术人员支持和网络基础设施建设等得到提升和改善，将会激发学生的学习兴趣，从而更加主动地参与慕课课程。

（6）加强政府、大学和企业之间的合作。

加强政府与企业之间的慕课合作有望增加课程数量和提升慕课质量，并将优质的慕课资源以较低的费用分发给大量的人。一方面，政府可提供强有力的政策和资金支持，在充分利用企业资源的同时减少学习者的付费成本；另一方面，企业可充分发挥其市场灵敏性，研发和开设高质量慕课课程以培养符合市场需求的短缺人才，从而促进国家经济和教育的发展。加强大学和企业的合作也是一项可行的应对策略。两者的结合可以满足特定的需求，并减少员工再培训的时间和成本。

（赵建华 南方科技大学）

参考文献

[1] Adomi, E. Internet development and connectivity in Nigeria[J]. *Program,* 2005,39(2).

[2] Annamalai, N., Noonin, S. & Buathong, S. Perception matters: Exploring Thai lecturers' views, preferences and needs of MOOCs[J]. *The Reference Librarian,* 2019,60(4).

[3] Center, N. E. a. C. T. & Agency, N. S. a. T. D. Technology, M. o. S. a[J]. *Thailand Information and Communication Technology Policy Framework (2011-2020).*

[4] Deshpande, A. & Chukhlomin, V. What makes a good MOOC: A field study of factors impacting student motivation to learn[J]. *American Journal of Distance Education,* 2017,31(4).

[5] Francis, R. & Shannon, S. J. Engaging with blended learning to improve students' learning outcomes[J]. *European Journal of Engineering Education,* 2013,38(4).

[6] Griffiths, R., Mulhern, C. & Spies, R. Adopting MOOCS on campus: A collaborative effort to test MOOCS on campuses of the university system of Maryland[J]. *Online Learning,* 2015,19(2).

[7] Hew, K. F. & Cheung, W. Students' and instructors' use of massive open online courses (MOOCs): Motivations and challenges[J]. *Educational Research Review,* 2014(12).

[8] Karnasuta, S. MOOCs in Thailand: An investigation of its implication to Thai's higher education[C]. The Proceedings of EMOOCs 2018, Singapore, 2019.

[9] Meyer, K. A. Student engagement in online learning: What works and why[J]. *ASHE Higher Education Report,* 2014,40(6).

[10] Nasongkhla, J., Thammetar, T. & Chen, S. H. Thailand OERs and MOOCs country report. In B. Kim (Ed.), MOOCs and Educational Challenges around Asia and Europe, 2015.

[11] Peariasamy, T. To Share or Not To Share? A Study on the Influence of Performance Reward on Knowledge Sharing: Factors, Barriers and Recommendations[J]. *Jurnal Kemanusiaan,* 2006(7).

[12] Romiszowski, A. J. How's the e-learning baby? factors leading to success or failure of an educational technology innovation[J]. *Educational Technology,* 2004,44(1).

[13] Shu-Hsiang, C., Jaitip, N. & J.Ana, D. From vision to action: A strategic planning process model for open educational resources[J]. *Procedia - Social and Behavioral Sciences,* 2015,174.

[14] Sureephong, P., Dahlan, W., Chernbumroong, S. & Tongpaeng, Y. The Effect of Non-Monetary Rewards on Employee Performance in Massive Open Online Courses[J]. *International Journal of Emerging Technologies in Learning,* 2020,15(1).

[15] Thaipisutikul, T. & Tuarob, S. MOOCs as an Intelligent Online Learning Platform in Thailand: Past, Present, Future Challenges and Opportunities[C]. The 10th International Conference on Ubi-media Computing and Workshops, 2017.

[16] Thammetar, T. & Khlaisang, J. Promoting open education and Moocs in Thailand: A research-based design approach. In K. Zhang, C. J. Bonk, T. C. Reeves, & T. H. Reynolds (Eds.), MOOCS and Open Education in The Global South. 52 Vanderbilt Avenue, New York: Routledge, 2020.

[17] Theeraroungchaisri, A. & Khlaisang, J. Thai MOOC sustainability: Alternative credentials for digital age learners[J]. *EMOOCs-WIP,* 2019.

[18] Valiente, C. Are students using the "wrong" style of learning? A multicultural scrutiny for helping teachers to appreciate differences[J]. *Active Learning in Higher Education,* 2008,9(1).

[19] Yamo, P. Learner intrinsic motivation in online social learning platforms: A case study of massive open online course (MOOC) in Thailand[D]. Queensland University of Technology, 2017.

《世界慕课发展报告》

法国

【摘　要】法国将慕课在高等教育领域的发展纳入国家数字化建设的进程。自2013年起，法国政府出台了一系列有力措施推动慕课大规模发展，建立了以FUN-MOOC为代表的国家慕课平台。目前，法国慕课课程学科门类较齐全，受众群体广泛，国际合作特色鲜明，但也面临着盈利模式不稳定、课程使用不充分、管理机制不灵活等问题。

一、法国慕课建设背景

1. 法国高等教育与慕课发展起源

2018年，全球高等教育系统国家排名显示，法国位居第六，在欧洲国家中名列第三，排在英国和德国之后。法国的高等教育系统由普通大学（Université）、精英大学（Grande école）、艺术学院、建筑学院等3500所学校组成。[1] 其中，普通大学由国家拨款建设，其他几类既有公立学校，也有私立学校。精英大学是法国卓越文化的象征，录取条件严苛。法国的高等师范学校、政治学院、工程师学院、商校等都属于此系列。法国历来重视高等教育，2020年，政府分配给高等教育、研究与创新部的财政预算达到254.9亿欧元，比上一年增加了5亿欧元，排在国家预算的第四位。[2]

法国高等教育对数字化的关注可追溯至20世纪90年代末对在线学习的重视。2003年，法国实施建设主题数字大学（Universités Numériques Thématiques）工程，

---

[1] Campus France. Les différents types d'établissement d'enseignement supérieur en France. https://www.campusfrance.org/fr/etablissements-enseignement-superieur-France, 2020-02-16.
[2] Ministère de l'enseignement supérieur, de la recherche et de l'innovation. Budget en hausse d'un demi-milliard d'euros par rapport à 2019. https://www.enseignementsup-recherche.gouv.fr/cid145343/projet-de-loi-de-finances-2020-de-l-enseignement-superieur-de-la-recherche-et-de-l-innovation.html, 2020-02-06.

共建成八个子项目，几乎覆盖全部学科领域。2013年2月28日，法国政府公布了数字化转型路线图，其中涉及高等教育的目标包括"建成大规模在线课程资源以及运用数字工具改进教学"。2013年7月22日颁布的《高等教育与研究法案》明确将数字化作为促进大学变革的杠杆，对高等教育数字化起到了决定性的推动作用。作为法国数字战略（stratégie numérique）的关键内容之一，法国数字大学慕课平台（France Université Numérique MOOC，FUN-MOOC）于2013年7月正式启动。

2013年10月2日，时任教育部长菲奥拉佐（Geneviève Fioraso）召开新闻发布会，提出了未来五年法国高等教育数字化发展规划，包含18项行动和1个标志性项目，即创建法国数字大学（France Université Numérique，FUN）以及建成并投入使用法国首个在线课程（慕课）平台（即上文提到的法国数字大学慕课平台FUN-MOOC）。高校和科研院所是法国慕课及国家平台建设初期的重要推动力量。随着慕课的持续发展，其影响力也穿透了"象牙塔"，辐射到更广泛的社会群体，以"私播课"（SPOC）等形式满足各类企业和职场人士培训或继续教育的需求。FUN-MOOC也衍生出学术"私播课"平台FUN-Campus和职业培训"私播课"平台FUN-Corporate。

2. 动机与目的

与同属发达国家的美国相比，法国的高等教育系统在慕课发展方面差距明显。根据法国主流媒体《世界报》报道，截至2014年初，法国高校使用慕课的人员比例不到3%，而美国则高达80%，[1] 两者形成鲜明对照。为了弥补差距，法国高等教育、研究与创新部整合多方资源，实施高等教育数字化发展五年规划（2013—2017），以提升高等教育信息化程度，改善教育质量，扩大法国高校的国际影响力。规划建设的FUN-MOOC平台主要面向高等教育机构，法国的所有大学均可在该平台发布慕课。

法国慕课教学团队以高校教师为主，对他们而言，参与慕课建设意味着开启一次人文与技术的奇遇（aventure humaine et technologique），他们选择建设慕课的

---

1 Nathalie Brafman. Les universités françaises lancent leurs cours en ligne. https://www.lemonde.fr/education/article/2014/01/16/le-boom-des-mooc-les-cours-en-ligne-a-la-fac_4349553_1473685.html, 2020-02-13.

动机与目的主要有以下两个[1]：一是为了展示所在高校的教学质量，使学校可以直接或间接受益于课程的影响；二是教师自我赋能的内在驱动。通过建设慕课，教师们能够更加高效地使用教学工具，更有意识地优化现有教学实践，更主动地就课程主题进行深入研究。

3. 基本数据

法国慕课发展至今，基本形成了课程与平台"共建设"、个人与国家"共促进"、高校与企业"共应用"的多方协同局面。法国高等教育机构开发的慕课数量在欧洲国家中位于前列。从 2014 年 1 月到 2019 年 1 月，为 FUN-MOOC 提供课程的合作机构数量从 12 个增长至 127 个，绝大多数为高等教育和研究机构，平台拥有的课程数量从 24 门增加到 505 门，共运行 1097 轮。[2]

二、法国慕课发展现状

1. 政策与制度

国家层面慕课发展政策的制定与该国的发展阶段、高等教育系统的设置、高校资金来源以及高校与政府的联系密切相关。2019 年 4 月至 6 月，欧洲远程教学大学协会（European Association of Distance Teaching Universities，EADTU）面向全欧洲 20 个国家的 96 所高等教育机构开展了年度调查，一半以上的受访者在相关机构担任与教育信息技术、在线学习或慕课直接相关的高级职位。调查结果显示，在被问及"你所在的国家是否有慕课发展的国家政策或策略"时，参与调查的 29 所法国高等教育机构当中有 77% 的受访者认为本国制定并实施了慕课发展的国家政策或

---

1 Frederick, Bigrat & Cecile, Méadel & Mélody, Laurent. Réalisation de MOOC en France entre 2012 et 2019: influence sur les pratiques pédagogiques des enseignants-chercheurs impliqués dans leur conception. https://hal.archives-ouvertes.fr/hal-02409701/document, 2020-02-12.
2 FUN-MOOC. Dossier de presse: 5 ans de FUN. https://s3.eu-central-1.amazonaws.com/fun-docs/CP/Dossier-de-presse-5-ans-de-FUN-E.pdf, 2020-05-09.

策略，而其他国家持相同观点的受访者比例仅为 11%。[1] 由此可见，法国政府在支持慕课方面表现较为突出。

1.1 法国高等教育、研究与创新部的支持

作为与慕课发展直接相关的政府部门，法国高等教育、研究与创新部从资金、政策和人力等方面多管齐下，提供了必要的保障。

在资金方面，2014 年该部拨款 800 万欧元用于发展慕课，其中 300 万用于支持在高校内建立慕课制作基地，包括购买设备、建设拍摄空间等；500 万用于和高校共同开发继续教育用途的慕课，目的在于借助职业培训的市场价值创造盈利，寻求慕课发展的长效经济模式。

在政策方面，根据 2013 年 7 月 22 日颁布的《高等教育与研究法案》，法国大学与院校共同体（Communauté d'université et établissement, COMUE）成员学校必须任命一位副校长主管该校的数字化发展工作，并将数字化作为学校发展规划的重点领域。2016 年 3 月，50 多所大学主管数字化工作的副校长联合成立了数字副校长协会（Association nationale des vice-président-e-s en charge du numérique，缩写为 VP-Num），以凸显数字化工作在高等教育中的特殊地位。同时，上述法案还写到，高等教育机构要在教学方法符合知识产权规定的前提下实行教学电子化。

在人员配置方面，该部 2013 年决定，五年内在高校设立 500 个与数字化相关的就业岗位，占高校职位总数的 10%。

1.2 法国其他国家项目的支持

国家数字化建设与碳中和、就业和创新竞争力并列为法国面临的四大挑战。法国的"未来投资计划"（Programme d'Investissements d'Avenir，PIA）旨在为提升法国竞争力、促进法国经济增长和就业服务。因此，以该投资计划为代表的大型国家项目也出资支持慕课发展，推动国家数字化建设在高等教育领域的进步。自 2014 年起，该计划陆续投入 1200 万欧元，以招标立项的形式为高校、研究机构和私营企业的高品质慕课项目提供资助，借此提升慕课质量，改善配套硬件设施。

---

[1] Eric, Kluijfhout & Piet, Henderikx & George, Ubachs. MOOC status in European HEIs - with special reference to opening up education for refugees. https://eadtu.eu/documents/MOOC_status_in_European_HEIs.pdf, 2020-04-17.

2. 代表性平台

目前，法国的慕课平台主要分为慕课资源索引式平台和慕课发布平台。

2.1 代表性慕课索引式平台

慕课资源索引式平台既不建设也不发布课程，只是收录、推荐在其他平台发布的慕课。代表性的平台有 Mooc francophone 和 My mooc。其中，Mooc francophone 集合了全球 36 个平台的法语慕课资源和详细的课程介绍。用户也可以向网站提出申请，推荐自己开发的慕课。如课程免费，则推荐不收费。反之，则需向网站缴纳一定费用。My mooc 是法语圈的另一主要慕课搜索平台，集合了全球 550 所知名高校和研究机构主讲的英语、法语和中文慕课。用户可以在平台为某一课程评分并撰写评价意见，作为其他用户选择课程时的参考。以上这两个资源索引式平台现在均属于 Edflex 公司，该公司由 My mooc 项目起家，于 2019 年 9 月 23 日正式更名为 Edflex，作为一家内容策展（curation de contenu）公司，Edflex 展示的内容形式由慕课扩展到视频、播客和文章等，并为企业提供定制的在线培训方案。从 My mooc 到 Edflex 只用了三年左右的时间，这在一定程度上反映了法国在线培训市场的巨大潜力。

2.2 代表性慕课发布平台

慕课发布平台主要有上文提到的法国国家慕课平台 FUN-MOOC 和 OpenClassrooms 等。FUN-MOOC 是目前法国最大的慕课平台，也是全球最大的法语学术慕课发布平台，由 FUN-MOOC 公共集团（Groupement d'Intérêt Public FUN-MOOC）负责运营。此外，它也是欧洲五大慕课平台之一，与 FutureLearn、OpenupEd、MiríadaX 和 EduOpen 同为欧洲慕课共同体（European MOOC Consotorium，EMC）的创始成员，为欧洲慕课的数量增长和影响力增强贡献了力量。2020 年 2 月 6 日，该平台官网显示共上线 581 门课程，涉及 41 个主题门类，其中 529 门课程用法语讲授，英语讲授课程 51 门，西班牙语讲授课程 1 门。用户最感兴趣的是教育、电子计算机技术、新闻传媒、编程和软件开发类课程。截至 2019 年 8 月，课程注册总人数达 680 万[1]，主要来自法国（63.57%）和非洲（>18%）。

---

1 FUN-MOOC. L'âge de maturité. https://www.fun-mooc.fr/news/fun-lage-de-la-maturite/, 2020-02-06.

平台用户职业类型多元化，既有在校生，也有在职人士，还有一小部分属于退休人员。FUN-MOOC 作为非营利性平台在成立初期完全依赖国家财政拨款，后逐渐分化出高校分摊费用的模式，包含 5000 欧元、20,000 欧元和 60,000 欧元三个档次的分摊金额，每个档次的分摊金额对应不同的服务和权限。选择分摊 5000 欧元的，每年可在平台发布两门慕课；选择 20,000 欧元的，每年可在平台发布 10 门慕课，同时也可获得在平台设立学术用途专属课程页面的权限。选择分摊最高金额 60,000 欧元的，则享有发布课程数量不受限制的权利，且获得每门课程可开设 5 门"私播课"的权限。[1]

如果说 FUN-MOOC 是法国国家数字化发展规划在高等教育领域的有力见证，是法国高等教育、研究与创新部孵化的显著成果，那么 OpenClassrooms 平台则如同虚拟的私立学校，其首要目标是提高用户的就业能力。因此，平台的目标群体以企业、在职人士和求职者为主。平台提供千余门免费课程、37 门个人付费文凭课程和双元制企业付费课程。课程内容都围绕职场实用技能开发，如项目管理、人力资源管理、市场营销、数据科学等主题。平台收入主要用于课程制作、导师聘用和平台维护。每月有超过 300 万用户在该平台学习。在法国之外，访问用户主要分布在摩洛哥、突尼斯、比利时和科特迪瓦等地。

3. 课程

"慕课"在英语中是 Massive Open Online Courses，与之相对应的法语全称为 Cours en Ligne Ouverts et Massifs，首字母缩写为 CLOM。但是在法国，无论官方宣传还是学术文献，绝大多数仍采用的是英语首字母缩写 MOOC。这一缩写先后于 2015 年和 2016 年被收录到《小罗贝尔法语词典》和《拉鲁斯法语词典》中。

3.1 从 cMOOC 到 xMOOC

法国的首门慕课也是第一门法语慕课上线于 2012 年 10 月，属于连接主义

---

[1] Philippe, Dulbecco & Marie-Caroline, Beer & Jean, Delpech de Saint-Guilhem & Sonia, Dubourg-Lavroff & Éric, Pimmel. Les innovations pédagogiques numériques et la transformation des établissements d'enseignement supérieur. https://cache.media.enseignementsup-recherche.gouv.fr/file/2018/43/6/IGAENR-Rapport-2018-049-Innovations-pedagogiques-numeriques-transformation-etablissements-enseignement-superieur-2_980436.pdf, 2018-04-09/2020-04-24.

(connectivism)框架下的 cMOOC[1]，而 xMOOC 在法国则出现略晚，首门课程于 2013 年 1 月正式上线。

法国首门 cMOOC 全称为 Internet, Tout y est pour apprendre。（中文意为"互联网上的一切皆是为了学习"——笔者注）缩写为 ITypA。课程名的隐含意思为"让大家拥有学习所需的必备工具和条件"。[2] 课程创始团队由来自南特中央理工学院（Ecole Centrale de Nantes）和布列塔尼国立高等电信学校（Telecom Bretagne）的 3 名教师以及魁北克在线教育文化公司 Thot Cursus 的主编组成。他们认为，互联网的发展使得数字能力（compétences numériques）成为人们职业发展和学习所必须具备的能力。同时在互联网上，人们不仅能轻松获取知识，也可成为内容的生产者。基于这一理念，团队将大规模在线开放课程视作一个为了学习而创建的合作社群，人们在其中能够学习必要的数字能力。团队设计了以"如何利用互联网进行学习"为主题的在线开放课程，于 2012 年 10 月 4 日正式上线，向所有网民开放。课程在设计和组织上充分借鉴了慕课"连接主义和连接的知识"（Connectivism and Connective Knowledge），按单元划分，每个单元为一季，每季包含若干期，不设置考试，不要求完成作业，也不发放文凭或学习证书。教师发挥着主持人的作用，学员完全自主、合作学习。第一季结束时学员人数达到 1300 人，主要来自法国、加拿大、中国以及科特迪瓦、塞内加尔和喀麦隆等非洲国家。20 多名学员自发创建了第一季课程回顾网站[3]，详细记录了课程内容和学员们合作学习的成果。如今该网站也成了展示课程全貌的唯一空间。第二季和第三季课程分别于 2013 年 12 月和 2014 年 11 月运行结束，此后 ITypA 停止了更新和发布，原有课程链接也已失效。

法国首门 xMOOC"项目管理"（La gestion de projet）由来自里尔中央理工学院（Ecole Centrale de Lille）的教师雷米·巴什勒（Rémi Bachelet）主讲。该课程于 2013 年 3 月 18 日至 4 月 21 日在 Canvas 平台上首次发布，首轮学习人数达 3600 人。之后，课程在多个法国平台发布，每年运行两轮。前 13 轮课程学习人数达到 22 万，其中 3.8 万人获得了课程的认证证书。2020 年 9 月 28 日，该课程开

---

[1] Marc, Trestini & Bernard, Coulibaly & Isabelle, Rossini & Emmanuelle, Chevry Pébayle. Appropriation sociale des MOOC en France, 2016: 40.
[2] 根据课程相关网站上的解释，课程名称是双关语。Tout y est pour apprendre 中前三个单词的发音和 t'outiller（字面意思为"使你具备必要的条件"）发音基本相同。
[3] ITyPA. Capitalisation du MOOC ITyPA réalisée par les participants. https://sites.google.com/site/capitypa/home, 2020-02-10.

始运行第 16 轮。2014—2018 年，该课程获得了法国 My mooc 平台颁发的"最受欢迎慕课"和"最国际化慕课"等多个奖项，也是受媒体关注的"明星课程"。课程每一轮都有所改进，发展至今，从内容到管理已形成了比较完善的体系和运作方式。课程分为基础和高阶两个层次，设有专题模块，数量从 2014 年的 7 个增加至 15 个，课时数量和主题内容因层次而异，有较强的针对性，可满足大学课程教学和职业培训的不同需求，目前至少有 35 所高校将这门课应用到教学中，惠及 4000 多名学生。学习者在达到课程评估标准后，可以选择获取学习证明（attestation de réussite）或认证证书（certificat authentifié）。二者均为付费项目，在校生和求职者可凭证明文件免费申请，但只有认证证书可以兑换里尔中央理工学院的 1—2 个学分。[1]

除了上述标志性的两门慕课，事实上，在 2012 年底，巴黎综合理工大学（l'École polytechnique en France）等法国精英大学也在 Coursera 平台发布了慕课。可以看出，法国首批慕课明显受北美影响，从建课理念、师资构成、课程学习、课程管理到拓展应用，无论是以加拿大为代表的连接主义 cMOOC，还是运行 xMOOC 的美国主要平台，都发挥着引导和示范作用。

3.2 课程建设

以国家慕课平台 FUN-MOOC 为例，平台发布的课程来源稳定，包括普通大学、精英大学、研究机构和大学联盟等 143 个组织，其中包含 16 个国际组织以及其他国家的高校和慕课平台，而来自法国机构的课程占 98% 左右。在 2013 年 10 月至 2016 年 5 月发布的 195 门课程中，由法国普通大学开设的慕课占比最高（41%），精英大学次之（23.6%），接近三分之一的慕课由科研院所或其他类型的机构开设。[2] 在成立之初，平台采用的是共建课程模式，即平台、课程主讲教师和教师所在高校或机构共同签署三方合作建设课程的协议。目前，平台上开发课程最多的高校是法国国立工艺学院（Conservatoire national des arts métiers, CNAM），该校也是法国率先投入慕课制作的学校之一，共发布了 53 门课程，涉及理工科和人文

---

[1] Mooc gestion de projet. Accès au cours, attestations de réussite et certificats authentifiés. https://mooc.gestiondeprojet.pm/, 2020-02-14.
[2] Éléonore, Vrillon. Une typologie de MOOC de France Université Numérique (FUN) : méthode et enjeux. *Sciences et Technologies de l'Information et de la Communication pour l'Éducation et la Formation*, 2017, 24(2) : 95.

社科等多个领域，课程注册学习人数位居全国第一。该校开发的"从管理者到领导者"（Du manager au leader）已运行至第七轮，注册人数常年居平台首位。该校在慕课方面的突出成绩吸引了一些企业的目光，应企业需求，该校已将部分课程进行调整，用于企业内部培训，将免费课程转化为收费培训服务。

除了上述共建课程的模式，引用课程是FUN-MOOC的另一个课程来源。较为典型的是平台引用了环境与可持续发展虚拟大学(Université Virtuelle Environnement et Développement Durable)的460多个课程视频，共有11万多名用户学习了相关课程，其中大部分来自讲法语的非洲国家。

3.3 课程学习

根据课程教学团队提供的课程描述，FUN-MOOC平台上62%的课程面向大众，56%的课程对先修知识不做要求。37%的课程明确表示面向专业人士或本专业的本科生，28%的课程建议学习者最好具备高等教育水平。[1]从年龄来看，25—50岁之间的用户数量占60%。在学历方面，拥有硕士学位的用户数量位居第一，占总数的41%[2]。我们还观察到FUN-MOOC在课程受众方面呈现以下突出的特点：

一是用户中较大比例是在职人群。尽管平台建设的初衷是服务高等教育与研究机构，但2014—2015年平台的用户数据表明，在校高中和大学生用户仅占13%，而在职人群高达61%。[3]这一特点在2016年[4]和2017年[5]先后得到其他研究成果的印证。

二是面向在法国的外国人开设了A1到B1水平的生活和职场法语慕课，以提升外来人员的法语水平，促进他们融入法国社会。

三是从2016年开始，FUN-MOOC平台用户的性别比例逐渐趋于平衡。2019

---

1 Éléonore, Vrillon. Une typologie de MOOC de France Université Numérique (FUN) : méthode et enjeux. *Sciences et Technologies de l'Information et de la Communication pour l'Éducation et la Formation*, 2017, 24(2) : 95.
2 Class Central. France Université Numérique: Meet the MOOC Platform Funded by the French Government. https://www.classcentral.com/report/france-universite-numerique/, 2020-04-23.
3 FUN-MOOC. Une enquête pour mieux connaître les inscrits sur FUN-MOOC. https://www.fun-mooc.fr/news/enquete-apprenants-2015/, 2020-02-10.
4 Matthieu, Cisel. Le public des MOOC et les motivations des apprenants. https://www.unow.fr/blog/le-coin-des-experts/motivations-public-mooc/, 2020-02-10.
5 Clément, Dussarps. Faut-il (ré)humaniser les MOOC? *Revue française des sciences de l'information et de la communication*, 2018 (12). http://journals.openedition.org/rfsic/3389, 2020-02-15.

年 1 月平台发布的调查数据显示，男性用户占比从 2015 年的 56% 下降至 49%，女性用户的比例则上升至 51%。[1]

四是优化学习者的使用体验，扩大课程受众面。FUN-MOOC 考虑到听力障碍、视力障碍、语言水平等因素导致的学习困难，采取多样化的呈现形式，让更多人群获取课程内容，如制作课程字幕，提供课程视频文字转写，课程内容翻译等。[2]

FUN-MOOC 从 2016 年起发布面向高中生的课程，分为概况课（ProjetSUP）和专业课（RéussiteSUP）两个系列，2019—2020 年已发布 31 门课程。开课单位均为平台的合作院校或基金会等其他类型的合作伙伴。概况课系列侧重大学专业选择和申请指导，向高中生介绍大学的学科、专业、就业和入学要求。专业课系列的课程则用于巩固学生的相关专业知识，辅助学生准备高中毕业会考，顺利完成大学第一年的学习。FUN-MOOC 还组织了多个工作坊，动员高中教师和学生家长共同了解上述两个系列的课程，为即将接受高等教育的学生们提供充分的帮助。[3]

在 FUN-MOOC 的学习成效得到社会的普遍赞誉。平台在庆祝成立 5 周年之际，举办了评论征集活动，邀请学习者就"我在 FUN 上学到的"为主题在脸书和推特上发表评论。总的来看，学习者评论对于在该平台的学习效果表示了高度认可，主要表现为：（1）学习者认为通过慕课掌握了不同学科的知识，丰富了自己的生活；（2）学习者利用慕课巩固了专业知识，为升学考试或比赛打下了基础；（3）慕课有利于增加个人知识储备，对改善工作表现有直接或间接的帮助，能让自己更从容地解决工作中的问题。

3.4 课程推广

网络电视频道为增强慕课影响力增添了新渠道。法国官方学术网络电视台 Canal-U 成立于 2000 年，每年访问量达到 500 万次。该网站收录了包括慕课视频、学术报告、专家访谈和一般课程录像等形式在内的 25,000 多条用于高等教育和研究的视听资源。"慕课 + 网络电视台"的使用形式对课程本身而言可提高显示度，扩大辐射面，延长使用期限；对学习者而言更易于操作，因为不再受到学习时限的约束，

---

[1] FUN-MOOC. Une fréquentation en hausse pour la plate-forme FUN-MOOC en 2017. https://www.fun-mooc.fr/news/une-frequentation-en-hausse-pour-la-plate-forme-fu/, 2020-04-04.
[2] FUN-MOOC. Rendez-vous pour un après-midi de sensibilisation à la production de vidéos accessibles. https://www.fun-mooc.fr/news/rendez-vous-pour-un-apres-midi-de-sensibilisation-/, 2020-02-11.
[3] FUN-MOOC. À propos. http://www.mooc-orientation.fr/a-propos, 2020-05-13.

课程视频可无限期观看、使用和下载；对知识传播来说，这种方式促进了学科内部和学科间的交流。总之，这是一种充分利用慕课课程视频，增加课程受益面的用课方式。

在课程应用推广方面的另一特点表现为 FUN-MOOC 为难民提供慕课资源。2016 年 6 月，FUN-MOOC 与有着"难民的免费在线大学"之称的法国非政府组织 Kiron 签订合作协议，为其提供 200 多门慕课，极大地充实了该组织的教育资源。

此外，在新冠肺炎疫情隔离期间，FUN-MOOC 重新开放 257 门已结课的课程，但不包括课程对应的讨论区和答疑功能。

4. 管理机制

FUN-MOOC 通过选择课程来源保证课程质量，得到了学习者的广泛认可，但在慕课证书兑换高校学分方面进展缓慢。同时，法国慕课也在探索多样化、可持续的盈利模式。

4.1 质量管理

FUN-MOOC 发布的课程门类繁多，定位也存在着一定差异，因此，平台没有建立整齐划一的课程质量管理标准，但通过选择合作机构从源头上保证了课程的质量。从平台帮助中心发布的课程传播指引来看，课程质量的管控在一定程度上分散到了各个开发课程的院校和平台，也就是 FUN-MOOC 的合作机构，绝大部分为法国高校，要成为合作机构的一员须经过平台认可。在 FUN-MOOC 建设启动时，法国的高等教育和研究机构就已经按单位指定了负责建设平台慕课的领导和具体联络人，由此建立起了相对稳定的协同工作网络，通过研讨会和培训等形式，解决课程建设、网络技术以及与法律相关的各类问题。作为国有性质的项目，平台只与法人（机构）合作，不接受个人发布慕课的申请。个人只有依托大学、公立机构或公共利益协会（association d'intérêt public）才能在平台上发布课程。此外，平台还在帮助中心发布了《慕课指南》（Guide du MOOC），为有意开发慕课者介绍慕课是什么，还借助大量案例详尽地讲解了如何设计慕课、如何有效宣传和管理慕课等问题。这本操作性较强的《慕课指南》为建设慕课提供了理论和实践指导。

4.2 学分认证和盈利模式

在慕课学习与高校课程学分互认方面，没有报道显示 FUN-MOOC 建立了相关机制。平台官网在帮助中心版块也明确写到"课程学习合格并不能让学习者获得发布课程的学校所颁发的文凭或学分。"[1] 少数高校迈出了学分转换的第一步。从 2016 年 4 月起，FUN-MOOC 除了免费向考试合格的学习者发放课程学习证明（attestation）之外，还提供由开课学校认证的付费课程证书（certificat）。获得该证书需通过远程视频考试，并缴纳 60 欧元管理费用。证书仅以 HTML5 形式发放，获得者可将证书的 URL 插入社交平台账户中就可供用人单位查证。法国国立工艺学院从 2017 年 4 月起就同意将本校学生在 FUN-MOOC 平台获得的本校课程证书兑换为学分，每张课程证书可兑换 2 个学分，最多可以兑换两门课程的学分。[2] 但是，如何实现跨校以及欧盟成员国之间的慕课学分兑换仍未有定论。

课程证书收费、课后辅导收费和广告收费都是免费学习课程之外的增值服务。OpenClassrooms 平台也采取了这种免费课程与增值服务相结合的盈利模式。有部分高校在该平台开设了收费课程，学习完成后可获得国家认可的学位证书或职业资格证书。例如，巴黎高等文化艺术管理学院—多媒体学院（IESA Multimédia）在平台发布了"多媒体项目经理"（Chef de projet Multimédia）课程，包含 40 多节免费慕课，但学习者要获得国家承认的证书需同时满足以下两个条件：一是加入平台付费项目；二是由学校指派的专家认定学习成绩合格。

除了前文提到的慕课"项目管理"在高校中应用广泛，能收取一定的经济回报之外，法国面向大众和高校的课程绝大多数都是免费开放的。长期来看，证书付费的模式因证书认可程度不高、申请人数有限等问题而难以保障课程的制作和运行，更为可行的盈利模式是，课程开发者（高校或个人）或平台为企业提供职场培训。[3]

---

[1] FUN-MOOC. Est-il possible d'obtenir un diplôme en suivant des cours sur la plateforme FUN ? https://www.fun-mooc.help/hc/fr/articles/360001310505-Est-il-possible-d-obtenir-un-dipl%C3%B4me-en-suivant-des-cours-sur-la-plateforme-FUN-, 2020-04-18.

[2] Le CNAM. Les moocs certifiants. http://formation.cnam.fr/les-moocs-certifiants-960218.kjsp?RH=1396335695243, 2020-05-13.

[3] Mathieu, Cisel. Les MOOC français à l'épreuve de la viabilité économique. Revue française des sciences de l'information et de la communication 0, 2018 (12). http://journals.openedition.org/rfsic/3355, 2020-04-30.

5. 国际合作

FUN-MOOC 成立的目标之一是提升法国高校的知名度，因此，为高校的国际化战略发展服务一直是平台的工作重点。据预测，法语国家和地区的人口将在 2050 年达到 7.7 亿。人口增长必将导致愈加庞大的教育需求，因此，慕课将成为教育普及必不可少的解决方案。法国在慕课的国际合作中以发挥语言优势为主导策略。2014 年初，法国高等教育、研究与创新部发布的《慕课发展新行动计划》指出，在线法语课程非常明确地反映了法国对法语国家和地区的重视。FUN-MOOC 联合法国高校充分利用相关机构和组织在国际法语圈的影响力，为加强法国慕课在世界范围内的显示度采取了一定措施，取得了阶段性成果。

这些措施包括平台与多个法语国家和地区的高校签订了慕课传播、指导和开发等方面的框架合作协议，与法语国家和地区大学联合会（Agence Universitaire de la Francophonie，AUF）签署了合作协议，主要涉及推广法语慕课和促进各大学与研究机构之间就慕课开发进行密切交流等问题。以上措施收效良好，表现在以下方面：

第一，与其他法语国家的教师和研究人员合作开发课程。来自法国、比利时、越南和厄瓜多尔四个国家五所高校的教师联合授课，在 FUN-MOOC 上发布了慕课"河流与人"（Des rivières et des hommes）。这门课程得到"法语国家和地区工程科学杰出网络"项目（Réseau d'Excellence des Sciences de l'Ingénieur de la Francophonie, RESCIF）的资助，从跨学科知识和跨地域的视角探讨了全世界关注的水资源问题。

第二，将课程纳入其他法语国家的人才培养方案中。法国国立工艺学院与摩纳哥的四所大学签订了合作协议，将该校的慕课"创业解析"（Désir d'entreprendre）以"私播课"形式纳入相关大学博士生培养方案，并设为必修课，向 2000 多名学生开设。类似的合作也将在突尼斯和俄罗斯的高校中开展。

第三，合作内容从课程建设与使用扩大到平台建设。法国数字大学在政府间合作或机构合作的框架下，在摩洛哥和科特迪瓦建成并投入使用由法国数字大学运营的在线课程平台，以促进慕课、私播课和其他形式的在线课程在当地高等教育事业中的发展。[1]

---

[1] FUN-MOOC. Dossier de presse : 5 ans de FUN. https://s3.eu-central-1.amazonaws.com/fun-docs/CP/Dossier-de-presse-5-ans-de-FUN-E.pdf, 2020-05-09.

此外，FUN-MOOC 还参与支持非洲创新创业计划，与支持非洲初创企业的组织数字非洲（Digital Africa）签订了合作协议，将在 2020 年内把 FUN-MOOC 平台上关于创新创业的课程发布在该组织的数字平台上。

在法语国家和地区以外，中国是 FUN-MOOC 的重要国际合作伙伴，合作的代表平台为学堂在线，代表院校为北京航空航天大学中法学院（Ecole centrale de Pékin）。FUN-MOOC 在学堂在线发布了"葡萄和葡萄酒""结核病"两门课程，学堂在线在 FUN-MOOC 发布的课程有"英语畅谈中国""职场菜鸟礼仪指南"和"船"（上、下集）。中法学院的学生可以通过由 FUN-MOOC 运营的私播课平台学习 20 余门法国高校开发的慕课。[1]

6. 小结

综观法国慕课的发展过程与现状，我们发现，法国慕课起步虽略晚于北美地区，但在国家的重视与支持下经历了一段高速发展时期，建立了以 FUN-MOOC 为代表的国家慕课平台，在高等教育领域的数字化方面取得了一定成就。慕课课程体系较完善，学科门类较齐全，受众群体广泛，国际合作特色鲜明。同时，我们也发现，法国慕课的发展面临着盈利模式不稳定、高校使用课程不充分和学分兑换等管理机制不健全等问题。

三、法国慕课发展展望

1. 法国慕课建设的特色

第一，政府将慕课建设提升到国家数字化建设的高度。法国政府历来重视高等教育，作为国家数字化建设的重要组成部分，高等教育数字化也得到了法国政府的大力支持。慕课在法国的大规模发展发端于高等教育领域，正是得益于多个政府部门对高等教育组织机构的资金、政策与人力支持，得益于自上而下的统筹规划和引导。

---

[1] FUN-MOOC. Dossier de presse : 5 ans de FUN. https://s3.eu-central-1.amazonaws.com/fun-docs/CP/Dossier-de-presse-5-ans-de-FUN-E.pdf, 2020-05-09.

第二，慕课的辐射范围不断扩大。慕课学习由高等教育领域延伸至高中阶段，与此同时，高等教育组织机构与企业携手，寻求有利于慕课可持续发展的经济模式。依赖政府投入的慕课发展模式需要多样化的资金来源，才能保持课程的生命力。高等教育组织机构和企业联手，前者提供优质课程资源，后者提出培训需求，或是将慕课改编为企业培训的"私播课"，或是基于企业需求开发课程，从而收取培训费用保障课程制作与维护，在课程证书收费和平台广告收费之外探索新的慕课盈利模式。

第三，慕课建设与应用体现出社会的包容性。法国的国家箴言为"自由、平等、博爱"，这样的价值观在慕课建设与应用中，一方面表现为课程内容的呈现形式考虑到不同人群的需求，尤其是残障人士；另一方面，它表现为向难民提供免费的慕课资源。课程设计与应用的包容性也有助于扩大慕课的受众面，提高课程的知名度。

第四，充分利用国家影响力制定特色鲜明的国际合作发展策略。由于历史原因，法国至今仍与全球的法语国家和地区保持着独特的联系，尤其对非洲大陆具有不可忽视的影响力。法国的绝大多数慕课为法语授课，语言成了课程在全球法语圈推广的天然优势，有利于从课程内容开发、课程制作和课程使用等诸多环节加强与法语国家和地区的合作。

2. 主要挑战和应对对策

2020年2月17日，FUN-MOOC和其他16个法国在线教育组织机构共同签署的《为慕课和开放教育而行动》(Agir pour l'avenir des MOOC et l'open éducation)[1]宣言指出，教育培训行业的数字化转向和消费方式的改变让人们重新审视知识的生产与传播。宣言签署者们发现，人们对慕课与当前教育模式契合性表现出迟疑。对此，宣言提出了慕课发展的六项工作重点，包括：加强协同创新；借助企业和继续教育政策寻求新的盈利模式；支持免费普及教育；制定适用于慕课的学习评估指标；改进慕课呈现形式使之更美观，更便于在移动端使用；制作主题更加多样化的慕课。

---

1 Acteurs de la formation digitale. Agir pour l'avenir des MOOC et l'open éducation. https://fun-docs.s3.eu-central-1.amazonaws.com/CP/Manifeste+-+agir+pour+l'avenir+des+MOOC.pdf, 2020-04-18.

宣言希望在协作精神的指引下各机构可以发挥各自优势,为慕课的持续发展开辟新道路。

3. 对中国慕课建设与发展的参考建议

第一,法国慕课在国家战略扶持下迅速发展的事实向我们表明,建设与发展中国慕课应继续加强自上而下的宣传引导和政策支持,促进高校教师转变观念,将建设慕课和使用慕课视为"互联网+"时代高等教育的有机组成部分和常态,以慕课的发展为催化剂,优化教学实践,改进教学管理。

第二,从慕课平台推广和国际合作来看,法国在慕课国际化发展中发挥法语的凝聚作用,以法语国家和地区为重点拓展对象取得的成效给我们启示,中国在慕课的国际化方面也可以借助地缘亲近感,在"一带一路"倡议的影响下,成立由倡议成员国高校和研究机构组成的国际慕课联盟共同开发慕课内容、共享优质慕课资源,实现"美美与共",为全球的教育公平和在线教育质量进步贡献中国智慧。

第三,法国慕课与企业合作和为高中生提供课程的思路,启发我们在建设慕课时应主动扩大受众范围,以高等教育为中心,开发衔接基础教育和高等教育的慕课,培育中学生用户,密切校企联系,打造贯通基础教育、高等教育和继续教育的慕课体系。

(邓玮 广东外语外贸大学)

参考文献

[1] Acteurs de la formation digitale. Agir pour l'avenir des MOOC et l'open éducation. https://fun-docs.s3.eu-central-1.amazonaws.com/CP/Manifeste+-+agir+pour+l'avenir+des+MOOC.pdf, 2020-04-18.

[2] Campus France. Les différents types d'établissement d'enseignement supérieur en France. https://www.campusfrance.org/fr/etablissements-enseignement-superieur-France, 2020-02-16.

[3] Class Central. France Université Numérique: Meet the MOOC Platform Funded by the French Government. https://www.classcentral.com/report/france-universite-numerique/, 2020-04-23.

[4] Clément, Dussarps. Faut-il (ré)humaniser les MOOC [J/OL]. *Revue française des sciences de*

l'information et de la communication, 2018(12). http://journals.openedition.org/rfsic/3389, 2020-02-15.

[5] Éléonore, Vrillon. Une typologie de MOOC de France Université Numérique (FUN) : méthode et enjeux [J]. *Sciences et Technologies de l'Information et de la Communication pour l'Éducation et la Formation*, 2017, 24(2).

[6] Eric, Kluijfhout & Piet, Henderikx & George, Ubachs. MOOC status in European HEIs - with special reference to opening up education for refugees. https://eadtu.eu/documents/MOOC_status_in_European_HEIs.pdf, 2020-04-17.

[7] Frederick, Bigrat & Cecile, Méadel & Mélody, Laurent. Réalisation de MOOC en France entre 2012 et 2019 : influence sur les pratiques pédagogiques des enseignants-chercheurs impliqués dans leur conception. https://hal.archives-ouvertes.fr/hal-02409701/document, 2020-02-12.

[8] FUN-MOOC. À propos. http://www.mooc-orientation.fr/a-propos, 2020-05-13.

[9] FUN-MOOC. Dossier de presse : 5 ans de FUN. https://s3.eu-central-1.amazonaws.com/fun-docs/CP/Dossier-de-presse-5-ans-de-FUN-E.pdf, 2020-05-09.

[10] FUN-MOOC. Est-il possible d'obtenir un diplôme en suivant des cours sur la plateforme FUN. https://www.fun-mooc.help/hc/fr/articles/360001310505-Est-il-possible-d-obtenir-un-dipl%C3%B4me-en-suivant-des-cours-sur-la-plateforme-FUN-, 2020-04-18.

[11] FUN-MOOC. L'âge de maturité. https://www.fun-mooc.fr/news/fun-lage-de-la-maturite/, 2020-02-06.

[12] FUN-MOOC. Rendez-vous pour un après-midi de sensibilisation à la production de vidéos accessibles. https://www.fun-mooc.fr/news/rendez-vous-pour-un-apres-midi-de-sensibilisation-/, 2020-02-11.

[13] FUN-MOOC. Une enquête pour mieux connaître les inscrits sur FUN-MOOC. https://www.fun-mooc.fr/news/enquete-apprenants-2015/, 2020-02-10.

[14] FUN-MOOC. Une fréquentation en hausse pour la plate-forme FUN-MOOC en 2017. https://www.fun-mooc.fr/news/une-frequentation-en-hausse-pour-la-plate-forme-fu/, 2020-04-04.

[15] ITyPA. Capitalisation du MOOC ITyPA réalisée par les participants. https://sites.google.com/site/capitypa/home, 2020-02-10.

[16] Le CNAM. Les moocs certifiants. http://formation.cnam.fr/les-moocs-certifiants-960218.kjsp?RH=1396335695243, 2020-05-13.

[17] Marc, Trestini & Bernard, Coulibaly & Isabelle, Rossini & Emmanuelle, Chevry Pébayle. Appropriation sociale des MOOC en France [M]. Paris : ISTE, 2016.

[18] Matthieu, Cisel. Les MOOC français à l'épreuve de la viabilité économique [J/OL]. *Revue française des*

sciences de l'information et de la communication, 2018 (12). http://journals.openedition.org/rfsic/3355, 2020-04-30.

[19] Matthieu, Cisel. Le public des MOOC et les motivations des apprenants. https://www.unow.fr/blog/le-coin-des-experts/motivations-public-mooc/, 2020-02-10.

[20] Ministère de l'enseignement supérieur, de la recherche et de l'innovation. Budget en hausse d'un demi-milliard d'euros par rapport à 2019. https://www.enseignementsup-recherche.gouv.fr/cid145343/projet-de-loi-de-finances-2020-de-l-enseignement-superieur-de-la-recherche-et-de-l-innovation.html, 2020-02-06.

[21] Mooc gestion de projet. Accès au cours, attestations de réussite et certificats authentifiés[EB/OL]. https://mooc.gestiondeprojet.pm/, 2020-02-14.

[22] Nathalie Brafman. Les universités françaises lancent leurs cours en ligne. https://www.lemonde.fr/education/article/2014/01/16/le-boom-des-mooc-les-cours-en-ligne-a-la-fac_4349553_1473685.html, 2020-02-13.

[23] Philippe, Dulbecco & Marie-Caroline, Beer & Jean, Delpech de Saint-Guilhem & Sonia, Dubourg-Lavroff & Éric, Pimmel. Les innovations pédagogiques numériques et la transformation des établissements d'enseignement supérieur. https://cache.media.enseignementsup-recherche.gouv.fr/file/2018/43/6/IGAENR-Rapport-2018-049-Innovations-pedagogiques-numeriques-transformation-etablissements-enseignement-superieur-2_980436.pdf, 2020-04-24.

《世界慕课发展报告》

德国

【摘　要】 为顺应历史发展潮流，德国大力推进数字化建设。德国慕课教育最早可追溯到 2011 年，目前其教育类慕课总体呈现"七大平台、四大主体、五大类型、三大认证"的特点，并获得联邦与各州政府的政策支持。德国慕课的特色主要有：从微观层面看，百花齐放、立足德国、面向世界；从中观层面看，多层级支持、多体系架构；从宏观层面看，政策契合度高、发展潜力无限。然而与欧洲其他国家相比，德国慕课发展仍面临着推广有限和发展相对滞后的问题，主要体现在基础设施建设、课程版权与课程质量、学员课程参与程度、高校管理改革等方面。

一、德国慕课建设背景

1. 德国高等教育及在线教育概况

德国高等教育历史悠久，柏林洪堡大学被称为"现代大学之父"，其"教学与科研相统一"的理念享誉全球。德国目前共有高校 390 所，各类专业 19,839 个，各类学生逾 290 万，其中外国学生占 13.7%。各类高校中包括 120 所综合型大学（UNI），207 所应用科技大学（FH），57 家音乐艺术院校，以及 6 所其他类型高校[1]。博洛尼亚进程、哥本哈根进程等教育变革对德国产生了深刻影响。德国为应对国内人口结构变化造成的劳动力短缺以及全球化、数字化发展的挑战，继续推进教育改革，不断加强教育信息化，共同确定教育数字化战略，在教育领域逐步推进数字化建设。2004 年，实施"高校网络学习"计划，支持高等学校开放网络创新方案。在"高校公约"及"高校教学质量公约"实施中，把促进高校数字化作为重要举措，

---

1 德国大学校长联席会议（HRK）2018—2019/2019—2020 冬季学期最新统计数据。

支持高校开展网络学习、考试评价，开发学习管理系统、学习平台，支持高校结合数字化要求，开发新专业、新课程。2011 年，实施"开放式大学"计划，支持高校利用数字化条件开展继续教育，开发数字化网络教学资源。2014 年，建立"数字化高校论坛"，为开展高校数字化协商对话提供国家性平台。实施《数字化行动计划（2014—2017）》，将教育科研数字化作为行动领域之一，以促进教育和科研数字化转变。2016 年，实施高等教育数字化研究资助计划，支持开展高等教育数字化相关研究，研发数字化高等教育新技术及技术应用产品。2017 年，成立互联网研究中心，开展跨学科宽领域数字化研究，数字化教育与能力研究。在数字化的浪潮下，德国慕课教育也发展迅速。

2. 德国慕课的起源与发展动机

"慕课"又称大规模开放在线课程 (Massive Open Online Courses，MOOCs)，其出现与开放式线上教学模式的发展有着紧密联系。2002 年，联合国教科文组织为在全球范围内促进教育公平与开放，首次提出了"开放式教育资源"（Open Educational Resources）[1] 的理念。同年，麻省理工学院创立了开放课程平台（Open Course Ware）。2012 年，该平台就已开设了 2150 门开源课程。[2] 因此，慕课并非"横空出世"，而是在以消除教育藩篱为目标的时代背景下，随着科技水平的进步应运而生。

2011 年 4 月，德国首个慕课 OPCO11 在法兰克福大学推出[3]，标志着慕课正式登陆德国。为顺应数字化的历史发展潮流，德国大力推进信息技术发展、数字技术能力培养和数字化媒体的广泛使用，充分发掘数字化在各教育领域的潜能，增设所需的基础设施，制定符合时代要求的培养框架，从整体推进德国教育数字化转型。德国联邦政府自 2011 年以来举办了两轮以"教育促升迁：开放型高校"为主题的课程竞赛，以鼓励高校提供继续教育课程。波茨坦大学、慕尼黑大学、汉堡大学、开

---

1 UNESCO.Open Educational Resources Programme. https://en.unesco.org/sites/default/files/oer_brochure_en.pdf, 2012 - 06 - 20/2020 - 03 - 06.
2 MIT. MIT Open Course Ware. Our History. https://ocw.mit.edu/about/our-history/，2001 - 12 - 20/2020 - 03 - 06.
3 OpenCourse 2011. Zukunft des Lernens. Universität Frankfurt. https://blog.studiumdigitale.uni-frankfurt.de/opco11/, 2011 - 04 - 29/2020 - 03 - 06.

姆尼茨大学、吕纳堡大学等率先开设了慕课网络公开课，用于专家培训、各学科间的学习交流和特殊教育的学习。为优化不同教育途径间的"立交通道"，促进终身学习，方便在职人员和职业技术人员接受高等教育，德联邦教研部（BMBF）也在数字化战略的指导下，支持慕课课程与授课平台的建设与开发，建立自己的慕课课程体系。

2012年，是全球慕课教育的元年。[1] 从此，慕课作为一种新型教学模式闯入人们的视野，并高速发展、风靡全球，给互联网产业及在线学习、高等教育带来巨大影响，引起了国际教育界的广泛关注。

"慕课"概念虽源自美国，但德国学术界对慕课的技术和教学模式并不陌生。一是世界首个开源教育软件就诞生于德国[2]，二是德国在数字教学领域已积累了较多的理论与实践经验。20世纪70年代以来，随着电子数据处理技术及通信技术的迅猛发展，德国教育界十分注重二者在教学实践中的应用潜力。联邦与各州政府携手各文教机构和基金会，在学研数字化领域出台了多项激励措施[3]（见表1）。比如，1974年，北威州政府筹建了哈根远程大学（IUBH）。该校学生人数从建立之初的1330人增至如今的76,936人，成为德国远程大学的典型案例。20世纪90年代中后期以来，多个联邦州开始整合州内高校资源，依托数字化技术和多媒体手段创立了多所"网络虚拟大学"（Virtuelle Hochschule）。截至2019年，已有约85%的德国高校运行有自己的校内电子学习平台（Learning-Management-System）。

表1 德国数字化教育部分项目统计

时间	项目措施	资助金额	资助主体
1971—1975	数据处理技术在教育系统的应用	10万马克	联邦教研部
90年代末	巴符州虚拟大学项目、北威州大学联盟多媒体能力合作网等	无完整数据	联邦州、联邦政府

---

1 Pappano.The Year of the MOOC. *The New York Times*, 2012-11-02(26).
2 Europäische Kommission.EU-Kommission will mit Initiative „Die Bildung öffnen" Innovationen und digitale Kompetenzen in Schulen und Hochschulen fördern. https://ec.europa.eu/commission/presscorner/detail/de/IP_13_859, 2013-09-25/2020-03-06.
3 E-Teaching org. E-Learning-Förderung in Deutschland.https://www.e-teaching.org/projekt/politik/foerderphasen, 2019-05-20/2020-03-06.

（续表）

时间	项目措施	资助金额	资助主体
1999	高校化学专业联网项目	2000万马克	联邦教研部
	虚拟应用科学大学项目	2100万马克	
2000年初期	巴伐利亚州虚拟大学、莱法州虚拟校园、汉堡多媒体中心、萨尔州虚拟校园项目等	无完整数据	各联邦州
2001—2003	教育领域的新媒体应用（含百余个子项目）	1.85亿欧元	联邦教研部
2002—2003	个人电脑与大学（竞标项目）	5000万欧元	联邦教研部
2005—2008	电子学习对科研的帮助——方式融合与知识转化	3000万欧元	联邦教研部
2009—2012	优秀教学法竞赛（多媒体应用为评价标准之一）	1000万欧元	各州文教部长联席会议、德国科学基金会
2011—2020	高质量教学协定（含数字化校园）	20亿欧元	联邦州、联邦政府
2019—2022	创新联盟——高校4.0	10亿欧元	巴伐利亚州

3. 德国慕课的基本情况

德国教育类慕课总体呈现七大平台[1]、四大主体、五大类型、三大认证的特点。这七大慕课平台包括：OpenHPI（波茨坦大学）、Mooin-Oncampus（吕贝克工业大学）[2]、Leuphana Digital School（吕纳堡大学）、Mooc.tu9和OPEN vhb（巴伐利亚州31所高校组成的虚拟大学联盟）五大由高校自主运营的平台，以及Iversity、Open Course World两大运营商平台。

根据运营技术平台的主体不同可分为高校或科研机构自主运营、高校间合作运营、高校下属运营商以及纯运营商平台四大主体。各平台根据其主体性质定位不同，课程类别各有侧重。可选课程种类从本硕课程到职业教育，从高新科技到文学创作等。其他教育领域慕课平台还包括仅提供继续教育类课程的公益性业余大学联盟（VHS）和面向中学生群体的Mooc.House等。

---

1 由于Mooin和Oncampus合作，合并为一个大平台，原有八大平台合并为七大平台。
2 Mooin: Die FH Lübeck startet eine eigene Mooc-Plattform. Hochschulforum Digitalisierung. https://hochschulforumdigitalisierung.de/de/news/mooin-fh-lübeck-mooc-plattform, 2015-03-18/2020-03-06.

一般认为，慕课须具备"massive"（广泛：至少 150 人参与）、"open"（开放：免费，且对参与者无资格限制）、"online"（线上）、"course"（课程：须有知识内容）四个条件。但随着理论和实践的发展，慕课的定义处于不断扩展与变化中，慕课子类型间的界限也更加模糊。目前德国各类慕课平台在线提供超过 1000 个精品课程，听课学员人数上百万人次，前瞻务实的课程内容与精心制作为德国在校大学生和职场人士提供了良好的学习平台与职业进修机会。出勤率达到一定标准且通过考试的参与者就可获得学位证书、学分认证和单门证书三大认证。

二、德国慕课的发展现状

1. 政策支持

在德国，联邦层面一方面以本土化欧盟教育政策，提高执行转化能力为主；另一方面则结合国家现有的总体战略目标，辅助联邦州落实相关决策。与欧盟相似，德国也仅将慕课作为"数字化议程""高等教育数字化行动""高校建设 4.0"等大类中的一个指标，并无针对慕课的专门性促进或专款计划。由于慕课的具体开展由高校及其所在的联邦州共同实施，各院校慕课团队须关注联邦各部门的资助政策进行相关课题经费的申报。与欧盟层面的政策支持基本一致，联邦政府主要通过三种方式支持慕课建设，即政策框架制定、课程平台资助和开展合作研究。

2013 年，联邦政府根据欧盟"教育开放化"[1]倡议，将慕课建设列入能够促进开源教育、适应社会数字化转型和提升高校国际竞争力的可资助类别。[2] 2014 年，联邦教研部牵头成立了协调与智囊机构"高校数字化论坛"（Hochschulforum Digitalisierung），并委托其撰写了《高等教育国家（国际）平台可行性研究报告》[Machbarkeitsstudie für eine (inter-)nationale Plattform für die Hochschullehre 2018]。与欧盟不同的是，德国政府在报告发布后并未着手组建全德统一的慕课平

---

[1] Europäische Kommission.EU-Kommission will mit Initiative „Die Bildung öffnen" Innovationen und digitale Kompetenzen in Schulen und Hochschulen fördern. https://ec.europa.eu/commission/presscorner/detail/de/IP_13_859，2013－09－25/2020－03－06．
[2] Bundesrat.Unterrichtung durch die Europäische Kommission. http://dipbt.bundestag.de/dip21/brd/2013/0709-13.pdf，2013－09－26/2020－03－06．

台，而是选择在联邦数字化战略的指导下，继续由德国联邦教研部直接资助慕课课程和授课平台。受到资助的项目包括波茨坦大学"OpenHPI"、吕贝克工业大学"oncampus"平台及其"pMOOC"类课程、柏林工程应用技术大学的"fMOOC"类课程、TU9慕课课程等。受资助的课程内容以数学、信息技术、自然科学、技术学科为主，涵盖工程学、建筑规划、量子技术和人工智能等多个领域[1]。此外，联邦教研部也委托学者或第三方机构对慕课发展前景进行研究。公开发布的研究报告有"教育自由与商业模型"（2013）[2] "进入后淘金时代的慕课——国家与国际发展潜力展望"（2020）[3] 等。

2. 主要慕课平台

2012年以来，德国共出现了"OpenHPI""Leuphana Digital School""Open Course World""Iversity""Mooin-Oncampus""Mooc.tu9" 和"OPEN vhb" 七个较大的高等教育类慕课平台（见表2）。其中，1个高校独自运营平台、1个研究所独自运营平台、1个校办企业运营平台、2个高校联合运营平台以及2个纯商业运营平台。由于定位不同，平台间规模差别也较大。总体看来，目前活跃度较高的有以信息技术类课题为主的OpenHPI平台、涵盖多个学科种类的综合类平台Iversity和OPEN vhb，以及提供生活类课程和远程学位课程的混合类平台Mooin-Oncampus。个别慕课平台还不断加强国际合作，如波茨坦的OpenHPI与世界卫生组织（WHO）的合作，慕尼黑工业大学与美国的Coursera和edX平台合作等。

---

1 Ideenwettbewerb. Entwicklung von Lernangeboten zum Thema Künstliche Intelligenz. KI-Campus. https://www.ki-campus.org/sites/kic/files/ki-campus_ideenwettbewerb_ausschreibung.pdf, 2019-12-01/2020-03-06.
2 Bershadskyy, Dmitri. Bildungsfreiheit oder Geschäftsmodell. Moocs fordern die Hochschulen heraus.https://www.pedocs.de/volltexte/2015/10729/pdf/E_Learning_2013_Bershadskyy_Bremer_Gaus_Bildungsfreiheit_als_Geschaeftsmodell.pdf, 2014-07-01/2020-03-06.
3 Hüther, Otto et al. Massive Open Online Courses after the Gold Rush: nationale und internationale Entwicklungen und Zukunftsperspektiven. https://www.repo.uni-hannover.de/bitstream/handle/123456789/9831/MOOC_Report_final.pdf?sequence=1&isAllowed=y, 2020-04-17/2020-05-06.

表2 德国主要慕课平台信息一览表

平台名称	平台概况	学科领域	课程类型	认证类型	活跃度[1]
OpenHPI	成立时间：2012 平台主体：波茨坦大学 HPI 研究所 听课人次：686,000 （注册用户 21,300 人）[2] 慕课数量：71 课程语言：德语、英语 最近更新：2020 网址：https://open.hpi.de	信息技术类	xMOOC	单门证书、学分认证	高
			免费	免费	
Leuphana Digital School	成立时间：2012 平台主体：吕纳堡大学 听课人次：33,323[3] 慕课数量：8 课程语言：德语、英语 最近更新：2016 网址：https://www.leuphana.de/digital-school	人文社科类	xMOOC mMOOC	单门证书、学分认证	低
			免费	免费	
Open Course World	成立时间：2013 平台主体：IMC 股份公司 听课人次：>1 万 慕课数量：16 课程语言：德语、英语 最近更新：2020 网址：https://www.opencourseworld.de	混合：学科课程、生活类课程	xMOOC	单门证书	中
			免费/付费	付费	
Iversity	成立时间：2013 平台主体：Iversity 有限责任公司 听课人次：>100 万[4] 慕课数量：65 课程语言：德语、英语、法语、意大利语、西班牙语、俄语、葡萄牙语、孟加拉语 最近更新：2020 网址：https://iversity.org/de	混合：经济、法律、医学、社会及自然科学等32 种学科	xMOOC pMOOC	单门证书、成绩单，学分认证（已于2015年2月后取消）	高
			免费/付费	免费	

1 活跃度以当前平台课程数量和听课人次为标准。
2 Open HPI. Open HPI-Kursprogramm 2020. https://hpi.de/news/jahrgaenge/2020/openhpi-kursprogramm-2020. html, 2020-01-16/2020-03-06.
3 Leuphana Digital School. Digitale Lernprozesse im Kontext der Flüchtlingskrise. https://www2.daad.de/medien/veranstaltungen/lt/2015/dok/ag_5_seyfarth.pdf, 2015-11-11/2020-03-06.
4 Europäisches Parlament. What Europe does for me. https://what-europe-does-for-me.eu/de/portal/2/M14, 2019-01-10/2020-03-06.

（续表）

平台名称	平台概况	学科领域	课程类型	认证类型	活跃度
Mooin-Oncampus	成立时间：2014 平台主体：吕贝克工业大学附属 oncampus 有限责任公司 听课人次：>34,500[1] 慕课数量：214 课程语言：德语、英语 最近更新：2020 网址：https://www.oncampus.de/mooin	混合：学科课程、生活类课程	xMOOC pMOOC	单门证书、学分认证、学位课程 免费/付费	高
Mooc.tu9	成立时间：2014 平台主体：9大工业院校 听课人次：>522,523[2] 慕课数量：20 课程语言：德语、英语 最近更新：2016 网址：http://www.mooc.tu9.de	混合：工程技术类为主	xMOOC cMOOC bMOOC 免费	学分认证 免费	低
OPEN vhb	成立时间：2019 平台主体：巴伐利亚州31所高校 听课人次：17,500 慕课数量：61 课程语言：德语、英语 最近更新：2020 网址：https://open.vhb.org	综合：经济、社科、工程等10种学科	xMOOC 免费	单门证书 免费	高

3. 主要慕课类型

慕课根据教学方式分为关联型慕课（cMOOC）、延伸型慕课（xMOOC）、混合型慕课（bMOOC）、小型慕课（sMOOC）和辅导型慕课（mMOOC）五大类型。此外，

---

1 BMBF. MOOCs auf MOOIN: Bildung für alle.https://de.slideshare.net/anjalorenz/moocs-auf-mooin-bildung-fr-alle-72899824, 2017-03-03/2020-03-06.
2 Stump, Katrin. Kooperation unter dem Dach einer starken Marke. Die Zusammenarbeit der Bibliotheken der TU 9 . Bonte, Achim; Rehnolt, Juliane (Hrsg.): Kooperative Informationsstrukturen als Chance und Herausforderung. Berlin/Boston: Walter de Gruyter，2018: 224-234. Möller et al. TU9-MOOC Communication Acoustics: Erste Erfahrungen. https://www.tum.de/fileadmin/w00bfo/www/MOOCs/TU9-MOOC_Communication_Acoustics__Erste_Erfahrungen, 2017-03-09/2020-03-06.

还有根据慕课内容特征的分类方法，如学术型慕课（academic MOOC，aMOOC）、职业型慕课（professional MOOC，pMOOC）、健康类慕课（fitness MOOC，fMOOC）。以制作机构命名的分类方法，如九所工大慕课（TU9-MOOC）、国民大学慕课（VHS-MOOC）和艾伯贝格促进协会慕课（Efi-MOOC）等。其他受到德国学术界关注的还有强化学习型慕课（enhanced MOOC，eMOOC）[1]和个性化公开课程（personalized MOOC）等。在课程选择上，目前最受欢迎的是信息科学，其次是经济学、数学统计学、伦理学以及物理学等学科，选择人文学科的人数相对较少。

表3　五大慕课类型区别

类型缩写	类型全称	类型特点
cMOOC	connectivistic MOOC 关联主义开放型课程	类似研讨课、讨论课
xMOOC	extended MOOC 延伸型慕课	类似讲座课
bMOOC	blended MOOC 混合式大规模在线课程	类似面授课与公开课的结合
sMOOC	small MOOC 小型慕客课堂	类似小型的继续教育研讨课、讨论课
mMOOC	mentored MOOC 辅导跟进式慕课	类似在线辅导课程

关联型慕课（connectivistic MOOC，cMOOC），即关联主义开放型课程，侧重基于关联主义的知识建构来促进学习者知识的获取与创造。西门思（Siemens）指出，在cMOOC中，知识是网络化联结的，学习是连接专门节点和信息源的过程。其核心包括关联主义，知识建构，师生协同，分布式、多空间交互，注重创新，同

---

[1] Jadin, Tanja & Gaish, Martina.Enhanced MOOCs (eMOOCs). Eine soziokulturelle Sichtweise auf die aktuelle MOOC-Landschaft.Rummler, Klaus (Hrsg.): Lernräume gestalten – Bildungskontexte vielfältig denken. Münster u.a.：Waxmann, 2014：302 - 309.

步与共鸣，学习者自我调节等[1]。代表课程有OPCO11、OPCO12和COER13等。

延伸型慕课（extended MOOC，xMOOC），又称哈佛慕课模式，更接近传统教学模式中的讲座，因被哈佛大学以x标记区分常规课程而得名。一般以课程网页的形式存在，在这个网页下，有讨论区、影片、作业等，整个课程整体上还是由授课教师来引导课程走向，课程的开始、进行、结束都不脱离课程网页，这一以授课教师为中心点的学习行为被定义为xMOOC。Open HPI、Iversity和Open vhb平台上的课程多为xMOOC。

混合型慕课（blended MOOC，bMOOC），即混合式大规模在线课程，又称封闭慕课。这种类型的慕课相对较少。它将相对封闭的大学课堂与开放的参与人群结合起来，参与此类课程的人群不再只是传统的参与研讨课的高校内部学生，而是扩展到高校之外的公共群体[2]。该类型的代表有德国吕纳堡大学与图宾根大学的课程体系。

小型慕课（small MOOC，sMOOC），即小型慕客课堂。是指参与人群相对较少的开放性在线课堂，概念类似于大学里的研讨课[3]。这种形式侧重于参与者的个人特征，并试图在亲密、信任、支持和安全方面体现面授课那种面对面学习的优势，尤其鼓励参与者与专家之间的紧密联系。由于这种慕课强调因人而异的学习，所以这种方式特别适合艺术工作者和继续教育培训者。

辅导型慕课（mentored MOOC，mMOOC），即辅导跟进式慕课。学习者可全程获得授课老师或其团队的指导。其概念核心内涵包括以问题为导向的跨学科学习、以学习者为中心的视角、小组式的辅导支持和跨文化能力培养。代表课程有吕纳堡大学数字学院为难民开设的预备性课程"起航学习（Ready for Study）"及其与歌德学院共同推出的"艺术品管理（Managing the Arts）"课程。

---

1 Siemens G. What is the Theory that Underpins Our MOOCs.http://www.elearnspace.org, 2014-11-02/2020-03-06.
2 MOOC. E-teaching.org.http://www.e-teaching.org/lehrszenarien/mooc/, 2014-11-27/2020-03-06.
3 Leuphana University Lüneburg: MOOC List.https://www.mooc-list.com/university-entity/leuphana-university-lüneburg, 2014-11-27/2020-03-06.

表4　常见慕课类型与范例[1]

类别	代表课程	课程简述
cMOOC	OPCO11/OPCO12	"开放课程2011"是德国的第一个慕课。由克劳迪娅·布莱梅尔（Claudia Bremer）与约亨·罗伯斯（Jochen Robes）在2011年4月所建，主题直接指向未来的学习。其延续课程"开放课程2012"以"电子教学趋势"为主题，主要探讨由通信技术、微电脑技术、计算机、人工智能、网络技术和多媒体技术等所构成的电子环境中的教学趋势。
cMOOC	COER13	"关于开放式教育资源"课程由慕尼黑应用科学大学、图宾根大学和在线教育平台e-teaching.org共同推出，并获得联合国教科文组织嘉奖[2]。该课程主要探讨并试图解决"教师如何找到并使用开放教育资源"一类的问题。
xMOOC	Autonomous Navigation for Flying Robits（2014）	慕尼黑工业大学"飞行器自动驾驶系统"课程作为该校首批慕课课程的一门，聚焦无人机自动驾驶、3D地理绘图和直线控制等技术，2014年首次在edX上线。首发共有20,000人注册，1400人通过结课考试。
bMOOC	ThinkTank – Ideal City of the 21st Century（2013）	吕纳堡大学的"21世纪理想城市的智库课程"的主题突破了以往的教育学、信息学以及计算机技术等学科领域。由学员组成不同团队，在著名建筑师丹尼尔·里勃斯金德（Daniel Liebeskind）指导下，计划和设计21世纪的理想城市模型。
bMOOC	Open Course Workplace Learning 2011	图宾根大学的"开放课程工厂学习2011"以"职场学习""知识管理"等为主题，与网站wissensdialoge.de合作，设置了线下在校注册学生的课堂学习与在线开放研讨学习两个阶段。
sMOOC	Mooc Maker Course 2013	"慕课课程制作"由汉堡欧洲远程大学（Euro-FH Hamburg）和格拉茨应用科学大学（FH Joanneum Graz）联合推出。在该课程中，学员学习慕课课程设计与制作，并寻求合作伙伴，来推动德语慕课发展，创设专家相互学习启发的平台。针对的学员包括打算开设慕课程的、已有慕课经验的以及对此趋势感兴趣的人群。
mMOOC	Ready for Study（2015）	吕贝克大学为难民提供的大学预备性课程"起航学习"采用英德双语授课，仅对德语水平B1以上的难民开放。该课程将互助学习（Peer-Leraning）与核心—边缘学习理论相结合，制作了重点辅导人数上限1200人（240组/每组5人）、边缘学习者人数10,000人的辅导型慕课。课程可获学分认证。

---

1 Deutsche UNESCO-Kommission.OER-Award für den COER. https://www.unesco.de/bildung/bildung/oer-award-fuer-den-coer13，2016-04-08/2020-03-06.

2 Leuphana Digital School. Digitale Lernprozesse im Kontext der Flüchtlingskrise. https://www2.daad.de/medien/veranstaltungen/lt/2015/dok/ag_5_seyfarth.pdf，2015-10-21/2020-03-06.

三、德国慕课的主要特色

德国的数字化战略方兴未艾,慕课的到来引发各方对课程内容开发和平台建设的空前热议[1]。斯坦福慕课的创始人之一吴恩达(Andrew Ng)曾指出,相对于此前的数字化教学模式,慕课的独特之处在于其开源性、可扩展性和社交互动性。[2] 各高校在欧盟和联邦层面出台的政策框架内,通过参与联邦州政府、科学促进者协会(Stifterverband)等机构发布的奖励性竞赛、招标等措施推进自身慕课建设。多所高校更是在短时间内便创建了自己的慕课平台,慕课在重视教育平等且具有丰富数字教学经验的德国后来居上,展现出蓬勃的生命力。

德国是联邦制,各联邦州在欧盟和联邦德国教育政策的框架内享有文教政策的自主权,德国高等教育系统并未形成针对慕课统一的战略部署,加之大学高度自治,德各高校根据现有资源自愿推行。德国慕课的特色主要有:从微观层面看,呈现出百花齐放、立足德国、面向世界的特点;从中观层面看,随着德国进一步加大对中小学数字化建设和对终身学习、职业教育和高校国际化等领域的投入,德国慕课呈现多层级支持、多体系架构的特点;从宏观层面看,社会对慕课的需求逐步增加、目标群体不断增大,德国与欧盟以及联合国的与慕课相关的政策契合度高,发展潜力无限。

1. 微观层面:百花齐放、立足德国、面向世界

1.1 百花齐放,主题多样,参与高校众多

2015 年的调查显示,约有六分之一的德国高校开设了一门或多门慕课[3]。在受访的 152 所高校中,约有 42% 表示密切关注慕课发展并已将其列入战略发展计划。

---

1 Doyé, Thomas. Lernerfolge durch online-unterstütztes Selbststudium in der Weiterbildung – Ergebnisse einer vergleichenden Studie des IAW. Doyé, Thomas (Hrsg.): Hochschule digital?! Praxisbeispiele aus berufsbegleitenden und weiterbildenden Studienangeboten. BMBF, 2017: 69-77.
2 Ng, Andrew & Widom, Jennifer. Origins of the modern MOOC. http://www.robotics.stanford.edu/~ang/papers/mooc14-OriginsOfModernMOOC.pdf, 2014-05-01/2020-03-06.
3 ungermann, Imke. & Wannemacher, Klaus. Innovationen in der deutschen Hochschulbildung: Massive Open Online Courses an den deutschen Hochschulen. Institut für Hochschulentwicklung. Deutsches Zentrum für Hochschul-und Wissenschaftsforschung. https://www.e-fi.de/fileadmin/Innovationsstudien_2015/StuDIS_15_2015.pdf, 2015-02-26/2020-03-06.

其中，按照高校种类划分，综合性大学中和应用科学大学中密切关注慕课的比例为50%和44%，艺术类院校则仅为7%。此外，私立大学（55%）比国立大学（39%）和教会大学（30%）更有积极性；在校生人数超过4万人的大型院校（80%）比拥有1万至3万学生数的小型高校（41%—42%）更愿意发展慕课教学。在执行力方面，60%的大型院校和30%的中小型院校正积极支持教师开展慕课工作。

在传统教育理念的影响下，德国各高校水平发展均衡，但慕课发展也出现明显分化。随着德国高校外部竞争愈加激烈，德国政府出台了"精英大学战略"，以增加本国高校的国际影响力。由于"精英大学"的评选对理工类学科赋值较高，在一定程度上促成了政策资金和第三方资金的倾斜，形成了理工院校为主的局面。在文化自治权背景下，高校经费依赖各州财政，经费充足的地区对数字化的推进更加有效。大型高校的资金渠道则更为广阔，能够通过雪球效应，逐渐形成规模和品牌效应。反映在慕课领域就形成了巴伐利亚高校独大的局面。虽有部分小型高校的单门课程也获得了巨大反响（如波茨坦应用技术大学的"故事叙事"慕课[1]），但整体而言，小型高校财力有限，普遍仅能依靠赢得单项竞赛或师生团队的志愿性投入来实施慕课计划。

1.2 立足德国，协同合作，形成集聚效应

绝大部分德国高校的慕课课程以本国国内学科需求为导向，以国内学习者为目标群体，课程语言也多为德语。为形成德国慕课发展的集聚效应，德国高校还自发组成联盟（如巴伐利亚31校联盟VHB，德国9大工业大学联盟TU9），实行资源共享，共同推进慕课计划实施。此外，小规模、小范围、单一项目的合作也相当普遍。除了高校间合作，德国高校也与科研机构、经济和政府等部门积极合作。通常情况下，慕课成果会在高校官网公示，标注合作单位和资金来源，并链接到相关德国慕课平台。但是与Coursera和edX等世界慕课平台相比，德国慕课平台的体量还十分有限。

1.3 面向世界，招优宣传，加强国际合作

德国慕课将成果国际化，团队国际化和平台国际化三种战略融合应用。各高校

---

[1] FH Potsdam.The Future of Story Telling(MOOC). https://www.fh-potsdam.de/informieren/service/e-learning/projekte/projekt-detailansicht/project-action/the-future-of-storytelling-mooc/, 2014 - 02 - 13/2020 - 03 - 06.

及其慕课研究团队积极努力，致力于人员组成国际化和成果推广国际化，不断加强与世界大型慕课平台的合作。如慕尼黑大学、慕尼黑工业大学和卡尔斯鲁厄理工大学选择在Coursera国际慕课平台发布成果，较小或较为偏远的院校也希望能够通过慕课项目促进国际合作，进而提升自身的竞争力和知名度，吸引优秀生源。对于德国本土的慕课平台而言，其所展示的课程制作团队的国际化能够有效扩大平台的海外市场。例如，吕纳堡大学通过国际合作，该校的网上课程包括哥伦比亚大学、伦敦政治经济学院、苏黎世联邦理工学院、耶路撒冷希伯来大学、广州中山大学、香港城市大学等知名教授的课程，为吸引世界各地的学生创造了有利条件。

2. 中观层面：多层级支持、多体系架构

2.1 多层级支持

从联邦政府政策扶持，到各州具体推进；从大学自主选题，到多种竞赛资助机制；从志愿性参与，到国际化合作——德国的慕课在社会各层级的推动下，依靠高校教育经费、政府部门项目，以及来自科研组织、基金会、经济界和第三方慕课平台的竞赛奖励，展现出极大的多元化和多样性。

在慕课的制作和推广中，各联邦州、科学基金会等公益组织和商业团体也起到了不可小觑的作用。吕贝克理工大学的MOOIN系列慕课课程（预计共40期）就是在德国科学促进者协会共180万欧元的赞助下完成的[1]。尽管如此，大学自身的资金投入仍旧占据较大比例，其经费来源依赖于国家划拨的一般性教研经费和欧盟提供的项目经费。目前，德国大学或社会各方为慕课制作提供多少赞助并无完整的数据信息，而对慕课课程的制作费用也缺少系统性的统计数据。从公开的数据来看，根据视频内容深度和技术难度不同，各类视频的制作费用也有较大差别。例如慕尼黑工业大学投放在Coursera和edX平台上的五门慕课课程的视频制作费用高达25万欧元，平均每门约5万欧元，而汉堡大学每门慕课制作预算仅为2.5万欧元[2]。

---

[1] Wittke, Andreas. Mooin – Die nördlichste MOOC-Plattform der Welt?.http://www.einfachgutelehre.uni-kiel.de/allgemein/mooin-die-noerdlichste-mooc-plattform-der-welt/,2015-07-20/2020-03-06.
[2] Universität Hamburg.Interview. MOOC – eine Bildungsrevolution. https://www.uni-hamburg.de/newsletter/februar-2014/mooc-eine-bildungsrevolution-interview-zu-massive-open-online-courses-mit-prof-dr-rolf-schulmeister-und-dr-frank-hoffmann.html, 2014-02-01/2020-03-06.

2.2 多体系架构

作为德国整体战略的重要组成部分，教育政策制定者着眼于全面提升中小学、职业教育、高等教育以及继续教育系统的数字化建设，以应对社会面临的数字化转型和专业人才紧缺等问题。基于开源教育理念的慕课在经历了高等教育领域的"试水"后，已逐步开始应用于整个教育领域，以高校慕课为主的平台不仅大规模增开了继续教育、职业教育等课程，还涌现出一批其他层级的专门慕课平台，如针对中小学的学校云 Schul-Cloud、中学慕课平台 mooc.house、继续教育平台 VHS 等。而高校慕课也从零散的课程开始走向体系，部分平台如 Oncampus 也尝试通过慕课构建远程学位教育，授予学士及硕士学位。

3．宏观层面：政策契合度高、发展潜力无限

3.1 政策契合度高

在联合国"全民教育"的行动计划下，开源教育被欧盟和德国联邦政府作为教育领域改革的方向，慕课变成了促进教育公平的重要手段，至今德国绝大部分慕课为免费。同时，在"欧洲教育大区"（Europäischer Bildungsraum）构想下，欧盟大力资助盟国间的跨区域合作项目，促进人员流动、学分学位互认等，慕课以其开源性、可评估性和可转化性等特点也成为教育领域数字化建设的热点话题，并嵌入各层级的教育促进政策之中。"大规模在线教育"的特点也使德国在数字化战略的布局中对慕课寄予厚望。

3.2 发展潜力无限

慕课的可扩展性、多媒体性和社交互动性等特征在不断升级的互联网时代展现出巨大的发展潜力。德国慕课不仅在授课形式（如 mMOOC）、投放领域（如中小学教育）、互动模式（网络互评 Peer Assessment）等方面有所创新，也为线上、线下教学的理论与实践提供了宝贵经验，例如适应性学习（Adaptive Learning）、合作学习理论（Collaborative Learning）等。慕课或将成为虚拟现实（VR）、增强现实（AR）和混合现实（MR）等新式科技及新式教学理论在教育领域的首个试验

区。[1] 对于慕课未来的发展方向，德国高校发展研究中心（CHE）主席约克·德雷格（Jörg Dräger）表示，慕课在继续承担大规模开放式教育重任的同时，也将迎来定位更加精准的个性化公开课POOC时代。[2]

四、问题与对策

德国慕课课程借助现代信息技术进行知识、思想、文化的传播，不仅费用低廉，而且内容丰富、灵活多样。以这种方式，可以整合、优化学术资源，对外可以进一步加强文化、科技和学术交流，也可利用这一手段在全球推广德国文化，扩展其世界影响。

然而与欧洲其他国家相比，德国慕课发展仍面临着推广有限和发展相对滞后的问题。根据2016年"欧洲慕课发展研究"调查数据显示[3]，相比法国、英国、西班牙等其他欧洲国家，德国发展较为滞后。（见图1）

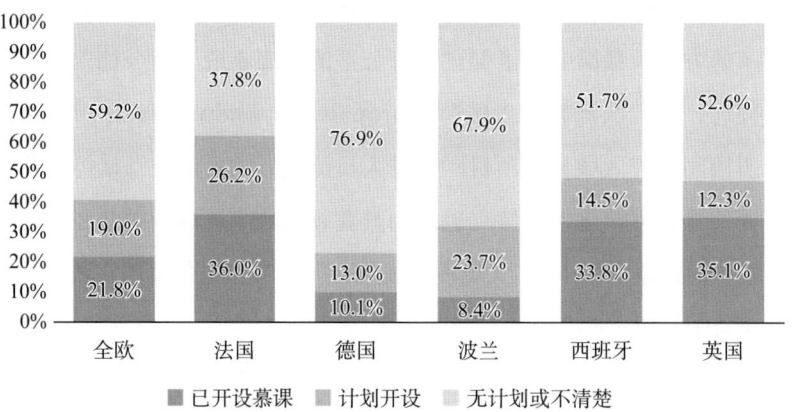

图1 欧洲多国高校慕课开展情况对比

数据来源：欧洲慕课发展2016

---

1 Chuahan, Jyotti et al. Enhancing MOOC with Augmented Reality. Adaptive Learning ans Gamification. https://www.researchgate.net/publication/282798098_Enhancing_MOOC_with_Augmented_Reality_Adaptive_Learning_and_Gamification, 2015-10-21/2020-03-06.
2 DW. Mehr MOOCs an deutschen Unis. https://www.dw.com/de/mehr-moocs-an-deutschen-unis/a-17550825, 2014-04-08/2020-03-06.
3 Castaño Muñoz, J., Punie, Y. & Inamorato dos Santos, A. MOOCs in Europe: evidence from pilot surveys with universities and MOOC learners. https://ec.europa.eu/jrc/sites/jrcsh/files/JRC%20brief%20MOOCs_JRC101956.pdf, 2016-12-23/2020-03-06.

1. 基础设施建设方面

基础设施建设水平是制约慕课发展的重要因素。根据 2019 年 11 月欧洲政策研究中心发布的《数字化终身学习准备指数》显示，德国的数字化基础设施水平低，网络和移动数据比大多数欧洲国家更贵，但信号却更差。德国的数字化准备总指数排名末位，在学习参与和成果上，排名第 16 位，在数字化学习、机构和政策上排名第 27 位，在数字化学习可用性上排名第 9 位。政策制定者虽然意识到了数字化的重要性，但在数字化基础设施建设上缺少远大追求。[1] 为了加强数字化基础设施建设，德国联邦内阁于 2018 年 8 月 1 日设立"数字化基础设施"特别基金，提供 100 至 120 亿欧元用于将现有网络替换为千兆光纤网络并实现其在全国范围内的全覆盖，尤其是农村地区。此外，特别基金还提供 50 亿欧元（中小学校数字化一揽子计划）用于建设和改善各中小学校的数字化基础设施，让学校能应对数字化带来的各种挑战。在"中小学校数字化一揽子计划"的资助下，到 2025 年，德国所有中小学校都能拥有数字化教学基础设施。

2. 课程版权与课程质量方面

课程版权与课程质量是制约慕课推广的重要因素。由于缺乏统一的标准，课程质量也参差不齐。有些高质量的课程，因为版权问题还产生了法律纠纷，而低质量的课程，给学习者选择造成了困难。对此，德国针对数据保护、知识产权、质量管理等问题，出台了较为明确的法律法规，联邦与各州政府也保持密切沟通，以确保促进、协调各方的合作。首先是课程版权的界定。根据德国《知识产权法》（UrhG）第 7 条和第 43 条的规定，视频课程的作者对该视频享有著作权。但若该视频制作属于作者工作范畴，则其所在单位对视频享有使用权。与美国法律不同，德国依据《数据保护条例》（DSGVO）的相关规定，慕课平台不能向第三方出售用户信息。其次是课程质量保障。2014 年，德国大学校长联席会议的政策报告中专门就慕课质量保障问题达成一致，认为应从教学法（Didaktisch）和学术（Wissenschaftlich）两个

---

[1] CEPS. Index of readiness for digital lifelong learning . https://www.ceps.eu/wp-content/uploads/2019/11/Index-of-Readiness-for-Digital-Lifelong-Learning.pdf, 2020 - 03 - 23 / 2020 - 03 - 25.

层面加强质量管理，对慕课平台的教学者引入同行评议，对学员采取问卷调查的方式，全面保障教学质量。

3. 学员课程参与方面

学员课程完成度问题是关乎慕课影响力与生命力的重要因素，也是衡量教学效果的关键指标。针对慕课较低课程完成度，为增强学习效果，德国有很多关于慕课课程完成度的研究，运用数据挖掘、调查访谈等多种研究方法进行分析，力图找到影响慕课课程完成度的深层次原因，把握在线学习行为及规律[1]。研究表明，课程完成度较低的原因主要有以下三类。

首先是学习动机的多样性。慕课学习的性质属于非正式学习，与传统高等教育机构的正式学习不同，慕课学习者有更加多样的学习动机，不同的学习动机决定了学习者不同的看待课程的角度和对完成课程的态度。威尔科夫斯基等人称，"有44.7%的受访学习者表示并无意完成课程，他们的目的仅是学习一门新技能，探索、发现自己感兴趣的内容，也有40.8%的受访学习者认为自己只是为了体验一下，观看学习视频，并无意完成全部课程"。[2] 这都是慕课完成率较低的重要原因。

其次是学习时间的保障性。大部分慕课学习者是大学生或职业进修人士，平时各种活动繁忙，学习时间紧张。由于慕课学习的非强制性，很难保障学习者的学习时间固定与恒定性。麻省理工学院和哈佛大学在关于17门edX课程的联合研究中也发现，大部分慕课学习者的流失发生在注册课程的初始阶段，平均有50%的学习者在注册一门课后的一两个星期之内就会退课，此后退课率急剧下降，一门课开课第二个星期退课率降至16%[3]。使学习者在几周之后仍然保持起初参与的热情，并保持他们的学习自觉性是慕课平台亟须解决的问题。

最后是学习内容的难易度。慕课课程多采用视频教学，教学内容与传统课堂无

---

[1] Meinel Christoph & Schweiger Stefanie. A Virtual Social Learner Community — Constitutive Element of MOOCs. *Education Sciences*, 2016, 6(3):22.
[2] Wilkowski, J., Deutsch, A. & Russel, D. Student Skill and Goal Achievement in the Mapping with Google MOOC. Proceedings of the L@S '14 First ACM Conference on Learning @ Scale Conference. Atlanta, GA, USA, 4–5 March 2014.
[3] Ho A D, Reich J, Nesterenko S O, et al. HarvardX and MITx: The First Year of Open Online Courses, Fall 2012-Summer 2013. http://papers.ssrn.com/abstract=2381263, 2014-01-21/2020-03-06.

本质差别，只是利用新技术改变了传统的教学方法而已。由于缺乏传统课堂中教师的监督及学业竞争的压力，学习者很难长时间保持高度集中的注意力。遇到疑难问题时，由于缺乏及时的指导与支持或因自身的数字操作与学习技能不足，常常选择放弃课程，使得课程完成度难以保证。

为了提高学员的课程完成度，各个慕课平台不断努力：一是增强在线学习的娱乐性，以游戏的形式和内容来提高在线学习者的学习兴趣。二是进行学习行为分析，通过分析在线环境中的学习者行为来改善教学质量。三是针对在线学习者的线下异质性开展新式教学，针对学习者不同的学习工作背景展开教学。

4. 高校管理改革方面

在高校管理改革方面主要涉及学员考核与证书颁发、学分认定与转换及课程质量管理等问题。

首先是学员考核与证书颁发。因为慕课学习者有可能来自全球各地，因此现场考试的方式肯定无法实现，往往只能获得课程参与证明，如何对学习者实施考核并获得证书，将会成为慕课供应商的盈利模式之一，也是高校值得探讨的领域。

其次是学分认定与转换。施尔（Scheer）教授认为，从长期发展来看，类似慕课这类的在线及社交媒体平台将会改变高校教育的结构。这对高校来说，也是新的成长契机。今后高校将对开放课程的学分予以承认，这是一个不可逆的趋势。但是如何认定，以何种标准认定与转换，是高校需要认真权衡的问题。良好的教学效果并不是单靠视频播放就能达到的，因此如何进行教学创新，做出更高质量、更开放的课程，赢得后续注册的学员，是推动慕课发展不可忽视的部分。第三方平台自主发布的慕课认证的转换则更为困难。汉堡大学教授罗尔夫·舒迈斯特（Rolf Schulmeister）认为，商业平台无法提供可靠的考试测评机制是第三方慕课平台证书难以与高校学分接轨的首要原因。[1] 对于学分及学位认证问题，德国联邦政府在2019年5月3日《关于网络课程证书认证问题的答复》[2] 中做出了一定说明："学

---

1 Universität Hamburg.Interview. MOOC – eine Bildungsrevolution. https://www.uni-hamburg.de/newsletter/februar-2014/mooc-eine-bildungsrevolution-interview-zu-massive-open-online-courses-mit-prof-dr-rolf-schulmeister-und-dr-frank-hoffmann.html, 2014-02-01/2020-03-06．
2 Bundestag. Antwort der Bunderegierung zur Anerkennung von Zertifikaten von Onlinekursen. http://dip21.bundestag.de/dip21/btd/19/098/1909876.pdf, 2019-05-03/2020-03-06．

分及学位认证属高校及高校所在联邦州自治事务范畴……以北威州的《高校法》（HG）为例，依据其第63a条第一款规定，转换学分或证书认证仅限于在国家认证的高等教育机构间进行。该条款同样适用于网络课程或证书。"因此，在德国高校自制的慕课，原则上可以在本校或他校转为学分。实际操作中，大部分此类慕课（如OPCO12、SOOC1314等）要求学生额外参加校方组织的线下考试、讨论课或提交论文，才能获取学分[1]。

（陈正 国家教育行政学院）

参考文献

[1] 陈正. 德国高校MOOCs教育利弊得失的经验与启示[J]. 高校教育管理, 2015, 9(3).

[2] Bershadskyy, Dmitri. Bildungsfreiheit oder Geschäftsmodell. Moocs fordern die Hochschulen heraus[EB/OL].https://www.pedocs.de/volltexte/2015/10729/pdf/E_Learning_2013_Bershadskyy_Bremer_Gaus_Bildungsfreiheit_als_Geschaeftsmodell.pdf, 2014-07-01/2020-03-06.

[3] BMBF. MOOCs auf MOOIN: Bildung für alle[EB/OL].https://de.slideshare.net/anjalorenz/moocs-auf-mooin-bildung-fr-alle-72899824, 2017-03-03/2020-03-06.

[4] Bundesrat.Unterrichtung durch die Europäische Kommission [EB/OL]. http://dipbt.bundestag.de/dip21/brd/2013/0709-13.pdf, 2013-09-26/2020-03-06.

[5] Castaño Muñoz, J., Punie, Y. & Inamorato dos Santos, A. MOOCs in Europe: evidence from pilot surveys with universities and MOOC learners[EB/OL]. https://ec.europa.eu/jrc/sites/jrcsh/files/JRC%20brief%20MOOCs_JRC101956.pdf, 2016-12-23/2020-03-06.

[6] Chuahan, Jyotti et al. Enhancing MOOC with Augmented Reality. Adaptive Learning and Gamification [EB/OL]. https://www.researchgate.net/publication/282798098_Enhancing_MOOC_with_Augmented_Reality_Adaptive_Learning_and_Gamification, 2015-10-21/2020-03-06.

[7] Deutsche UNESCO-Kommission.OER-Award für den COER[EB/OL]. https://www.unesco.de/bildung/bildung/oer-award-fuer-den-coer13, 2016-04-08/2020-03-06.

---

1 Arbeitspapier Nr. 34 des Hochschulforums Digitalisierung. Digital anerkannt – Möglichkeiten und Verfahren zur Anerkennung und Anrechnung von in MOOCs erworbenen Kompetenzen. https://www.uni-greifswald.de/storages/uni-greifswald/2_Studium/2.1_Studienangebot/2.1.4_Qualitaet_in_Studium_und_Lehre/interStudies/InterStudies_2_Digitalisierung_in_der_Hochschullehre/HFD_AP_34_Digital_Anerkannt.pdf, 2018-06-29/2020-03-06.

[8] Doyé, Thomas. Lernerfolge durch online-unterstütztes Selbststudium in der Weiterbildung – Ergebnisse einer vergleichenden Studie des IAW[A]. Doyé, Thomas (Hrsg.): Hochschule digital?! Praxisbeispiele aus berufsbegleitenden und weiterbildenden Studienangeboten[C]. BMBF, 2017.

[9] Dreisiebner, Stefan et al. Kosten und Wert von MOOCs am Beipiel von iMooX[EB/OL]. https://www.researchgate.net/publication/266382700_Kosten_und_Wert_von_MOOCs_am_Beispiel_der_Plattform_iMooX, 2014-10-02 / 2020-03-06.

[10] Europäische Kommission.EU-Kommission will mit Initiative „Die Bildung öffnen" Innovationen und digitale Kompetenzen in Schulen und Hochschulen fördern[EB/ OL]. https://ec.europa.eu/commission/presscorner/detail/de/IP_13_859, 2013-09-25 / 2020-03-06.

[11] Ho A D, Reich J, Nesterenko S O, et al. HarvardX and MITx: The First Year of Open Online Courses, Fall 2012-Summer 2013[EB/ OL]. http: //papers.ssrn.com/ abstract=2381263, 2014-01-21 / 2020-03-06.

[12] Hüther, Otto et al. Massive Open Online Courses after the Gold Rush: nationale und internationale Entwicklungen und Zukunftsperspektiven[EB/ OL]. https://www.repo.uni-hannover.de/bitstream/handle/123456789/9831/MOOC_Report_final.pdf?sequence=1&isAllowed=y, 2020-04-17 / 2020-05-06.

[13] Ideenwettbewerb. Entwicklung von Lernangeboten zum Thema Künstliche Intelligenz. KI-Campus [EB/OL]. https://www.ki-campus.org/sites/kic/files/ki-campus_ideenwettbewerb_ausschreibung.pdf, 2019-12-01 / 2020-03-06.

[14] Jadin, Tanja & Gaish, Martina.Enhanced MOOCs (eMOOCs). Eine soziokulturelle Sichtweise auf die aktuelle MOOC-Landschaft[A].Rummler, Klaus (Hrsg.): Lernräume gestalten – Bildungskontexte vielfältig denken[C]. Münster u.a. : Waxmann. 2014.

[15] Jungermann, Imke. & Wannemacher, Klaus. Innovationen in der deutschen Hochschulbildung: Massive Open Online Courses an den deutschen Hochschulen. Institut für Hochschulentwicklung. Deutsches Zentrum für Hochschul-und Wissenschaftsforschung[EB/OL]. https://www.e-fi.de/fileadmin/Innovationsstudien_2015/StuDIS_15_2015.pdf, 2015-02-26 / 2020-03-06.

[16] Leuphana Digital School. Digitale Lernprozesse im Kontext der Flüchtlingskrise[EB/OL].https://www2.daad.de/medien/veranstaltungen/lt/2015/dok/ag_5_seyfarth.pdf, 2015-11-11 / 2020-03-06.

[17] Leuphana University Lüneburg. MOOC List[EB/OL].https://www.mooc-list.com/university-entity/leuphana-university-lüneburg, 2014-11-27 / 2020-03-06.

[18] Meinel Christoph & Schweiger Stefanie. A Virtual Social Learner Community — Constitutive Element

of MOOCs[J]. *Education Sciences*, 2016, 6(3).

[19] Möller et al. TU 9-MOOC Communication Acoustics: Erste Erfahrungen[EB/OL].https://www.tum.de/fileadmin/w 00 bfo/www/MOOCs/TU 9-MOOC_Communication_Acoustics__Erste_Erfahrungen, 2017-03-09/2020-03-06.

[20] Ng, Andrew & Widom Jennifer. Origins of the modern MOOC[EB/OL]. http://www.robotics.stanford.edu/~ang/papers/mooc 14-OriginsOfModernMOOC.pdf, 2014-05-01/2020-03-06.

[21] SeyfarthDigitale, Felix C. Lernprozesse im Kontext der Flüchtlingskrise: Angebote der Leuphana Digital School[EB/OL].https://www 2.daad.de/medien/veranstaltungen/lt/2015/dok/ag_5_seyfarth.pdf, 2015-11-11/2020-03-06.

[22] Siemens G. What is the Theory that Underpins Our MOOCs[EB/OL]. http://www.elearnspace.org, 2014-11-02/2020-03-06.

[23] Stump, Katrin. Kooperation unter dem Dach einer starken Marke. Die Zusammenarbeit der Bibliotheken der TU 9[A]. Bonte, Achim; Rehnolt, Juliane (Hrsg.): Kooperative Informationsstrukturen als Chance und Herausforderung[C]. Berlin/Boston: Walter de Gruyter, 2018.

[24] Universität Hamburg. Interview. MOOC – eine Bildungsrevolution[EB/OL]. https://www.uni-hamburg.de/newsletter/februar-2014/mooc-eine-bildungsrevolution-interview-zu-massive-open-online-courses-mit-prof-dr-rolf-schulmeister-und-dr-frank-hoffmann.html, 2014-02-01/2020-03-06.

[25] Wilkowski, J., Deutsch, A. & Russel, D. Student Skill and Goal Achievement in the Mapping with Google MOOC[A]. Proceedings of the L@S '14 First ACM Conference on Learning @ Scale Conference[C]. Atlanta, GA, USA, 4–5 March 2014.

[26] Wittke, Andreas. Mooin – Die nördlichste MOOC-Plattform der Welt? [EB/OL].http://www.einfachgutelehre.uni-kiel.de/allgemein/mooin-die-noerdlichste-mooc-plattform-der-welt/, 2015-07-20/2020-03-06.

《世界慕课发展报告》

意大利

【摘　要】慕课2012年在美国兴起，是对传统教学方式的变革，是一场颠覆性的创新，在全球各大高校及教育机构得到越来越多的关注。慕课在意大利的兴起和发展也推动了意大利的教学改革，加强了高校间的资源合作。本文从意大利在线教育发展的历史说起，介绍了意大利国内较为重要的慕课平台以及慕课课程的建设、管理、质量监控体系等。最后，总结了意大利慕课的总体特色以及面临的机遇和挑战。

一、意大利慕课行业发展历史与路径

1. 意大利高等教育概况

意大利位于欧洲南部，国土面积约 30 万平方公里，人口约 6000 万。意大利是文艺复兴的发源地，共拥有 54 个联合国教科文组织认定的世界文化遗产，是全球拥有世界文化遗产第二多的国家。

意大利教育部官方统计表明，全国共有高校99[1]所，其中公立大学68所，非公立大学 31 所，在校学生共 172 万余名。众多高校闻名世界：成立于 1088 年的博洛尼亚大学，是世界上第一所大学，有"大学之母"的美誉；米兰理工大学、都灵理工大学、米兰博科尼大学等也久负盛名。意大利艺术、设计、时尚等领域的教育水平在世界范围内处于领先地位。

意大利高等教育在类型和体系上都具有多样化的特点。在类型上，一类是大学文凭课程，主要由综合性大学开设；另一类为非大学文凭课程，通常指音乐、艺术、语言以及高等职业技术等方向的专业培训。而在体系上，则分为本科、硕士和博士

---

1 该数据来源于意大利教育部官方网站数字，https://www.miur.gov.it/, 2020-04-28.

三个学历层次。

从 20 世纪 60 年代起，意大利高等教育开始持续改革和转型，"随着欧洲一体化进程的推进，意大利成为博洛尼亚进程[1]的重要发动者和参与者"。[2]直到 1999 年的改革才使得意大利的教育体系与欧盟体系保持一致，"3+2"的学制在意大利大学得以确立。

2. 意大利在线教育发展

2.1 在线教育前期：远程教育

意大利的远程教育由来已久。20 世纪中叶，许多机构、学校等就通过邮寄学习资料的方式进行远程教育，到 20 世纪六七十年代，磁带、录像带的普及使远程教育进入了音像时代，20 世纪八九十年代卫星传输技术进一步发展，电视作为重要媒体出现在远程教育中，电视直播课堂成为知识传播的重要方式之一。远程教育的积极开展给学习者创造了新的学习机会和发展空间，是机构教育的有力补充，对在线教育的启动和普及起到了十分重要的铺垫作用。

2.2 在线教育起步发展时期：高校在线教育

2000 年，欧盟 15 国首脑在里斯本召开会议，一致认为欧洲应鼓励创新、大力推动信息通信技术的应用与发展，探索面向知识经济的下一代创新，确立了"2010 年欧盟要以知识为基础"的战略目标。

在整个欧洲战略发展理念以及科技创新发展的带动下，2002 年，意大利创新与技术部签署了行政管理领域开放相关软件使用权限的法令；2003 年，意大利卫生部启动了卫生从业人员的远程在线培训，紧接着高等教育领域也跟进，颁布了有关推进远程信息大学建设的莫拉蒂—斯坦卡（Moratti-Stanca）法令。

2004—2006 年，意大利先后建立了 10 所远程信息大学（见表 1），专门从事数字

---

1 博洛尼亚进程(Bologna Process)：是29个国家于1999年在意大利博洛尼亚提出的高等教育改革计划，该计划的目标是整合欧盟的高教资源，打通教育体制。"博洛尼亚进程"的发起者和参与国家希望：到2010年，欧洲"博洛尼亚进程"签约国中的任何一个国家的大学毕业生的毕业证书和成绩，都将获得其他签约国家的承认，大学毕业生可以毫无障碍地在其他欧洲国家申请学习硕士阶段的课程或寻找就业机会，实现欧洲高教和科技一体化，建成欧洲高等教育区，为欧洲一体化进程做贡献。
2 张乐. 意大利高等教育发展的特点及其对中国的启示. 科技咨询，2018，(22): 152.

在线教育。

表1　意大利远程大学名单[1]

学校名称	成立时间（年）
罗马马可尼远程信息大学 Università telematica Guglielmo Marconi di Roma	2004
罗马乌尼德尔玛远程信息大学 Università telematica Unitelma Sapienza di Roma	2004
德雷维齐亚达芬奇远程信息大学 Università telematica non statale "Leonardo da Vinci" di Torrevecchia Teatina (CH)	2004
佛罗伦萨意大利大学在线远程信息大学 Università telematica "Italian University line" di Firenze	2005
罗马乌尼内都诺国际远程信息大学 Università telematica internazionale UNINETTUNO di Roma	2005
诺维德拉特"校园在线"远程信息大学 Università telematica "e-Campus" di Novedrate (CO)	2006
罗马尼考拉库萨诺远程信息大学 Università telematica Niccolò Cusano di Roma	2006
罗马"圣拉斐尔"远程信息大学 Università telematica "San Raffaele" di Roma	2006
贝内文特"齐乌斯迪诺弗杜纳多"远程信息大学 Università telematica "Giustino Fortunato" di Benevento	2006
那不勒斯"佩卡索"远程信息大学 Universita telematica "Pegaso" di Napoli	2006

值得注意的是，上表中所列的远程信息大学均为"非公立"大学，在意大利大学中占比达到了10%（如图1所示）。由此可见，意大利的高校在线教育虽然得到了蓬勃发展，但政府在"在线教育"方面的投资并不多。

---

[1] 参见https://www.miur.gov.it/，2020-04-28。

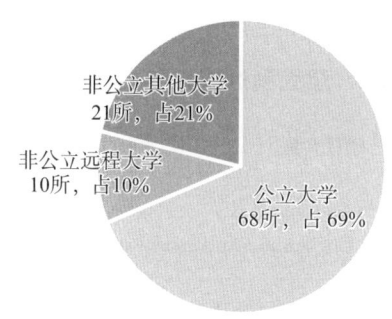

图 1　意大利大学类别、数量及占比

2.3 在线教育蓬勃发展时期：慕课时代

《纽约时报》称 2012 年为"慕课元年"，慕课在国际教育界引发了一场"海啸"。这种教育的规模化和全球化，拓展了传统高等教育的知识传授链，迅速在国际上推广开来，世界高等教育教学模式随之发生了重大变革。

在全球慕课大发展的积极影响下，意大利高校纷纷跟进，意大利慕课在 2014 年蓬勃发展，这种现象从一定程度上促进了高质量教育资源的普及和共享，但各个高校推出的慕课，其教学理念与教学方法各有不同，学生是否能够有效学习，课后评估的方式是否合理等问题均没有客观、科学、统一的标准去检验指导。

2017 年 4 月，"意大利大学校长联合会[1]"牵头制定了《意大利慕课计划》，该计划提出了意大利高水平慕课应达到的具体目标和要求，对慕课的定义、质量、评估手段、相关大学课程学分认定等做出了十分详尽的规定和说明。这一纲领性文件的制定和推出，对意大利慕课的高水平建设、规范性评估起到了积极的推动作用，保证了意大利慕课的课程质量。

3. 意大利慕课发展的原因

慕课在意大利取得快速发展的原因主要有以下三个方面：

（1）从技术层面来看，全球范围的信息技术发展引发了网络革命。web2.0 时代的到来使得网络的使用者同时成了网络资源的创造者，为开发新的网络界面，打造

---

1 意大利大学校长联合会(CRUI)：1963年成立私立大学校长联合会，2007年起公立大学和私立大学同时入会，现共有84所会员大学，旨在推行大学自治及资源共建共享。

新的网络平台提供了保证，使得个性化的慕课有了发展的平台，意大利的慕课发展自然也得益于互联网领域的这一重大的进步。

（2）从社会大背景来看，《欧洲2020计划》把"终身学习计划"作为教育战略的重要组成部分。在倡导"终身学习"理念的大背景下，各个大学及培训机构为吸引更多的学习者，纷纷降低选课门槛，并推出实用性强的课程，以满足不同年龄、不同职业的学习者的需求。

（3）从学习者角度来看：处于数字信息时代的年轻人的学习习惯发生了巨大转变，他们更习惯于接受多媒体数字化的学习方式。慕课学习没有时间空间等客观条件的限制，能满足年轻人新的学习方式的需求，得到了他们的认可和青睐。

二、意大利慕课行业现状与分析

1. 政策与制度

在欧洲"反思教育"(Rethinking Education) 集体计划[1]中，明确指出数字科技在教育领域的重要性，强调数字科技的参与可以提高教育质量，加强校际合作，为大学之间整合共享教育资源提供平等的机会，不仅有利于促进博洛尼亚进程及继续教育目标的实现，还有利于发展教育的国际化、个性化及联合教学，让教师和学生成为学习资料的共同创造者。

2013年欧盟委员会发布了一个旨在推进教育信息化和开放教育（Opening up Education）[2]的行动计划，增加对开放教育资源（Open Educational Resources，OER）的应用。然而，从政府层面看，欧盟诸国对该计划的响应并不积极：斯洛文尼亚制定了用于本国高等教育的"斯洛文尼亚开放计划"，法国的"法国数字大学慕课网"公共平台取得了实质性的进展，而其他欧盟国家均没有出台相关政策和计划。

2010年，意大利大学校长联合会与意大利作者与出版协会（SIAE[3]）联合完成一

---

1 参见https://eur-lex.europa.eu/legal-content/EN/TXT/?qid=1389776578033&uri=CELEX:52012DC0669，2020-04-28．
2 参见http://www.openeducationeuropa.eu/it，2020-04-28．
3 SIAE: Società Italiana degli Autori ed Editori.

项关于"开放教育资源"的调查。调查表明，仅有 14% 的意大利大学具有共享数字资源，而这些大学当中仅有 5% 的学校开设了开放课程，有 28% 的大学授权校外共享本校资源。而 90% 的意大利大学在调查中都声明，愿将本校教学资源进行在线共享。

2011 年，大学校长联合会下设的"开放获取与开放资源（OA-OER）"分会组织进行了另一项调查，该调查旨在了解意大利教育系统关于"开放资源"的使用程度。参与调查的 50% 的大学表示具有开放资源的基础，但从未进行过开放资源实质性利用的实践。65% 的大学表示，已经启动了开放资源建设的计划。而大部分具有开放资源的大学也仅仅向本校学生开放使用，也有一些教师或科研团体将资源分享给校外人员，但不是通过稳定系统的方式，而是比较随意零散地分享如文本、影像及评价测试等内容。这些在校内外开展开放资源分享工作的学校和机构无疑走在了意大利在线教育的前列。

可以看出，意大利大学校长联合会在统计及整合"开放资源"的工作中做出了很多努力，然而，意大利教育管理部门并没有出台相关政策和法规，也没有对该领域工作进行统一的安排和部署。

2. 联盟与项目

在大学校长联合会的调查过去几年后，意大利的情况发生了根本性的变化。一些意大利的大学自发联合形成联盟，并建立网络平台，开始陆续推出慕课，这些课程有些适用于大学教育，有些则是用于专门的职业培训和继续教育。

2.1 EDUOPEN 项目

EDUOPEN 是八所意大利大学联合组成的联盟项目，这八所学校是巴里理工大学、巴里阿尔多摩罗大学、费拉拉大学、福贾大学、热那亚大学、摩德纳艾米利亚大学、帕尔马大学和萨勒托大学。联盟委托福贾大学协调管理，建设公共慕课平台，并拟定学分认定章程。

2.2 RUIAP 项目

RUIAP 是一个致力于推进继续教育的大学联盟项目，由 30 个意大利大学联合建立，专门从事基于大学层面的继续教育的推广，成立了网络"继续教育学习大学"，并最终归属于欧洲继续教育大学网（The European University Continuing Education Network，EUCEN）。

2.3 EMMA 项目

EMMA 项目 2014 年由那不勒斯费德里科二世大学组织发起，共有七所大学加入，其中包括三所开放大学（加泰罗尼亚开放大学、荷兰开放大学和葡萄牙开放大学）与四所公立大学（那不勒斯费德里科二世大学、勃艮第大学、塔林大学和瓦伦西亚理工大学）。该项目拥有欧洲一流的科研和技术能力，旨在打造多语种、跨文化的高水平慕课平台。

2.4 OER UP 项目

2014 年启动的 OER UP 计划旨在优化线上资源，帮助成人教育机构建设线上资源，设计成人网络教育教学实践活动。该计划推出全网首门"意大利语开放教育资源"课程，打破了开放教育领域中以英语授课为主的传统局面，有利于线上开放教育、慕课资源等在意大利成人继续教育领域的传播和推广。

3. 慕课平台

3.1 国际平台

在意大利比较知名的国际慕课平台有 edX、Coursera、Udacity、FutureLearn、Iversity 和 EMMA 等。

表 2　意大利国际慕课平台汇总表

平台名称	建立时间	建立者 / 建立地	说明
edX	2012 年	哈佛大学与麻省理工学院	课程全免费，学生缴纳一定的注册费用
Coursera	2012 年	Daphne Koller 教授 Andrew Ng 教授	免费听课，证书付费

（续表）

平台名称	建立时间	建立者/建立地	说明
Udacity	2012年	Sebastian Thrun 教授 Peter Norvig 教授	免费开课，完成课程学习需缴费（包月）
FutureLearn	2012年	英国米尔顿凯恩斯开放大学	145所学校加盟
Iversity	2013年	柏林	欧洲首个慕课平台，并在欧洲承认学分
EMMA	2015年	那不勒斯费德里科二世大学等七所大学联合建设	免费开放，部分课程承认学分

目前，罗马第一大学和米兰博科尼大学与 Coursera 合作，发布课程资源。Coursera 是大型公开在线课程项目，由美国斯坦福大学两名计算机科学系教授创办，旨在同世界顶尖大学合作，在线提供网络公开课程。Coursera 的首批合作院校包括斯坦福大学、密歇根大学、普林斯顿大学、宾夕法尼亚大学等美国名校。罗马第一大学和米兰博科尼大学能在 Coursera 这个高端平台发布课程，足以显示这两所意大利名校的综合实力。

意大利国际远程大学（Uninettuno）则选择 OpenupEd 平台，该平台是由欧洲11个国家联合推出的慕课网站，是第一个"泛欧大规模在线开放课程计划"，得到了欧洲委员会的大力支持。

EMMA 是一个在教学方式创新上取得巨大成功的平台，它整合了来自欧洲不同机构、不同院校的教学资源。一般的慕课国际平台往往只是单一院校权威品牌推广的平台，而 EMMA 以它灵活开放的做法实现了多机构、多语种、多文化的课程实践，平台独特的专题设置也使得课程内容具有个性化，EMMA 打造出了欧洲高等教育领域高质量的在线品牌。

3.2 国内平台

（1）EduOpen 平台[1]

该平台于2016年4月21日建成，现有巴里工学院、巴里阿尔多摩罗大学、波尔扎诺自由大学、卡塔尼亚大学、费拉拉大学、福贾大学、热那亚大学、马尔凯理

---

[1] 参见 https://learn.eduopen.org/, 2020-04-28.

工学院、摩德纳艾米利亚大学、米兰大学、威尼斯大学、帕多瓦大学、罗马卢姆萨大学、萨勒托大学、大学继续教育网等17个会员单位加入。

平台主要工作目标有以下几点：

第一，推出一系列慕课课程实现教学创新，联盟内各所学校均承认学分；

第二，通过英语课程实现国际化目标，与其他国家签约学校实现学分互认，进入国际慕课领域；

第三，进行教育教学改革的实践，在意大利推广普及开放教育资源，研究在线学习评价体系，规范评分标准；

第四，对有意进行开放课程实践的机构和教师进行技术培训。

目前，该平台开设有人文科学、信息学、管理学、医学、社会科学、科技、设计及工程学专业的课程276门，大部分采用意大利语授课，也有少量法语及英语授课的课程，学习者人数约14万人。

（2）PoK平台[1]

该平台于2014年6月由米兰理工学院建成，平台课程类型多样，不仅向学习者提供大学及研究生阶段的慕课课程，还有适合普通市民学习的职业培训课程。

平台把慕课课程按学习者类型分为六大类，即职业教育课程、研究生阶段课程、市民课程、科研人员课程、教师课程以及本科阶段课程。平台共有60门课程上线，涵盖商业、经济、人文、地球科学、建筑学、教育学、物理、数学等学科，在这些课程当中用英语讲授的共有46门，用意大利语讲授的有14门。

（3）UNIBOOK平台[2]

该平台于2017年由博洛尼亚大学建成，使用Pok平台技术，向学习者提供12门在线开放课程。平台现有7门"软技能"课程，2门大学阶段课程，2门现代语言课程和1门欧洲计划课程。

平台创办目的是为了在数字时代运用数字科技技术提升教学质量，优化学习体验。通过发布一系列"软技能"课程，提升学生横向竞争力与"软技能"。

---

[1] 参见https://www.pok.polimi.it/，2020-04-28.
[2] 参见https://book.unibo.it/，2020-04-28.

（4）Federica.eu 平台[1]

该平台是在 2007 年的 e-learning Federica Web Learning 平台基础上升级改造而成，是那不勒斯费德里科二世大学的在线资源平台，免费开放，是由主张"政教分离"的大学建立的数字平台，面向全社会提供高质量的各类专业课程。

平台现有混合式课程 300 多门，慕课课程 100 多门，点击量超 500 万次，成为提供文本、视频等在线数字学习资源最重要的网站之一。

（5）We School 平台[2]

除了上述规模较大的平台，意大利国内还有私人机构推出的慕课平台，We School 就是其中之一，We School 由马尔科德罗西联合意大利电信公司、数字俱乐部等机构共同成立，目前加盟的合作伙伴还有百味来（Barilla）、迪亚哥（Deagostini）、意大利移动电信（Tim）、三星电子（Samsung）、扎尼切利出版集团（Zanichelli）等大型集团，米兰圣心大学和意大利外交部也在平台合作机构名单当中。

该平台主要服务于高中阶段的学习者，为其提供数字学习课程，为教师进行线上教学改革提供资源。网站数据显示，全意大利有 17% 的高中教师在该平台注册账号，超过 200 万高中生在该网站学习，平台提供的课程总共 30 门，涵盖网络信息、社会政治、文学历史、哲学心理、外语艺术等门类。

4. 课程介绍

4.1 课程总览

4.1.1 数量及门类

意大利慕课从 2013 年开始兴起，各大高校及机构在各大平台积极推出各类专业类型的课程，慕课课程数量一直呈上升趋势（见图 2）。2013 年只有 18 门，2019 年慕课总数达到 500 多门。

---

[1] 参见 https://www.federica.eu/, 2020-04-28.
[2] 参见 https://www.weschool.com/, 2020-04-28.

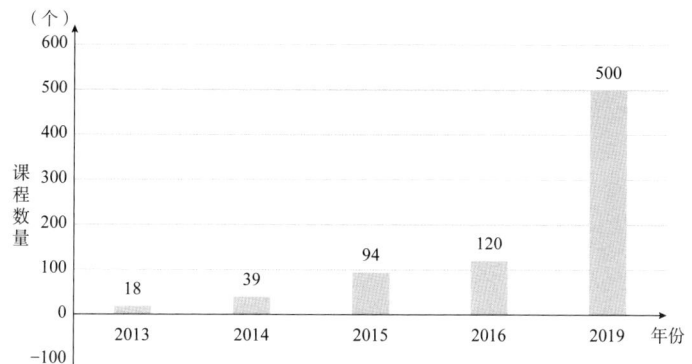

图 2　意大利慕课数量增长情况统计表

意大利慕课主要集中在 EduOpen、PoK、UNIBOOK、Federica.eu 和 We School 等几个大平台上。课程分布情况如图 3 所示：

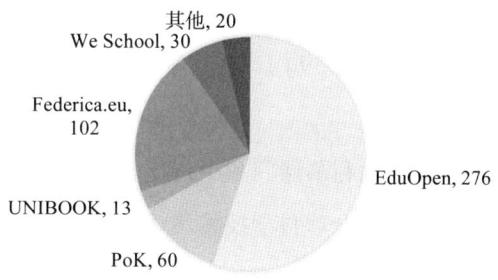

图 3　意大利慕课平台及对应的课程数量分布图

意大利慕课涵盖领域广泛，社会科学、数学、医学、艺术等门类齐全，以慕课门数最多的 EduOpen 和 Federica.eu 为例，专业方向及课程数量统计见图 4。

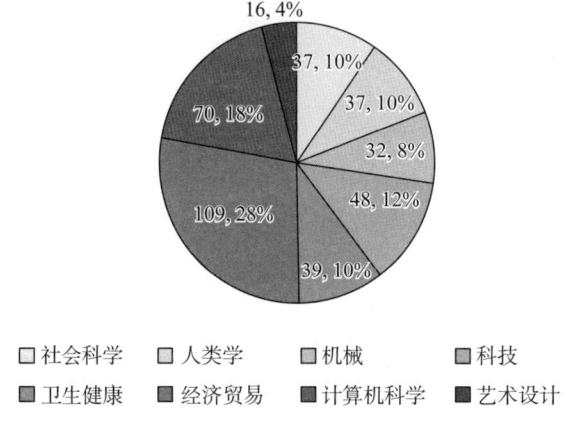

图 4　EduOpen & Federica.eu 平台慕课门类及占比分布图

由上图可知，两大平台共开设课程 388 门，占意大利全国慕课总数的 78%。课程门类分为社会科学、人类学、机械、科技、卫生健康、经济贸易、计算机科学和艺术设计 8 个方向。其中，经济贸易类 109 门，占课程总数的 28%；计算机科学 70 门，占课程总数的 18%；排在第三位的是科技类课程，48 门，占课程总数的 12%；紧随其后的是卫生健康类课程，共 39 门，占课程总数的 10%；社会科学、人类学、机械及艺术设计类课程排名靠后。

从课程构成比例来看，意大利慕课门数中占比较大的为经济贸易类、计算机科学、科技类以及医学类课程。在全球科学技术飞速发展的今天，计算机等相关知识更新频繁，慕课的学习给网络电子、高新技术等领域的从业人员提供了继续学习的资源，使学习者加快自身知识更新，具有更强的竞争力。医学在意大利属于整体学习难度较大、毕业率偏低的学科，慕课的学习也能从一定程度上弥补线下学习的不足，起到进一步巩固知识的作用。综上，我们可以看出，意大利的慕课是完全顺应学习者需求而设计的，完全符合市场规律。但是，意大利全球著名的艺术类学科却少有慕课出现，这应该与艺术类专业的教学特点有关，线下教学的效果更加明显、直观。

4.1.2　课程建设

意大利的慕课建设是以学校或研究机构为单位，各自牵头组织，建立团队，设计建设慕课，课程建成后在该大学平台或大学参与的联盟平台发布课程，课程教学团队管理课程运营的具体事务。

意大利大学校长联盟对 9 所开设慕课的大学进行了相关调查，结果显示：

（1）在课程建设人员配备方面（见图 5）：9 所大学共建设慕课 33 门，参与慕课建设工作的专业人员共 148 名，其中在线课程设计师 17 名（校内 8 名，校外 9 名）；教师 90 名（校内 67 名，校外 23 名）；技术人员 26 名（校内 12 名，校外 14 名）；其他人员 15 名（校内 5 名，校外 10 名）。

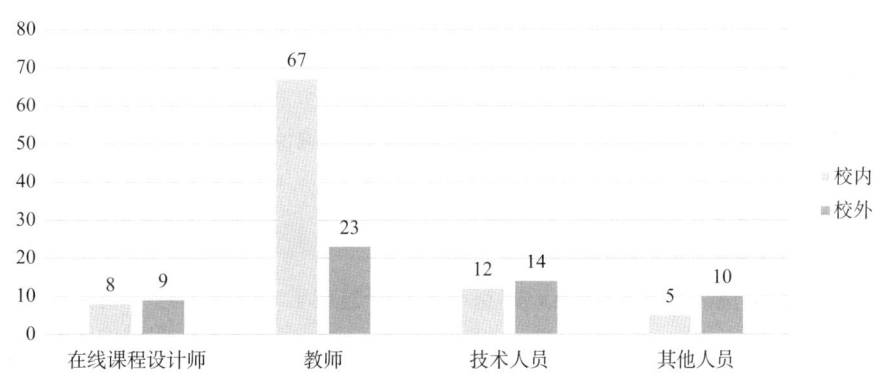

图 5　9 所大学慕课建设人力投入数量统计图

（2）在课程建设的资金使用方面：表 3 显示的是接受调查的 9 所学校建设一门慕课所花费的平均费用。

表 3　意大利慕课经费统计表（单位：欧元）

学校名称	技术投入	人力投入	教学资料	平台	其他	总计
米兰博科尼大学	10,000	40,000	0	0	1000	51,000
罗马第一大学	15,000	45,000	10,000	0	0	70,000
卡塔尼亚大学	2000	1000	0	0	500	3500
福贾大学	5000	5000	2000	500	0	12,500
罗马托维尔加达大学	500	1500	100	100	0	2200
乌尔比诺大学	1000	0	0	0	0	1000
帕多瓦大学	1500	35,000	0	0	0	36,500
那不勒斯费德里科二世大学	15,000	5000	4000	0	0	24,000
费拉拉大学	5500	36,160	5840	14,500	48,800	110,800

可见，意大利各个大学建设慕课的成本有很大差别，有自主平台的学校支出明显减少，同时各个学校在技术、人力及教学资料投入的成本上也各有高低。

4.1.3 质量标准

由于课程建设及运行由不同大学及不同平台来完成，为了进一步统一规范、加强管理，意大利大学校长联合会于 2017 年发起并编写了《意大利慕课计划》[1]（以下简称《计划》），明确了意大利慕课的质量标准。

该计划明确规定慕课对照考查的标准有以下六个方面：

（1）慕课结构和教学大纲

要求结构完整，并对课程情况有完整介绍，要明确课题、课程描述、学习时间、学习目标、使用语言、证书类型及学分获得情况。

（2）教学资料

教学资料中视频至少占 60%，并保证学习资料在学习平台不用下载就能直接观看，符合视听质量要求，可在多种终端使用，兼容 Mac、Unix/Linux 和 Windows 系统，视频时长 3—15 分钟，有补充资料和参考书目等。

（3）在线教学活动

在线教学活动的学习时间、期限等要有明确的描述和说明，教学手段应符合教学目标的要求，并明确指出考核内容。

（4）学习评价

明确测试形式与评判标准，明确测试的有效时间，明确考查结果与获得的课程证书之间的关系。

（5）指导和交流

单门慕课和学习系统都应有完整的学习指导，明确课程助教的联系方式，以保证快速解决问题，保证教学活动正常进行。助教在课程运行的关键节点如开课、结课、讨论区有回复等应发邮件提醒学习者，维护讨论区，结课时应发放满意度调查表，课程运行有变化时应通知学习者。

（6）学习管理系统

能通过网页打开，有匹配主流电脑系统及移动设备的客户端，符合国际质量（ISO）及意大利标准，允许手提电脑查询及学习，允许注册用户使用，平台内易浏

---

[1] 意大利慕课计划 (Progetto Moocs Italia). https://www.crui.it/images/1-_LineeGuidaMOOCsItalia_aprile 2017.pdf, 2020-04-28.

览，允许学习者和助教及教师间的互动，允许学习者在慕课开课之前注册，提供已完成任务的提醒信息，有信息反馈机制。

4.2 面向对象

4.2.1 学习者身份

在意大利，除大学生外，慕课学习者中还包括职业培训学习人员、进修人员、企业员工、"终身学习者"、中学生等。

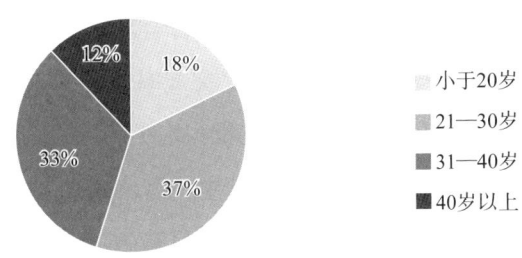

图 6　意大利慕课不同年龄段学习者人数占比图（按年龄统计）[1]

图 6 是根据费拉拉大学、米兰博科尼大学、米兰理工学院、那不勒斯费德里科二世大学和罗马第一大学等学校的平台数据综合统计得来，从图中可知，最大的慕课学习群体的年龄为 21—30 岁，大学生居多；紧随其后为 31—40 岁，这个年龄段通常应为进修人员；小于 20 岁的学习者占总数的 18% 左右，而超过 40 岁的学习者约占总数的 12%。

4.2.2 学习者动机

从学习者年龄及身份来看，意大利慕课学习者主要集中在 21 到 40 岁的年龄段，以大学生及社会工作者为主。其内部动机应是基于本身对某个学科具有的学习兴趣，希望通过慕课学习来改善和提高自己在相关学科的知识水平；而外部动机则来自社会的需求，知识水平和专业素养的高低直接决定了个体在社会中的竞争力，学习者希望通过慕课学习来强化自己的专业知识，提升自身工作能力与综合素质。

---

[1] 参见https://www.researchgate.net/publication/280087203_MOOCs_MASSIVE_OPEN_ON-LINE_COURSES_Prospettive_e_Opportunita_per_l'Universita_italiana, 2020-04-28.

5. 管理认证

5.1 学习完成度

以 EduOpen 平台为例,平台上最短的课程学习时长为 6 小时,最长的课程学习时长为 40 小时,学习周期从四周到七周不等,慕课完成率从 1% 到 60% 不等。注册学习者当中有 90% 至少学习观看了一个课程视频;大部分课程的完成率在 16%—23% 之间,文学类课程的完成率相对较高,有的课程达到了 90%—95%。慕课完成学习人数与注册人数不符,课程通过率不高的情况普遍存在。

以"康复医学基础"为例,共有 317 名学习者注册,有 186 人开始了学习,只有 73 人完成学习任务并获得课程证书,完成率仅为 39.2%。平台数据还显示,在开始学习的 186 人中只有 137 人完成了第一周的学习,参加了第一阶段测试。在 137 人中有 105 人开始了第二周的学习,其中 96 人完成了学习任务。第三周有 85 人开始学习,78 人完成学习任务,而最后一周只有 76 人完成了学习,其中 73 人通过了课程测试并获得了证书[1]。

5.2 学习证书

意大利慕课平台目前发放给学习者的学习证书主要分为以下两类:

(1)学习证明

目前在各大慕课平台注册学习均免费,学习者课后测试准确率达到 60%—70% 的,均可获得学习证明。

(2)结业证书

各平台发放结业证书有不同的规定,结业证书一般要收费,比如要获得 EduOpen 平台的结业证书须付费 75 欧元,而获得 Federica.eu 平台的结业证书则要缴纳 60 美元的费用。

5.3 学分认定

大学校长联合会发布的《慕课计划》中明确指出:慕课学分的认定应遵守 2013

---

[1] 参见 https://boa.unimib.it/retrieve/handle/10281/197817/215117/Progettazione%20e%20Sviluppo%20dei%20MOOCs%20Bicocca.pdf, 2020-04-28.

年 1 月 30 日出台的国家大学体制评价委员会关于学分认定的规定，须提交专家评审委员会评审。

按照相关规定，一个学分对应的在线学习时长最少为 6 小时。

三、意大利慕课发展总结与展望

1. 意大利慕课的特点

梳理总结意大利慕课平台建设、课程建设、课程管理等方面的情况，可以看出意大利慕课有以下三个特点：

（1）慕课建设多为大学及机构自主开发，其目的是为顺应国际教育发展趋势，整合共享教学资源，加速推进教学改革，进行线上教学或混合式教学实践，国家教育主管部门的政策干预及资金支持力度不大。

（2）慕课建设注重国际化，每个平台用英语授课的课程数量均占有一定比例。例如，EduOpen 平台共有 32 门用英语授课的课程，PoK 平台有 46 门用英语讲授的课程。用英语授课的课程方便了留学生学习，也促进了意大利大学与国际学术界的沟通和交流。

（3）慕课均与 Facebook、Twitter、LinkedIn、YouTube 关联，可直接分享至上述社交网站，学习者也可通过社交网站链接随时随地进行学习，充分体现了慕课学习"无须固定时间段和固定地点"的学习特点。

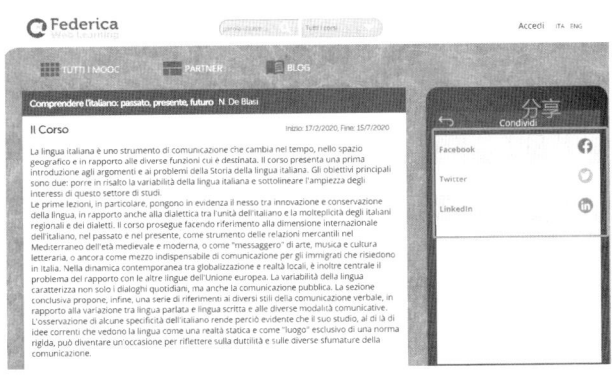

图 7　Federica.eu 平台课程分享图

2. 意大利慕课面临的机遇与挑战

意大利慕课历经几年时间的发展，课程数量从 0 发展到 500 多，为意大利线上开放教学的发展奠定了坚实的基础。意大利慕课建设进入了成熟期，但也面临着新的机遇与挑战。

统计显示，全世界 75% 的慕课学习者都已经拥有大学本科文凭，慕课在继续教育领域的重要作用不言而喻。现代企业提升综合竞争力的有效途径之一就是提高员工的整体职业素养，职业培训就显得尤为重要。大学如能提供高质量的慕课满足企业培训需求，则能实现大学和企业双赢。"终身教育"的理念为意大利慕课带来了巨大的发展空间。但同时，意大利慕课的发展也面临着挑战，还有一些问题亟待解决。

（1）提高学习证书"含金量"。

意大利慕课的证书多采取"学习证明"和"结业证书"的形式，由负责课程制作运行管理的平台及大学发放，是学习者完成单一课程或课程包学习后的结业证明，有的课程可以转换成大学学分。

首先，在课程证书认定上有所突破。对于职场实用性、指导性强的专业领域，通过课程测试达到合格的学习者可以获得与职业水平鉴定证书相关联的慕课结业证书，让学习者在就业、升职中更有竞争力。

其次，目前意大利慕课还没有学历教育，如能建设体系完整、设置合理、质量保证、监管到位的慕课学历教育体系，通过慕课学习也能获得"本科"及以上学历证书将会吸引更多的学生通过网络慕课选择意大利学历教育。

（2）建设完善网络课程资源，应对突发事件。

2020 年席卷全球的新冠肺炎疫情严重影响了学校教学活动，许多国家在疫情期间全国范围停课，开启了"停课不停学"的网上教育新模式。在这种危急时刻，如果线上教育资源系统完备，那么从线下课堂到线上教育的切换会更加方便，已经有过在线开放课程教学及管理经验的教师在应对新形势时也会更加得心应手。因此，加强相关技术设施建设和教师、管理人员的培训，始终是慕课发展中的重要课题。

综上，经过近年来的快速发展，意大利慕课建设已具备相当规模，积累了成熟的经验，形成了较为丰富的课程资源。随着信息化手段的快速发展和远程教育需求不断加大，其慕课产业必将面临更大的挑战。继续加强学校合作，加大知识共享力度，打造更加完备的线上教育慕课资源，将成为意大利慕课行业发展的必然趋势。

（翟恒　西安外国语大学）

参考文献

[1] 张乐. 意大利高等教育发展的特点及其对中国的启示 [J]. 科技咨询, 2018, (22).

[2] Anna Maria Tammaro, Rosanna De Rosa, Eleonora Pantò & Fabio Nascimbeni. Open Education in Italia: stato dell'arte e proposte per una politica di sistema [R]. 2016.

[3] Antonio Calvani. Dall'educazione a distanza all'e-learning [D]. XXI Secolo. 2009.

[4] CRUI. Moocs - Massive Open On-line Courses: Prospettive e Opportunità per l'Università italiana [R]. 2015.

[5] CRUI. Progetto Moocs Italia: Linee Guida Nazionali per Moocs di qualità [S]. 2017.

[6] Giada Trisolini. MOOCs in Italia: una indagine esplorativa [S]. Università di Bologna. 2019.

[7] Giampaolo Chiappini & Stefania Manca. L'introduzione delle tecnologie educative nel contesto italiano [J]. *Open journal per la formazione in rete*, 2006 (46).

[8] Gian Paolo Bonani. Progettare l'e-learning centrato sull'utente [M]. Milano: FrancoAngeli, 2003.

[9] Mauro Calise. Mooc: sfide e opportunità [R]. I magnifici incontri CRUI Piano Naizionale Università Italiane. 2018.

[10] Paolo Maria Ferri, Marzia Di Francesco, Claudio Iovino & Marco Bondi. Progettazione e sviluppo dei Moocs per il consorzio EduOpen: l'esperienza dell'Univetistà degli Studi di Milano-Bicocca [EB/OL]. https://boa.unimib.it/retrieve/handle/10281/197817/215117/Progettazione%20e%20Sviluppo%20dei%20MOOCs%20Bicocca.pdf, 2018-05-22/2020-04-28.

《世界慕课发展报告》

罗马尼亚

【摘 要】 罗马尼亚慕课在欧盟委员会相关政策和项目的引领下,在本国组织和个人的不懈努力下,在过去的十几年里得到了蓬勃发展,并成为开放教育资源研究最多产的国家之一。高等教育机构在其中发挥了核心作用,呈现出多样性的特征,主要表现在慕课融合方式、学习认证、平台内容、平台形式以及合作方式等方面。罗马尼亚慕课建设所面临的挑战,表现为国家层面慕课发展战略的缺乏,慕课资源分散,教师缺乏慕课建设和应用的动力等,不利于优质资源的集合和应用。因此,如何获得国家政策支持,提高教师和学习者的参与积极性将是罗马尼亚慕课建设所面对的主要问题。

一、罗马尼亚慕课建设的背景

罗马尼亚位于东南欧巴尔干半岛东北部,是"一带一路"倡议沿线国家"16+1合作"机制的重要成员之一,是中国同中东欧国家合作的重要支点。罗马尼亚慕课在过去十几年的发展中初步形成了自己的特色。

1. 欧盟对罗马尼亚开放教育资源(OER)和慕课发展的引导

罗马尼亚于2007年1月1日加入欧盟。2013年4月23日,在欧盟委员会的支持下,来自欧洲11个国家和地区的合作伙伴共同发起了首个泛欧慕课计划(pan-European MOOC initiative)。2013年9月,欧盟委员会发布主题为《开放教育》的文件,强调了利用新技术提高教学效率和保障平等教育权益,包括要在信息通信技术(ICT)领域建设适当的基础设施,以正确使用开放教育资源。开放教育资源和慕课教育运动在欧盟成员国中得到了重视。2013年10月,罗马尼亚成立开放教育资源联盟,旨在为政府提供支持开放教育的政策建议。欧洲议会在2014年发布的

《新技术和开放教育资源报告》中指出：新技术和开放教育资源是确保教育质量的主要驱动力，欧盟各成员国对慕课和开放教育资源建设非常重视。2015年2月，罗马尼亚从政府层面提出与开放教育资源相关的提案《罗马尼亚2020年数字日程国家战略》，在该提案中提出，开放教育资源和终身学习是信息技术教育应用的一个重要发展战略。该提案成为推动罗马尼亚慕课发展的驱动力，并开始组建开放教育资源数据库。

作为欧洲具有影响力的开放教育组织，欧洲远程教学大学协会(EADTU)由25个国家的15个机构和14个国家协会的会员组成，涵盖200多所大学，约300万学生。2017年，欧洲远程教学大学协会在"高等教育在线开放教育会议"上宣布成立欧洲慕课联盟，由诸如FutureLearn、OpenupEd、MiríadaX和EduOpen等1000多个优秀的慕课平台、200多所高等教育机构组成，旨在促进高校数字化教育、开展慕课应用活动以及发展慕课赋能教育。罗马尼亚参与了由欧洲远程教学大学协会组织的"高等教育在线：欧盟慕课之路"项目（2016），与其他各成员国一起开展了慕课的政策、战略、实践等的研究。

罗马尼亚积极参与欧盟发起的多个开放教育项目，在推动本国在线教育发展方面得到欧盟的认可，成为开放教育资源研究最多产的国家之一。罗马尼亚开放教育研究者卡门·郝楼特斯库（Carmen Holotescu）和嘎布瑞拉·哥劳西克（Gabriela Grosseck）在全球该领域研究人员中排名前10位[1]。

2. 罗马尼亚开放教育资源发展概况

罗马尼亚开放教育在欧盟政策和项目引领下得到发展。同亚洲一些国家针对开放教育资源和慕课发展依靠政府推动不同，罗马尼亚在线教育与开放教育运动是通过本国机构、团体、社区和个人实施和推动的。相关情况主要包括以下几个方面：

（1）机构层面。罗马尼亚国家考试中心自2014年秋季开始提供可免费下载的用于大学预科教育的数字教科书。从2015年2月开始，"在正式和终身学习教育中将开放教育资源和Web 2.0作为信息通信技术教育的战略发展方向"，并将其作为"罗

---

[1] Wang, X., Liu, M., Lia, Q. & Gao, Y. A bibliometric analysis of 15 years of research on open educational resources. Proceedings of the 25th International Conference on Computers in Education, 2017.

马尼亚 2020 年国家数字议程战略"的基本主题。此外，还出版了诸多与开放教育相关的期刊。

（2）团体层面。2013 年启动的"罗马尼亚开放教育资源联盟"支持和促进了本国开放教育资源的发展。该联盟出版了相关指南，组织了一系列开放教育研讨会和全国性会议，并为政府提供了与开放教育相关的具体建议。此外，KEP、Moodle Romania、Didatec、iTeach、Sloop2desc、ActiveWatch Media Monitoring、Compendiu.ro 等机构提供了与开放教学法相关的培训课程。

（3）社区层面。2008 年，在技术和互联网协会支持下，罗马尼亚开展了知识共享活动，建立了强大的社区，实现资源、数据、许可等共享使用。

（4）个人层面。郝楼特斯库在"基于知识的经济项目"报告中提出了与开放教育资源和 Web 2.0 有关的建议。2013 年，郝楼特斯库和哥劳西克共同组织了 SMART 会议，以开放教育为主题。2014 年，郝楼特斯库和哥劳西克又共同主持了 eLSE 国际会议，专门设立了针对开放教育资源和慕课的论坛。

通过机构、团体、社区和个人层面的不懈努力，开放教育在罗马尼亚得到了蓬勃发展。根据统计，2002 至 2017 年间全球有关开放教育的研究和出版物分布在 86 个国家和地区，排名前 10 的国家和地区的出版物占整体的 70%。其中，罗马尼亚排第四名。（前三名分别为西班牙、美国和英国）

罗马尼亚的互联网普及率非常高，移动互联网的发展非常迅速，宽带速度也位列欧盟的前三名。在这种环境下，实施开放和灵活的教育并广泛使用开放教育资源成为罗马尼亚的优先事项[1]，而随时代发展应运而生的慕课教育也同样得到了罗马尼亚各机构和个人的重视。

3. 罗马尼亚慕课发展概况

罗马尼亚的蒂米什瓦拉理工大学（Politehnica University of Timisoara）于 2013 年创建了 DidaTec 终身学习和培训项目。该项目在一年内为 12 所大学超过 800 名技术科学与工程领域的教师提供了 6 个教学模块，涉及现代教育工具和信

---

[1] Andone, D., Vasiu, R. & Ternauciuc, A. UniCampus: The first courses in a Romanian MOOC. the IEEE Global Engineering Education Conference (EDUCON), 2017.

通信技术应用的162门课程。作为大学教师的培训课程，该项目旨在提升高等教育中信息通信技术的应用。通过实施DidaTec项目，蒂米什瓦拉理工大学积累了丰富的在线教育经验。其电子学习中心在2014年牵头组建了罗马尼亚第一个免费的、对所有人开放的、基于Moodle的慕课教育项目——UniCampus。UniCampus得到了教育部的支持，由罗马尼亚技术大学协会开发，汇集了该国主要的理工学院。其他大学通过开发罗马尼亚语慕课课程参与该项目，包括布加勒斯特理工大学（Politehnica University of Bucharest）、克卢日—纳波卡理工大学（Technical University of Cluj-Napoca）和亚历山德鲁·伊万库扎大学（Technical University "Gheorghe Asachi" of Iasi）等。这些大学意识到慕课平台所带来的教育影响力，先后投入到慕课建设中。由罗马尼亚大学机构创建和实施的慕课平台包括：

（1）UniBuc Virtual。由布加勒斯特大学（Bucharest University）远程教育系于2014年建设完成。该平台基于Google Apps平台开放和运行，主要用于大学教师培训。

（2）Critical Thinking MOOC。由马斯特里赫特管理学院（Maastricht School of Management Romania）于2014年开发并运行。

（3）NOVAMOOC。2015年至2017年，蒂米什瓦拉西部大学(West University of Timisoara)受罗马尼亚国家科学研究和创新局（CNCS-UEFISCDI）的资助，在对教育参与者的培训需求进行分析后建立。

除学术机构的参与之外，罗马尼亚的公司和非营利机构也根据不同的需求建立了多种慕课平台。这些平台的共性是针对性强，但课程数量较少，如Moodle公司出品的MOOC.co平台只有包括Moodle在内的两门课。Startarium是一个培育企业家生态系统的慕课平台，它专为潜在企业家（约8000名）提供慕课，用于指导众筹组织。企业家们可以利用平台设计和制订启动计划。Cursera由罗马尼亚的医学院、医疗机构和医院共同组建。医学教育慕课则由罗马尼亚天使基金会建立。

二、罗马尼亚高等教育慕课发展现状

罗马尼亚的大学重视高等教育创新，计算机辅助教育和混合学习等教育方法吸引了很多教授的关注，一些大学已经尝试在课堂上使用新的技术手段。因此，罗马尼亚慕课呈现出应用多样性的特点。

1. 罗马尼亚慕课在高等教育中的应用方式

罗马尼亚慕课在高等教育中的应用主要采用混合课程方式。蒂米什瓦拉理工大学将慕课集成到传统课程中,从而成为混合课程的先驱,例如"Web 编程""教学技术"和"嵌入式系统"等课程。蒂米什瓦拉"Ioan Slavici"大学("Ioan Slavici" University of Timisoara)开设的"多媒体和 OOP"课程以及在蒂米什瓦拉西部大学开设的"数字化故事课程"等。

将慕课集成到传统课程中形成混合课程时,学生可以获取相应的学分或分数,在一定程度上解决了学生参与慕课学习但很难获得官方认证的问题。罗马尼亚的一些大学通过与相关权威机构合作,帮助学生参与慕课学习以获得具备一定效力的鉴定认证。例如,罗马尼亚 10 所大学的学生可以通过参加一个名为"数字小组"(Digital Workshop)的项目,完成慕课学习以及社区互动,并获得经过 IAB Europe 认可的 Google 认证。

罗马尼亚的慕课也开展了国际方面的合作。例如虚拟移动项目"一个夏天的慕课",它是罗马尼亚与格鲁吉亚和荷兰合作,将慕课与高等教育短期国际体验结合的慕课创新实践。罗马尼亚的慕课也为教师提供专业培训课程,例如蒂米什瓦拉"Ioan Slavici"大学的教师可使用慕课完成课程教学和专业科研方面的职业发展目标。随着国内外慕课资源的激增,MOOC Buddy 作为第一个由脸书(Facebook)研发、用于推荐慕课资源和推送慕课消息的聊天机器人也获得了罗马尼亚大学教师和学生的关注与使用。

罗马尼亚慕课在高等教育中呈现出的多样性特征,主要体现在慕课融合方式(例如混合学习或完全远程学习)、学习认证(例如大学认证或权威认证)、平台内容(例如学生学习或教师培训)以及平台形式(例如提供学习内容或通过聊天机器人推送慕课资源)等方面。多样性的慕课资源有助于提高学习者学习的灵活性,其发展动机是罗马尼亚大学希望成为创新性的全球领导者,并能够在全球范围内提供高质量教育的机构。

2. 国内慕课的典型应用案例

作为慕课与正式高等教育融合的先驱,UniCampus 项目在罗马尼亚影响较大,它将多门在线课程融入合作大学教学系统中,并深受师生的喜爱。UniCampus 项目在线学习平台利用蒂米什瓦拉理工大学虚拟校园(CVUPT),基于 Moodle 平台,通过混合学习方式将慕课融入传统教学,满足了大学开展远程学习的需求,同时也为传统教学提供了在线学习功能。[1]

罗马尼亚慕课在高等教育中的应用主要有两种方式:(1)慕课资源的开发者是讲授传统课程的教师。因此,慕课以在线教学取代传统课堂。(2)教师将慕课作为外部资源和超级教科书纳入传统课堂,作为课程活动、教学项目和实验活动的一部分。这两种方式在罗马尼亚高等教育中得到了创新性应用,并且获得较好的成效。下面将结合这两种慕课应用方式介绍它们在罗马尼亚高等教育中应用的案例。

2.1 完整慕课模式

完整慕课模式的资源主要由设计该课程的大学教师开发,其优点是能够将高校的优质资源进行更大范围的共享,并且根据学生的特定需求设计和开发课程。对教师而言,线上和线下教学得以同步,学生评估等也更加便捷。但是,完整慕课模式开发时间较长,需要准备的开发设备和资源也比较多。

UniCampus 环境下的"开放式教育、工具和技术"课程采用的是自制慕课资源的方式。11 名教授和专家参与了该课程 11 个模块的开发,内容包括开放教育和开放学生;使用开放教育资源和进行慕课教育和培训——高级管理人员的重要作用;通过开放教育实践改变学习、教学和研究方式;罗马尼亚的开放教育资源和慕课计划;学生对慕课的看法;在 UPT 中建立慕课;Moodle 封闭式教育平台中的用户管理;在课程期间使用移动技术进行问卷调查和反馈;教育中的开放数据;西罗马尼亚的 CoderDojo;教师身份对城市发展的影响。

课程在线培训时间为 7 周,参与课程学习的学员是来自不同背景的罗马尼亚大学生。每个模块包含一个时长 9—21 分钟的视频,用于展示教师讲解、演示文稿和课程材料;每个模块还包含评估测试(具有自动反馈功能)、鼓励学生反思的开放式问题以及最后的评估练习。学生的互动主要是在论坛和博客中进行,用于复习和分析课程,并分享他们在模块主题学习中的相关经验。在课程运行初期,教师在论坛和博客上提供评论,监控学生在未解决问题上的互动并提供最终反馈。UniCampus

---

[1] Amanjot. Integrating MOOCS in traditional higher education. *UGC Care Journal*, 2020, 40(33):177-179.

平台具备学生活动统计和分析功能,能够帮助教师更好地评估学生的学习行为。除此之外,课程还包含课前实施的问卷测试,用于获取学生信息通信技术、在线资源使用和学习习惯等方面的经验和信息。

Andone et al. (2017)在实施该课程后发放了课程评估问卷,以获取学生对课程的意见和建议。调查结果显示,有 118 名学生参与该课程并填写课程评估问卷。大多数学生对于通过 UniCampus 完成"开放式教育、工具和技术"课程持非常积极的态度,其中 80% 的学生认为"非常好"。学生们认为 UniCampus 易于使用,95% 的学生表示之前使用过 Moodle 平台。课程评估结果显示,"虚拟学习室"是该平台最受欢迎的学习工具,学生比较喜欢的学习方式是通过较短的视频得出简短的答案。学生平均观看视频的时间约为 10 分钟。访问平台的用户 63% 来自移动设备,20% 的学生将其社交媒体账户与 UniCampus 账户直接关联。由此可见,UniCampus 具有较好的社交功能和移动使用体验。

Andone et al. (2017)还对课程中的各种测验和评估进行了调查。结果显示,学生们更喜欢开放性问题而不是撰写小论文。他们认为开放性问题效率更高,更能激发他们对所学知识的反思。采用选择题形式的测验则具有更直观、更易于回答的特点。因此,学生建议在每个课程单元或视频之后进行简单测试,并且在所有单元结束之后进行总测验。学生对于 UniCampus 平台的评论,排在前三位的分别是"易获取""富有吸引力"和"高效",而用于描述个人学习经历的词语中,排名前三的分别是"易获取""新鲜"和"有用"。

该案例的启示:慕课最重要的部分是视频讲座。视频质量和长度会影响到学生学习的兴趣和专注力。此外,基于 Moodle 的慕课平台具备易于使用和访问的优势。与社交媒体连接和移动设备的适应性是该课程在 UniCampus 环境下获得成功的两个关键因素。

2.2 作为外部课程资源的慕课模式

该模式将慕课/开放教育资源当作外部课程资源和参考书目。资源选择通常有两种方式:(1)学生独立选择慕课。(2)学生根据教师的指示选择慕课。这种慕课模式的优势是给学生提供了接触全球学习社区的机会,帮助他们获得高质量的信息和资源,且融合了教师支持的面对面讨论形式;除此之外,也给予了学生一定的控制权来评估自身学习的需求,降低了高等教育课程的成本。

该模式面临如下挑战：

（1）缺乏清晰的、符合慕课质量标准的资源存储库，导致寻找慕课资源比较耗时。

（2）对教师而言，课程设计和管理较为复杂，需要同时实现慕课活动与传统课程活动的互补和同步。

（3）慕课活动中针对学生学习效果的评估需精心设计。

Bogdan（2017）在讲授本科三年级课程时采用了这种慕课模式。在课程中，他将不同的慕课资源集成到传统嵌入式系统课程，把嵌入式系统的技术说明和实践练习结合在一起，让学生既掌握该领域的理论知识，也具备解决特定问题的能力。学习过程包括线下学习和远程学习。线下学习的形式有参与会议、展示和讨论。慕课在线学习包括选择正确的慕课资源、注册并参加慕课课程、完成测试、进行线上讨论和交流以及建立个人电子档案等环节。在课程实施过程中，教师需引导学生正确选择慕课资源。在第一次面对面会议上，教师向学生介绍不同的慕课平台，并指导如何从慕课平台中搜寻所需要的资源。对于远程学习的学生，教师也提供相同的演示文稿，学生则根据教师的演示，搜索、选择和注册不同慕课平台的专业化课程，将希望参加的课程名称发送给教师。对于那些完成超过60%学习活动的学生，该混合课程的理论部分自动被识别为通过。在学习过程中，学生可在论坛上提问、完成作业并参加各种活动。慕课平台为每个学生准备学习档案袋，内容包含他们在论坛上提出的问题和相应的答案、测验、作业以及他们参与的评估。档案袋将提交给教师并作为学习成果的评估依据。

在Bogdan（2017）的研究中，共有72名学生参与了慕课混合课程学习，其中57人参与了调查。结果显示，94.7%的参与者认为这样的混合学习经历能够帮助他们更好地理解嵌入式系统；56.1%的学生喜欢将慕课与传统嵌入式系统教学结合使用；31.6%的学生喜欢慕课课程而不是传统课程。此外，除一名学生外，其他所有学生均表示愿意再次参加慕课学习。

将慕课作为外部课程资源的还有蒂米什瓦拉理工大学的"Web编程"课程。在该课程中，学生学习慕课内容，参与相应社交活动（如作业讨论和同伴评估），而教师的任务是使自己的课程活动与多个慕课的活动保持同步，并提供支持、反馈以及额外的资源，这种模式有利于促进和培养本地学习社区。这样的混合学习方式在为学习者提供参与全球学习社区机会的同时，也为其提供了学习自主权。

3. 国际慕课合作的典型案例

罗马尼亚加入欧盟后便参与了许多与开放教育相关的计划和项目活动。当前推动教育和学习转型的最新举措包括：用新技术推动开放教育，欧洲创意教室升级（SCALE CCR），欧洲开放教育资源与实践（OEREU），泛欧慕课计划（OpenupEd），侧重于开放教育资源在成人教育机构中应用的 OERup，开放教育资源应用政策（POERUP），在线高等教育：慕课的欧洲应用方式（HOME），欧洲多样化慕课聚合器（EMMA），以及大学转变以适应数字时代（D-Transform）等。除此之外，还有一些战略研究项目，如 Openedu（目标是提出高校开放教育实践的框架）、OpenCred（目标是欧洲主要的开放教育合作网络、联盟和平台提供对罗马尼亚开放学习的认可）和 MOOCKnowledge（目标是建立欧洲慕课知识库）。这些由欧盟各机构和组织合作开展的开放教育活动以及战略研究项目为罗马尼亚慕课发展指明了方向，并进一步促进了其发展进程。

罗马尼亚尝试与更多国家合作，共同创建慕课平台，以促进资源共享和信息交流。例如，摩尔多瓦共和国的国立教育大学和罗马尼亚蒂米什瓦拉西部大学于 2016 年至 2018 年合作实施了"通过开发慕课课程进行教师专业培训"项目[1]，旨在通过整合两国开放资源和慕课课程，改善两国的大学预科教师培训。该项目针对的是已经具有教学资格但需要晋级的教师、因课程变化而需要进行重新定向教育的教师和寻求职业发展的教师。为了解这些教师的需求，并根据其学习特征设计慕课课程，以提高课程完成率和满意度，该项目针对 1300 名罗马尼亚教师和 440 名摩尔多瓦教师进行了问卷调查，结果显示，大约 90% 的受访者打算在不久的将来学习新知识或更新知识，且约有 75% 的人渴望通过参加在线课程达到上述目的。问卷提及的领域中，他们最感兴趣的教师专业发展主题为教育信息通信技术工具应用、教育软件及其带有实际案例的特定应用、主题教学法和学习与评估策略。根据问卷调查结果，该项目开发了题为"教师的 Web 2.0 工具"课程内容。目前，该项目已实施完成，并且获得了很多教师的喜爱。

除了针对教师的在线慕课培训，罗马尼亚还与格鲁吉亚以及荷兰合作，将慕课与全球大学生的短期国际体验结合，试图将高等教育中非流动的学生国际化，并为

---

[1] Dumbraveanu, R. Professional teacher development via MOOCS. *Journal of Social Informatics,* 2017, X(3):1-7.

参加短期国际体验的海外学生提供远程慕课学习替代方案。该项目包含罗马尼亚的巴比什—博雅依大学举办的冬季课程、格鲁吉亚的国际黑海大学研究所的秋季课程、荷兰马斯特丹的夏季和春季课程。全球学生皆可注册这些课程。该项目通过国际和跨文化慕课合作，可以让学生具备世界竞争优势。此外，在实际实施过程中也发现了一些问题，如很多学生可能没有足够的时间和资金参与30门欧共体选修课程。

三、分析与展望

通过对罗马尼亚慕课在高等教育中发展现状的分析，可以看出，罗马尼亚高等教育机构在过去几年里进行了多方位的慕课建设和实践，其中包括教学方式（例如完整慕课和慕课混合课程）、认证方式（例如学分认证和 Google 认证）与合作方式（例如国际和国内合作）等，已经取得较好的成效。其在发展过程中同时也面临着一些问题和挑战。

1. 成效与借鉴

罗马尼亚作为慕课研究和实践比较深入的国家之一，具有许多值得借鉴和参考的经验。从国际教育资源视角看，罗马尼亚将国际慕课资源纳入传统课堂中，不仅能让学习者接触来自世界各地顶级导师的高质量学习材料，也可以让学生参与到全球社区合作中，能够充分发挥面对面交互的优势。在混合学习中，慕课充当了超级教科书的角色，其边际成本接近于零。加强师生数字技能和在线教育认知是必要且紧迫的，如果师生对国际国内已有优质慕课资源一无所知，将严重影响他们在教学和学习中的使用。此外，加强国内大学与国际其他大学之间的合作，共享开放资源和慕课课程也是一条重要的经验。这不仅能够提高国内大学的国际知名度，而且跨文化慕课也能让学习者提升世界竞争优势。从具体的慕课平台和课程来看，UniCampus 计划受到师生的欢迎，易使用、易访问是重要的因素，较短的视频和简短的答案在慕课课程设计上值得借鉴和采用。罗马尼亚慕课平台针对开放教育资源内容在移动设备上所具有的易访问性，对中国发展慕课具有积极的参考价值。

2. 面临挑战

欧洲进行的区域协作和罗马尼亚本国慕课发展模式表明，开放教育资源和慕课教育在罗马尼亚更适合采取自下而上的发展形式，即重视教师对于开放教育主流化的重要作用。罗马尼亚目前的发展状况是拥有大量与慕课相关的项目，但仍缺乏官方认可的在线课程和平台，来自不同组织的政策建议未受到官方的正式认可。虽然各个机构、社区、团体和个人进行了大量的慕课实践，并提出了相应建议，但罗马尼亚目前仍缺乏国家层面的与慕课相关的战略。[1] 慕课战略的缺失意味着官方认可的、用以激励和促进教师实行开放教育资源和慕课教学的政策存在不足。因此，许多教师缺少时间和兴趣去探索、评估和使用新的教育技术，以及探索慕课教学过程如何设计和实施。

和许多国家一样，罗马尼亚发展慕课教育的另一个阻碍是缺乏针对学生完成在线课程后所取得成果的认证政策。无论是国际还是国内慕课，都缺乏相关的认证。[2] 虽然学生参加大学慕课混合学习后可获得学分，但是这样的认证方式仅适用于进入大学并参与该大学课程的学生。其他学校的学生无法通过慕课教育获得学分转移；校外人员也无法通过在线慕课课程积累学分并获得学位。罗马尼亚的教育法律很矛盾：一方面，立法规定远程教育、在线学习和混合学习是现代教学技术；另一方面，教育法律中指出远程教育无法获得硕士学位。教育法律提出参与国际合作以及联合学位课程在提高大学国际知名度方面的优先性。但是，罗马尼亚高等教育质量保证机构规定，相应开放教育平台应至少有80%的学术人员在该大学全职工作，该学校学生才能通过在线学习获得学位。这意味着来自其他国家的大学工作人员最多只能占总数的20%。因此，通过在线学习获得的技能很难获得认可。虽然国家承认这些技能的培养和获取，但是严格的质量保证机制让这些技能难以得到官方认证。

在这样的环境下，有关在线教育实践和师生数字技能的培训计划逐年减少。而教师和学生数字技能上的不足又在很大程度上阻碍了他们对开放教育资源/慕课内

---

[1] Holotescu, C.& Grosseck, G.Towards a MOOC-related Strategy in Romania. *Broad Research in Artificial Intelligence and Neuroscience,* 2018（9）：99‑109．

[2] Schroevers, S.& Seubring-Vierveyzer, H. A summer-day's MOOC. In D. Jansen & L. Konings (Eds.), MOOCs in Europe: Overview of papers representing a collective European response on MOOCs. 2015：151‑153．

容的使用和研发。此外，高辍学率也是罗马尼亚慕课面临的问题。各个平台在最初阶段注册和报名的人数很多，但是只有一小部分学生能够完成课程学习。

3. 应对策略

面对上述挑战，欧洲以及罗马尼亚高等教育质量保证协会需要加深对开放教育资源和慕课的理解，并加强他们对质量保证和认证的影响。相关质量保证协会和机构尝试进一步研究区块链在线证书颁发、途径认证、终身学习护照、知识产权管理和数据管理等领域的潜力。欧盟委员会提出项目的任何公共产出应在适当的许可下作为开放资源提供给大众，从而增强大众的认知。除此之外，罗马尼亚政府出于效率与整个社会利益方面的考虑，支持并扩大与市场多方利益相关的伙伴关系，扩大开放教育资源和慕课的影响力。国家需要基于一系列教育、设计和开放性标准，为市场参与者提供平等的教育资源生产机会，鼓励相关机构和团体在教育资源生产方面建立竞争性市场。增加数字教育预算，用于开发和维护开放教育资源，是一种有效的国家应对策略。增加的预算可用于创建一个供机构、教师和学生协同生产的开放教育资源/慕课在线平台。

罗马尼亚慕课资源虽然丰富，但是较为分散。如果能够在国家相关机构的许可下，为大学、社区和相关教育组织参与的教育项目创建一个存储库或公共在线平台，并将各种慕课教育内容集中在这个平台上，将有利于教师和学生集中使用和开发资源。政府可以建立区域或国家中心来资助和促进上述与慕课相关的活动。就结果而言，应通过加强政府层面的参与度，实现三方面成效：（1）促进高等教育机构国际化、学生流动性以及非正规学习体验；（2）在正规教育和专业发展活动中促进个人数字能力的发展，提高其在开放式教育环境中的参与度，间接减少培训成本和增强教育的灵活性；（3）鼓励失业人员或没有雇主支持的人员使用慕课进行技能再培训和提高，从而降低失业率。

从机构（尤其是高等教育机构）层面上来说，首先需要建立对教师使用开放教育资源/慕课的认可和激励机制。充分的认可和激励不仅可以扩大开放教育资源/慕课的应用范围，还能鼓励教师探索新的教学方式和方法。对于开放教育资源/慕课教育来说，首要的重点不是技术，而是教学法。针对既定的学习目标，借助相关技术，进行有效的教学设计是开放教育资源/慕课教育质量的保障。因此，运用慕课开展教师教育培训也是相关机构应予以关注并实施的策略。不同教育机构可协作创建诸如教学法、开放教育资源/慕课、社交媒体/Web 2.0/协作/免费工具等相关主题的培训材料。高等教育机构如果想让学生更积极地参与慕课学习，可以开展学分转换系统的试点，并将学习结果计入他们的学分。当慕课学习与就业紧密相关时，则能促进学生参与。因此，机构可以与公司合作开发慕课课程，以确保课程的实用性，使学习者更好地融入劳动力市场。也可以适当开发一些与性别、文化和语言等相关的慕课，目前罗马尼亚自主研发的慕课资源主要集中在技术和工程方面。

  关于教师应对策略，需要提高教师的数字化水平，消除他们对开放教育资源/慕课的陌生感和困惑。教师可通过新的技能任务来促进慕课在混合课程中的融合，包括复杂的课程设计和管理、开放教育资源和慕课策划、对学生的分布和协作活动的评估、对本地学习社区的促进并将其慕课整合到全球教育社区等。教师应协助并指导学生评估自己的学习需求，从而选择恰当的开放教育资源，加深对课程主题的学习。在任何情况下，教师的课程变更都不容易，因此需要各相关机构的支持，且同时需要政府制定的规模性解决方案。对所有组织、机构和人员来说，无障碍公平获取应该是所有慕课教育的优先事项，包括残疾人的无障碍获取。

（唐小兰 南方科技大学）

参考文献

[1] Amanjot. Integrating MOOCS in traditional higher education[J]. *UGC Care Journal*, 2020.40(33).

[2] Andone, D. Methods and models of MOOCs integration in traditional higher education. In D. Jansen & L. Konings (Eds) [C]. MOOCs in Europe: Overview of papers representing a collective European response on MOOCs. Rome, 2015.

[3] Andone, D., Vasiu, R. & Ternauciuc, A.UniCampus: The first courses in a Romanian MOOC[C]. IEEE Global Engineering Education Conference (EDUCON), Athens, 2017.

[4] Bogdan, R. Integrating MOOCs in embedded systems blended courses[J]. *BRAIN: Broad Research in Artificial Intelligence and Neuroscience,* 2017, 8(3).

[5] Bogdan, R., Holotescu, C., Andone, D. & Grosseck, G. How MOOCs are being used for corporate training[C]. The 13th International Scientific Conference, 2017.

[6] Bucovetchi, O., Stanciu, R. & Simion, C. P. Study on designing a curriculum suitable for MOOC platforms starting out the romanian students' expectations[C]. The 9th International Conference Interdisciplinarity in Engineering. Tirgu-Mures, Romania, 2015.

[7] Commission, E.Opening up education: innovative teaching and learning for all through new technologies and open educational resources[EB/OL]. https://eur-lex.europa.eu/legal-content/EN/TXT/?qid=1389115469384&uri=CELEX:52013DC0654, 2014/2020-05-10.

[8] Dumbraveanu, R. Professional teacher development via MOOCS[J]. *Journal of Social Informatics*, 2017, X(3).

[9] Herman, C. & Mustea, A. The Romanian Moodle Development And The Users' Feedback[C]. The International Scientific Conference eLearning and Software for Education, 2016.

[10] Holotescu, C. & Grosseck, G.Integrating MOOCs in blended courses[C].The 10th International Scientific Conference eLearning and software for Education. Bucharest, 2014.

[11] Holotescu, C. & Grosseck, G.Towards a MOOC-related Strategy in Romania[J]. *Broad Research in Artificial Intelligence and Neuroscience*, 2018(9).

[12] Holotescu, C. & Pepler, G.Opening up education in Romania[C]. The SMART 2014 - Social Media in Academia: Research and Teaching. Timisoara, 2014.

[13] Holotescu, C., Gotiu, L. O. L., Andone, D., Cismariu, L., Grosseck, G. & Slavici, T. Entrepreneurship learning ecosystem for smart cities through MOOCs[J]. *BRAIN: Broad Research in Artificial Intelligence and Neuroscience*, 2017, 8(2).

[14] Jansen, D. & Konings, L. MOOC Strategies of European Institutions[EB/OL]. http://eadtu.eu/documents/Publications/OEenM/MOOC_Strategies_of_European_Institutions.pdf, 2017/2020-05-10.

[15] Liliana, E. & Coman, P. MOOCs System - A Real Challenge For Romanian University Professors[J]. *eLearning and Software for Education*, 2015(2).

[16] Malita, L., Tiru, L. G. & Grosseck, G.MOOCs for teachers professional development - A university challenge[J]. *International Journal of Information and Education Technology*, 2018, 8(3).

[17] Parliament, E.Report on new technologies and open educational resources[EB/OL]. https://www.europarl.europa.eu/sides/getDoc.do?pubRef=-//EP//TEXT+REPORT+A7-2014-0249+0+DOC+XML+V0//EN, 2014/2020-05-10.

[18] Santos, A. I. d., Punie, Y. & Castaño-Muñoz, J. Opening up education: A support framework for higher education institutions[EB/OL]. https://publications.jrc.ec.europa.eu/repository/bitstream/JRC101436/

jrc101436.pdf,2016/2020-05-15.

[19] Schroevers, S. & Seubring-Vierveyzer, H. A summer-day's MOOC. In D. Jansen & L. Konings (Eds)[C]. MOOCs in Europe: Overview of papers representing a collective European response on MOOCs. Rome, 2015.

[20] Wang, X., Liu, M., Lia, Q. & Gao, Y. A bibliometric analysis of 15 years of research on open educational resources[C]. The Proceedings of the 25th International Conference on Computers in Education, 2017.

[21] Witthaus, G., Santos, A. I. d., Childs, M., Tannhäuser, A.-C., Conole, G., Nkuyubwatsi, B. & Punie, Y. Validation of non-formal MOOC-based learning: An analysis of assessment and recognition practices in Europe (OpenCred)[EB/OL]. https://publications.jrc.ec.europa.eu/repository/bitstream/JRC96968/lfna27660enn.pdf,2016/2020-05-22.

《世界慕课发展报告》

俄罗斯

【摘 要】 俄罗斯慕课是远程教育的延伸和重要组成部分,创始于2013年,2014年开始得到迅速发展。在俄罗斯慕课建设和发展中,国家起了主导作用,创建了国家开放教育平台,实施了"俄罗斯现代数字教育环境"项目,对俄罗斯慕课发展起到了重要的推动作用。本文主要从发展背景、慕课平台现状以及未来趋势介绍了俄罗斯慕课建设的相关情况,以期对世界慕课的发展提供建议。

一、俄罗斯慕课发展背景

1. 俄罗斯高等教育概况

俄罗斯高等教育历史悠久,苏联解体后,俄罗斯进行了一系列教育改革,2013年签署的《博洛尼亚宣言》标志着俄罗斯正式进入博洛尼亚进程,高等教育体系完成了与欧洲的接轨。截至2019年12月,俄罗斯共有高校741所,其中得到政府重点支持的41所,分别是国家大学(莫斯科国立大学和圣彼得堡国立大学)、联邦大学(10所)、国家研究型大学(29所)[1]。2012年俄罗斯启动了"5—100"项目,旨在打造5所进入世界100强的高校。2015年启动支点大学[2]计划,截至目前,共建设支点大学33所。

2018年数据统计,俄罗斯高校共有各类学生416万人,其中包括副博士[3]研究生9万人[4]。2019年俄罗斯中学毕业生为66万人,科学与高等教育部对2015—2020

---

[1] 唐景莉等.最大限度提升俄罗斯高校竞争力.中国教育报,2019-12-28(2).
[2] 2015年启动,在各联邦主体通过竞争选拔大学予以重点建设,为各地区经济社会发展提供智力支持。
[3] 俄罗斯副博士研究生相对于中国的博士研究生。
[4] Бондаренко Н. В., Гохберг Л. М., Ковалева Н. В. и др. Образование в цифрах: 2019. Краткий статистический сборник . 2019: 96.

年的数据分析显示，本科和专家的入学率在 47%—48.9% 之间，硕士研究生的入学率为 32.5%—35.3%。[1]

俄罗斯高等教育在保持传统的同时也注重改革，一方面注重打造顶尖大学，使之跻身世界前列；另一方面，注重国际化，增强实践性和应用性，鼓励电子教学和远程教学的开发和应用。2013 年俄罗斯联邦《教育法》中首次将网络教学、远程教学与电子教学纳入法律文件。

2. 俄罗斯在线教育的起源与发展

俄罗斯远程教育最早可追溯到 1917 年，当时苏联首次启动了函授教育模式，以此为代表的远程教育在苏联时期得到了充分发展。苏联解体后，俄罗斯在 20 世纪 90 年代再次将注意力转向远程教学，电视台开始定期播出教学节目。1993 年美国的恩特普莱斯州立社区学院在俄罗斯开设分校——欧洲通讯教学（ESCC-European School for Correspondence Courses），实施远程英语教学。同年，俄罗斯成立了由莫斯科电子与数学学院、俄罗斯人民友谊大学以及莫斯科大学国家管理与社会研究学院等高校参与的国际教育联盟，旨在发展远程教育。1997 年俄罗斯教育部[2]出台了 1050 号法令，准许在线教育进行试点。21 世纪初，俄罗斯远程教育发展呈现迅猛势头，推出了大量远程教育产品，其主要用户为高校、大公司等，俄罗斯中央银行、国家杜马等国家机构也在利用远程教育进行员工培训。

2005 年，美国高级分布式学习项目 ADL（Advanced Distributed Learning）宣布俄罗斯远程教育系统 Redclass 完成测试，这是俄罗斯首个国际承认的远程教育系统。自此，俄罗斯远程教育不断发展，创建了一系列符合国际标准的远程教育系统，视频会议、学习平台和网络测试等已逐步普及。2013 年俄罗斯教科部制定并颁布了《电子教育 2014—2020 年发展规划》，强调要"产出具有国际竞争力的电子教育产品""扩大新型教育技术的私人投资"。此时，远程教育已成为俄罗斯高校教学体系的重要组成部分，超过 50% 的俄罗斯高校可以提供远程教学。

---

[1] В Минобрнауки заявили, что число выпускников 11-х классов увеличится на 40% за 10 лет. https://tass.ru/obschestvo/8095895,2020-03-27/2020-05-02.
[2] 因俄罗斯教育部更名频繁，下文论述中也会提到俄罗斯教科部。

3. 俄罗斯慕课发展的动机与目的

俄罗斯慕课的建立与发展是俄罗斯远程教育发展的延伸和重要组成部分。俄罗斯慕课创始于 2013 年，2014—2015 年开始得到迅速发展。俄罗斯慕课发展的动机和目的主要体现在以下四个方面：

（1）发挥传统的远程教育优势

远程教育在俄罗斯具有悠久历史，慕课作为远程教育和在线教育发展的延伸，是信息化社会教育发展的重要形式，也是俄罗斯高等教育体系的重要组成部分。其优越性在于：1）可不受时空限制，为无法脱产学习和因地域无法参与学习的人提供学习机会；2）作为面向全社会的教育形式，远程在线教育（慕课）可保障俄罗斯公民接受教育的平等权利；3）远程教育可保障学习者实现个性化教育；4）教育成本相对较低，节省人力、物力、能源、时间，符合当代人生活的需要。

（2）体现教育公平的需要

俄罗斯国土辽阔，教育资源分布不均，远程在线教育可以保障所有学习者都有机会获得优质教育资源，不受时空所限。学习者可以自主确定自己的职业方向，进行终身学习。2016 年开始实施的"俄罗斯联邦现代数字教育环境"项目对此有清晰地描述。该项目的任务之一，就是"要创造条件，系统地提高教育质量，扩大持续教育的可能性。让俄罗斯所有区域的公民都有可能因发展俄罗斯数字教育空间而有继续学习的机会。要扩大在线课程受众数量，使其到 2025 年底达到 1100 万人"。[1]

（3）发展现代高等教育的需要

慕课的建设和发展是世界高等教育发展的大趋势，是各国提升教育质量和教育辐射力、提高教育出口能力的重要途径。近年来，俄罗斯积极创造条件成为世界教育强国，其 2008 年在《俄罗斯联邦 2020 年前长期社会经济发展构想》中就已提出"提高教育竞争力将成为俄罗斯教育质量评估的标准，以此保证俄罗斯成为世界教育服务出口领导者"。[2] 2018 年《俄罗斯 2024 年前国家发展目标和战略任务》总统令又再次明确，俄罗斯教育应具有全球竞争力，就教育质量而言，俄罗斯应成为世界

---

[1] Программа развития электронного обучения на 2014-2020 гг. Министерства образования и науки Российской Федерации. https://ode.susu.ru/dekanat/Zakonodatelstvo/PREO2014.pdf, 2020-05-02.
[2] Правительства РФ. Концепция долгосрочного социально-экономического развития Российской Федерации на период до 2020 года. http://static.government.ru/media/files/aaooFKSheDLiM99HEcyrygytfmGzrnAX.pdf, 2008-11-17/2020-05-02.

十大领先国家之一[1]。普京在 2018 年国情咨文报告中提到，先进技术为打开数字世界提供了一切可能性，在线教育是其中极其重要的领域，这是提升俄罗斯国际影响力和成为世界教育强国的重要手段。[2]

（4）不断增长的社会需求的需要

具有国家平台特点的俄罗斯慕课平台，处于正规教育和非正规教育的"中间地带"[3]，远程教育非常适合第二学历教育和补充教育，这正是慕课发展的驱动力。学前补充教育、中小学补充教育、中等职业补充教育、高等职业补充教育、第二学历教育等对远程教育日益增长的需求均促进了俄罗斯慕课的发展。大型企业、社会团体、国家机构等在人力资源建设和培训方面对远程教学课程的需求，也极大推动了俄罗斯慕课的建设和发展。教育技术领域的创新发展加快了教育服务市场的竞争，这使得远程教育课程质量不断提高，为满足社会对高质量慕课的需求提供了可能。

二、俄罗斯慕课平台发展现状

俄罗斯慕课建设与发展呈现两条脉络：一是与国际知名慕课平台合作，二是自主开发慕课平台。根据俄罗斯教科部官网数据显示，目前进入俄罗斯教科部慕课平台目录的有 10 个，除了 Coursera、edX 两个国外平台外，其余均为俄自建平台。其中使用最为广泛的是俄罗斯国家开放教育平台（Openedu）和 Coursera。最早建设的慕课平台是高校跨校平台 Universarium。

1. 俄罗斯关于慕课发展的相关政策与制度

俄罗斯教育部 1997 年就出台了 1050 号法令准许进行在线教育试点工作，2005 年颁布的第 137 号法令《关于远程教育技术的使用》首次明确了"远程教育"的概

---

[1] Владимир Путин.Российское образование должно стать глобально конкурентоспособным. http://inlytkarino.ru/novosti/aktualno/vladimir-putin-rossiyskoe-obrazovanie-dolzhno-stat-globalno-konkurentosposobnym, 2018‐07‐22/2020‐05‐02.

[2] Послание Президента РФ В. В. Путина Федеральному Собранию 1 марта 2018 года. http://www.kremlin.ru/events/president/news/56957, 2018‐03‐01/2020‐05‐02.

[3] Петькова Ю. Р. История развития дистанционного образования. Положительные и отрицательные стороны МООС. Успехи современного естествознания, 2015（3）:199‐204.

念，提出了远程教育技术的使用规范，2013 年将网络教学、远程教学与电子教学纳入俄罗斯联邦《教育法》中，出台一系列文件，就中等职业教育课程、补充教育[1] 课程、高等教育课程使用远程教学做出了规定。2013 年颁布的《电子教育 2014—2020 年发展规划》提出要扩大投资，推动俄罗斯在线教育与世界对接。2014 年出台了关于《教学中应用电子教学、远程教育技术》的法令，规范了电子教学和远程教育技术的使用，2017 年对此进行了细化。

2016 年俄罗斯教科部颁布了《国家教育发展规划（2013—2020）》框架下的教育优先项目"俄罗斯联邦现代数字教育环境"，时任总理梅德韦杰夫强调"建立数字教育环境是国家战略任务"，其目的是培养服务于《俄罗斯联邦信息社会发展战略（2017—2030）》[2] 和《俄罗斯联邦数字经济规划》[3] 的优势人才。创建各种远程教学技术平台的目的是提高教育质量，是应用信息技术发展社会环境、完善国家治理体系的重要任务之一。

由此可以看出，俄罗斯从国家层面越来越重视教育信息化，注重发展远程教育和在线教育技术，从法律法规上对远程教育的实施方式和实施程序进行了规范。

2. 俄罗斯慕课主要平台和联盟

俄罗斯的主要慕课平台有以下三大类：一是进入教育部慕课平台目录的大学在线课程平台，主要有俄罗斯国家开放教育慕课平台（Openedu）、俄罗斯联邦政府财政金融大学在线开放学院 (Открытая онлайн-академия)、圣彼得堡大学的远程教育系统"圣大远程教育"(СДО СПбПУ)、莫斯科大学"无国界大学"平台（университет без границ）、Lectorium、伏尔加地区教育质量与信息化建设评估中心在线教育平台（MOOPED）、托木斯克国立大学电子大学平台（электронный университет-Moodle）等；二是高校跨校慕课平台（Universarium）；三是面向全球的商业英文慕

---

[1] 俄罗斯补充教育可以理解为中国的课外补习及社会办学各类辅导班。其特点是非国家标准、没有年龄要求，具有个性化、辅助性特征。其教学内容呈现多样化特点，有知识性、技能性及创造性的各类课程，如学校课程补习、音体美教育及各类技能培训等。
[2] 2017年5月，普京总体签署关于"俄罗斯联邦信息社会发展战略（2017 — 2030）"的总统令，内容详见：http://static.kremlin.ru/media/acts/files/0001201705100002.pdf, 2020-05-02．
[3] 2017年俄罗斯总理梅德韦杰夫签署关于"俄罗斯联邦数字经济规划"的命令，内容详见：http://static.government.ru/media/files/9gFM4FHj4PsB79I5v7yLVuPgu4bvR7M0.pdf, 2020-05-02．

课平台（Eduson）等。

2016年启动的"俄罗斯联邦现代数字教育环境"项目，由俄罗斯16所重点大学参与建设，其目的是推动慕课平台的创建以及优质课程的开发。该项目将所有教育服务、教育平台和高校统统汇集到"俄罗斯联邦现代数字教育环境"项目门户网站（http://neorusedu.ru/），实现"一站式"访问，所有课程为非营利性慕课。截至2020年3月初，该门户网站共有39个俄语平台、125所高校提供的1200多门课程。疫情期间，为保障教学秩序，教育部在该网站公布了其中的免费课程名录，包括11个慕课平台、20所高校的714门课程，其中以Openedu和Coursera平台上的课程最多。[1]

俄罗斯自主建设的主要慕课平台情况如下：

（1）俄罗斯国家开放教育平台（Openedu）

俄罗斯国家开放教育平台是2015年在教科部支持下，由莫斯科大学、俄罗斯高等经济学院、圣彼得堡大学等八所大学共同组建，其目的是建设高质量高校在线课程资源。作为俄罗斯国家在线开放平台，Openedu对所有教育机构和学生开放。其课程特点是：1）所有课程依据国家教育标准建设；2）所有课程符合高校教育大纲要求；3）注重线上授课效率和质量、教学效果及其评价过程。可以说，俄罗斯国家开放教育平台协会的成立推动了俄罗斯开放教育和在线课程的进一步发展，其创建的在线课程平台是俄罗斯国家教育的组成部分。同时，Openedu具有与国外课程平台完全不同的独到之处。截至目前，在该平台提供慕课的共有16所高校，课程500门，平台受众超过49万人。[2]

（2）Universarium平台

Universarium平台是俄罗斯最早建立的慕课平台之一，也是俄罗斯最受关注的教育平台。该平台是2013年在俄罗斯战略倡议署（АСИ）和俄新社的支持下，由莫斯科大学、莫斯科国立技术大学、俄罗斯经济大学等俄罗斯一流高校共同建成，属跨校慕课平台。目前，该平台上线课程209门，由40多所高校、教育机构和商业组织提供。截至2018年2月初，平台受众超过150万人。[3]

---

[1] Список онлайн-курсов. https://minobrnauki.gov.ru/common/upload/library/2020/03/Spisok_onlayn-kursov.pdf, 2020-05-02.

[2] Петькова Ю. Р. История развития дистанционного образования. Положительные и отрицательные стороны МООС.Успехи современного естествознания, 2015(3):199-204.

[3] 王钢，李海斌.俄罗斯慕课及其对我国复合型人才培养的意义.贵州师范学院学报，2018(6):60-64.

（3）俄罗斯联邦政府财政金融大学在线开放学院

该线上教育项目是俄罗斯联邦政府财政金融大学专为校内外用户设计的网络电子教学项目。用户可免费获得该校优质师资的各类课程、各类学生教育项目和其他学习资料。据统计，该平台2020年正在开设的课程有36门，绝大多数为经济、金融、保险等领域的课程。

（4）Lectorium平台

Lectorium平台是一个集慕课及俄语视频公开课于一体的教育项目。其有100多个合作伙伴，包括俄罗斯教科部、俄罗斯及其他欧洲国家的一些重点高校、中学及博物馆、公司企业。课程主要发布在本平台，同时，也在Coursera、lversity以及俄罗斯国家开放教育平台Openedu上发布。Lectorium平台是首个参与Coursera课程建设的俄罗斯教育平台。现有视频课5000多门，其中学校(包括中小学、大学)在线课程100门。

（5）Eduson平台

Eduson平台初建时为英文版，更多是引进了世界一流商学院（欧洲工商管理学院、巴黎高等商学院、沃顿商学院等）的课程。平台运营顺利，具有良好声誉，可与Udemy相媲美。随着平台的进一步发展，为吸引更多俄罗斯学习者，其逐步推出用俄语授课的课程。目前用俄语授课的课程数量已超过用英语授课的课程数量。Eduson更具商业性，免费课程很少，更多是与企业合作，现已成为俄罗斯一流在线教育平台。据不完全统计，该平台共有541门课程，其中视频课33门、微课202门、商务类课程170门、人机对话类课程111门、教材解读类课程25门。平台总注册人数为8000余人。

（6）后科学平台（ПостНаука）

后科学平台是个类慕课平台，其创建于2012年，主要目的是普及基础类科学成果和现代技术发展成果，阐述现代知识中的一些具有现实意义的理论、概念、规律等。目前在线资料共有3500多个，其中的2000个为视频资料（在线课程），共79门课程。该平台课程及资料的提供者为各领域的800多名专家学者，其中包括诺贝尔奖得主以及其他国家的学者。该平台每天的浏览量为2万余人次。

3. 俄罗斯慕课课程

3.1 课程建设及类型

俄罗斯的慕课建设以自建课程为主,主要有以下类型:(1)学术类课程(高校教学计划内课程);(2)教育类课程(普及科学知识);(3)企业类课程(商务、市场营销、管理及相关领域课程);(4)语言类课程(为满足用户外语学习需求)。前两种属于知识类慕课,后两种属于技能类慕课。

俄罗斯国家开放教育平台的课程是纳入大学教学计划的,完全按照大纲要求设置,与线下课程同等重要,要求保障教学质量并会定期进行教学质量评估。国家开放教育平台所有课程均免费,在校生通过考核可获得相应证书。

俄罗斯慕课平台的课程还可按教育阶段分为:学前教育慕课、普通中等教育慕课、中小学补充教育慕课、中等职业教育慕课、高等职业教育慕课、补充职业教育慕课、普通高等教育慕课等。在线课程更多集中在普通高等教育和补充职业教育层面。高等教育慕课以国家支持为主,其他教育阶段慕课以市场化为主。补充职业教育的课程类型主要是公司培训课程和大学继续教育课程。补充职业教育中最受欢迎的在线课程有外语、法律、计算机编程、会计、经济、心理学、商务谈判、管理等。

3.2 俄罗斯慕课学习者

俄罗斯的慕课学习者有以下特点:(1)受教育程度较高;(2)空闲时间少;(3)学习目的主要是提升自我、升职和出国旅行。就其身份而言,《俄罗斯在线教育和教育技术市场研究》通过对俄罗斯在线教育市场的调研认为,除在校大学生外,俄罗斯在线学习最集中的年龄段在36—45岁之间,其职业主要为商务人员、自由职业者和管理者。[1]语言培训类在线课程学习者主要在17—64岁之间,补充教育课程的受众主要是25—64岁的成年人,他们参与在线培训课程和继续教育课程。

根据2016年统计,在25—64岁的公民中,参加补充职业教育计划的比例为8%,即670万人,其中400万为国家工作人员,他们的培训费由单位提供,其余270万人为自费。84%的俄罗斯人愿为此自费学习,因为他们认为通过这种培训可

---

[1] Исследование российского рынка онлайн-образования и образовательных технологий. https://edumarket.digital, 2020-05-02.

以增加薪水或得到晋升。参与补充教育课程的更多是管理人员和专业人士（约占50%或更多），大部分集中在大城市或行政中心城市，年龄多在25—35岁之间，其受教育程度较高。

关于学习者在线课程的完成情况以及学习效果，Uniweb平台的数据显示，在Uniweb上参与学习、完成课程并获得合作高校专业提高班证书和专业再培训证书的学生占92%，完成课程后1个月内能够找到工作的学生占23%，完成课程拿到证书后半年内获得薪资增长的学生占12%。[1]

4. 俄罗斯慕课管理机制

俄罗斯的诸多慕课平台中，只有国家开放教育平台可以授予正规高校证书，在《电子教育2014—2020年发展规划》中提到推进电子教育监管现代化，以确保现代教育技术的平稳发展和教育质量的提高。以"俄罗斯联邦现代数字教育环境"为例，该项目有统一的身份认证系统，可以在线上进行课程搜索、注册以及线上课程质量评价。设立在线课程排行榜，建立学生数字档案，收集、保存、传送在线学习学生的成绩。学生档案还实现了与教育机构信息系统、在线课程平台以及其他信息系统的对接，形成一体化的管理模式。

5. 俄罗斯慕课建设的国际合作

俄罗斯慕课发展是从与国外慕课平台合作开始的，虽国际合作并不是俄罗斯慕课发展的主要方向，但在俄罗斯慕课市场中也不乏国际合作的实例。俄罗斯慕课发展的主要合作平台有美国著名慕课平台Coursera、edX、Udacity等。俄罗斯高等经济学院、莫斯科物理技术学院、圣彼得堡大学等高校首先与Coursera合作并在此平台开课。同时，世界著名在线教育机构也与俄罗斯高校合作共同开发了在线学习的俄语课程，例如，数字十月中心将Coursera的优质课程翻译成俄语，Coursera、edX和其他一些公司也计划将其课程翻译成俄语，以字幕的形式覆盖整个平台。2016年实施的"俄罗斯联邦现代数字教育环境"项目计划整合所有在线课程，实施

---

1 Сайт. UNIWEB. https://learn.uniweb.ru, 2020-05-02.

"一站式"数字教育服务，这将为俄罗斯高校与国外高校建立战略联盟提供了更多机遇和可能。

三、俄罗斯慕课发展展望

1. 俄罗斯慕课建设特色

1.1 国家主导、自主创建

俄罗斯慕课建设在引进国外课程、与国外慕课平台合作的同时，开始建造自主慕课平台。自主建设的平台有国家层面平台（如俄罗斯国家开放教育平台），有高校间合作建立的跨校联盟平台（如 Universarium），有基于高校内部机构建设的平台（如莫斯科大学的"电子教育资源开发中心"和"无国界大学"），有高校附属的营利性平台及独立市场化平台（如 Uniweb）。以国家为主导、高校积极参与的慕课建设是俄罗斯慕课建设的主要特征之一。近年来，俄罗斯也逐渐涌现出一些借鉴西方模式的新型在线教育项目。

1.2 高度集中化和国家管控

俄罗斯慕课发展过程中国家起着重要的引领作用，如前文所述，2015 年俄罗斯教科部支持建设的国家开放教育平台属俄罗斯国家教育的组成部分，是俄罗斯国家平台。2016 年始建的"俄罗斯联邦现代数字教育环境"项目为俄总统战略发展和优先项目委员会主席团批准建立，主要负责人为俄罗斯教科部部长，具有高度的国家性质。俄罗斯慕课高度集中化和国家管控的特点，决定了俄罗斯慕课的特殊性。

在俄罗斯慕课市场上，非商业型与商业型慕课所涉领域界限清晰。商业型及收费慕课所涉领域受到严格限制，一般只在商业培训、企业培训以及外语培训领域。官方教育领域的慕课几乎全为免费或以共享形式开放。高度集中化的特点和国家强有力的管控对俄罗斯慕课的发展来说是一把双刃剑，既有利又有弊。国家的推动有利于慕课的快速发展与推广，但同时也呈现出多样性、灵活性不足的弊端。

1.3 国家慕课平台的"中间性"特征

俄罗斯国家慕课平台介于正规教育与非正规教育之间，其所涉领域更多为学校补充教育和职业补充教育。俄罗斯社会思想趋于保守，更认可传统的国家教育机构和教育形式，对包括慕课在内的在线教育虽有需求，但仍被视作补充教育形式，而非必要的和独立的教育形式。这也解释了一个事实，即慕课本身十分受欢迎，并且得到了较好评价，特别是在外语学习和商务技能培训等领域，但它们很难被认为是正规的高等教育形式，在公众意识中慕课含有明显的"非正式"成分。

1.4 公共投资为主体

俄罗斯在线教育投资中公共投资占据主导地位。主要投资主体为互联网倡议发展基金（ФРИИ），该基金为俄总统普京提议在战略倡议署下设立的。其在远程教育领域的投资约占俄罗斯在线教育总投资的40%[1]。国家教育开放平台的投资主体为俄罗斯高等经济学校等八所项目倡议高校，每所高校投资5000万卢布。[2] "俄罗斯联邦现代数字教育环境"项目建设主要投资来源为俄罗斯联邦预算资金及地方预算资金。[3]

2. 俄罗斯慕课发展存在的挑战及对策

2.1 挑战

（1）社会心态相对保守，传统保守意识占主流。俄罗斯慕课的"中间性"特征使其在公众意识中缺乏正式认同。高校中慕课的非强制性和必要性特点，也使慕课建设的实用意义小于展示教育现代化和创新方式的意义。

（2）具有慕课开发、应用与管理能力的专业人才匮乏。教育机构中专业能力强、IT素养高、掌握相关技术、可保障在线教育各环节实施的教学人员和教辅人员数量不足。

（3）投资不足，对资本市场，特别是国外资本市场的吸引力不足。2014—2017年俄罗斯教育技术领域的投资交易量只有66笔，单笔超过100万美元的极少，普京提议成立的互联网倡议发展基金的投资占40%。俄罗斯教育体系为国有教育，政

---

1 Исследование российского рынка онлайн-образования и образовательных технологий. https://edumarket.digital, 2020-05-02.

2 Национальная платформа открытого образования. https://elearning.hse.ru/platform, 2020-05-02.

3 Паспорт приоритетного проекта в сфере образования. Современная цифровая образовательная среда в Российской Федерации. http://static.government.ru/media/files/8SiLmMBgjAN89vZbUUtmuF5lZYfTvOAG.pdf，2016-10-25/2020-05-02.

府对在线教育的发展进行规划与协调，同时也是在线教育最主要的投资方，这些使投资市场对大量投资创新教育技术信心不足。

（4）评价标准和评价体系有待完善。线上教育教学、线上线下混合式教育教学模式开发、评价标准以及评价体系尚不完善，教学过程监督和教学质量评估标准也有待进一步明晰。

2.2 对策

俄罗斯针对在线教育发展中面临的困难和挑战，从政府和法律层面给予了积极的政策导向和指导。先后建立了国家开放教育平台，提出并实施了"俄罗斯联邦现代数字教育环境"项目，积极推动俄罗斯在线教育和远程教育的开发和发展，鼓励高校积极参与在线平台建设和课程开发。高校也将此看成是自身教育现代化发展和现代教育技术发展的重要指标。几乎所有领先的高校都参与了在线平台建设和课程开发，很多高校甚至拥有自己的在线课程平台，更多的高校将课程置于不同的慕课平台，包括国际合作平台，如 Coursera。

从法律层面也不断出台新的法律法规或对已有法律法规进行修订，进一步对在线教育进行法律规范，这对慕课建设和发展起着不可忽视的重要推动作用。

实施"俄罗斯联邦现代数字教育环境"项目是最好的对策之一。"俄罗斯联邦现代数字教育环境"项目采取"一站式"形式根据学生需求进行在线课程遴选。同时，俄罗斯教科部委托乌拉尔联邦大学为该项目设计在线课程质量评估系统。在线课程评估也是采取三合一的"一站式"形式：必选项评价（课程必须评价）、自选项评估（内容自愿评价）和用户不间断评价，所有评价结果都将记录在课程档案中。除课程描述外，还要表明课程排名、学生人数、鉴定情况以及学生和用人单位的反馈。

另外，加强国际合作、与国外大学建立战略联盟、职业教育领域一体化协作、加速融入世界数字教育空间以及扩大交流等也是目前相关专家提出的对策。

3. 俄罗斯慕课发展前景

虽然俄罗斯的慕课发展面临着诸多挑战，但数字化教育是世界教育发展的趋势，慕课发展势在必行，并具有广阔的发展前景和未来。随着人们对在线学习兴趣的日益增长，信息通信技术在经济、教育等领域的发展和传播，社会对慕课的需求也会随之增长。俄罗斯政府为实现"俄罗斯联邦数字经济计划"采取各种举措大力推进"俄罗斯现代数字教育环境"项目的实施。所有这些既顺应了现代信息社会发展的总体趋势，也符合教育创新、技术有效、职业指导、教育灵活性和可及性的需求。

《俄罗斯在线教育市场研究》预测，到2021年俄罗斯中学补充教育、职业补充教育和语言培训这三大领域在线教育份额将会有明显增长。[1] 教育技术领域的创新和快速发展有利于竞争和课程质量的提高。投资方面虽说情况不尽如人意，但仍有投资者对此感兴趣，如Mail.ru集团[2] 2016年宣布投资网络教育门户——极客大脑（GeekBrains），创建在线教育平台。Mail.ru集团已与投资者达成共识，在不久的将来会在俄罗斯推出专门用于教育的"新Mail.ru"。

总而言之，俄罗斯社会对慕课的需求正日益增长，使用领域也在不断扩大，学校教育、社会培训、国家机关及企事业单位培训都对慕课有所需求。俄罗斯教育专家也预测，慕课因其符合现代俄罗斯教育发展总趋势，一定会成为俄罗斯教育体系中的重要组成部分，具有更大的发展空间。

4. 对中国慕课建设和发展的参考建议

在梳理俄罗斯慕课发展的过程中，我们发现，无论是俄罗斯还是中国，国际合作是慕课发展过程中的重要一环，但也是极易被忽略的地方。搞好国际合作不仅可以把国外优秀课程介绍进来，同时，也可以将我们的优秀课程传递出去，特别是关于中国文化、中国思想、中国传统的课程，让世界更多、更深入地了解中国，对避免不必要的误解和误读将会非常有帮助。

课程体系如何建立，课程如何开发，以什么样的方式、何种语言呈现，课程话语体系如何建构，也都是值得不断思考和探索的问题。

（任雪梅　大连外国语大学）

---

1 Кречетова А. Будущее онлайн-образования в России: рост и осторожные инвестиции. https://www.forbes.ru/tehnologii/342961-budushchee-onlayn-obrazovaniya-v-rossii-rost-i-ostorozhnye-investicii, 2017-04-20/2020-05-02.
2 Mail.ru是俄罗斯最大的邮箱网站。

参考文献

[1] 唐景莉等.最大限度提升俄罗斯高校竞争力[N].中国教育报，2019-12-28(2).

[2] 王钢，李海斌.俄罗斯慕课及其对我国复合型人才培养的意义[J].贵州师范学院学报，2018(6).

[3] 王森.俄罗斯联邦《教育法》中教育法律法规的新变化[J].外国中小学教育，2013(12).

[4] Кречетова А. Будущее онлайн-образования в России: рост и осторожные инвестиции [J/OL]. https://www.forbes.ru/tehnologii/342961-budushchee-onlayn-obrazovaniya-v-rossii-rost-i-ostorozhnye-investicii, 2017-04-20/2020-05-02.

[5] Приказ Министерства образования и науки Российской Федерации (Минобрнауки России) от 9 января 2014 г. № 2. г. Москва «Об утверждении Порядка применения организациями, осуществляющими образовательную деятельность, электронного обучения, дистанционных образовательных технологий при реализации образовательных программ». [J/OL]. Российская газета - Федеральный выпуск № 86(6358). https://rg.ru/2014/04/16/obuchenie-dok.html , 2014-04-16/2020-05-02.

[6] Об образовании в Российской Федерации: Федеральный закон от 29 декабря 2012 г. № 273-ФЗ [EB/OL]. http://static.kremlin.ru/media/acts/files/0001201212300007.pdf , 2012-12-29/2020-05-02.

[7] Бондаренко Н. В., Гохберг Л. М., Ковалева Н. В. и др. Образование в цифрах: 2019: краткий статистический сборник [M]. Москва: НИУ ВШЭ, 2019.

[8] Петькова Ю. Р. История развития дистанционного образования. Положительные и отрицательные стороны МООС [J]. *Успехи современного естествознания*, 2015(3).

[9] Тимкин С. Л. Эпоха МООК: Новый этап развития открытого образования в России и мире [A]. Лапчик М.П.Современные проблемы информатизации образования. Омск: Изд-во ОмГПУ, 2017.

[10] Национальная платформа открытого образования. https://elearning.hse.ru/platform, 2020-05-02.

[11] О проекте. Современная цифровая образовательная среда в РФ. http://neorusedu.ru/about, 2020-05-02.

[12] Приказ Министерства образования и науки Российской Федерации (Минобрнауки России) от 23 августа 2017 г. N 816 г. Москва. Об утверждении Порядка применения организациями, осуществляющими образовательную деятельность, электронного обучения, дистанционных образовательных технологий при реализации образовательных программ [J/OL]. https://cdnimg.rg.ru/pril/145/30/56/48226.pdf, 2017-09-21/2020-05-02.

[13] Исследование российского рынка онлайн-образования и образовательных технологий. https://

edumarket.digital, 2020-05-02.

[14] Владимир Путин. Российское образование должно стать глобально конкурентоспособным [J/OL]. http://inlytkarino.ru/novosti/aktualno/vladimir-putin-rossiyskoe-obrazovanie-dolzhno-stat-globalno-konkurentosposobnym, 2018-07-22/2020-05-02.

[15] Сайт. UNIWEB. https://learn.uniweb.ru, 2020-05-02.

[16] Список онлайн-курсов [EB/OL]. https://minobrnauki.gov.ru/common/upload/library/2020/03/Spisok_onlayn-kursov.pdf, 2020-05-02.

[17] Программа развития электронного обучения на 2014-2020 гг. Министерства образования и науки Российской Федерации [EB/OL]. https://ode.susu.ru/dekanat/Zakonodatelstvo/PREO2014.pdf, 2020-05-02.

[18] Правительства РФ. Концепция долгосрочного социально-экономического развития Российской Федерации на период до 2020 года [EB/OL]. http://static.government.ru/media/files/aaooFKSheDLiM99HEcyrygytfmGzrnAX.pdf, 2008-11-17/2020-05-02.

[19] Паспорт приоритетного проекта в сфере образования. Современная цифровая образовательная среда в Российской Федерации [EB/OL]. http://static.government.ru/media/files/8SiLmMBgjAN89vZbUUtmuF5lZYfTvOAG.pdf, 2016-10-25/2020-05-02.

[20] В Минобрнауки завили, что число выпускников 11-х классов увеличится на 40% за 10 лет[J/OL]. https://tass.ru/obschestvo/8095895, 2020-03-27/2020-05-02.

[21] Сайт. ЕШКО. https://www.escc.ru/, 2020-05-02.

[22] Послание Президента РФ В. В. Путина Федеральному Собранию 1 марта 2018 года. http://www.kremlin.ru/events/president/news/56957, 2018-03-01/2020-05-02.

[23] Демидова М. Сколько в России вузов в 2019 году [J/OL]. https://yakapitalist.ru/finansy/skolko-v-rossii-vuzov-v-2019-g, 2019-12-01/2020-05-02.

《世界慕课发展报告》

西班牙

【摘　要】从2013年第一门慕课出现至今,西班牙不断对慕课的课程体系、管理体系和认证体系进行探索和创新。西班牙慕课始终以市场为导向深化供给侧改革,通过与大学、著名博物馆及知名企业开展合作,拓展行业发展维度,创新商业模式,构建行业可持续发展范式。西班牙慕课发展的历史及路径,给西班牙语国家慕课平台的建设和发展提供了借鉴和经验。

一、西班牙慕课发展背景

1. 高等教育情况简介

西班牙位于欧洲西南部的伊比利亚半岛,君主立宪制国家,全国共设17个自治区,官方语言为西班牙语。现有大学87所[1](见图1),包括51所公立大学和36所私立大学(见图2),主要分布在马德里(21所)、加泰罗尼亚(12所)和安达卢西亚地区(11所)。根据西班牙教育部最新数据统计,全国现有在职大学教师12万余名[2],在校大学生159.5万余人[3],师生比约为1:13。除开展教学和科研活动外,大学还积极践行社会服务职能,为国家发展提供人才支持和智力保障。

1　参见https://www.educacion.gob.es/ruct/listauniversidades?tipo_univ=&d-8320336-p=3&cccaa=&actual=universidades&consulta=1&codigoUniversidad=, 2020-01-21。

2　参见https://www.europapress.es/sociedad/educacion-00468/noticia-numero-docentes-espana-supero-750000-curso-pasado-mayor-cifra-historia-20191004123743.html, 2020-01-21。

3　参见https://www.educacionyfp.gob.es/servicios-al-ciudadano/estadisticas.html, 2020-01-21。

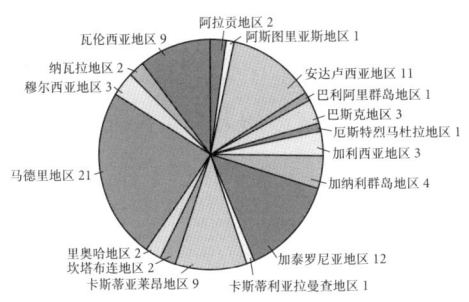
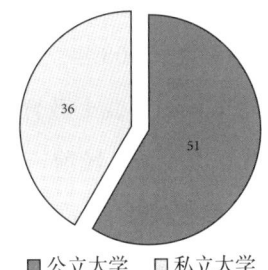

图 1 西班牙大学数量及分布图　　　图 2 公立与私立大学数量

近年来，由于国内高等教育人口数量持续增长，个体学习动机和方式发生质变，知识的获取途径变得更为多元和便捷，以及市场对人才标准的重新界定等，促使西班牙深入开展高等教育供给侧改革，动态调适互联网时代下教育"市场"的生态平衡。西班牙中央政府及各自治区政府积极鼓励高等院校和科研机构发展远程线上教育，先后启动一系列教育改革和教学创新计划，如在全国建立 6 所远程大学，以扩大高等教育的普惠力度，彰显教育的公平性；支持高校开展教学改革，优化课程设置，建议教师利用大数据、多媒体等手段开发私播课（SPOC）、慕课等线上课程，通过整合线上、线下资源，打造虚拟学习社区，满足学习者自身发展的个性化和时代化诉求。数字时代下高校慕课建设的推进，必将促进西班牙高等教育的内涵式发展。

2. 早期在线教育的发展和慕课的兴起

2.1 早期在线教育的发展历程

在慕课兴起前，西班牙中央和地区政府分别实施了一系列政策用以探索在线教育的发展路径和范式，为慕课在西班牙的发展积蓄了资源。其可以分为以下主要阶段：

（1）1985—1989 年。1985 年西班牙中央政府通过"雅典娜"（ATENEA）计划，为学校配备了电脑及其他多媒体设备，试图利用计算机技术推动教育教学创新；同期，多个自治区政府对标中央政府举措，也出台了较有针对性的地方计划，如加泰罗尼亚大区的教育信息化计划（Plan de Informática Educativa）计划、瓦伦西亚大区的计算机辅助教学项目（Programa Informática al Ensenyament）计划及安达卢西亚大区的"撒哈拉"（Zahara）计划。但限于当时的技术水平，教学资源无法在机构或地区间共享，且项目在推进过程中未形成"闭环操作"，加之后期资助力度减小，发展后劲不足，致使以上计划均未能达到预期目标。

（2）1990—2008 年。80 年代末至 90 年代初，随着互联网的兴起，多个自治区政府开始重新制订线上教育改革计划，要求自治区内的大学和科研机构积极共建、共享在线教育资源。较前一阶段虽有进步，但因缺乏国家顶层干预，未能实现跨区域大规模协同发展，导致资源利用率不高，仅是"昙花一现"。

（3）2009—2012 年。2009 年，西班牙时任首相萨帕特罗要求政府加大对教育的投入比例，号召中央、地方两级政府的教育部门共同合作，在全国范围内实现课程及教学资源的共建、共享。为保证计划的顺利实施，通过校园 2.0 计划（ESCUELA 2.0）计划，政府按 1:1 比例为学校购置电脑，即每名学生均可拥有 1 台电脑，此外还升级了校园的无线网络设备等硬件设施。但后期，由于政府换届和经济危机双重原因，计划被迫暂停。多位研究者都认为该阶段是西班牙的"前慕课时代"，这一时期的"一揽子"政策推动了慕课在西班牙的兴起。[1]

2.2 慕课的兴起

西班牙是欧洲慕课发展的先驱，马德里理工大学于 2013 年在 edX 平台开设了西班牙的第一门慕课课程。同年，西班牙电信公司 (Telefónica) 还和桑坦德银行 (Banco Santander) 共同投资开发了世界首个西班牙语慕课平台 MiríadaX，打破了由 Coursera 和 edX 两大英语平台对西班牙慕课市场的垄断。因此，2013 年可被称作西班牙的慕课"元年"。之后，西班牙慕课发展一直保持强劲势头，各高校积极进行慕课建设，使西班牙连续数年成为欧盟中拥有慕课数量最多的国家。

3. 慕课在西班牙发展的主要原因

西班牙慕课发展不仅起步早，建课数量也多年位居欧洲首位。据欧洲"开放教育"(Open Education Europa) 网站公布的相关数据[2]，2013—2015 年间[3]西班牙一直是欧洲开设慕课数量最多的国家，截至 2015 年底，共计开课 348 门，占欧洲慕课开课总数的 27.7%。

---

[1] Area, M., Sanabria, A. L. & Vega, A. M. Las políticas educativas TIC (Escuela 2.0) en las Comunidades Autómomas de España desde la visión del profesorado. *Campus Virtuales,* 2013, 2(1): 74-88.
[2] 参见 https://elearninginfographics.com/european-moocs-scoreboard-infographic/, 2020-01-23.
[3] 此平台数据仅更新至 2015 年底。

对于慕课在西班牙发展的主要原因,要结合政策、教育改革的内生动力以及社会发展等多个维度进行探讨。

3.1 欧盟和国内的政策导向

2013 年欧盟启动了欧洲"开放教育"计划,该计划旨在通过发展线上教育,如慕课等手段,拓展教育资源共享和改革创新的路径,实现欧洲教育的数字化革命。当年,西班牙多个自治区政府出台了针对该计划的配套政策,以项目为依托扶持高校开展慕课建设。以加泰罗尼亚自治区为例,2013 年自治区政府通过《加泰罗尼亚慕课计划》(MOOCs-Cataluña),批准 139 个慕课项目立项,资助金额高达 30 万欧元。[1] 以上举措的有机结合,助推了慕课在西班牙的快速发展。

3.2 教育资源优化和教育质量提升的要求

2012 年以来,受经济危机影响,西班牙政府对教育的投入逐年缩水(见图 3),教育投入占 GDP 比例不足,扩大了校际及地区间教育资源配比的失衡。而大力发展慕课教育,建立协同共享机制,是缩小地区间教育水平差异,提高本国教育整体质量的有效途径。

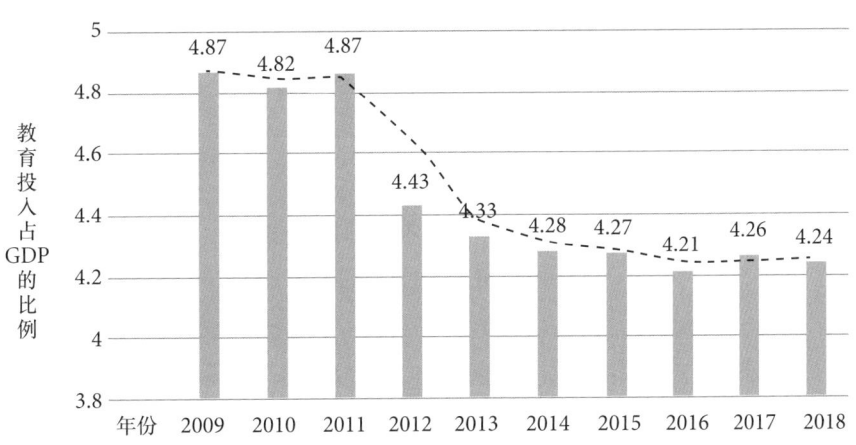

图 3　2009—2018 年教育投入占 GDP 比例图

数据来源:欧洲统计署(Eurostat)

---

[1] Sancho Vinuesa, T.,Oliver, M.&Gisbert, M. MOOCs en Cataluña: Un instrumento para la innovación en educación superior. *Educación XXI*, 2015, 18(2): 125-146.

3.3 教师的个人学术兴趣所向

慕课的发展打破了传统校园的物理界限,引发教师广泛关注。教师通过慕课平台可向更大的受众群体推广自己的学术思想、研究方法等,有利于提升教师的地区或国际学术影响力。

3.4 学习者学习方式的深度变革

(1)欧洲统计局公布的数据显示(见图4),25—74岁各年龄段人群均有学习需求,虽随年龄增长,需求比例会随之降低,但足以说明终身学习已成为一种生活常态。《欧洲2020计划》也将"以职业发展为目标的终身学习计划"作为其教育战略的重要组成部分,强调终身学习的重要性。慕课课程内容涵盖广,完全可满足全民终身教育的需求。

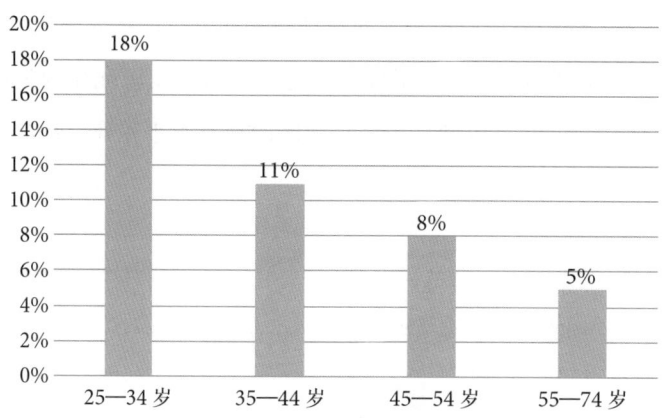

图 4　不同年龄人群学习投入比例

数据来源:欧洲统计署(*Eurostat*[1])

(2)网络时代下,知识更新的速度加剧,西班牙非全日制大学生人数的增加以及劳动力市场对复合型人才需求的加大,促使学习者学习方式发生深刻变革。学习个体对课程时间(如开课时间、课程长度等)和课程内容(专业性、权威性)的要求更为苛刻。恰好慕课学习时间自主性强、课程周期短、内容权威性高等特点可让学习者因"己"制宜,在最短时间内获得最大的知识收益。

---

[1] 参见https://ec.europa.eu/eurostat/data/browse-statistics-by-theme,2020-01-26.

3.5 企业对员工的培训需求

随着慕课的发展，西班牙知名企业也意识到可使用慕课资源，满足其品牌的国际化发展战略和员工的培训需求，纷纷开始自建慕课平台或与知名商学院一起开发符合企业内在发展需求的专业类慕课课程。如西班牙蒂则诺纺织工业公司（Inditex 集团），就通过"在线学院"（On Academy）平台，以及 E—时尚（e-Fashion，与欧洲设计学院共建）和高阶管理计划（Advanced Managment Program，与欧洲商学院共建）等共建类慕课课程对全球员工进行在线培训，培训人数多达 66,000 名，且效果良好。

二、西班牙慕课发展现状

下面将结合相关发展报告，对有效数据进行分析，表征西班牙慕课建设和发展的宏观现状。（数据收集截止到 2019 年 12 月）

1. 西班牙慕课建设现状

1.1 西班牙各类大学及其慕课发展情况

西班牙各类大学一直是慕课建设的主力军。2013 年底拥有 1 门以上慕课课程的高校共计 28 所[1]，经过六年的发展，截至 2019 年底，增至 43 所，占全国高校总数的 51%（见图 5）。从图 6 可看出，马德里、加泰罗尼亚及瓦伦西亚地区的高校更重视慕课课程建设。

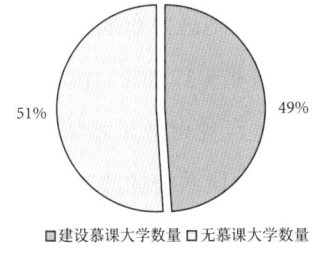

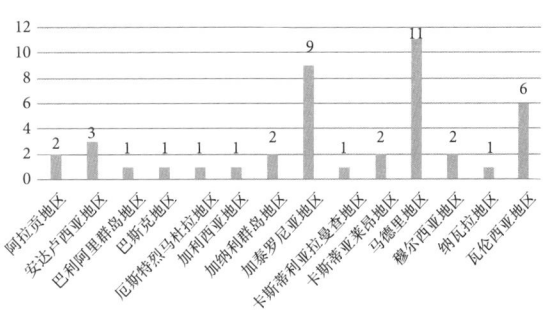

图 5　已建慕课高校占比分配　　　　图 6　建设慕课高校地区分布图

---

1 Oliver, M., Hernández-Leo, D., Daza, V., Martin, C. & Albó, L. MOOCs en España: Panorama de los Cursos Masivos Abiertos en Línea en las universidades españolas. Cátedra Telefónica-UPF Social Innovation in Education. Cuaderno Red de Cátedra Telefónica, 2014.

43 所开设慕课的大学中，公立大学 31 所，占全国公立大学总数的 61%；私立大学 12 所，占全国同类大学总数的 33%（见图 7）。相比 2013 年底的统计数据，目前开设慕课的公立大学数量基本与 2013 年持平，但私立大学数量有一定程度的升高。可见，西班牙各类大学虽还都在积极地进行慕课建设，但公立大学的慕课发展速度明显放缓，这可能与经济危机、政府对公立大学投入不足引发的次生问题有关。相比公立大学，私立大学由于自身的战略发展要求，如人才培养目标的实现、学校国际化水平的提升等，加大了对慕课建设的投入，希望通过慕课为学生提供更加个性化的学习路径，让学校的优势学科更具国际影响力。

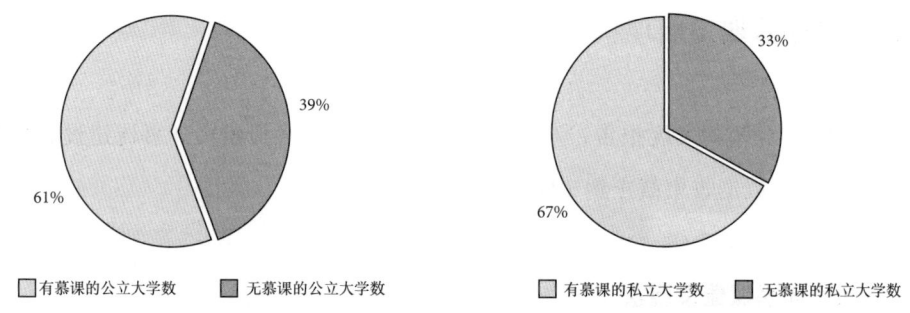

图 7　有慕课的公、私立大学占比分配

相比传统高校，远程大学慕课的开课数量依旧不足，截至 2019 年底，仅有 3 所远程大学在不同平台建设了自己的慕课课程，与庞贝法布拉大学教育信息论坛（Cátedra Telefónica）2013 年的统计数据相比，仅多了 2 所。

1.2 西班牙现有慕课按地区和高校分布情况

截至 2019 年底，西班牙慕课课程总数累计 1200 多门。按地区分布来看（见图 8），马德里地区慕课建设数量最多（260 门），其次是瓦伦西亚（129 门）和加泰罗尼亚地区（112 门）。相比 2013 年底的数据，加泰罗尼亚地区建课数量增幅最大，由最初的 9 门增至现在的 112 门。这与该地区的高校数量及大区政府的政策扶持有很大关系，如前所述，2013 年该区政府就启动了高达 30 万欧元的慕课建设项目，鼓励辖区高校及科研机构积极参加。

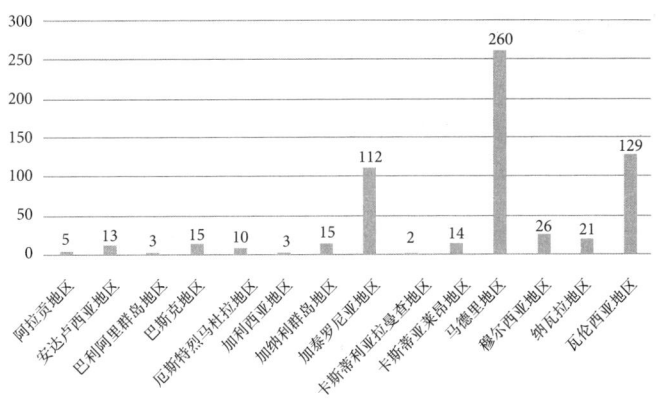

图 8　按地区分布慕课数量[1]

按大学分布来看（见图 9），慕课数量排名前三的分别是瓦伦西亚理工大学（99门）、西班牙国家开放大学（79门）和马德里理工大学（75门）。后两所大学从2013年起就一直位于西班牙慕课建设的第一梯队，而瓦伦西亚理工大学近年来因其世界排名攀升、国际学术影响力提高等积极因素，促使该校的慕课体量不断扩大，并赶超前者，跃居榜首。根据上海世界大学学术排名（ARWU）和泰晤士高等教育指数（*Times Higher Education Index*），瓦伦西亚理工大学目前是西班牙最好的科技类大学，也是世界上150所建校不到50年的优秀年轻大学之一。

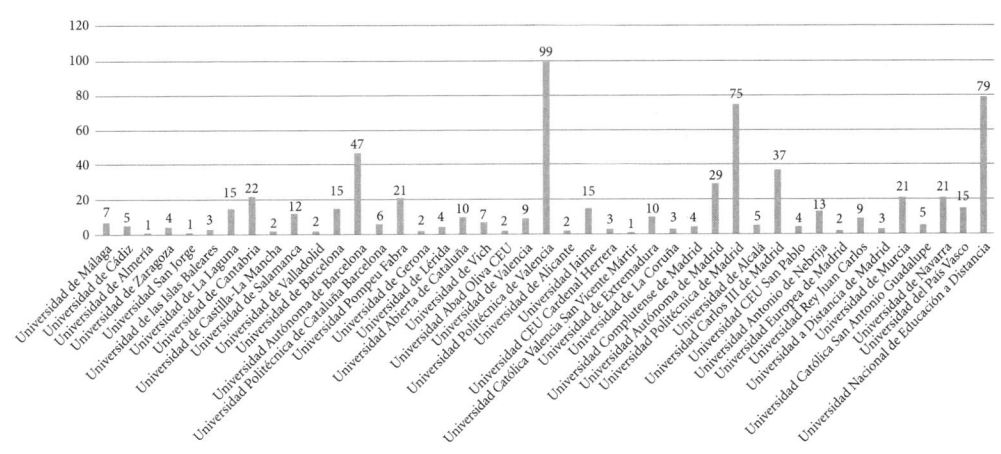

图 9　慕课数量按大学分布情况

1　此处的数据未穷尽，只列举了主要地区开设慕课的情况。

2. 西班牙现有慕课平台

目前西班牙各大学使用的慕课平台见表1。

表1　与西班牙各大学合作的主要慕课平台

大学名称	慕课平台名称
马拉加大学（Universidad de Málaga）	MiríadaX
加迪斯大学（Universidad de Cádiz）	
阿尔梅里亚大学（Universidad de Almería）	
萨拉戈萨大学（Universidad de Zaragoza）	
圣豪尔赫大学（Universidad de San Jorge）	
巴利阿里群岛大学（Universidad de las Islas Baleares）	
拉古娜大学（Universidad de Laguna）	
坎塔布里亚大学（Universidad de Cantabria）	
卡斯蒂利亚拉曼查大学（Universidad de Castilla-La Mancha）	
萨拉曼卡大学（Universidad de Salamanca）	
基洛纳大学（Universidad de Gerona）	
雷里达大学（Universidad de Lérida）	
维奇大学（Universidad de Vich）	
阿瓦德·奥利瓦大学（Universidad Abad Oliva CEU）	
瓦伦西亚大学（Universidad de Valencia）	
阿里肯特大学（Universidad de Alicante）	
卡尔德纳尔·埃雷拉大学（Universidad CEU Cardenal Herrera）	
瓦伦西亚天主教大学（Universidad Católica de Valencia）	
尔斯特烈马杜拉大学（Universidad de Extremadura）	
拉科鲁尼亚大学（Universidad de La Coruña）	
马德里理工大学（Universidad Politécnica de Madrid）	
圣巴布洛大学（Universidad CEU San Pablo）	
马德里欧洲大学（Universidad Europea de Madrid）	
胡安卡洛斯国王大学（Universidad Rey Juan Carlo）	
穆尔西亚大学（Universidad de Murcia）	

（续表）

大学名称	慕课平台名称
圣安东尼奥瓜达鲁贝大学（Universidad Católica San Antonio Guadalupe）	MiríadaX
纳瓦拉大学（Universidad de Navarra）	
巴斯克大学（Universidad del País Vasco）	
瓦伦西亚理工大学（Universidad Politécnica de Valencia）	edX
马德里自治大学（Universidad Autónoma de Madrid）	
巴塞罗那大学（Universidad de Barcelona）	Coursera
巴塞罗那自治大学（Universidad Autónoma de Barcelona）	
卡洛斯三世大学（Universidad Carlos III de Madrid）	MiríadaX/edX
内布里哈大学（Universidad Antonio de Nebrija）	MiríadaX/Open Education Blackboard
马德里远程大学（Universidad a Distancia de Madrid）	MiríadaX/Iversity
加泰罗尼亚开放大学（Universidad Abierta de Cataluña）	EMMA/MiríadaX
巴亚多利德大学（Universidad de Valladolid）	MiríadaX/Canavas Network
马德里康普顿斯大学（Universidad Complutense de Madrid）	MiríadaX/FutureLearn
庞贝法布拉大学（Universidad Pompeu Fabra）	Kadenze/MiríadaX/FutureLearn/Cousera/Canavas Network
阿尔卡拉大学（Universidad de Alcalá）	Canavas Network/Open Education Blackboard
西班牙国家开放大学（UNED）	UNED Abierta
加泰罗尼亚理工大学（Universidad Politécnica de Cataluña）	自建平台
海梅大学（Universidad Jaime）	

在各大平台中，MiríadaX 是目前西班牙最主流的慕课平台，85% 以上的大学都在该平台开设过至少一门慕课，这与该平台使用西班牙语进行市场开发有很大关系。

3. 现有慕课平台专业建设情况

3.1 专业分布情况

目前，西班牙高校推出了涵盖不同专业领域的慕课课程（见图10）。

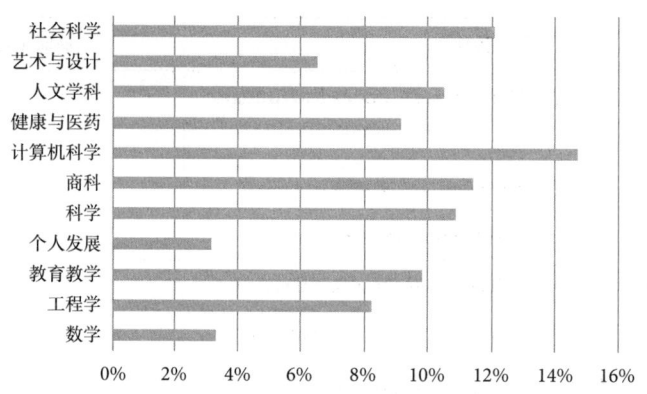

图 10　西班牙慕课专业领域分布图

如图 10 所示，目前，慕课课程数量排名前三位的学科分别是计算机科学、社会科学和商科。其主要原因在于：（1）当今，计算机和商科领域的知识更新速度极快，学习者若想提高职业能力，了解相关领域的最新知识，就必须通过在线开放课程实现终身学习；（2）在全球化语境下，各国都在通过"文化走出去"战略塑造良好国际形象。因此，利用好慕课平台，进行文学、文化、语言类课程群建设，打造凸显本国、本地区人文景观的社科类多模态、沉浸式慕课课程，亦显得尤为重要。相比之下，数学、艺术等基础性学科的慕课数量很少，这和基础性学科知识相对固化、更新速度慢以及线下课程足以满足其教学目标的实现有很大相关性。从西班牙慕课的专业构成，可以看出西班牙慕课产业始终以市场为导向，通过供给侧改革搭建专业架构，满足时代发展和慕课课程体系可持续发展的需求。

3.2 主要用户群体

根据西班牙教育部《2019 年年度教育报告》，目前西班牙慕课主要面对 18—64 岁的人群开设，不做最低学历要求限制。用户群体的性别比例差异很小。

3.3 学习时长及开课时间

西班牙各大慕课平台开设的相关课程，每门课程平均学习时长为 7 周，用户平均学习时间为每周 4 小时，这一数据与欧洲其他国家基本一致，如英国慕课的平均学习时长为 4—10 周，平均学习时间为每周 2—6 小时。慕课课程的开课时间主要集中在每年的 9 月，但也会根据市场需求动态滚动开课，近几年有关大数据、机器人等专业的课程一直都是一年开课数期。

三、慕课平台课程一体化建设 —— 以 MiríadaX 平台为例

本土开发的西班牙语平台和从国外引进的英语平台构成了西班牙慕课课程的生态体系。下面以 MiríadaX 平台为例，探析西班牙本土慕课平台课程建设的典型特点。

1. 课程建设

1.1 MiríadaX 慕课平台建设情况

MiríadaX 慕课平台由西班牙电信公司和桑坦德银行共同投资开发，于 2013 年 1 月上线运营。平台主要面向西班牙、拉丁美洲及加勒比地区和葡语国家地区的西班牙语和葡萄牙语用户。平台的宗旨是通过共享优质慕课资源，消除国家和地区间的教育差异，提高高等教育的整体发展水平。

截至 2019 年底，该平台累计注册用户数达 4,071,483 人，是 2013 年平台运营之初用户数的 5.5 倍，发展速度很快。除拥有庞大的用户群体外，该平台也拥有一流的师资，目前共有 2546 名教师在平台开课。

以上数据表明，该平台对西语和葡语国家的慕课发展具有绝对影响力。

1.2 课程数量与专业大类

目前，该平台有 1000 多门专业慕课课程，开课单位主要为西语和葡语国家的高等院校和科研机构。近几年，博物馆类的机构如西班牙普拉多博物馆和索菲亚王后现代艺术中心也开始在该平台开设知识类通识慕课课程。其中，普拉多博物馆的绘画艺术欣赏类课程数次被评为最受用户欢迎的课程。

平台课程所涉专业涵盖计算机、经济学、数学、教育学、医学、心理学、社会学、法学、语言学、生命科学、文学、艺术、化学、人类学、历史、地理、物理、农业、大气地球物理 19 大类。其中计算机和经济学开课数量最多。

1.3 课程建设模式

平台课程主要以依托模式进行共建，建设主体包括高校、研究所及博物馆等

106 个单位。慕课建设由课程建设主体牵头，相关二级单位（如学院等）安排教师或教学团队开展课程设计与制作，最终交由平台上线运营。此外，高校间合作共建的趋势也日趋明显。

2. 用户群体构成

2.1 学习者身份

（1）国籍构成

平台用户主要集中在欧洲、拉丁美洲及加勒比地区和北美洲。按注册用户总数对国家进行排名，前十位分别是：西班牙、哥伦比亚、墨西哥、秘鲁、阿根廷、委内瑞拉、智利、厄瓜多尔、巴西、多米尼加共和国。此外，美国、英国和意大利等非西班牙语、葡萄牙语国家也有一定数量的注册用户。近几年，随着亚洲地区西班牙语学习者数量的增多，少量的印度及中国用户也开始利用该平台进行慕课学习。

（2）性别构成

根据平台 2019 年发布的年度报告，男性用户占总数的 52%，女性用户占 48%。与 2015 年西班牙庞贝法布拉大学对该平台研究得出的数据相比，男性用户数量有所下降，女性用户数量有所上升。（见图 11）

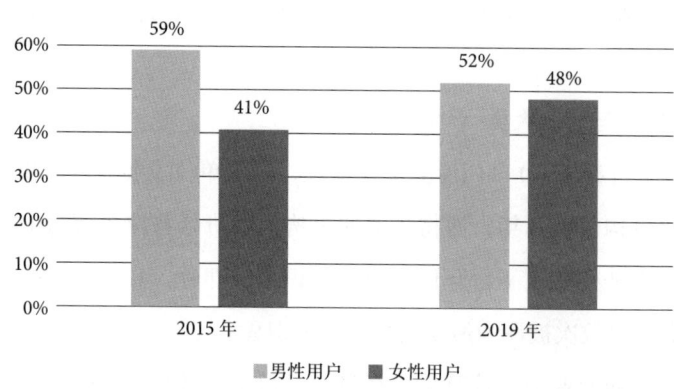

图 11 MiríadaX 2015—2019 年不同性别用户增长比例

（3）年龄构成

2019 年平台年度报告显示，25—44 岁的用户数量最多，占用户总数的 59.28%，这一比例与 2015 年 Oliver, M. 等人得出的数据基本一致，2015 年时的比例为

56.2%。这说明处于职业起步或发展阶段的学习群体，因自身能力发展的需要，参与在线学习的动机更强。

（4）用户受教育程度情况

根据 Oliver, M. 等人 2015 年的研究可知，该平台用户中，44% 的学习者已完成大学学习，33% 的学习者为在校大学生，大学教师及科研人员占用户总数的 13%，高校管理及教辅人员占 8%，仅有 2% 的用户未接受过高等教育。[1]

2.2 学习者主要动机

学习者的主要动机旨在通过慕课学习，对专业知识结构进行迭代升级，增强个体竞争力与社会适应力。

2.3 课程完成度情况

目前，该平台课程平均完成率为 27%，相比 2015 年 18% 的完成率，略有提高。在开设的 19 个大类课程中，注册人数最多的计算机课程完成率为 29%，注册人数位居第二的心理学课程完成率为 28.3%，紧随其后的经济学和语言学专业完成率为 27%。相比之下，文学、艺术、物理等专业的课程完成率均处于平均线以下，且相差比例较大。

以用户群体性别为指标对课程完成率进行分析，发现女性用户的课程完成率比男性用户略高。（见图 12）

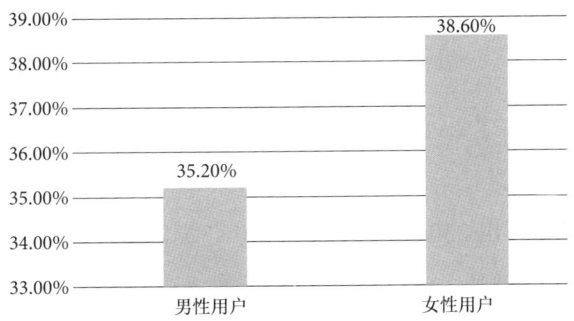

图12　MiríadaX 不同性别用户课程完成率对比

---

[1] Oliver, M., Hernández-Leo, D., Daza, V., Martin, C. & Albó, L. MOOCs en España: Panorama actual de los Cursos Masivos Abiertos en Línea en la plataforma Miríada X. Cátedra Telefónica-UPF Social Innovation in Education. Cuaderno Red de Cátedra Telefónica, 2015.

根据 MiríadaX 平台 2019 年的年度报告，该平台的平均课程完成率要远高于英语类慕课平台 8%—11% 的完成率。[1]

3. 课程管理

3.1 课程体系

（1）课程观

课程观大致可以分为两类：课程即知识或学科；课程即经验。前者着眼于知识的梳理和讲解，后者着眼于实践。[2] MiríadaX 平台的慕课课程基本都以后者为课程观，并基于此进行课程内容、目标、实施及评价的路径选择，实现寓教于乐的目的。如马德里康普顿斯大学开设的慕课课程"从实验室到厨房"，其理念就是通过简单的实验，让人们了解一些与食品行业相关的科学概念，希望学习者通过在线学习获得以下技能：①掌握一些发生在食物中的物理和化学现象；②掌握与这些现象相关的食品加工过程；③将所学知识应用到日常生活中。

（2）课程层次

结合用户的知识水平和课程难度，可将课程可分为初级、中级和高级。

（3）课程结构

该平台开设的课程基本都是常规课程，由与平台合作的教学主体规定开课时间与课时，课程开始后，用户须统一按照课程进度进行学习。课程以周为单位发布学习内容，配有相应的作业与测试。课程内容和活动包括必修和选修两部分。用户通过课程大纲知晓每个模块的必修内容和活动，完成教师规定的学习任务，方可结业。

3.2 课程质量监控

（1）一流师资团队

该平台的教师主体由 2500 多名不同专业、不同国家的一流师资组成。平台除每年为教师提供在线培训外，还定期组织线上研讨，探讨慕课发展中的瓶颈及创新

---

1 Mª Teresa Reinoso Gamino. Las empresas pueden contar ya con su propio espacio dentro de MiríadaX, www.miriadax.net, 2019-02-19/2020-04-15.
2 张志新,何爱霞,王嘉妮,刘静.墨尔本大学慕课课程体系特色及对我国高等教育的启示.成人教育, 2018,38(1):78-81.

问题。以 2018 年为例，该平台累计开展了 130,000 小时的在线培训和 30 场网络研讨会。[1]

（2）跨学科学术共同体与学术委员会

平台与相关慕课研究机构、国际组织及科研机构建立跨学科学术共同体，为慕课的可持续发展提供咨询和质量框架。同时，依托共同体成立学术委员会，为课程的设计、实施、评价提供标准界定和智力支持。目前，平台主要与慕课专家委员会（MOOC Expert Committe）和欧洲慕课委员会（European MOOC Committe）进行战略合作。

3.3 课程保障体系

平台为保障考核结果真实有效，确立了严格的过程考核体系和监测方法。其中包括：①不允许使用多个账户在平台注册；②用户必须遵守平台的学术诚信与学术规范，除特殊说明外，课程作业必须由学习者个人独立完成，对抄袭现象"零"容忍；③积极开展 P2P 同伴互评机制，巩固学习成果，保证学习效果；④对可进行学分转换的考查课程，为保证考试的公平、公正，平台使用人脸识别等人工智能技术来确认考生身份，杜绝作弊发生。

4. 认证体系

该平台目前向学习者发放三种证书。

（1）学习证明。学完课程 75% 以上必修内容的用户，平台免费发放电子学习证明至用户账号；

（2）结业证书。学完课程全部内容，且通过考核的用户，平台发放电子结业证书至用户账号，用户须提前交纳 40 欧元费用。针对证书的制作与发放，平台利用区块链技术为每张证书配有可被验证的唯一代码，使证书无法被伪造。基于此技术，证书除注明用户基本信息外，还可添加一些细节信息，如用户论坛互动频率、测试结果、P2P 作业评价、成绩排名等。

---

[1] Mª Teresa Reinoso Gamino. Las empresas pueden contar ya con su propio espacio dentro de MiríadaX, www.miriadax.net, 2019-02-19/2020-04-15.

（3）机构认证证书。此证书不由慕课平台发放，而是由开课机构直接颁发，如大学、企业等。该证书不仅可作为机构颁发的学历证明，亦可用于兑换专业学分。

四、总结与展望

1. 西班牙慕课建设特色

（1）一些最初在主流平台建课的学校，现在慢慢开始转向Open Education Blackboard，通过开发智能手机、苹果手表（Apple Watch）等智能设备上的应用程序，优化学生的学习体验。这应该是未来西班牙慕课发展的趋势之一。

（2）远程大学已开始独立开发自己的专属平台，保证其课程质量和学习体验。如西班牙国家开放大学，目前所有慕课课程仅在其专有平台（UNED Abierta）开课。

（3）国际化程度高的大学，为提升其国际学术影响力，会选择多个平台开发课程，授课语言包括西班牙语、英语等，如西班牙庞贝法布拉大学（Universidad Pompeu Fabra）。

（4）MiríadaX与普拉多美术博物馆（Museo Nacional del Prado）开展文博类专题慕课建设，创新的课程内容和先进的课程制作技术，使该专题慕课经过两轮线上运行后，成为该平台最受欢迎的课程之一。目前，有来自60个国家的4万多名学习者注册学习。课程的开发范式具有国际示范性。

（5）慕课平台积极与西班牙国内企业及大型跨国企业合作，对标企业发展战略，定制具有针对性的慕课课程，供企业开展线上员工培训等活动。目前已与西班牙电信公司（Telefónica）、奥兰之电信公司（Orange）、西班牙信贷银行（ICO）等大型企业单位合作。

2. 对西班牙慕课发展的进一步建议

（1）多维度开展与跨国慕课平台的合作，通过共建、购买、引用等合作模式，促进慕课课程的协同发展，提升本国平台的国际影响力；

（2）尽快研究制定用户黏度提升量表，精准对标客户学习动机与诉求，从课程本体出发，深挖课程内涵，上线更多专题类"硬核"慕课项目，进一步有效提升课程完成率；

（3）深化平台与高校间的合作，提高课程使用率，制定学分统一转换标准，使慕课成为传统高等教育的重要补充。

3. 对西班牙语国家慕课发展的建议

根据西班牙慕课发展的特点，西语国家在慕课建设上需从以下三点进行补充建设，使其慕课的课程体系和质量体系更为完善。

（1）加大与博物馆等文博类机构的合作力度，上线适合不同年龄段的专题类通识慕课，体现慕课在知识传授方面的普适性。

（2）促进"大数据"和"人工智能"等现代科技手段与慕课考核体系的深度融合，如指纹、人脸识别技术、IP锁定等，最大程度保障考核的真实性与诚信性，为下一步西语国家各高校大规模将慕课考核结果并入学分体系提供可靠的路径选择。

（3）定期开展跨地区教师培训或研讨，鼓励教师开展慕课创新及跨学科课程群建设，使西语国家的慕课教育更具前瞻性。

（曹韦 西安外国语大学）

参考文献

[1] 付静.慕课传播的特征、模式与反思[J].传媒，2019(2).

[2] 纪九梅，王宇，欧阳嘉煜，汪琼.2018慕课发展概要与未来趋势——以Coursera、edX、学堂在线、Udacity和FutureLearn为例[J].中国远程教育，2019(9).

[3] 江志斌.中国慕课模式探索与实践[J].中国大学教学，2018(1).

[4] 李晶.慕课背景下教师角色转变策略研究[J].教育理论与实践，2016，36(19).

[5] 刘占荣，刘永权，武丽娜.国际远程高等教育研究与发展趋势[J].中国远程教育，2018(12).

[6] 汪琼.美国慕课评优原则分析[J].现代远程教育研究，2017(3).

[7] 王宇，罗淑芳，范逸洲，汪琼.2017全球慕课发展回顾[J].中国远程教育，2018(9).

[8] 许涛.美国慕课发展的创新模式研究[J].比较教育研究，2017，39(8).

[9] 杨荣泰，张晓丽，杨春尧，方娇莉，朱贵富.高校慕课教学效果的统计分析[J].计算机教育，2020(1).

[10] 张继明，宋尚桂.论我国慕课的转型发展及其未来建构[J].高教探索，2017(7).

[11] 张志新，何爱霞，王嘉妮，刘静.墨尔本大学慕课课程体系特色及对我国高等教育的启示[J].成人教育，2018，38(1).

[12] 赵言诚，孙秋华，姜海丽.慕课与传统课堂教育的比较与对策[J].黑龙江高教研究，2016(8).

[13] 赵紫玉.利用国际性慕课提升中国国际话语权问题探析[J].教学与研究，2019(3).

[14] Area, M. Sanabria, A. L. & Vega, A. M. Las políticas educativas TIC (Escuela 2.0) en las Comunidades Autómomas de España desde la visión del profesorado[J]. *Campus Virtuales*, 2013, 2(1).

[15] Mª Teresa Reinoso Gamino. Las empresas pueden contar ya con su propio espacio dentro de MiriadaX[EB/OL].www.miriadax.net, 2019-02-19/2020-04-15.

[16] Oliver, M., Hernández-Leo, D., Daza, V., Martin, C. & Albó, L. MOOCs en España: Panorama actual de los Cursos Masivos Abiertos en Línea en la plataforma MiríadaX. Cátedra Telefónica-UPF Social Innovation in Education. Cuaderno Red de Cátedra Telefónica, 2015.

[17] Oliver, M., Hernández-Leo, D., Daza, V., Martin, C. & Albó, L. MOOCs en España: Panorama de los Cursos Masivos Abiertos en Línea en las universidades españolas, Cátedra Telefónica-UPF Social Innovation in Education. Cuaderno Red de Cátedra Telefónica, 2014.

[18] Sancho Vinuesa, T.,Oliver, M.&Gisbert, M. MOOCs en Cataluña: Un instrumento para la innovación en educación superior[J]. *Educación XXI*, 2015, 18(2).

《世界慕课发展报告》

英国

【摘　要】以未来学习（FutureLearn）为代表的英国慕课是全球重要的在线教育平台。本文首先从英国高等教育与在线教育的历史出发，分析了英国慕课的起源与发展。之后，对英国慕课平台FutureLearn进行了详细分析，从政策与制度、课程设置、平台特征、学习者分析、管理体制、国际合作等维度进行了阐述。最后对英国慕课面临的挑战与发展趋势进行了讨论。

一、英国慕课的起源与发展

1. 英国高等教育与在线教育

近百年来，英国的高等教育在世界上一直名列前茅，教育质量举世公认。英国的高等教育以保证和提高教学质量为核心，以培养和造就社会经济发展需要的人才为宗旨，密切跟踪世界科学技术的发展动态，形成了以科技创新促进教学、以严格管理保证质量、以国际标准为尺度、以服务社会为宗旨的办学体系。

在开放教育与在线教育方面，英国具有悠久的历史，英国大学提供的开放教育资源最早可以追溯到19世纪伦敦大学的学位开放和大学推广活动。第二次世界大战结束后，伴随着教育理念的革新和教育技术的发展，英国教育资源的开放维度与资源形式不断丰富。20世纪60年代，英国开放大学（Open University）的创办引领了世界教育技术革新的新潮流。90年代，英国创办了产业大学（University for Industry），将教育资源的供给与教育需求联系在一起，提供高效能、高质量和个性化的学习，营造学习型社会。2006年，英国开放大学启动实施Open Learn项目，成为第一个启动实施开放教育资源项目的远程教育机构。

2. 英国慕课的起源

英国爱丁堡大学于 2012 年 7 月与美国慕课平台 Coursera 建立正式合作关系，是英国第一个迈入慕课时代的教育机构。英国本土最知名的慕课平台是未来学习（FutureLearn，https://www.futurelearn.com/），也是目前英国国内建设的唯一一个国际性慕课平台。FutureLearn 由英国开放大学发起，于 2012 年 12 月 14 日成立，是第一个北美以外面向全球的慕课平台。英国公开大学副校长马丁·比恩（Martin Bean）指出，创建 FutureLearn 的原因是"一直以来，我们看到了互联网对教育产业的颠覆性影响——推动创新，提升体验。坚信大型开放式网络课程（Massive Open Online Courses，MOOCs）对教育也产生同样的影响，它为人们提供了耳目一新和引人入胜的学习方式，这就是我们决定与各大学和文化机构合作并联手创建 FutureLearn 的原因。面对大型开放式网络课程的日渐兴起，我们率先代表英国做出了回应，为学生提供新颖和创新的方式来学习大学课程"。

FutureLearn 在英国开放大学远程和开放学习领域所取得的成功经验基础上建设新的运行机制，向全世界的学习者开放学习，并将移动技术、社会性网站结合到平台中，重构学生学习的体验，目标是将其打造成世界范围内的英国高等教育品牌。FutureLearn 创始单位为 12 所高校，包括利兹大学、伯明翰大学、伦敦大学国王学院、开放大学等知名高校。2013 年初，大英图书馆与英国文化协会加盟，体现了 FutureLearn 高校与专业组织多元参与、广泛合作的特色。FutureLearn 第一批课程于 2013 年 9 月中旬推出，涵盖文学、历史、社会科学、计算机和信息技术、环境和可持续发展、市场、心理以及体育等领域。FutureLearn 的建立与发展促进着英国在国际教育领域的继续领先，大型开放在线课程为人们提供了更多机会去体验英国世界级的高等教育。

3. 英国慕课的发展

FutureLearn 在发布时提出了三个主要目标：（1）汇集来自英国知名大学的一系列免费、开放、在线课程，这些课程结构内容清晰，易于使用与访问。（2）通过开放大学为所有合作伙伴提供远程学习和教育资源开发服务。（3）为英国和世界其他地区的学生增加接受高等教育的机会。在此目标引领下，FutureLearn 在成立后得到了快速发展。

推动英国FutureLearn慕课发展的因素与动机有多个方面，主要包括：（1）随着英国高等教育从"大众化"向"普及化"的过渡，对于开放教育资源的需求越来越强烈，英国社会的期望是推动在线开放学习的直接动力。（2）随着教育国际化大环境的发展，英国高等教育在教育理念的驱使和科学技术快速更新的推动下，追求教育创新与教育质量提升，并力求提升教育经济价值、大学影响力和声誉，探寻教育资源共享与交换的合作共赢，这也是英国慕课发展的重要动机。（3）在英国慕课发展过程中，政府高度重视FutureLearn的发展与大规模开放课程对教育与社会带来的巨大影响，在网络基础设施、教育政策、财政拨款等领域为英国慕课发展提供了重要的保障。（4）除了来自政府机构的重视与支持，英国慕课也在不断得到企业的资本注资，推动其作为大规模教育工具的发展。

4. 英国慕课基本数据

英国慕课平台FutureLearn是欧洲最大的在线学习平台，用户超1000万。它与167所大学和机构合作，提供近900门课程，包括33门在线学位课程[1]和47门微证书与项目类课程[2]。合作伙伴包括约克大学、普渡大学、伦敦大学学院、复旦大学、上海交通大学、上海外国语大学、大英图书馆、英国文化协会、埃森哲公司等高校与机构。FutureLearn的学习者主要来自英国、美国、印度、埃及、澳大利亚、沙特阿拉伯、中国和日本等国家。最受欢迎的三门课是英国文化协会开设的"了解雅思"（Inside IELTS: Preparing for the Test with the Experts）、莫纳什大学的"专注健康与成功"（Mindfulness for Wellbeing and Peak Performance）、英国开放大学的"小说写作入门"（Start Writing Fiction）。截至2019年12月，FutureLearn平台的主要课程数据如表1所示。

---

[1] 参见https://www.futurelearn.com/degrees, 2020-03-20.
[2] 参见https://www.futurelearn.com/programs, 2020-03-20.

表1　近三年FutureLearn慕课数据

	2017年	2018年	2019年
活跃课程数量	578	736	883
学习者人数	710万	870万	1000万
微证书与项目类课程	13	37	47
提供学位的课程数目	4	18	33

二、英国慕课的现状分析

1. 政策与制度

慕课的建设不可能是一蹴而就的，英国政府一直都重视信息化对于教育的推动作用。早在1985年发布的《跨入20世纪90年代高等教育的发展战略》（The Development of Higher Education into the1990's）中，英国政府就非常重视现代信息技术对于高等教育发展的积极作用。2013年，英国商业创新与技能部（Department for Business, Innovation & Skill，BIS）发布了题为《日趋成熟的慕课：关于大规模开放在线课程及其他形式在线远程教育的文献综述》（The maturing of the MOOC: Literature review of Massive Open Online Courses and other forms of Online Distance Learning）的报告，提出慕课将给英国高等教育和继续教育带来很大的机遇与风险。报告特别强调，慕课的发展离不开政府在政策上的配合。英国政府应该一方面鼓励英国大学积极开发慕课课程以参与国际高等教育竞争，另一方面要密切关注国外慕课平台的最新发展趋势并借鉴其经验。报告建议在两个方向上进行深入研究：慕课对高等教育潜在干扰的分析和对学习者评价认可方面的技术方案。

在英国商业创新与技能部2013年发布的《国际教育：全球增长与繁荣》（International Education: Global Growth and Prosperity）报告中，指出了英国政府推动在线学习发展的一系列举措：（1）鼓励和推动英国大学创建本土化的慕课平台；（2）支持英国大学加速高等教育国际化进程，在慕课建设过程中积极与国外大学和机构进行合作，加强全球化市场意识和扩大国际视野；（3）商业创新与技能部将与"技术策略委员会"（Technology Strategy Board，TSB）和其他合作者一起，制订更有针对性的教育技术支持创新计划;(4)由教育领域与技术领域的专家组成咨询小组,为技能部提供策略支持,指导技术在学习领域的应用。

在财政资金支持上,英国政府一直重视信息技术对高等教育发展的价值,积极推动将现代信息技术广泛应用于高等教育领域,并且投入大量财政经费,用于更新英国大学的录像设施、宽带网络,支持云计算技术的普及与应用,为慕课建设与发展提供了充分的保障。

2. 课程设置

FutureLearn 平台的课程主要分为短期课程、微证书与项目类课程、学位课程三种类型,满足不同学习者的学习需求。

2.1 短期课程

FutureLearn 提供了不同领域的短期在线课程,任何用户都可免费参加。课程包括工程数理、自然环境、社会人文、商务管理、艺术传媒、教育心理、语言文化、学习技巧、IT 与计算机科学、法律、历史等学科。课程主要围绕这些领域的某一个具体主题展开,周期为 2 至 10 周不等。

2.2 微证书与项目类课程

FutureLearn 提供了多种类型的专业认证与学历认证课程项目,包括微证书类课程与项目类课程,向学习者提供针对某一主题的序列化课程。

2.2.1 微证书类课程(Microcredentials)

FutureLearn 微证书类课程一般为 12 周左右,参与学习需要支付一定费用。课程通过后学习者可获得大学学分和认证结业证书,学习者可以使用证书作为专业技能的证明。如在思科公司支持下英国开放大学开设的"网络安全运营"(Cisco CCNA),学习者进行 12 周的课程学习,在完成课程并通过最后评估后,可以获得开放大学授予的 15 个研究生学分,以及思科网络技术学院颁发的结业证书。

2.2.2 项目类课程(Programs)

FutureLearn 还提供了由 2—8 门课程组成的一系列"项目"类课程。这类课程需要完成项目内的系列课程,并获得其中每门课程的成就证书,有些项目还包括一个最终评估课程。个别课程可以免费学习，如果想获得证书或学分，则必须付费。

从课程项目获得的认证目标上，可以分为三种类型：可获得相关大学学历证书的课程（Programs with academic accreditation）、可获得相关机构专业认证的课程（Programs with professional accreditation）、可获得"FutureLearn 奖"的课程。如利兹大学的"科学发现"，学习者完成项目中的所有 5 门课程并获得每门课程的成就证书后，将有资格参加最终评估课程，通过后将获得利兹大学的 10 个学分。纽约金融学院的"兼并和收购"系列课程，学习者在完成 5 门课程学习和 1 门评估课程后，可以获得纽约金融学院颁发的专业资格证书。

2.3 学位课程

FutureLearn 在 2016 年开始了在线学位课程的实践，澳大利亚的迪肯大学（Deakin University）是 FutureLearn 的第一个学位项目合作伙伴。到目前为止，FutureLearn 已经上线了来自英国和澳大利亚 7 所大学提供的 33 个学位课程，包括学士和硕士两种类型。学习者通过修读一个专业的所有课程并通过考核，将获得这个专业的学位证书。如考文垂大学（Coventry University）的"商业与组织心理学"理学硕士学位项目，用户支付 14,000 英镑学费，在 2—5 年内完成 10 个课程系列的学习并通过考核，可获得学位。

3. 平台特色

FutureLearn 希望通过在线免费学、有步骤地学、向专家学、大家相互学等学习方式，为学习者提供优质的服务。其特色主要体现在用户体验设计、高质量的内容与社交性学习等方面。

3.1 关注体验

FutureLearn 的平台设计非常重视用户体验，用户界面的设计简洁易用，如导航简单，有足够的空白且没有多余的线条和边框等。通过极简设计暗示了在平台上学习的简单性，展示了强大的设计理念。平台学习的主界面包括待学习列表（Todo）、学习活动（Activity）和学习进度（Progress）三个功能模块。其中待学习列表呈现所在课程的整体框架，学习者可以浏览待学习列表，根据自己的学习情况个性化地自行安排学习步骤。学习活动主要是呈现所在课程的学习者评论，按照时间顺序进行排列。在学习进度模块中可看到已标记为完成的课程步骤的百分比。

FutureLearn 重视可视化的功能体验，为学习者提供了学习内容与学习进程的动态可视化显示。如在待学习列表中，为学习者显示每周活动，记录实时的完成情况和进度。在用户个人资料页面提供用户的活动摘要，包括在课程中的轨迹和所做的评论。当教学对学生可见、学习对学生可见时，教育是最有效的。FutureLearn 以视觉学习为基础，将学习进展视觉化，使学习者在一种积极的、被鼓励的氛围中进行学习。

3.2 设计教学

FutureLearn 平台的课程都是由该领域的顶尖学者提供的，他们为学习者设计了高质量的学习内容与科学的学习流程。FutureLearn 中每门课程按照周进行安排，由学习周、学习单元、单元知识点三个层级组成。学习者可以按照推荐的学习途径按逻辑顺序逐步进行，也可以结合个人情况自定步调。平台提供了包括视频、音频和文字等学习资料。FutureLearn 的课程视频提供英文和其他语言字幕，学习者可以查看并下载字幕文件。

FutureLearn 以讲故事的形式设计学习活动，强化学习成果，是一种有效的教学组织方式。通过讲故事的方式为学习者提供一个统一的学习序列框架，每个课程环节通过一个故事逐步深入，提出挑战，并为学习者在学习过程中遇到的问题提供帮助，以帮助学习者不断进行自我评价和逐步建立对新知识的理解。

FutureLearn 的课程设计重视对学习者学习进阶的鼓励与及时反馈。课程的每个元素都展示了学习者的进步要素，包括学习步骤完成、同伴互动、定时电子邮件、测验等。如学习者在回答测试问题后，在每个答案之后提供反馈意见和提示信息，回答正确的测试可以看到点评，如果答错了，系统会给出提示性内容，帮助学习者发现学习中的问题。

3.3 社交互动

在人类的学习活动中，对话是关键的要素，是学习的基本机制，如我们与自己对话来反思经验，与老师对话来学习知识，与其他学习者对话进行分享、理解、讨论等。FutureLearn 充分鼓励学习者的互动，学习者可以通过对话或参与讨论的方式进行交互。

FutureLearn 平台没有像其他慕课平台设计有专门的"论坛"模块，而是在每小节课程环节中的任何内容页面上都提供了讨论线。通过将讨论和学习内容放在同一个页面上，学习者可以从阅读别人对这个话题的评论开始，随时加入相关的讨论，而不是把学习者带到单独的讨论论坛。学习者可参与回复讨论，为喜欢的发言点"赞"。通过标签（Bookmarked）功能，学习者可以将感兴趣的讨论内容设置标签，进行专门查看。FutureLearn 还为每位学习者建立了档案，用户可以访问其他用户的档案，可以点击"关注（Follow）"关注感兴趣的人。通过提供社交互动形式的讨论方式，使学习者在学习的每个步骤中都可以与其他学习者进行及时、方便的交流互动。这些基于社交网站运作的理念能有效促进社会化学习与参与式学习，提高了学习者在线学习的自觉性和积极性。

FutureLearn 出色的功能使其成为全球慕课平台中的优秀代表。MoocLab 从提供课程的数量、合作机构的质量和声誉、提供证书的类型、课程学习途径、学分机制、学位课程、交互方式、界面质量、平台导航 9 个方面对 13 个世界主要慕课平台进行了比较，FutureLearn、Coursera 和 edX 获得了最高的评分。[1]

3.4 学习支持

慕课是基于互联网的教与学，具备天然的互联网基因，在学习支持上，也需要充分借助互联网思维的分众、众筹、开放内容等方式。FutureLearn 设计了具有特色的基于互联网思维的学习帮助与学习指南。通过向平台学习者征集学习慕课的经验，结合在线专家的指导，FutureLearn 制作了免费电子资源《有关学习的众包指南》（The Crowdsourced Guide to Learning）。其中包括"我们为什么要学习？如何组织你的学习？哪些技巧有助于你的学习？如何向他人学习？什么因素激励着你不断地去学习？是什么让你成为一位面向未来的学习者？"等内容。慕课学习的技巧来自学习者，学习指南采用众包、开放互助等方式，这些都体现了互联网思维的精神。

---

[1] 参见 https://www.mooclab.club/pages/mooc_comparison_2018/，2020-03-20。

4. 学习者分析

4.1 基本数据

FutureLearn 平台上的学习者总数已超过 1000 万，平均每位学习者注册了 2.5 门课程。在年龄分布上，96% 的学习者都是成年人，并且主要集中在 18 至 35 岁之间，占比 55%；36—55 岁的学习者也有一定比例，达到 29%。平台学习者的受教育程度较高，约 80% 的学习者接受过高等教育，具有本科及以上学历。

4.2 学习模式分析

学习者选课并进行学习主要来自两个动机：个人兴趣与专业需求。而学习的完成度则受到学习动机与学习者个人特质的影响，如个人的毅力和自信程度。在课程完成率上，约有 15% 的学习者完成了课程学习。

FutureLearn 通过数据挖掘方法，对平台学习者数据进行分析，提出了一个学习者分类原型，反映了 FutureLearn 学习者的不同学习行为模式，如表 2 所示。[1]

表 2　学习者分类统计表

学习者分类		描述与特征	
工作和学习	进取者	正在工作领域中获得发展，并在寻求学习与工作相关的技能。	年龄主要在 26—35 岁之间，有可能购买升级的课程证书。
	探索者	有考虑职业转变的想法，正在使用在线课程评估各种选择。	年龄主要在 26—35 岁之间，购买课程证书的可能性相对较小。
	准备者	正在为选定的职业领域做准备，使用在线课程来学习能够使他们脱颖而出的技能。	年龄主要在 19—35 岁之间，可能会购买课程证书。
个人生活	问题解决者	使用在线课程来管理个人生活，如健康状况、社会问题等。	学习者分布在各个年龄段（19—75 岁），通常对认证不感兴趣。
	蓬勃发展者	使用在线课程促进个人发展。	是最有可能修读多门课程的学习者。
休闲	业余爱好者	参加课程以支持个人兴趣和业余项目。	很大一部分已经退休，年龄在 56—75 岁之间。
	有活力者	兴趣广泛，可能会参加多种主题的课程。	来自多个年龄段，已退休人员占大部分。

---

[1] 参见 https://www.classcentral.com/report/what-kind-of-online-learner-are-you/, 2020-03-28.

5. 管理体制

5.1 质量保障

FutureLearn 建立了全流程的质量监控体系,课程的审批、设计、开发、运营等都遵循英国开放大学制定的统一标准,并且由开放大学进行课程期间的监管,从而有效保证课程质量。在课程审批阶段,新开设课程由开放媒体单元(Open Media Unit, OMU)负责审批,并且由 FutureLearn 审核新课程与平台已有课程的关系与适合度。开放媒体单元和 FutureLearn 的共同把关,使新课程在开设初期就得到充分的分析论证。在设计开发阶段,由英国开放大学制定统一的方案标准并组织监管,由高校内部的课程教学团队和技术开发团队具体实施。通过学习设计讨论会进行研讨,分析设计学习内容、学习资源、学习目标和学习活动,保证在线课程的内容质量。

课程开发完成后,经过审核的课程通过 FutureLearn 平台发布。课程上线后,FutureLearn 负责记录和监控学习者的活动,并审查课程的互动讨论内容,调查学习者对课程不同部分的反应,相关数据会以可视化的形式提供给课程开发者。在课程结束时,FutureLearn 会邀请学习者参与反馈调查。如果学习者是中途退出的,平台也会请他们在退出时提供一些反馈意见。课程开发者及管理人员将在综合反馈信息的基础上讨论如何更有效地支持学习者,如何更好地优化课程设计与开发。

5.2 评价体系

FutureLearn 提供了多样化的课程评价手段,对课程的评价贯穿于整个课程过程,包括课程准备阶段、实施阶段和课程结束后的评价。在评价数据上,FutureLearn 记录学习者的课程参与数据、学习行为数据,以及通过教师和平台对课程的调查问卷获得的反馈数据。通过综合的数据分析,得到真实、客观的评价结果。这种分阶段评价和人机共同评价使得课程评价的实施更具连贯性,保证了 FutureLearn 对每门课程都能得到真实的评价反馈,从而为课程的后续设计提供有效的信息,有利于全方位地持续改进课程建设。

5.3 盈利模式

FutureLearn 主要的盈利来源为课程收费。FutureLearn 在最初只对电子证书和纸质证书收费，课程内容和考试完全免费。2017年4月，FutureLearn推出了新的定价模式，限制了用户对免费内容的获取。新的用户权限分为免费用户和升级用户两种类型，免费用户无法参加测验和获得认证证书，到达一定时间限制后，平台将终止用户对课程内容的访问。用户可以通过付费升级权限，取消课程限制，获得课程资源、参加测验和获得认证证书。课程学习费用、测试考试费用、课程认证费用是FutureLearn盈利的主要来源。同时，各类专业项目、学历项目、学位项目等也是FutureLearn重要的盈利来源。这也是大多数慕课平台的主要盈利模式。

2019年5月，FutureLearn推出了一种全新的收费模式——无限量（Unlimited），用户可以一次性付费获得所有课程的访问权。"无限量"的费用为每年269美元，新的付费模式大幅降低了学习费用。学员只需要支付相当于3—4门单项课程的费用，就可以获得FutureLearn平台上所有课程的访问权。

6. 国际合作

多元与广泛合作是英国FutureLearn平台的重要特征。FutureLearn已经与全球160多个高校和机构建立了战略合作伙伴关系，共同推动慕课建设。FutureLearn的合作机构包括世界范围内顶尖高校、学术中心、文化机构、专业组织和企业等多元主体，这些合作机构从高等教育的多个视角为FutureLearn带来了具有特色的课程项目。这种广泛优质的合作对于丰富在线课程内容、扩展在线学习维度、扩大平台影响力具有积极的意义。

2014年5月，在由李克强总理与英国首相戴维·卡梅伦（David Cameron）出席的中英总理年度峰会上，复旦大学、上海交通大学与FutureLearn签署合作协议。2014年11月，上海外国语大学与FutureLearn签署合作协议，成为FutureLearn第41个大学合作院校和课程提供者，也是第3个与FutureLearn公司合作的中国高校。

7. 课程案例

上海外国语大学首门慕课"跨文化交际"（Intercultural Communication）于2015年11月9日在FutureLearn平台上线，成为该平台中国首门，亚洲第三门课程。上海外国语大学国际教育学院教育技术学团队参与了课程的设计与开发过程，并对课程的实施和反馈情况进行了跟踪、分析和归纳。下面以课程第 3 轮的实施为例，进行课程的案例分析。

7.1 基本数据

共有 8225 名用户选择加入课程，低于 FutureLearn 的平均选课人数 11,275 人。参与学习者为 4648 名，他们至少浏览过课程的一个步骤，占该课程加入人数的 56.5%，这个比例超过了平台平均水平（50%）。在这 4648 名参与学习者中，有 2919 位具有较少的学习行为，占参与学习者的 62.8%；社交学习者共有 1137 位，占参与学习者的 24.5%；充分参与学习者，即完成至少一半课程步骤的用户，共有 592 位，占参与学习者的 12.7%，如图 1 所示。

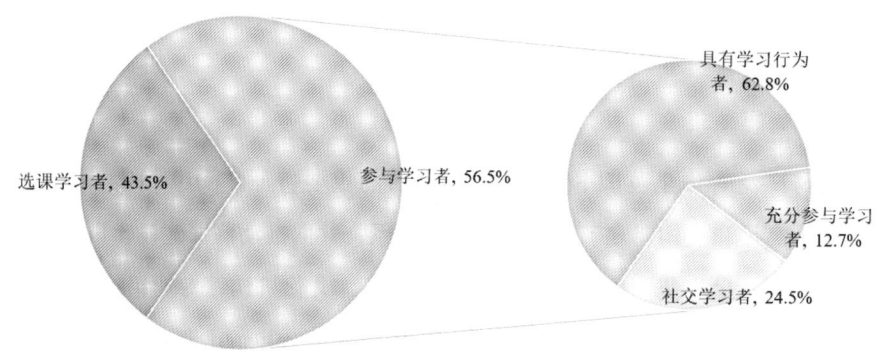

图 1　学习者数据描述

基于课程的 IP 分析，学习者来自 155 个国家或地区，主要来自英国（13%）、中国（13%）、俄罗斯（4%）、美国（4%）、埃及（4%）、荷兰（4%）、沙特阿拉伯（4%）等。

7.2 学习者分析

课程学习者大部分为 18 岁以上的成人，年龄段占比最高的为 18—25 岁的人群，即正在读本科或研究生的人群，占比达到 33%；其次为 26—35 岁（28%）与 36—45 岁（16%）的人群。

学习者参与课程学习的主要原因有：想要了解这个学科、为了更好地处理现在的工作、提升职业前景、有助于当前或未来的学习、适用于自己的生活方式、有助于申请大学等，如图 2 所示。

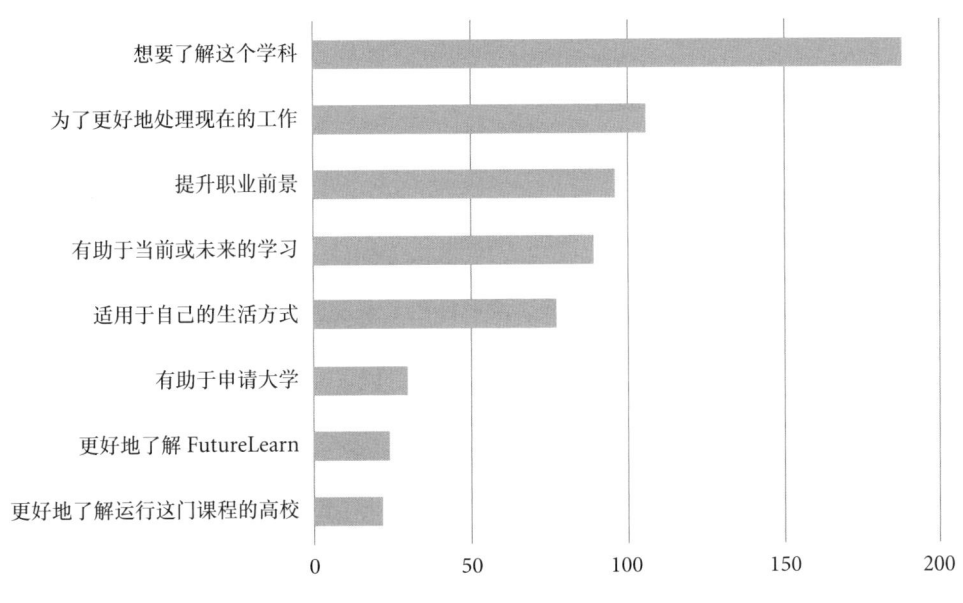

图 2　学习者选课原因统计

7.3 学习行为分析

慕课学习中的中途放弃现象明显，课程总体学习步骤的参与度从第一周至第五周呈显著递减的趋势，第一周放弃的人最多，每一周中第一天放弃的人也是最多的。

在互动上，课程共有 16,438 条评论，这些评论来自 1133 名用户，平均每条评论有 63.16 个单词，总共的点赞数量为 14,957，并且评论与点赞主要集中在讨论步骤。评论高峰来自第一周的第一个讨论步骤，同一学习周内前几个步骤的评论量最高，之后迅速递减。

7.4 课程评价

根据所收集的调查问卷分析，学习者对课程材料、学习建议、视频动画使用、课程内容讨论、材料下载、课程资料的脚本和字幕等总体满意。对于跨文化知识和能力的提高情况，学习者表达了积极的态度，给予了正面反馈。

学习者对课程的反馈建议主要有：一是增加视频，减少阅读量；二是增加评论之外的互动方式，结合社交媒体形成学习圈；三是在部分知识点结束之后增加测试或练习等其他活动形式；四是增加案例的学习，并且案例的覆盖范围可以更为广泛，涉及更多国家地区文化；五是提议加快课程节奏，使其更具吸引力。学习者的反馈主要聚焦在课程本身的难度、长度的合理性，活动的丰富性以及所学内容的可应用性。

三、英国慕课的挑战与展望

1. 主要挑战

通过对 FutureLearn 应用的分析，该平台在未来发展中面临的主要挑战有：

（1）慕课平台的商业运营模式有待进一步完善。与 Coursera 等慕课平台相比，FutureLearn 的盈利水平还具有较大的差距。

（2）如何保障慕课的完成率、引导学习者自主学习以及推动慕课学分与传统大学互认也是 FutureLearn 面临的挑战。

（3）如何将 FutureLearn 平台课程与线下课程相结合，促进混合式学习模式发展，当前的应用与研究还较少。

（4）在学习内容上，缺少实践环节的支持。对于实践类和实验类课程，实践环节的缺失是 FutureLearn 面临的一个难题。

（5）如何建立长效的、可持续性的教学保障机制也是需要关注的问题。

2. 发展趋势

2.1 通过融资方式扩大国际市场

FutureLearn 正在努力通过融资方式增加平台内容，着力发展国外市场。融资是弥补差距、促进发展的重要方式。2019 年 5 月 5 日，FutureLearn 宣布获得来自斯科集团（SEEK Group）的 6500 万美元融资，用于平台扩充和拓展市场，同时斯科集团也以 FutureLearn 股东的身份加入开放大学。

2.2 未来将更注重职业课程开发

FutureLearn 首席执行官西蒙·尼尔森（Simon Nelson）表示：FutureLearn 将提供更多以工作为重点的课程，以帮助人们的职业发展。之所以这样做，是因为

FutureLearn 看到"工作的世界"正在发生变化,"毕生的工作"已成为过去,人们将越来越需要在其整个职业生涯中不断学习技能或提高技能。这意味着,随着传统行业的技术变革,全球对于职业相关的学习需求正在迅速增长,新的行业与工作岗位将带来巨大的技能缺口。因此,FutureLearn 将通过与合作伙伴共同开发更多课程来满足社会发展的需求。慕课将更高端的资源开放到职业教育,其价值在于让技能教育与企业、社会的实际需求相结合,满足以结果为导向的人群需求,更好地体现慕课平台的价值。

2.3 扩大国际合作与交流

2017 年,FutureLearn 与法国慕课平台 FUN、欧盟慕课平台 OpenupEd、西班牙慕课平台 MiríadaX 和意大利慕课平台 EduOpen 共同成立了欧洲慕课联盟(European MOOC Consortium,EMC),以推动欧洲慕课的建设与应用。2019 年 3 月,英国大学部长克里斯·斯基德莫尔(Chris Skidmore)阐述了英国高等教育的指导原则及发展新愿景。英国将进一步促进国际交流与合作,增加国际活动与跨国教育项目,并建立国际通用的框架和平台,特别是在研究和创新领域。其目标是巩固并扩大英国高等教育在全球舞台上的作用,提升英国高等教育的质量和地位,提升英国作为国际合作伙伴的首选资质。通过慕课平台扩大国际教育影响力,汇集高校的优质资源,吸引更多的全球学习者参与,加强与国外高校与机构的交流合作,这将是英国教育国际化发展目标中的重要部分。

(王萍 上海外国语大学)

参考文献

[1] 包正委,洪明.英国MOOC平台:FutureLearn创建原因与主要特点探析[J].中国远程教育,2014(6).

[2] 焦建利,王萍.慕课:互联网+教育时代的学习革命[M].北京:机械工业出版社,2015.

[3] 金慧,刘迪,李艳.打造社交型高质量慕课平台——访英国FutureLearn公司总裁西蒙·尼尔森[J].世界教育信息,2015,28(1).

[4] 李慧迎.战后英国大学开放教育资源研究[D].湖南师范大学,2019.

[5] 刘迪.慕课设计策略研究[D].上海外国语大学,2017.

[6] 梅雷亚德·尼克·朱拉·梅西尔,马克·布朗,肖俊洪.慕课同心圈式发展:从高等教育破坏性创新向持续性创新模式的转变[J].中国远程教育,2019(3).

[7] 史志刚.英国开放大学MOOC教学的实施机制及启示[D].西北师范大学,2016.

[8] 王璇.中英开放课程资源建设比较研究[D].河南大学,2016.

[9] Bowden P. FutureLearn's 2019 year in review[EB/OL]. https://www.classcentral.com/report/FutureLearn-2019-year-review/, 2019-12-08/2020-04-07.

[10] Department for Business, Innovation & Skills and Department for Education. International Education: Global Growth and Prosperity [EB/OL]. https://assets.publishing.service.gov.uk/government/uploads/system/uploads/attachment_data/file/340600/bis-13-1081-international-education-global-growth-and-prosperity-revised.pdf, 2013-07-29/2020-04-05.

[11] Department for Business, Innovation & Skills. The maturing of the MOOC: literature review of massive open online courses and other forms of online distance learning [EB/OL]. https://www.gov.uk/government/publications/massive-open-online-courses-and-online-distance-learning-review, 2013-09-18/2020-04-02.

[12] FutureLearn. Microcredentials and programs [EB/OL]. https://www.FutureLearn.com/programs, 2019-09-18/2020-04-02.

[13] FutureLearn. Online degree courses [EB/OL]. https://www.FutureLearn.com/degrees, 2019-12-25/2020-04-05.

[14] FutureLearn. The Pedagogy of FutureLearn: How our learners learn [EB/OL]. https://ugc-about.futurelearn.com/wp-content/uploads/FL-pedagogy-RGB.pdf, 2018-01-24/2020-03-30.

[15] FutureLearn. The power of social learning: an effective way to learn [EB/OL]. https://www.FutureLearn.com/using-FutureLearn/why-it-works, 2018-05-07/2020-04-03.

[16] FutureLearn. Unlimited, endless possibilities[EB/OL]. https://www.FutureLearn.com/unlimited, 2020-01-07/2020-04-05.

[17] Jansen D, Rosewell J. & Kear K. Quality frameworks for MOOCs [A]. Jemni M, Kinshuk, Khribi M K. Open Education: from OERs to MOOCs[C]. Lecture Notes in Educational Technology. Berlin Heidelberg: Springer, 2017.

[18] Liyanagunawardena T R, Lundqvist K Ø. & Williams S A. Who are with us: MOOC learners on a FutureLearn course[J]. *British Journal of Educational Technology*, 2015, 46(3).

[19] Pickard L. What kind of online learner are you?[EB/OL]. https://www.classcentral.com/report/what-kind-of-online-learner-are-you/, 2019-03-09/2020-04-03.

《世界慕课发展报告》

墨西哥

【摘　要】自20世纪60年代以来,墨西哥不断探索远程教育的发展道路,以完善本国公共教育体系,促进教育公平。近年来,墨西哥积极融入世界慕课发展潮流,不仅依托世界主要慕课平台开设课程,还立足本国实际,建立了本土慕课平台墨西哥在线(MéxicoX),为世界各国开展慕课建设提供了新思路、新途径。

一、墨西哥慕课建设的背景与意义

1. 墨西哥社会与文教概况

墨西哥全称墨西哥合众国（Los Estados Unidos Mexicanos），位于北美洲南部，北部与美国接壤，南接危地马拉和伯利兹，西南濒太平洋，东临墨西哥湾和加勒比海，国土面积 1,964,375 平方公里，东、西、南三面群山环绕，中央为墨西哥高原，东南部为地势平坦的尤卡坦半岛。

墨西哥是美洲文明古国，也是拉丁美洲的经济大国，但全国范围内贫富分化较为严重。墨西哥国家人口委员会（Consejo Nacional de Población, CONAPO）发布的统计数据显示，截至2019年底，墨西哥人口约为1.26亿[1]，根据墨西哥政府网站发布的信息，全国有超过 45,000,000 人依靠领取政府补贴来维持基本生活，其中大部分为农村人口[2]。贫富差距和城乡发展程度的差异为国民教育的普及与发展带来了巨大的挑战。因此，保障教育公平，从整体上不断提高公民受教育水平，促进人才的全面发展，以教育带动文化的传承与传播，就成了墨西哥经济社会发展所面临

---

[1] Consejo Nacional de Población. La situación demográfica de México, Año 1, Número Especial, 2019：16.
[2] Gobierno de México. México y China problemas similares en dimensiones distintas, en https://www.gob.mx/bienestar/es/articulos/mexico-y-china-problemas-similares-en-dimensiones-distintas?idiom=es, 2020-02-25.

的一项长期任务。

墨西哥《宪法》第三条的规定，每位公民都有接受教育的权利，国家（包括中央政府、墨西哥联邦区政府、31 个州政府及其下辖的各市政府）免费提供包含学前、小学和初中在内的义务教育。1993 年，在重申《宪法》第三条原则的基础上，墨西哥颁布了《教育基本法》（*Ley General de Educación*），对各级教育管理部门的职责做出了更加详细的规定。[1]

除了在法律层面予以保障，自 20 世纪 50 年代以来，墨西哥在国际交流与合作的过程中不断反思国内教育现状，积极探索发展国民教育的道路，建立了一套较为完整的公共教育体系。墨西哥的公共教育体系大致分为基础教育（Educación Básica）、中高等教育（Educación Media Superior）和高等教育（Educación Superior）三个部分，其中基础教育包括学前、小学和初中教育，中高等教育包括普通高中、理工专业高中、技术类高中和职业技术学校，高等教育包括普通本科、理工专业高校和更高一级的硕士、博士研究生教育。几十年来，这一体系不断得到完善，相继增加了面向母语为非西班牙语的印第安人群体的教育以及成人教育、远程教育、线上教育等不同类型的教育。

2. 慕课在墨西哥的产生与发展

作为非面授教育当中一种较为新颖的形式，慕课（Massive Open Online Courses, MOOCs）在墨西哥产生与发展还是近几年的事情。然而，其他形式的非面授教育在墨西哥已有长达半个世纪的发展史，它们在不同的历史阶段推动墨西哥国民教育体系走向完善，为慕课在墨西哥的诞生与发展奠定了基础。

2.1 远程教育与开放式大学

早在 20 世纪中期，墨西哥就已开始尝试逐步推行远程教育，其初衷是在广大农村地区降低文盲率。20 世纪 40 年代，国家建立了广播学校，推出了函授课程，以帮助有强烈学习动机但身在偏远地区、不具备到校学习条件或所在地不具备建造校舍条件的成年人开展学习。与此同时，国家还创办了联邦教员培训学院（Instituto

---

[1] Secretaría de Educación Pública. La estructura del sistema educativo de México, 2018: 4.

Federal de Capacitación del Magisterio），以函授形式对教师群体进行规范化培训，不仅提高了教师队伍的整体素质，也培养了一批乡村教师。这一时期的远程教育多以广播、函件为载体，学生通过自学印刷好的学习资料、定期单独答疑和集中面授相结合的方式开展学习，这可以视为墨西哥远程教育的初始阶段。

1966年9月5日，远程初中（Telesecundaria）开办，通过闭路电视向年满12周岁的83名学生直播授课，课程内容与当时墨西哥通行的初中课程内容一致。1968年1月，远程初中被列入墨西哥公共教育体系，此后历经发展和完善，课程设置更趋实用，增加了种植、畜牧、食品加工、管理科学等方面的内容，如今已成为一种常态化的基础教育形式。尽管一些偏远地区至今尚未完全具备远程初中所需的硬件设施，例如没有配备多媒体教室、理化实验室、投影仪，电视信号覆盖不全，甚至缺少观看远程初中课程所需的电视机，但总体上看，历经数十年发展的远程初中仍不失为墨西哥公共教育体系当中基础教育阶段的有益补充。

进入20世纪70年代，受同时期欧洲大学发展趋势的影响，墨西哥许多大专院校开始着力发展开放式教育和远程教育。1971年，墨西哥政府创立了先进教学手段与方法研究中心（Centro para el Estudio de Medios y Procedimientos Avanzados de la Educación，CEMPAE），该中心于1973年和墨西哥理工科知名高校蒙特雷理工学院（Instituto Tecnológico de Monterrey，ITM）开展合作，推出了开放式预科班（Preparatoria Abierta）。而墨西哥规模最大、最负盛名的高等院校墨西哥国立自治大学（Universidad Nacional Autónoma de México，UNAM）则在1972年创立了开放式大学体系（Sistema de Universidad Abierta）[1]。这一体系取消了授课时间、授课地点、学生年龄和职业方面的限制，学生可以在教师不在场的情况下自主开展学习。除此之外，国立理工学院（Instituto Politécnico Nacional）于1974年建立了开放式教学体系（Sistema Abierto de Enseñanza，SAE），专门提供包含商科、计算机与通信技术在内的课程，形成了将线上教学与线下实操相结合的教育模式。1978年，国立教育科学大学（Universidad Pedagógica Nacional，UPN）成立，次年面向墨西哥全国教师推出了远程教育体系（Sistema de Educación a Distancia，SEAD），旨在提高教师职业水平，全面提升公共教育质量。

20世纪80年代，计算机出现在墨西哥的大学校园，并于90年代得到普及。互

---

1 现称为开放式大学与远程教育体系（Sistema de Universidad Abierta y Educación a Distancia，SUAyED）。

联网在全球范围内应用广泛，信息技术领域的巨大革新推动了新一轮远程教育的发展浪潮。电子邮件、博客、论坛、虚拟教室等信息技术发展成果为高等教育和科研机构开展线上教育创造了条件。进入 21 世纪以来，随着全球化进程的不断深入，国际交往的渠道与频率明显增加，市场分工细化，劳动力市场对人才的知识与技术水平提出了更高的要求。面对新形势，为了满足国内不断攀升的学习与职业发展需求，墨西哥各大高等学府也加大了线上教育的发展力度。

2000 年，国立大学与高等教育机构联合会（Asociación Nacional de Universidades e Instituciones de Educación Superior, ANUIES）发布《21 世纪高等教育》（*La educación superior en el siglo XXI*）一书。全书近 500 页，分析了墨西哥高等教育的现状与趋势，展望了 2020 年墨西哥高等教育的发展愿景，其中有关远程教育和线上教育的内容占据了大量篇幅，表明了墨西哥高校与其他高等教育机构推动公共教育现代化、数字化建设的远见与决心。[1] 2013 年，墨西哥政府在全国范围内推行教育体制改革，并在当年 11 月发布的《国家数字发展战略》（*Estrategia Digital Nacional*）当中明确提出，在教育领域，要进一步建设涵盖所有学科的数字化大学，依据人力资源供需状况培养专业技术人才，着力扩充线上教育资源。这就为墨西哥公共教育的数字化建设奠定了政策导向。[2]

正是在同一时期，一种全新的线上学习模式——慕课在美国悄然兴起，并迅速风靡全世界。2011 年，慕课平台 Udacity 创立。2012 年，两大慕课平台 Coursera 和 edX 相继创立，它们和 Udacity 一同占据了当年慕课平台的半壁江山，成为世界三大主流慕课平台，吸引了数以千万计的在线学习者，以至于 2012 年被美国《纽约时报》（*The New York Times*）称为"慕课元年"。在这样的时代背景下，墨西哥也加快了线上教育的建设步伐，融入了发展慕课的世界潮流。

2.2 慕课在墨西哥的发展历程

一般认为，慕课在墨西哥最早出现于 2013 年 5 月。当时，蒙特雷高等教育与技术研究院（Instituto Tecnológico y de Estudios Superiores de Monterrey, ITESM）教师阿图罗·莫利纳（Arturo Molina）在美国知名慕课平台 Coursera 开设了课程

---

1 ANUIES. La educación superior en el siglo XXI, 2000.
2 Presidencia de la Nación. Estrategia Digital Nacional, 2013: 22.

"新兴市场创新产品的迅速发展"（Desarrollo Rápido de Productos Innovadores para Mercados Emergentes），这使得蒙特雷高等教育与技术研究院成为墨西哥乃至拉丁美洲第一所开设慕课的私立高校。几乎在同一时间，墨西哥国立自治大学教师卡洛斯·格尔森松（Carlos Gershenson）也在Coursera平台开设了"科学思维"（Pensamiento Científico）课程，墨西哥国立自治大学因此成为墨西哥全国第一所开设慕课的公立大学。同年，两所院校又各自推出了"家族企业存续与发展"（Continuidad y desarrollo de la empresa familiar）和"信息通信技术"（Tecnologías de la información y comunicación）两门课程。此后数年间，墨西哥国内的其他高校也相继加入了慕课建设的行列。

近年来，慕课在墨西哥高等教育领域蓬勃发展，由墨西哥知名高校开设的慕课在世界主流慕课平台上都有着不俗的表现。以墨西哥国内最早开设慕课的公立院校墨西哥国立自治大学为例，截至2020年4月，该校主要依托Coursera平台，开设了多达119门慕课，内容涵盖商科、艺术与设计、计算机、医疗保健、教育、工学、数理、新闻与传播等10余个学科[1]。同墨西哥国立自治大学一样，另一所墨西哥知名高校蒙特雷理工学院也以Coursera平台为阵地，开设了共计92门慕课[2]。另一方面，随着Coursera、Udacity、edX等平台规模的不断扩大，一些西班牙语国家的高校与科研院所意识到，当前世界上主要的慕课平台大多以英语为操作语言，平台上提供的课程也以英语授课为主，而作为20多个国家与地区的通用语言、全球约五亿人母语的西班牙语，现有慕课平台上使用其授课的课程却明显偏少，这就给不少以西班牙语为母语的人利用慕课开展学习造成了不便，甚至是阻碍，也不利于西语国家高校与科研机构通过开设慕课在世界范围内扩大影响力。为了尽可能消除语言因素对慕课学习造成的不便和阻碍，促进非英语国家高等教育大众化，同时也为满足非英语国家高校与科研机构分享学术资源、提高知名度的需求，一些面向母语为西班牙语、葡萄牙语人群的慕课平台呼之欲出。

2013年，由桑坦德银行（Banco Santander）赞助的西班牙语及葡萄牙语国家高校在线学习联盟大学联合会（Universia）与西班牙电信（Telefónica）联手推出了以西班牙语为主要操作语言的慕课平台MiríadaX，免费向西语国家和葡语国家

---

[1] 参见https://www.classcentral.com/university/unam，2020-04-22.
[2] 参见https://www.classcentral.com/university/tecdemonterrey，2020-04-22.

的学习者提供慕课。自创立之日起，该平台用户人数不断攀升，仅用一年时间便跃居世界第四大慕课平台[1]。截至2020年4月，MiríadaX注册用户达到了4,071,483人次，来自105所高校与科研机构的2546名教师在此开设慕课，课程视频数量约8000个[2]。这不仅反映了来自广大非英语国家学习者对跨越语言障碍、参与慕课学习的极大热忱，也为西班牙语国家高校与科研机构发展慕课提供了新的平台和机遇，为这些国家的学习者利用慕课开展学习创造了便利条件。

在墨西哥，有491所高校与科研机构加入了大学联合会[3]，这意味着注册用户可以参与近500所墨西哥高校与科研机构开设的在线课程，慕课平台MiríadaX自然是不少用户的首选。MiríadaX的成功为西班牙语国家发展适合本国国情的线上教育平台提供了新的思路。2015年6月，为进一步落实2013年颁布的《国家数字发展战略》，墨西哥公共教育部（Secretaría de la Educación Pública，SEP）牵头成立了面向本国学习者的慕课平台墨西哥在线（MéxicoX），由隶属于公共教育部的教育电视台综合管理处（Dirección General de Televisión Educativa）负责该平台的管理。此前，教育电视台综合管理处曾于2013年与慕课平台edX签署合作协议，因此MéxicoX也成了edX的合作伙伴之一。作为一个年轻的慕课平台，MéxicoX尚在成长阶段，其诞生表明了墨西哥政府、高校和科研院所不断推进教育领域数字化发展的决心和紧跟世界教育发展潮流的进取精神。

二、墨西哥慕课发展现状

1. 政策与制度

慕课在墨西哥的迅速发展有着深层次的现实需要。墨西哥国立自治大学开放式大学与远程教育协调中心（Coordinación de Universidad Abierta y Educación a Distancia，CUAED）总协调员朱迪思·苏比埃塔·加西亚（Judith Zubieta García）教授是墨西哥国内慕课研究的领军人物，由其担任主编之一的论文集《远程教育

---

1 Judith Zubieta García. La Universidad a la vanguardia tecnológica: los Cursos Masivos Abiertos en Línea (MOOC) en La educación a distancia en México: una nueva realidad universitaria, México D. F.: Universidad Nacional Autónoma de México, 2015: 186.
2 参见https://miriadax.net/web/guest/nuestros-numeros, 2020-04-22.
3 参见https://www.universia.net/mx/universidades, 2020-09-10.

在墨西哥：一种新的大学现实》（*La educación a distancia en México: una nueva realidad universitaria*）汇集了由墨西哥远程教育领域专家撰写的十余篇学术论文，其中，由苏比埃塔·加西亚教授本人撰写的《走在技术前沿的大学：大型开放式在线课程（MOOC）》[La Universidad a la vanguardia tecnológica: los Cursos Masivos Abiertos en Línea (MOOC)] 一文论述了墨西哥国立自治大学开展慕课建设的实际情况，并从社会经济层面分析了慕课在墨西哥产生与发展的必要性。苏比埃塔·加西亚教授指出，墨西哥人均受教育年限为 8.8 年，在 18 至 24 岁的年轻人当中，只有 30% 有机会接受大学教育。她援引经济发展与合作组织（Organización para la Cooperación y el Desarrollo Económicos，OCDE）的报告分析道，当经济形势低迷甚至下行时，劳动者受教育程度越高，想要保住或更换工作就越有优势；而在线教育，特别是慕课，可以扩大教育资源的覆盖面，为众多没有机会接受大学教育的墨西哥年轻人提供深造的契机，使他们在劳动力市场更具竞争力，较少承受国内外经济形势下行带来的负面影响。[1]

此外，不容忽视的是，出于职业需求或个人兴趣，其他年龄层也不乏始终抱有利用业余时间开展学习意愿的人群；而政府基于提高识字率、促进教育公平和提升全民文化水平的目的，也亟须寻找一种覆盖面广、内容丰富、简单易行的形式来更新和完善本国的教育体系。与此同时，在信息通信技术发展日新月异的今天，知识的生产、传播与获取，其速度之快、影响之广都远胜此前任何时代。生产、传播与获取知识的方式也发生了翻天覆地的变化，单一的授课与学习模式已不能满足各个群体的需求，人们越来越期望自由、灵活地安排学习时间、内容和进度，也更愿意在学习过程中通过互联网与同行、朋辈互动和互助。慕课的出现，恰好满足了这些需求。

早在 20 世纪 60 年代，墨西哥政府和各大教育科研机构就已开始关注信息通信技术在教育领域的应用，先后以电视、广播、计算机为媒介，不失时机地开展了远程初中、在线学习（e-learning）、开放式大学等教育实践。2000 年，国立大学与高等教育机构联合会发布《21 世纪高等教育》一书，将发展远程教育纳入 21 世纪最初 20 年墨西哥高等教育发展的工作重点之一。这一愿景于 2013 年在政策和制度层

---

[1] Judith Zubieta García. La Universidad a la vanguardia tecnológica: los Cursos Masivos Abiertos en Línea (MOOC) en La educación a distancia en México: una nueva realidad universitaria, México D. F.: Universidad Nacional Autónoma de México, 2015：187-188.

面得到了反映，这一年，墨西哥政府颁布《国家数字发展战略》，明确提出要在教育领域进一步建设涵盖所有学科的数字化大学，依据人力资源市场的要求培养专业技术人才，扩充线上教育资源，这就使得发展线上教育具备了政策支持，为慕课在墨西哥的出现和发展铺平了道路。

2. 平台和联盟

目前，慕课在墨西哥的开展主要分为两种模式：一是各大高校依托现有世界性慕课平台开设慕课；二是由政府牵头，创立面向本国学习者的慕课平台，邀请国内知名高校和科研机构在该平台开设慕课，由政府公共教育部下设机构直接管理。其中第一种模式出现时间较早，发展相对成熟；第二种模式尚在起步阶段，但更具墨西哥本国特色。

2.1 依托现有世界性慕课平台开设慕课

如上文所述，一般认为墨西哥最早的慕课出现于 2013 年 5 月，蒙特雷高等教育与技术研究院和墨西哥国立自治大学几乎同时在美国慕课平台 Coursera 开设了课程。因此可以说，高校和科研机构依托现有世界性慕课平台开设课程，这一做法标志着墨西哥发展慕课的起点。其中较有代表性的是墨西哥知名大学和科研机构在 Coursera 平台和 MiríadaX 开设的慕课。Coursera 是世界上创立时间最早的慕课平台之一，目前注册用户超过 47,000,000 人，学员遍布世界各地，合作院校与机构达 190 余所，提供 5400 余种课程，学习流程与成果认定较为完备，存储技术成熟，是目前世界上学科门类最全、规模最大的慕课平台。而 MiríadaX 则是世界领先的西班牙语慕课平台。鉴于以上原因，可以认为选取 Coursera 和 MiríadaX 这两大慕课平台展开研究能够较有代表性地反映墨西哥高校依托现有世界性慕课平台开设慕课的现状。

在诸多墨西哥高校与科研机构当中，成立于 1551 年的墨西哥国立自治大学不仅是墨西哥规模最大、历史最悠久的大学，也是整个伊比利亚美洲最大、最古老的高等学府，代表着墨西哥乃至拉丁美洲高等教育发展的前沿与方向。由墨西哥国立自治大学开设的慕课基本集中在 Coursera 平台。因此，研究墨西哥国立自治大学在 Coursera 平台上开设慕课的情况，对于研究墨西哥慕课发展状况有着典型意义。

墨西哥国立自治大学与 Coursera 的合作始于 2013 年。在考察平台知名度、用户数量、合作机构权威性、课程种类与数量、学习形式、易用性、知识产权保护等多方面因素之后，墨西哥国立自治大学与 Coursera 签署合作协议，决定在该平台开设慕课。截至 2020 年 4 月，墨西哥国立自治大学在 Coursera 平台开设的慕课达到 119 种，涵盖 10 余个学科门类，以西班牙语授课居多，课程设置和相关数据可参阅文后附表。

在这些慕课中，学生完成课程总学分的 60% 即可获得由指导教师签名的学分证明，完成总学分的 85% 则可获得一份荣誉证书。其中一些课程也可有偿提供结业证书，学员通过填写个人信息、上传证件照、通过平台审核真实身份并缴纳一定费用，即可获得带有开课院校校徽和 Coursera 认证字样的结业证书。

2015 年，墨西哥国立自治大学加入了大学联合会，该联盟旗下的慕课平台 MiríadaX 未来很可能成为墨西哥国立自治大学又一慕课合作伙伴。事实上，除墨西哥国立自治大学之外，多所墨西哥高校已在 MiríadaX 平台开设了慕课，其中包括阿纳瓦克大学（Universidad Anáhuac）、杜兰戈州华雷斯大学（Universidad Juárez del Estado de Durango）、塞拉亚大学（Universidad de Celaya）、普埃布拉州人民自治大学（Universidad Popular Autónoma del Estado de Puebla）、普埃布拉谷地大学（Universidad del Valle de Puebla）等。

总体上看，墨西哥高校与科研机构依托现有世界性慕课平台开设慕课基本遵循平台通行的运行和使用模式，证书发放和学分认定与平台通行的做法并无太大差异。在现有世界性慕课平台开设慕课，其优点在于受众面广，也有利于高校拓宽国际化视野，参与世界各大高校间在课程的选题、构思、设计方面的良性竞争，加强学术交流，扩大本校在世界范围内的影响力。其缺点在于世界性慕课平台上提供的课程未必符合墨西哥本国不同群体的学习需求和实际情况。因此，本着建立符合本国人实际情况和学习需求的慕课平台，为本国人利用慕课开展学习提供便利，使更多本国高校和科研机构参与到慕课建设当中的宗旨，隶属于墨西哥公共教育部的慕课平台 MéxicoX 应运而生。

2.2 墨西哥公共教育部下属慕课平台 MéxicoX

2015 年，MéxicoX 慕课平台成立。截至 2019 年底，MéxicoX 提供的慕课总数达到 425 门，涵盖经管、计算机、教育学、社会学、语言学、文学等诸多学科，平台合作院校和机构超过 70 所[1]，其中不乏蒙特雷理工学院、墨西哥国立自治大学、国立理工学院、墨西哥学院（El Colegio de México）等墨西哥顶尖高校和科研院所。除提供由高校和科研机构开设的慕课之外，MéxicoX 也提供由墨西哥公共教育部开设的线上预科班和教育电视台的课程。截至 2019 年底，MéxicoX 注册用户超过 2,650,000 人次，其中约 760,000 人在该平台取得了所学课程的结业证明。

从学员的年龄构成上看，21 至 30 岁的人群构成了学员主体，占学员总人数的 39%，其次为 31 至 40 岁人群，占学员总人数的 20%，41 至 65 岁人群和 13 至 20 岁人群各占学员总人数的 19% 和 14%。从教育背景来看，学员中具有本科学历的占学员总人数的 35%，处于中高等教育阶段的学员人数次之，占学员总人数的 32%，位列其后的依次为硕士学历（9%）、初中学历（7%）和博士学历人群（1%）。从生源地来看，来自首都墨西哥城的学员最多，占学员总人数的 28%，但墨西哥州、普埃布拉州、维拉克鲁斯州和哈利斯科州的学员人数亦不可小觑。此外，还有相当数量来自其他国家的用户，以哥伦比亚、美国、秘鲁、西班牙和阿根廷的用户居多。值得一提的是，在 MéxicoX 进行慕课学习的女性用户多于男性，占学员总人数的 55%，平均年龄为 31 岁[2]，这也从一个侧面反映出慕课对于在教育领域推动性别平等，为不同年龄段的人群提供同等学习机会方面起到明显的积极作用。

据 MéxicoX 官方网站介绍，该平台提供的所有课程均免费向公众开放，授课语言均为西班牙语，用户注册后可根据兴趣加入任意一门或多门课程，每门课程基本都配备了由视频转录的文字材料，以便用户根据需要取用。用户可通过手机或电脑播放流媒体的形式观看课程视频，其中一些视频还可下载观看。每门课程的具体要求、所需时长和必读书目各不相同，用户可在课程的介绍页面查看，选择自己感兴趣的课程加入学习。用户可根据个人实际情况安排学习时间，选择旁听或成为一门课程的学员，后者要求按时提交作业并参加考试。如有疑问，学员可在论坛中向课程负责人提问，也可以与其他学员交流。在完成一门课程的学习之后的两周内，学员可以免费获得由开课院校和平台共同提供的一份参与证明。部分院校可根据本校情况和相关职业资格认定条件，有偿为学员开具课程结业证书和资格认证。

不可否认，在今天的墨西哥，还有一些地区尚不具备运用先进技术开展线上教

---

[1] 参见 https://www.mexicox.gob.mx , 2020 - 04 - 26.
[2] 同注释1。

育实践的物质条件，墨西哥高校与科研机构在世界知名慕课平台上的能见度总体低于欧美发达国家，墨西哥本土的慕课平台 MéxicoX 尚在摸索和发展阶段，课程数量、学科门类、合作院校和机构数量还有待于进一步扩充，用户体验还有改善的余地，受众范围还有拓展的空间。但墨西哥政府、高校和科研机构与世界先进教育理念和模式接轨的积极态度与不懈尝试，使人有理由相信墨西哥慕课建设未来大有可为。而 MéxicoX 这一慕课平台的产生和发展，也在西班牙语国家高校和科研机构依托现有世界性慕课平台开设慕课的传统模式之外，开创了一条立足本国实际，由政府主导建立、统筹管理并提供制度与资源保障的慕课发展新路径。

附表　墨西哥国立自治大学在Coursera平台开设慕课情况（截至2020年4月）[1]

学科分类	慕课数量（单位：门）	慕课名称	授课语言
商科	26	Matemáticas financieras（金融数学）	西班牙语
		Administración para obtener resultados（以结果为导向的项目管理）	
		Orden y manejo del tiempo（时间统筹）	
		Valuación de empresas（企业估值）	
		Introducción a la estrategia（战略导论）	
		Finanzas personales（个人金融）	
		Evaluación de inversiones en bienes de capital（资产投资评估）	
		Business Intelligence and Data Warehousing（商业智能与数据存储）	英语
		Solución de problemas y toma de decisiones（问题解决与决策）	西班牙语
		Estructura de capital y política de dividendos（资产结构与分红制度）	
		Toma de decisiones financieras（金融决策）	
		Habilidades gerenciales: Proyecto final（管理技巧：终极项目）	
		Autoridad, dirección y liderazgo（威信、管理与领导）	
		Gestión del talento humano（人力资源管理）	
		Administración financiera y su función en la empresa（财务管理及其在企业中的功能）	

---

[1] 数据统计及分类参见https://www.classcentral.com/university/unam, 2020-04-22. 课程中文译名为笔者自译。

（续表）

学科分类	慕课数量（单位：门）	慕课名称	授课语言
商科	26	Introducción a las finanzas（金融学导论）	西班牙语
		Contabilidad para no contadores（非会计人员会计学）	
		Introducción a la calidad（质量导论）	
		Acuerdos globales para el desarrollo sostenible（可持续发展导向下的全球协议）	
		Nuevos modelos de negocios en el siglo XXI（21世纪新型商业模式）	
		Estratégicos empresariales: Proyecto final（企业决策者：终极项目）	
		Introducción al mercado（市场导论）	
		Finanzas corporativas（公司金融学）	
		Habilidades gerenciales（管理技巧）	
		Fundamentos estratégicos empresariales（企业决策基础）	
		Presupuestos a largo plazo de bienes de capital. Proyecto de inversión（资产长期预算：投资项目）	
艺术与设计	13	Usos didácticos del cine: Introducción al análisis（电影在教学中的使用：分析导论）	西班牙语
		Grabación y postproducción musical dentro y fuera del estudio（录音室内外音乐录制与后期制作）	
		Audio digital con Pure Data（基于Pure Data的数字音频）	
		Tecnología musical con software libre: Proyecto final（基于自选软件的音乐技术：终极项目）	
		Creatividad computacional（计算机创意）	
		Introducción a la producción audiovisual（影音制作导论）	
		Introducción a la producción musical（音乐制作导论）	
		Composición algorítimica en Supercollider（基于Supercollider的算法创作）	
		Perspectivas de música colaborativa（合作音乐面面观）	
		Ser más creativos（如何更具创意）	

（续表）

学科分类	慕课数量（单位：门）	慕课名称	授课语言
艺术与设计	13	Tecnología musical con software libre（基于自选软件的音乐技术）	西班牙语
		Creatividad, diseño e innovación: técnicas y herramientas（创意、设计与革新：技术和工具）	
		Creatividad, diseño e innovación: técnicas y herramientas -Proyecto final（创意、设计与革新：技术和工具——终极项目）	
科学	12	Las estaciones del año y el clima（一年四季与气候）	西班牙语
		Introducción al estudio de los bienes comunes（公共财产研究导论）	
		Sistemas agrosilvopastoriles: una alternativa climáticamente inteligente para la ganadería（农林牧系统：一种气候智能型畜牧模式）	
		Charles Darwin: el origen del evolucionismo moderno（查尔斯·达尔文：现代进化论的起源）	
		Una aproximación a la química del carbono（有机化学初探）	
		¡¿Cómo?! ¿Química en mi casa?（什么？！在家就能学习的化学？）	
		Agricultura urbana y periurbana（城市农业和城市边缘带农业）	
		Fundamentos de agrotecnología（农业技术基础）	
		Seguridad hídrica（水资源安全）	
		Pensamiento científico（科学思维）	
		Introducción a la geometría（几何学导论）	
		El ambiente（环境）	
计算机	11	Razonamiento artificial（自动推理）	西班牙语
		Arduino y algunas aplicaciones（Arduino 及其他应用程序）	
		Aplicaciones musicales con Arduino（基于 Arduino 的音乐应用程序）	
		Sesenta años de inteligencia artificial（人工智能六十年）	
		Comportamiento adaptativo（适应行为）	
		Resolución de problemas por búsqueda（基于搜索的问题解决）	
		Cognición encarnada（具身认知）	
		Inteligencia artificial: Proyecto final（人工智能：终极项目）	

（续表）

学科分类	慕课数量（单位：门）	慕课名称	授课语言
计算机	11	Aprendizaje de máquinas（机器学习）	西班牙语
		Introducción a la inteligencia artificial（人工智能导论）	
		Sistemas embebidos: Aplicaciones con Arduino（嵌入式系统：搭载 Arduino 的应用程序）	
编程	11	Introducción a Java（Java 导论）	西班牙语
		Proyecto final - construyendo una aplicación profesional con Android（终极项目——利用安卓系统打造专业应用程序）	
		Designing data-intensive applications（数据密集型应用程序设计）	英语
		Desarrollo de aplicaciones avanzadas con Android（基于安卓系统的先进应用程序开发）	西班牙语
		Fundamentos de Android（安卓系统基础）	
		Desarrollo de aplicaciones con Android（安卓应用程序开发）	
		NoSQL systems（NoSQL 系统）	英语
		Relational database systems（关联数据库系统）	
		Programando con Java para aplicaciones Android（基于 Java 的安卓应用程序编程）	西班牙语
		Desarrollo de aplicaciones móviles con Android（安卓手机应用程序开发）	
		Database systems（数据库系统）	英语
保健医药	9	Seguridad agroalimentaria（农业食品安全）	西班牙语
		Diálisis peritoneal（腹膜透析）	
		Farmacovigilancia ocular（眼科药物警戒）	
		Nutrición y obesidad: control de sobrepeso（营养与肥胖：体重控制）	
		Farmacología para odontólogos（牙科药理学）	
		Manejo moderno de la caries dental（现代龋齿防治）	
		Cáncer de próstata（前列腺癌）	
		Cuidado de heridas en el ámbito hospitalario（创伤护理）	

（续表）

学科分类	慕课数量（单位：门）	慕课名称	授课语言
保健医药	9	Actualización en el manejo del paciente con diabetes mellitus tipo 2（II型糖尿病患者治疗新进展）	西班牙语
教育	8	Cómo hacer una tesis（如何撰写一篇论文）	西班牙语
		Proyecto final: evaluación educativa（终极项目：教育评估）	
		Evaluación para el aprendizaje: enfoque cualitativo（学习过程评估：定性视角）	
		Evaluación para el aprendizaje: enfoque cuantitativo（学习过程评估：定量视角）	
		Evaluación educativa del y para el aprendizaje en educación superior（高等教育学习中的教育评估）	
		Atrévete a innovar tu enseñanza con pensamiento de diseño（运用设计思维，大胆创新教学）	
		Evaluación educativa（教育评估）	
		Tecnologías de información y comunicación en la educación（教育领域的信息通信技术）	
社会科学	8	¿Cómo llegamos aquí? Una historia del poder en México（何以至此？——墨西哥权力史）	西班牙语
		Anticorrupción: introducción a conceptos y perspectiva práctica（反贪：概念导论及实践视角）	
		Gestión integral del riesgo de desastres（灾难风险一体化管理）	
		Innovación agroalimentaria（农业食品革新）	
		Los gobiernos locales como actores internacionales（作为国际事务主体的地方政府）	
		La verde y sus verdades（大麻及其真相）	
		Evaluación de peligros y riesgos por fenómenos naturales（自然灾害风险评估）	
		Introducción a economía matemática 1（数理经济学导论1）	

（续表）

学科分类	慕课数量（单位：门）	慕课名称	授课语言
个人发展	8	Aprender（学习）	西班牙语
		La solución del conflicto ético（民族冲突的解决）	
		Introducción al mundo de las negociaciones（谈判世界导引）	
		Las estrategias y habilidades para las negociar（谈判策略与技巧）	
		Habilidades humanas y de negocios para negociar（谈判人员及商业技巧）	
		Los obstáculos y la conducción en las negociaciones（谈判阻碍与引导）	
		Proyecto final sobre negociación para un mejor clima laboral（以改善工作氛围为导向的谈判终极项目）	
		Estrategias de negociación（谈判策略）	
工学	6	Robótica（机器人）	西班牙语
		Pensamiento sistemático（系统性思维）	
		Cómo autoconstruir tu vivienda（如何建造自己的住宅）	
		Cómo autoconstruir tu vivienda: segunda etapa（如何建造自己的住宅：第二阶段）	
		Control automático: la tecnología invisible (2020)（自动化控制：无形的技术）（2020年开课）	
		Control automático: la tecnología invisible (2016)（自动化控制：无形的技术）（2016年开课）	
数学	3	Álgebra básica（基本算法）	西班牙语
		Estadística y probabilidad（概率论与数理统计）	
		Geometría analítica（解析几何）	
人文科学	2	Periodismo digital y combate a las fake news（数字新闻学及同假新闻之战）	西班牙语
		Química, guerra y ética（化学、战争与民族）	

（续表）

学科分类	慕课数量（单位：门）	慕课名称	授课语言
数据科学	2	Cómputo evolutivo（进化计算） Introducción a Data Science: programación estadística con R（数据科学导论：基于 R 语言的编程）	西班牙语

（晏博　北京外国语大学）

参考文献

[1] ABREGO F. La telesecundaria hoy [N/OL]. https://educacion.nexos.com.mx/?p=1681, 2019-03-06/2020-03-26.

[2] ANUIES. La educación superior en el siglo XXI [M]. México D.F., 2000.

[3] AVILA DIAZ, A. Las reformas educativas en América Latina: recuento y perspectivas desde México[N/OL]. https://www.inee.edu.mx/las-reformas-educativas-en-america-latina-recuento-y-perspectivas-desde-mexico/, 2018-11-01/2020-02-24.

[4] CONSEJO NACIONAL DE POBLACION. La situación demográfica de México [M]. México D. F., 2019.

[5] GOBIERNO DE MEXICO. México y China problemas similares en dimensiones distintas [N/OL]. https://www.gob.mx/bienestar/es/articulos/mexico-y-china-problemas-similares-en-dimensiones-distintas?idiom=es, 2019-09-19/2020-02-25.

[6] GONZALEZ MORENO S E. La Tendencia Educativa MOOC en México; Un Análisis de su Evolución y Enfoque Pedagógico [D]. Ciudad de Chihuahua: Universidad Autónoma de Chihuahua, 2016.

[7] NAVARRETE-CAZALES, Z, MANZANILLA-GRANADOS H. M. Panorama de la educación a distancia en México [J]. *Revista Latinoamericana de Estudios Educativos*. 2017, 13 (1).

[8] OECD. Higher Education in Mexico: Labour Market Relevance and Outcomes [M]. Paris: Higher Education, OECD Publishing, 2019.

[9] PRESIDENCIA DE LA NACION. Estrategia Digital Nacional [M]. México D. F., 2013.

[10] SECRETARIA DE EDUCACION PUBLICA. La estructura del sistema educativo de México [M]. México D. F., 2018.

[11] ZUBIETA GARCIA J. La Universidad a la vanguardia tecnológica: los Cursos Masivos Abiertos en Línea (MOOC) [C]. La educación a distancia en México: una nueva realidad universitaria. México D. F.: Universidad Nacional Autónoma de México, 2015.

《世界慕课发展报告》

澳大利亚

【摘 要】地广人稀的澳大利亚20世纪50年代兴起"空中学校",这是慕课的雏形。2000年前后,政府的多项倡议和项目推动了互联网时代开放课程的发展。1993年澳大利亚开放学习责任有限公司的建立是澳大利亚本土慕课建设的开端。澳大利亚的慕课以国际学生为主要受众,并积极拓展东南亚市场,在国际交流中推动慕课的合作。除此以外,澳大利亚还积极对传统学习模式进行改革,在评估模式上保留其灵活性。

一、澳大利亚慕课发展背景

1. 澳大利亚教育的基本情况

澳大利亚,全称"澳大利亚联邦"(The Commonwealth of Australia),位于南太平洋和印度洋交界处,是世界上唯一的国土覆盖整片大陆的国家。尽管国土面积排名世界前十,但人口数量仅为2569万,地广人稀。全国划分为六个州(新南威尔士、维多利亚、昆士兰、南澳大利亚、西澳大利亚、塔斯马尼亚)和两个地区(北方领土、首都地区),各州或地区均设有州督、州议会、州政府和州长。澳自然资源丰富,是世界上重要的矿产品生产和出口国,农牧业也很发达,包括教育在内的服务业是国民经济的重要来源。随着国际大宗商品价格下降,澳矿业繁荣消退,公共财政压力上升,澳大利亚经济增长自2018年以来有所放缓,因此,政府试图通过大力发展教育等服务行业维持经济的增速。[1]

教育主要由州政府负责,各州设立教育部,主管本州内的小、中、大学和技术

---

[1] 韩峰. 2018—2019年澳大利亚的发展与展望. 澳大利亚发展报告(2019), 2019: 1-11.

教育学院。联邦政府负责给全国的大学和其他高等教育机构提供经费，制定和改革教育政策。澳大利亚的教育体系与英国一脉相承，学生在进入大学接受高等教育之前须完成12年义务教育。澳大利亚共有37所公立大学，2所私立大学。[1] 除传统教育模式外，包括"慕课"在内的基于互联网的远程教育，近几年得到了较快发展。

2. 澳大利亚开放大学的起源

澳大利亚的"慕课"最早可追溯到20世纪50年代兴起的"空中学校"。澳大利亚幅员辽阔，但人口主要集中在东南部和北部沿海的大城市，仅约15%的人口生活在广袤的中西部地区。[2] 这些地区人口密度小，相邻居民点之间往往相隔几十甚至几百公里以上。为帮助由于疾病、伤残或者居住在偏远地区不能入校学习的适龄儿童顺利求学，澳大利亚政府大力发展远程教育，也就是"空中学校"。起初，邮寄学习资料是远程教育的唯一方法。后来，学生还可以通过空中电波或者网络接受教育。[3]

随着互联网技术的发展和"互联网+"时代的到来，"空中学校"也在发生变化，受众更加广泛的网络开放教育实践（Open Educational Practice，OEP）不断涌现。1998年，澳大利亚政府提出并支持了一些最早的开放课程获取项目。2002年，政府又资助了一个名为"培养澳大利亚的能力"（Back Australia's Ability）项目，其中的几项举措在推动澳大利亚获取开放教育资源运动的发展中发挥了实质性作用。

如今，澳大利亚远程教学已发展为更符合当下教育现状的大规模开放在线课程，即"慕课"。1993年澳大利亚开放学习责任有限公司（Open Learning Agency of Australia Pty Ltd，OLA）的建立是澳大利亚本土慕课建设的开端。该公司起初是作为私人企业建立，其所有权由莫纳什大学拥有。为了让边远地区的学生平等接受教育，后与澳大利亚广播公司和另外八所澳大利亚知名大学合作，建立更开放、范围更广的教育平台，与此同时澳大利亚联邦政府也给予资金支持。[4] 2004年，OLA更

---

[1] 中华人民共和国外交部. https://www.fmprc.gov.cn/web/gjhdq_676201/gj_676203/dyz_681240/1206_681242/1206x0_681244/, 2020-06-01.
[2] 澳大利亚统计局(Australian Bureau of Statistics). https://www.abs.gov.au/ausstats/abs%40.nsf/94713ad445ff1425ca25682000192af2/1647509ef7e25faaca2568a900154b63?OpenDocument, 2020-06-01.
[3] 沈永兴，张秋生，高国荣.澳大利亚(第3版)，2014: 286-287.
[4] 澳大利亚开放大学. https://www.open.edu.au/about-us, 2020-06-01.

名为澳大利亚开放大学（Open Universities Australia，OUA），在对学生的要求和期待方面也发生了相应的变化。如今，"澳大利亚开放大学"由七所澳大利亚大学组建和运营，为澳大利亚和其他国家地区的学生提供远程教育和在线课程。2013年3月，澳大利亚开放大学创建了用于在线学习的大型开放式在线课程网站"学习开放"（Open2Study），与全球在线课程网站如Coursera和edX竞争，为大学生提供免费在线课程。该网站于2019年因后续出现问题而关闭。2013年12月，澳大利亚开放大学还建立了注册培训机构"开放培训机构"（Open Training Institute），提供职业教育与培训，后于2017年关闭。

3. 澳大利亚发展慕课的动机与目的

"慕课"是21世纪教育信息化领域最具影响力的创新，是远程教育的最新发展，具有大规模、开放性、共享性等特点。澳大利亚的慕课是推动高等教育普及化、促进教育公平、提高教育质量、提升高校影响力等多种需求共同推动的产物。其主要动机与目的体现在以下几个方面：

（1）推动高等教育普及化，促进教育公平。据联合国教科文组织统计，1997年澳大利亚高等教育毛入学率已高达80.9%，远高于世界平均水平，早已跨入高等教育普及化阶段。[1] 但此后出现下滑，2002年一度跌至67%，直到2010年才缓慢攀升回80.9%。2002—2012年间，澳高等教育毛入学率年均增长率约为1.56%，[2] 而边远穷困地区的高等教育毛入学率更是低于全国平均水平。促进高等教育普及化进一步发展，让更多没有条件进入大学的人平等地接受高质量的高等教育这一需求大大推动了澳大利亚慕课的兴起和发展。

（2）提供终生专业发展平台，提高教育质量。在信息化时代，人们的学习需求和学习方式都发生了质的改变，学习群体不限于学生，学习方式也不再局限于学校和课堂，许多走出校门的澳大利亚人也有碎片化学习充电的需求。慕课这一提前录制、长时间开放共享、单节时间短、不受时间和地点限制的在线课程受到越来

---

[1] UNESCO Institute for Statistics. School enrollment, tertiary (% gross)-Australia. The World Bank. https://data.worldbank.org/indicator/SE.TER.ENRR?end=2017&locations=AU&start=1970, 2017/2020-06-01.
[2] Knoema Corporation. Australia - Gross enrolment ratio in tertiary education. https://knoema.com/atlas/Australia/topics/Education/Tertiary-Education/Gross-enrolment-ratio-in-tertiary-education, 2014/2020-06-01.

多在校学生和校外群体的青睐。所有人都可根据自己的时间联网自学,在业余时间发展兴趣,提高专业能力,也可在按要求完成课程后申请学校学分或大学文凭。OpenLearning 设立的初衷正是为每个人提供兼具专业性与趣味性的,不同于传统线上课程和娱乐性信息网站的在线学习平台。[1]

（3）提升高校影响力,吸引优质生源。慕课一方面能满足中学生提前了解感兴趣的专业及相关高校课程设置的需求,另一方面也为高校加强宣传提供了平台。2012 年,墨尔本大学率先与美国慕课平台 Coursera 合作,通过其平台提供大规模开放在线课程。随后,澳大利亚多家高校也与境外慕课平台 Coursera、edX、FutureLearn 等展开合作,为国内外潜在学生提供体验本校独具特色的优质课程的机会,从而吸引生源。澳大利亚本土慕课平台 OpenLearning、Open2Study、基础英语课程（MOOEC）等的创建顺应了澳大利亚高校提高影响力和竞争力的需求。

二、澳大利亚慕课发展现状

1. 政策与制度

1.1 政府的政策与制度

自 1998 年以来,澳大利亚政府通过多项倡议和一系列实施方案对开放教育这一领域进行了一定程度的规范和引导。[2] 早在 2008 年,政府就投资建立了澳大利亚国家数据服务平台,这也是目前主要的政府投资计划,为创建开放数据共享环境提供了基础设施支持。2011 年,政府发布了"开放资源软件规定"和"政府 2.0"等支持开放教育资源计划,同年颁布了开放资源使用和版权管理的规定。[3] 在"采用、使用和管理开放教育资源 推动澳大利亚的教学"（Adoption, Use and Management of Open Educational Resources to Enhance Teaching and Learning in Australia）这一项目的实施过程中,澳大利亚于 2012 年在悉尼组织了第一届全国开放教育资源研讨会。

---

1 Palmer,C. OpenLearning launches into competitive MOOCs market. https://theconversation.com/openlearning-launches-into-competitive-moocs-market-10155,2012 - 10 - 15/2020 - 06 - 01.
2 Bossu, C. Open Educational Practices in Australia. In F. Miao, S. Mishra & R. McGreal (Eds), Open Educational Resources: Policy, Costs, Transformation. https://unesdoc.unesco.org/ark:/48223/pf0000244365,2016/2020 - 06 - 01.
3 同注释2。

此外，为帮助大学和其他高等教育机构实现开放教育资源和进行开放教育实践，澳教育部于 2014 年通过该项目发布《可行性规则》（The Feasibility Protocol）（以下简称《规则》）。[1] 该《规则》为希望参与开放教育资源开发和实践的大学和大专院校提供了指导，帮助这些教育机构的决策制定者以及一线教师和学生等教育参与者更好地认识开放教育资源，引导他们使用这些资源、参与创造开放教育实践。《规则》不仅向希望参与开放教育资源开发的机构阐明了过程中可能存在的机遇与挑战，还提供了有效采用开放教育资源和进行开放教育实践的策略指引。机构在实施开放教育时，一方面需要资源，如基础硬件设备、软件技术支持和人才资源等等，另一方面还需要创新和制订合理的教育计划，满足学生的多样化需求。《规则》还对澳大利亚高等教育知识产权保护政策进行分析，剖析了可为这些教育机构和教育工作者提供开放教育资源版权保护的政策。

与慕课发展息息相关的还有澳大利亚的《版权法案》（The Copyright Act）。该《法案》规定，在澳大利亚发布慕课课程，需要获得相应的执照。但获取执照需要花费较多费用，澳大利亚的大学为此每年需要向版权机构（Australian Copyright Agency Limited）缴纳近 3000 万澳元。[2] 在严格的版权政策保护下，这些慕课资源未经版权所有人允许，观众无法下载使用，甚至无法观看。[3]

联邦政府还通过采购信息系统（procurement information system）为澳大利亚教师购买相关的慕课课程，但开放时间有限。如澳大利亚政府为提高数学教师的教学质量，2020 年 1 月 20 日到 2 月 28 日间在澳大利亚官方投标网站（AusTender）上发布了数学和算数相关的慕课课程。[4]

澳大利亚各州政府也颁布了与开放教育资源相关的政策。[5] 维多利亚州教育部

---

[1] Bossu, C., Brown, M. & Bull, D. Adoption, Use and Management of Open Educational Resources to Enhance Teaching and Learning in Australia: final report to the Office for Learning & Teaching. https://www.researchgate.net/publication/274387571_Adoption_use_and_management_of_Open_Educational_Resources_to_enhance_teaching_and_learning_in_Australia, 2014/2020-06-01.
[2] Universities Australia.Response to the ALRC Issues Paper: Copyright and the Digital Economy. https://www.universitiesaustralia.edu.au/wp-content/uploads/2019/05/ALRC-Submission-301112.pdf, 2012/2020-06-01.
[3] Padgett, LB. Understanding open educational resource licensing in Australia. https://eprints.utas.edu.au/17550/, 2013/2020-06-01.
[4] Department of Education, Skills and Employment. (n.d.). Online teaching and learning resources to support mathematics and numeracy. https://www.education.gov.au/online-teaching-and-learning-resources-support-mathematics-and-numeracy, 2020-06-01.
[5] Blessinger, P. & Bliss, T. J. Open Education: International Perspectives in Higher Education, 2016：123-132.

倾向于向提供开放教育资源的项目发放许可证书；南澳大利亚州教育部对非营利型和分享型项目更加青睐；西澳大利亚州教育部则鼓励教师搜索和使用开放教育资源。但这些政策仍处于初期阶段，不够完备，也未在全国范围内推行。

就澳大利亚全国整体看来，目前还未形成明确的、统一的且有针对性的全国性教育政策来专门规范和引导慕课的发展。

1.2 学校的政策与制度

尽管缺乏统一的全国性政策，澳大利亚各高校并未因此放缓开发开放教育资源的步伐。有些大学想建立自己的资源库但缺乏资金，希望从政府投资的研究中获得资源。有些大学投资建设了开放教育实践的基础设施，建立了自己的数字开放资源库，[1] 其中就包括 OpenLearning 和由莫纳什大学等九所大学合办的"澳大利亚开放大学"旗下的 Open2Study。还有一些大学加入了其他国际知名的大型慕课平台，如美国的 edX、Coursera 和英国的 FutureLearn，投资开放教育资源。

澳大利亚的大学还针对不同人群开设专项慕课课程，联邦政府会适时给予一定的支持和资助。如 2016 年阿德莱德大学为中小学教师开设专门的数字技术培训课程，在学校官网上面向公众开放。该课程旨在提高教师们的计算机水平，为未来的数字化教学做准备。

2. 平台

澳大利亚自 2012 年以来仅有两个本土慕课平台，分别为 OpenLearning 和澳大利亚开放大学旗下的 Open2Study，后者已于 2019 年关闭。目前，澳大利亚的本土慕课平台仅 OpenLearning 一家。

OpenLearning 于 2012 年由新南威尔士大学的教授和校友组织建立，为澳大利亚的几所大学和马来西亚政府提供在线教育服务。2015 年，澳大利亚联邦政府与该平台合作，发布慕课"管理影响分析"（Regulatory Impact Analysis），学习对象主要为政府部门公务员，OpenLearning 成为第一个在澳大利亚发布政府慕课

---

1 Bossu, C. Open Educational Practices in Australia. In F. Miao, S. Mishra & R. McGreal (Eds). Open Educational Resources: Policy, Costs, Transformation. https://unesdoc.unesco.org/ark:/48223/pf0000244365, 2016/ 2020 - 06 - 01.

的平台。[1] 2018 年，新加坡成为 OpenLearning 的第三大市场，为该平台进一步拓展在东南亚的业务范围提供了契机。2019 年，OpenLearning 成功上市。目前全球有 165 个国家超过 174 万学习者在该平台注册学习，有 8900 门课在该平台上线。OpenLearning 的后台全职工作人员共有 42 名，分布在澳大利亚悉尼和马来西亚吉隆坡两个办公地点。[2] 该平台通过免费慕课课程来吸引用户和提高品牌知名度，同时也提供一些收费课程和为有需要的学习者定制学习项目。它将自己定位为"xMOOC"型平台，即在课程开展过程中更注重学习者的参与和反馈，强调学习者之间的合作学习和师生、生生之间的学习交流。[3]

3. 课程建设和管理机制

3.1 OpenLearning

"开放学习有限公司"（OpenLearning Limited）于 2012 年成立，致力于向学习者提供有效、有趣和具有变革性的在线课程，并为教育机构谋求商业利益。该公司最先与新南威尔士大学和泰勒大学合作，分别在澳大利亚和马来西亚推出首批慕课课程。OpenLearning 如今已在澳大利亚上市，其经营的网络学习平台提供大规模开放式网络课程、短期付费课程和在线学位课程，并被认为是澳大利亚创新和技术发展的成功案例。

3.1.1 课程建设

OpenLearning 采取自建与共建相结合的课程建设模式，其自建的学习设计系列课程（The Learning Design Series）已为全球 15,153 名用户提供了 3 门设计类相关课程；同时还为个人教育工作者、5 人及以下小型教育团队、大型教育机构提供了 3 种在其平台付费开设的课程。[4] 费用上，向该平台设计和提供以学生为中心的学习体验的创业教育工作者，每月收取 60 美元的费用（若整年缴费，则降低至每月 40

---

1 Brimo, A. OpenLearning wins tender to deliver first Australian Government Massive Open Online Course (MOOC). https://www.openlearning.com/pressreleases/OpenlearningWinsTenderToDeliverFirstAustralianGovernmentMassiveOpenOnlineCourseMooc/, 2015-06-05/2020-06-01.
2 Bossu, C. Open Educational Practices in Australia. In F. Miao, S. Mishra & R. McGreal (Eds), Open Educational Resources: Policy, Costs, Transformation. https://unesdoc.unesco.org/ark:/48223/pf0000244365, 2016/2020-06-01.
3 参见 https://solutions.openlearning.com/use-cases-moocs/, 2020-06-01.
4 参见 https://solutions.openlearning.com/pricing/, 2020-06-01.

美元），同时提供 30 天免费试用期；希望借助 OpenLearning 平台来运行和扩展教育计划的小团队每月需缴纳 275 美元的费用，且必须整年缴费，该平台将为其提供团队管理系统；针对准备对学习方式进行革命性变革的教育机构，OpenLearning 可为其提供整套平台和管理功能以及优先支持服务，每月收取 600 美元的费用，且必须整年缴费。

截至 2020 年 2 月，OpenLearning 已与个人、培训机构、大学、专科院校在内的 62 家教育机构展开合作，[1] 其主要合作伙伴有澳大利亚的新南威尔士大学、墨尔本大学、悉尼科技大学、纽卡斯尔大学、查尔斯特大学、西悉尼大学、新英格兰大学、信息技术学术开放网站（AIT Open）、营销技术和数据咨询公司（Venntifact）、代课教师协会（RTA）、澳大利亚教育网站（Teach.com.au），新加坡淡马锡理工学院，马来西亚的泰勒大学、沙捞越大学、槟城槟榔屿技能发展中心、理科大学、玛拉工艺大学、双威大学。其他国内外合作伙伴还有印尼苏拉卡塔大学（Universitas Muhammadiyah Surakarta）、澳大利亚证券和投资委员会（ASIC）、亚马逊、马来西亚信用咨询和债务管理机构（AKPK）、澳大利亚工程教育学会、马来西亚伯乐大学学院、马来西亚慕课平台（Malaysia MOOCs）、马来西亚吉兰丹大学、印尼穆罕默迪亚大学（Universitas Muhammadiyah Kalimantan Timur）、马来西亚技术大学（马六甲）、马来西亚北方大学、阿尔法克斯学院（Alphacrucis College）、澳大利亚出口理事会（ECA）、新南威尔士州专业教师委员会等。[2]

OpenLearning 的官网数据显示，到目前为止共上线 8900 多门课程，其中 2018 年已达 4300 余门，为大量国内外学生提供了混合学习课程、微证书课程和在线专业发展课程。上线课程主要包含 14 大类，涉及艺术与设计、商业与经济、计算机与科技、教育、工程、健康与医疗、人文学科、语言与交流、法律、生活方式、数学与科学、自我提高、运动与健康及其他。[3] 查尔斯特大学的"实现个人与专业上的成长"（Mastering Your Personal and Professional Growth）、西悉尼大学的"金融顾问伦理初级"（Introduction to Ethics for the Financial Adviser）、新英格兰大学的"心理健康与咨询"（Wellbeing）、OpenLearning 的"助你成功"（Facilitating for success）、

---

1 Palmer, C. OpenLearning launches into competitive MOOCs market. https://theconversation.com/openlearning-launches-into-competitive-moocs-market-10155, 2012-10-15/2020-06-01.
2 参见 https://www.openlearning.com/institution/create/, 2020-06-01.
3 参见 https://www.openlearning.com/courses/, 2020-06-01.

澳大利亚工程教育学会的"设计安全"(Safety in Design)、新加坡淡马锡理工学院的"商业大数据与分析"(Big Data and Analytics in Business)、洛克山·阿梭达(Rukshan Athauda)的"系统网络管理"(Systems and Network Administration)、澳大利亚教育网站的"学生参与支持"(Supporting Student Participation)等为平台特色课程。

3.1.2 注册用户

澳大利亚和马来西亚是 OpenLearning 成立之初的目标市场,主要为新南威尔士大学、堪培拉大学和马来西亚政府提供在线教育服务。该平台于 2015 年与澳大利亚联邦政府签署协议,在慕课最佳实践管理办公室(Office of Best Practice Regulation MOOC)的委托下,在澳推出的首个同时面向公务员和公众的慕课课程。[1] 截至 2020 年 2 月,在该平台注册学习的用户已达 174 万,覆盖全球 165 个国家,主要来自马来西亚、澳大利亚、美国和中国。[2]

尽管课程数量和注册用户自 2012 年之后呈逐年增长趋势,但课程完成度普遍偏低,2019 年全行业各类慕课完成率的平均值仅在 5% 到 10% 之间。[3]

3.1.3 管理体系

(1)课程体系。OpenLearning 以社会构建主义为其教育理念,旨在通过精心设计的在线课程为学生赋能、培养用户深度学习体验、激发学生的内在动力、促进学习社区蓬勃发展;同时与教育工作者和科技人员展开合作,围绕为学生赋能、提供真实活跃的学习体验、创建合作式学习社区三大理念基础,不断尝试新的教育机制。[4] 为满足用户的不同需求,OpenLearning 提供了 8900 多门含慕课和各类付费课程在内的在线课程,内容涵盖政治、商业与经济、计算机科学、教育、艺术与设

---

[1] Redrup, Y. OpenLearning secures federal government MOOC contract. Australian Financial Review. https://www.afr.com/technology/openlearning-secures-federal-government-mooc-contract-20150604-ghged2, 2015-06-04/2020-06-01.
[2] Palmer, C. OpenLearning launches into competitive MOOCs market. https://theconversation.com/openlearning-launches-into-competitive-moocs-market-10155, 2012-10-15/2020-06-01.
[3] Johnson, S. Much Ado About MOOCs: Where Are We in the Evolution of Online Courses? *Edsurge*. https://www.edsurge.com/news/2019-02-26-much-ado-about-moocs-where-are-we-in-the-evolution-of-online-courses?fbclid=IwAR27VCtFQ3saswdcPSQIuOlzrX211n3K8krZ-Q0lbe6BH2hEKtMQH53tQq4, 2019-02-26/2020-06-01.
[4] 参见 https://solutions.openlearning.com/learning-philosophy/, 2020-06-01.

计、运动与健康等方方面面。课程开展过程中注重学习者的参与和反馈，鼓励自主学习、基于项目学习和合作学习，力求为学生提供具有社交性、主动性和参与性的课堂体验。

（2）质量体系。为保证平台课程的质量，OpenLearning 在课程上线前要与开课个人或机构就课程目标、内容、结构、评估体系等进行多次详细沟通和讨论，不断调整优化，力求为用户提供符合行业需求的优质慕课。课程上线需经历三大阶段。[1] 第一阶段，平台团队与供课方会面，了解项目信息、需求和目标；随后，团队查找课程已有的教学方法和存在的问题，并制订课程计划，对课程结构、学习活动和评估方案等提出建议。第二阶段，网络课程设计师为课程设计外观包装及第一模块教学模式，在与课程提供者再次沟通后，逐步完成课程在平台上的建设。第三阶段，平台团队与供课方密切合作，再次审查课程并做最后的修订，在课程正式上线前对人员进行培训。课程上线后，平台继续跟进课程进度，持续为开课方提供必要的支持和建议。

（3）认证机制。OpenLearning 通过免费的慕课来吸引用户和提高知名度，同时也提供一些付费课程，在活动完成、课程结束后会根据课程参与度为学生发放徽章，并为完成课程的学习者提供带有特定标识的免费或付费结业证书（OpenCreds），授课教师也可自主创建带有其机构标志的自定义证书。[2] 除颁发作为结课证明的一般证书外，OpenLearning 也为用户提供 4 种与正式资格证挂钩的结业证书——澳大利亚学历资格认证框架（AQF）认可的正式资格证书、正式资格准入证书、正式资格学分证书、行业认可证书。[3] 第一类证书符合澳大利亚国家学历框架（AQF）标准，与正式证书无异；第二类正式资格准入证书是学生完成课程有资格获取正式证书的凭证；第三类正式资格学分证书是学生为获取正式资格证的"积分"证明；第四类行业认可证书证明学生已获得行业协会或认证机构的认可，已满足在某一领域持续发展的要求。

3.1.4 典型案例

OpenLearning 为世界各地的学习者提供了突破时间和空间局限的终身学习平

---

[1] 参见 https://solutions.openlearning.com/learning-design-services/，2020-06-01.
[2] 参见 https://help.openlearning.com/t/36prts/how-do-i-set-up-a-certificate-for-my-course，2020-06-01.
[3] Palmer, C.OpenLearning launches into competitive MOOCs market. https://theconversation.com/openlearning-launches-into-competitive-moocs-market-10155，2012-10-15/2020-06-01.

台，在新加坡工作的专业人士可以学习悉尼查尔斯特大学的数据管理课程，印尼泗水的学生可以聆听马来西亚丁加奴大学提供的有关保护海龟的知识，珀斯的高管为了提高领导能力可以在闲暇时间学习吉隆坡泰勒大学的相关课程。

该平台成功的典型案例之一是马来西亚慕课分部——世界上第一个由政府扶持的慕课项目。马来西亚慕课借助 OpenLearning 以马来西亚用户为主要受众，提供了 20 所公立大学和 34 所理工学院开设的 440 余门免费课程，使大规模在线教育成为可能。另一个成功案例是澳大利亚的代课教师协会（RTA）——一个致力于为非正式教师提供专业学习机会的机构。为了满足代课教师可随时随地获得高质量、可负担的专业发展需求，代课教师协会于 2015 年与 OpenLearning 展开合作，推出了第一批经认证的在线专业发展课程。五年来，该协会通过 OpenLearning 共推出 40 余门含慕课在内的在线课程，数量超过 1.3 万节；每名学生平均学习 18 节课，其注册学习者中有 5 万人在线学习时长超过 80 小时。[1] 该协会首席执行官对 OpenLearning 提供的参与性、有趣性、可选择性、灵活性的课程模式给予了肯定。

3.2 Open2Study

为扩大国际形象，让学生免费体验无负担的在线课程，从而为付费课程储备国内外生源，澳大利亚开放大学于 2013 年自主开发了免费慕课平台 Open2Study，该平台 2013 年至 2019 年间一直是澳大利亚本土两大主要的慕课平台之一，2019 年 1 月因后续经营动力不足关闭。

3.2.1 课程建设

Open2Study 共提供约 50 门完全免费的在线课程，涉及人类学、数据科学、财务规划、心理学和微生物学等多个学科领域。几乎所有课程都遵循类似模式：每门课以 4 周为一个学习周期；每周提供 10 个左右的慕课短视频，每个视频后都附有简单的"突击测试"，每周大约共有 10 个问题；以 60% 的通过率通过三次周测的学生则可免费获得由平台颁发的结课证书；Open2Study 也为满足条件的学生提

---

[1] OpenLearning. (n.d.). Relief Teacher Association provides quality, on-demand learning for their members on scale. https://solutions.openlearning.com/success-stories-classcover-relief-teacher-association-case-study/?hsCtaTracking=f96fc67b-9893-4fd0-9735-b24bd55c4285%7Cd3192a42-18e2-4fe0-9d85-e8d041d07f0b, 2020-03-13/2020-06-01.

供学位。[1]

3.2.2 注册用户

Open2Study 年均新增用户曾高达 250,000 名。[2] 截止到 2015 年，共有来自 195 个国家、不同背景的 800,000 多名用户在 Open2Study 注册，同时有 65,000 多名学生在该平台上学习。除澳大利亚本土外，中国、美国、印度是 Open2Study 的三大生源地，注册用户占比分别为 15.9%、13.6%、9.5%。[3] 截止到 2019 年该平台关闭前夕，Open2Study 在全球范围内共吸引学习者约 2,000,000 人次。[4]

3.2.3 用户反馈

该平台的课程完成率高达 20%，远高于其他慕课平台课程的平均完成率 7%。[5] 同时，用户对 Open2Study 提供的慕课反馈非常积极，约 98% 的学生对他们的学习经历表示满意。如一项关于新西兰梅西大学慕课体验的调查显示，自 2013 年首次在 Open2Study 平台开设 3 门慕课课程起，该高校及其教职工获得了更高的知名度、更紧密的工作关系和更强的技能可迁移性。[6]

与此同时，该平台的用户也反映出一些缺点，如梅西大学的调查表明，存在着时间紧、与 Open2Study 专家在教学方法和支持方面期望差距大等问题。[7] 澳大利亚开放大学对该平台的规划始终坚持为付费课程服务的宗旨，通过分析学生在 Open2Study 平台上的学习习惯和学习表现，探究在线环境中适应性学习的应用，帮助设计其付费课程。

---

1 Bowden, P. 2019 Brings the Closure of a Free Course Provider. https://www.classcentral.com/report/open2study-closes/, 2019-01-08/2020-06-01.
2 Online Universities of Australia. Year in Review 2015. https://www.open.edu.au/media/yearinreview2015/index.html#open-2-study-page, 2015/2020-06-01.
3 Open Universities Australia. Draft National Strategy for International Education questionnaire. https://submissions.education.gov.au/Forms/Draft-National-Strategy-for-International-Education-public-consultation/_layouts/SP.Submissions/ViewDoc.ashx?id=%7Bafbb5d44-38e6-4850-94a2-d423df32c035%7D, 2015/2020-06-01.
4 Palmer, C. OpenLearning launches into competitive MOOCs market. https://theconversation.com/openlearning-launches-into-competitive-moocs-market-10155, 2012-10-15/2020-06-01.
5 Bowden, P. 2019 Brings the Closure of a Free Course Provider. https://www.classcentral.com/report/open2study-closes/, 2019-01-08/2020-06-01.
6 Wilson, A., Hartnett, M., Brown, M., Jamieson, A. & Symonds, S. An Open2Study MOOC experience from a staff perspective. In B. Hegarty, J. McDonald, & S.-K. Loke (Eds.), Rhetoric and Reality: Critical perspectives on educational technology. https://www.ascilite.org/conferences/dunedin2014/files/concisepapers/67-Wilson.pdf, 2014/2020-06-01.
7 同注释6。

4. 国际合作

2016 年，澳大利亚昆士兰大学和澳大利亚国立大学开始参与一项全球倡议，对全球学分转换体系展开试点，允许每个平台的慕课课程得到合作院校的认证。这一全球倡议还包括另外四所大学：代尔夫特理工大学、瑞士洛桑联邦理工学院、英属哥伦比亚大学和波士顿大学。这正与美国的做法有所重叠，表明国际合作或催生由慕课提供商（而非国家认证机构）推动和管理的认证过程。[1]

受新冠肺炎疫情影响，中国留澳学生无法正常到达澳大利亚学习。自 2020 年 2 月 13 日开始，OpenLearning 平台专门为中国学生开放访问权限，并推出系列中文课程。有超过 10,000 名学习者注册，上海、北京、广州、深圳和重庆的注册学习者最多，占总学习者的 31.67%。

三、澳大利亚慕课发展展望

1. 澳大利亚慕课建设特色

澳大利亚的慕课建设主要有以下几个特色：

（1）国际学生比重大。虽然澳大利亚本土的慕课平台 OpenLearning 无论是在课程数量上还是在用户数量上都与当前世界领先的慕课平台有一定的差距，但其吸引的国际学生的比重却相对较大。这不仅与澳大利亚几所享有良好国际声誉的大学有关，更是其长期注重吸引国际学生发展国际教育的结果。[2]

（2）拓展东南亚市场，未来发展势头良好。OpenLearning 于 2012 年成立，以澳大利亚和马来西亚为主要目标市场，为澳大利亚几所大学和马来西亚政府提供在线教育服务。该平台又于 2018 年成功进军新加坡，并亮相 2018 亚洲教育科技展，进一步拓展了在东南亚地区的业务。[3] 此外，自去年 12 月在澳大利亚证

---

1 Ng, J. & McRae, L. MOOCs for credit: Making the idea work. In Bennett, R. & Ken, M. (Eds), Massive Open Online Courses and Higher Education: What Went Right, What Went Wrong and Where to Next? 2017: 58-73.
2 Peters, G., Sacker, D. & Seruga, J. A Comparative Analysis of MOOC—Australia's Position in the International Education Market. ACIS 2015 Proceedings. https://aisel.aisnet.org/acis2015/100. 2015/2020-06-01.
3 Choon, N. 2018 OpenLearning Year in Review. https://learninghub.openlearning.com/2018/12/31/2018-openlearning-year-in-review/, 2018-12-31/2020-06-01.

券交易所 (ASX) 上市以来，OpenLearning 发展较快。截至 2019 年 12 月底，在 OpenLearning 平台预订提供慕课课程的客户数量同比增长 170%，年度收入 (ARR) 同比增长 77%。[1]

（3）学分需付费获取，与传统模式相结合。参加澳大利亚慕课课程学习的学生若想同时获得学分需要支付相应的费用，这些费用没有统一的收取标准，由提供该课程的大学自主设定。典型案例是于 2013 年开始提供慕课课程的新英格兰大学 (UNE)。其以低成本将大学课程推广到国际市场，让学生免费体验大学教育。学生除参加免费慕课课程外，还可以购买个人辅导服务，也可以在完成课程后付费参加"挑战考试"，以证明达到了课程目标并争取新英格兰大学学位课程的学分，达标的学生最多可获得三分之二本科学位的学分和一半研究生学位的学分。[2] 此外，新英格兰大学还提供价格不等的私人视频辅导和小组视频辅导。这些措施展示了如何通过提供传统教育环境来补充慕课教学模式并保证其课程质量。当慕课被置于一个付费获取学分的环境中时，教师的专业技能得到了运用，传统的评估方式也得到了复制，新式教育与传统模式紧密结合。

（4）评估模式多样。不同于 Coursera 和 edX 各自模板式的评价方案，OpenLearning 平台并没有统一的规定，澳大利亚提供慕课课程的高校大都使用不同的评估模式。如新英格兰大学慕课的评估方式是课后的"挑战考试"，拉筹伯大学的评估依据是学生的书面作业和在线课程的参与度，迪肯大学则更注重学生的书面任务和面试表现，包括面对面面试和在线面试。Coursera 主要是通过机器自动评分完成对学生的作业、测试、作品集的评价，这种评估方式尤其适用于科学、技术、工程、数学等需要给出明确答案的学科，但对人文学科近乎无效。edX 正在探索能给论文打分的人工智能软件，但无疑还有很长的路要走。

2. 澳大利亚慕课发展的挑战和对策

（1）受其他慕课平台冲击，市场份额小，发展缓慢。澳大利亚的慕课起步虽

---

[1] Stockhead. OpenLearning is leading the way in a new form of higher education. https://stockhead.com.au/tech/openlearning-is-leading-the-way-in-a-new-form-of-higher-education-micro-credentials/, 2020-03-12/2020-06-01.
[2] Bowden, P. 2019 Brings the Closure of a Free Course Provider. https://www.classcentral.com/report/open2study-closes/, 2019-01-08/2020-06-01.

然不算太迟，但由于英语国家中发展最早、最快且最好的 Coursera 和 edX 等慕课平台早已快速占领了本国市场且向其他英语国家进军，再加上澳大利亚本土慕课平台发展缺乏自发性和创造性，导致后续发展动力不足，发展相对缓慢。澳大利亚许多大学早在澳大利亚本土慕课平台创立之前就加入了当时发展较好的海外慕课平台，如墨尔本大学在 2012 年宣布加入 Coursera；同年，南昆士兰大学宣布成为新西兰慕课平台开放教育资源大学（OERu）的一员；澳大利亚国立大学在 2013 年 2 月宣布加入 edX。[1] 还有一些大学自行开发了慕课项目，投放于本校网站。此外，澳大利亚本土的慕课平台不仅在国内市场份额小，在国际市场的发展也相对受限。OpenLearning 自成立至今一直以澳大利亚和马来西亚为主要目标市场，虽然在 2018 年成功进军新加坡并进一步拓展其在东南亚的业务范围，但这不利于打通国际化大通道，吸引更多全球范围的用户。该平台于 2019 年底在澳大利亚证券交易所的成功上市应为一次良好的发展契机。

（2）迎合慕课发展趋势，缺乏自发性和创造性。2019 年 Open2Study 平台的关闭就透露出澳大利亚慕课平台在建设过程中存在的一些问题。首先，2013 年澳大利亚开放大学设立专门的慕课网站 Open2Study，发布了许多有关职业教育的免费课程，课程都来自开放大学联盟和其合作机构，学生完成课程后还可以获得证书。但自 2013 年成立后，该平台再也没有更新其课程，也并未增设其他课程，仅仅依靠最初发布的课程循环授课，直到 2018 年 12 月还在招募下一循环阶段的学生。该平台的第二个问题与其课程设置有关。每一门课平均授课时长为 4 周，以教学视频为主，内容讨论为辅，每阶段结束都会有小测验检测学生学习情况，除了参与的课堂之外还有论坛供所有学生交流。学习者完成课程或者获得高分后还会得到奖章，将整个学习过程娱乐化、游戏化。[2] 看似提升学习者学习兴趣的设置仅仅停留于表面，只是一味模仿和迎合慕课全球化趋势，并没有设置后续环节延长学习者的学习兴趣。第三，Open2Study 的倒闭也说明只做免费课程的慕课平台很难持续发展下去，免费课程与收费课程的混合可能才是长久之计。澳大利亚慕课平台或可先凭借免费课程吸引学习者，再进一步为学习者推荐和打造符合其需求的优质收费课程。这样，不

---

1 Barnes, C. MOOCs: The Challenges for Academic Librarians. *Australian Academic & Research Libraries*, 2013, 44(3): 163-175.
2 Apostolos, K. 2019: The year MOOC platforms start to die? https://idstuff.blogspot.com/2019/01/2019-year-mooc-platforms-start-to-die.html, 2019-01-18/2020-06-01.

仅能吸引学习者在平台继续学习，还能有资金开发或者购买其他课程，实现持续发展的目标。

（3）缺乏正式的学分认证体系和统一的评估模式。虽然参加澳大利亚慕课课程的学生可以通过支付相关费用等方式获得学分，但澳大利亚的慕课学分并没有正式的认证体系，澳大利亚高等教育质量与标准署(TEQSA)也尚未批准慕课可以作为完整的学位课程，这导致各高校的审核标准不一，学生所修学分的社会接受度普遍较低。如何保证慕课的质量，如何为慕课学习者提供认可度高的学分，都是澳大利亚慕课发展过程中需要进一步考虑的问题。另外，没有统一的评估方式也意味着在维持慕课发展多样性的同时，各高校需要投入更多的人力和物力，比如需要专门的教师或助教批改作业、进行面试等。未来或可部分借鉴 Coursera 和 edX 的评估模式，在维持评价方式多样性和保持人文关怀的同时，引入机器自动评分和人工智能评阅，利用教育科技减少老师不必要的工作量，提高工作效率。

（4）政府支持力度不足，甚至受到本国某些政策限制。虽然澳大利亚自1998年就通过了一系列方案对开放教育进行一定程度的规范和引导，但目前尚未形成明确的、统一的且有针对性的全国性政策来专门支持慕课的发展，各项学术援助项目也不向付费申请慕课学分的学生开放。不仅如此，澳大利亚慕课的建设和发展甚至还受制于本国的知识产权政策，如前文提到的严格版权限制。由于使用第三方内容时需要花费的时间和金钱成本较高，[1] 澳大利亚本土慕课平台被迫完全自创慕课内容或者完全依赖于开放资源，导致澳本土慕课平台内容的丰富度和独特性都不如其他慕课平台，从而无法吸引更多学习者。因此，澳大利亚政府需要完善开放教育资源政策，为公益性慕课平台提供相应的政策支持和资金帮助。慕课的目的就是开放使用，如何在保护版权不受侵害的基础上做到尽可能的开放也是澳大利亚教育部门亟待解决的重要问题。

3. 澳大利亚慕课建设与发展的经验借鉴

中国的慕课建设起步于2013年，紧跟世界慕课发展潮流，截止到2019年4

---

[1] Universities Australia. Response to the ALRC Issues Paper: Copyright and the Digital Economy. https://www.universitiesaustralia.edu.au/wp-content/uploads/2019/05/ALRC-Submission-301112.pdf, 2012 / 2020 - 06 - 01.

月，全国已有 12,500 门由 1000 余所高校开设的慕课课程上线，吸引了超过 2 亿人次的学习者，其中 6500 万人成功获得慕课学分，为学习型社会、学习型政党、学习型国家建设提供了重要支撑。[1] 在未来建设与发展过程中，中国慕课可借鉴澳大利亚早期便同时着眼于海内外市场的经验，逐步提高国际学生的比重，借此打通国际化之路，为国内高校吸引更多全球优质生源的同时，也能为对外宣传提升中国国家形象和促进中外文化沟通交流做出重要贡献。

（胡丹 北京外国语大学）

参考文献

[1] Apostolos, K. 2019: The year MOOC platforms start to die? [EB/OL]. https://idstuff.blogspot.com/2019/01/2019-year-mooc-platforms-start-to-die.html, 2019-01-18/2020-06-01.

[2] Barnes, C. MOOCs: The Challenges for Academic Librarians [J]. *Australian Academic & Research Libraries*, 2013, 44(3).

[3] Blessinger, P. & Bliss, T. J. Open Education: International Perspectives in Higher Education [M]. Open Book Publishers, 2016.

[4] Bossu, C. Open Educational Practices in Australia [A]. F. Miao, S. Mishra & R. McGreal. Open Educational Resources: Policy, Costs, Transformation [C]. France: UNESCO Publishing, https://unesdoc.unesco.org/ark:/48223/pf0000244365, 2020-06-01.

[5] Choon, N. 2018 OpenLearning Year in Review [EB/OL]. https://learninghub.openlearning.com/2018/12/31/2018-openlearning-year-in-review/, 2018-12-31/2020-06-01.

[6] Johnson, S. Much Ado About MOOCs: Where Are We in the Evolution of Online Courses? [N]. https://www.edsurge.com/news/2019-02-26-much-ado-about-moocs-where-are-we-in-the-evolution-of-online-courses?fbclid=IwAR27VCtFQ3saswdcPSQIuOlzrX211n3K8krZ-Q0lbe6BH2hEKtMQH53tQq4, 2019-02-26/2020-06-01.

[7] MoocLab. MOOC Platform Comparison Table [EB/OL]. https://www.mooclab.club/pages/mooc_comparison_2018/#comp2018top, 2018/2020-06-01.

---

1 张烁. 中国慕课，大有可为. 人民日报，2019-04-11(8).

[8] Ng, J. & McRae, L. MOOCs for credit: Making the idea work [A]. Bennett, R. & Ken, M., Massive Open Online Courses and Higher Education: What Went Right, What Went Wrong and Where to Next? [C] London: Routledge, 2017.

[9] Online Universities of Australia. Year in Review 2015 [EB/OL]. https://www.open.edu.au/media/yearinreview2015/index.html#open-2-study-page, 2015/2020-06-01.

[10] OpenLearning. Relief Teacher Association provides quality, on-demand learning for their members on scale [EB/OL]. https://solutions.openlearning.com/success-stories-classcover-relief-teacher-association-case-study/?hsCtaTracking=f96fc67b-9893-4fd0-9735-b24bd55c4285%7Cd3192a42-18e2-4fe0-9d85-e8-d041d07f0b, 2020-03-13/2020-06-01.

[11] Padgett, LB. Understanding open educational resource licensing in Australia [J/OL].https://eprints.utas.edu.au/17550/, 2013/2020-06-01.

[12] Palmer, C. OpenLearning launches into competitive MOOCs market [N]. https://theconversation.com/openlearning-launches-into-competitive-moocs-market-10155, 2012-10-15/2020-06-01.

[13] Peters, G., Sacker, D. & Seruga, J. A Comparative Analysis of MOOC -Australia's Position in the International Education Market [A]. ACIS 2015 Proceedings [C]. Adelaide: Australasian Conference on Information Systems. https://aisel.aisnet.org/acis2015/100, 2015/2020-06-01.

[14] Wilson, A., Hartnett, M., Brown, M., Jamieson, A. & Symonds, S. An Open2Study MOOC experience from a staff perspective [A]. B. Hegarty, J. McDonald, & S.-K. Loke, Rhetoric and Reality: Critical perspectives on educational technology [C]. Dunedin: Proceedings ascilite. https://www.ascilite.org/conferences/dunedin2014/files/concisepapers/67-Wilson.pdf, 2014/2020-06-01.

英文摘要

China

After seven years of rapid development, the number of MOOCs and the scale of application in China have been greatly increased. And the development focus has gradually shifted from "Chinese speed" to "Chinese standard". MOOCs in China have played an important role in promoting fairness in education, improving the quality of education, and promoting lifelong learning and international cultural exchanges. During the pandemic, the coverage of MOOCs in China has been further expanded, and the "Introduction, Construction, Usage, and Management" of MOOCs has been popularized on a larger scale, which contributed Chinese wisdom and experience to the development of MOOCs in the world. At the same time, Chinese MOOCs are still facing challenges such as the scarcity of high-quality curriculum resources, insufficient professional curriculum construction and promotion, and inadequate curriculum certification, which, though, mean more opportunities for development.

The United States

MOOCs first came into being in the United States. Since 2012, "the first year of MOOCs", MOOCs have experienced more than eight years of development. As a revolution or movement in education, MOOCs have brought unprecedented changes to higher education. For instance, teachers' teaching models, students' learning methods, and traditional classroom teaching have all been greatly impacted and have undergone tremendous change. This article focuses on the history and path of the development of MOOCs in the United States, analysis of MOOC applications, problems faced by MOOCs, and the future development trends.

India

India has one of the largest MOOC markets in the world. In 2014, a powerful education promotion policy was implemented. Since then, Indian MOOCs have embarked on an acceleration lane. With the support of the government, promotion of MOOCs is being carried out with the national platform as the core platform; major MOOC platforms are working with top university teachers for curriculum development; and online and offline courses are being devloped in an coordinated way. However, due to India's inadequate infrastructure, lack of evaluation mechanisms, and insufficient funding, the development of MOOCs in the country still faces many difficulties.

Japan

Since the University of Tokyo in Japan conducted online teaching through the MOOC platform for the first time in 2013, Japanese higher education has followed the trend of global education reforms and ushered in the MOOC era. In order to promote the informatization reform of education, Japan has actively carried out online teaching based on MOOCs, promoted the internationalization of its education, accelerated the diversification and internationalization of discipline construction, and fully embraced the arrival of the "OPEN" era. This article conducts an in-depth investigation on the four major MOOC platforms in Japan: Fisdom, gacco, OLJ, and OUJ, and makes a thorough analysis of the current situation of MOOCs in Japan.

Malaysia

Malaysia is currently the country that witnesses the biggest momentum in the development of MOOCs in Southeast Asia. Starting in 2014, MOOCs in Malaysia have developed rapidly with the strong support of the government's higher education plan. So far, they have experienced two stages: careful preparation and quick development. The MOOCs in Malaysia have the following important features: they are based on an official platform, supplemented by university platforms; four university compulsory courses have been developed into MOOCs; and supporting policies have been implemented by the government. This article mainly introduces the background, origin, policies and systems, as well as platforms and alliances of the MOOC development in Malaysia and draws references for the development of MOOCs in China.

Republic of Korea

After more than ten years' development, MOOCs in the Republic of Korea have formed unique norms and characteristics, and made many achievements. This article mainly analyzes the construction of the Republic of Korea's MOOCs by focusing on its background, present situation and future development trends, aiming to get references for the construction of MOOCs in China.

Saudi Arabia

Thanks to the rapid development of the oil economy, the Saudi government began to invest a lot of funds in education in the 1950s, and Saudi higher education has received unprecedented attention and support. The first Arab MOOC platform was established in Saudi Arabia, and the construction of Saudi MOOCs has witnessed a period of continuous prosperity. This article focuses on the development process of Saudi MOOCs: it first reviews the local online education situation before the rise of MOOCs in Saudi Arabia; then introduces the status quo of Saudi Arabia's main MOOC platforms, analyzes the characteristics of each platform from various aspects such as platform attributes, user groups, curriculum settings and policy orientation; and finally discusses the significance of MOOC construction to Saudi culture and education, and makes predictions on its future development trends and possible challenges.

Thailand

Similar to many Asian countries, Thailand's online education and MOOC development benefit to a large extent from and rely on the promotion of national policies. With the support of relevant policies, MOOCs in Thailand feature multi-dimensional resource construction and multi-level platform creation. The Thai government relies on the Thailand Cyber University (TCU), an online university, to build open educational resources, and uses TCU as a hub to link the government and university resources to create the central MOOC platform— Thai MOOC, which has made great contributions to the country's MOOC development. This article mainly analyzes the overall situation of the MOOC construction in Thailand by focusing on its background, motivation and current situation, the problems it faces, and possible solutions.

France

France has incorporated the development of MOOCs in higher education into the process of national digital construction. Since 2013, the French government has introduced a series of powerful measures to promote the large-scale development of MOOCs, and established national MOOC platforms represented by FUN-MOOC. At present, the French MOOC courses have relatively complete subject categories, a wide audience, and distinctive characteristics of international cooperation, but they also face problems such as unstable profit models, insufficient course use, and inflexible management mechanisms.

Germany

Germany has been promoting digital development to keep up with the trend. The earliest MOOC education in Germany can be traced back to 2011. At present, its MOOC education features "seven platforms, four main bodies, five types, and three certifications", and it has received policy support from the federal and state governments. The main characteristics of German MOOCs, at the micro level, are diversified, based in Germany, and facing the world. At the meso level, they feature multi-level support and multi-system structure. At the macro level, policies are highly compatible and there is unlimited development potential. However, compared with other European countries, the development of MOOCs in Germany still faces the problems of limited promotion and relatively lagging development, which are mainly reflected in infrastructure construction, course copyright and quality, student participation, and university management reforms.

Italy

The MOOC that emerged in the United States in 2012 is a reform in traditional teaching methods and a revolutionary innovation. It has received more and more attention in major universities and educational institutions around the world. The rise and development of MOOCs in Italy has also promoted the teaching reform in the country and strengthened resource cooperation among universities. This article starts with the history of the development of online education in Italy, and then introduces the important MOOC platforms in the country and the construction, management, and quality control systems of MOOC courses. Finally, it summarizes the overall situation of the development of Italian MOOCs and discusses the opportunities and challenges.

Romania

Under the guidance of relevant policies and projects of the European Commission, and with the unremitting efforts of domestic organizations and individuals, Romania MOOCs have flourished in the past ten years and Romania has become one of the countries with the most prolific research results on open educational resources. Higher education institutions have played a central role in this aspect, showing the characteristics of diversity, mainly in the ways of MOOC integration, learning certification, platform content, platform forms, and cooperation methods. The challenges faced by the construction of MOOCs in Romania are manifested in the lack of development strategies for MOOCs at the national level, scattered resources of MOOCs, and lack of motivation for teachers to construct and apply MOOCs, which are not conducive to the collection and application of high-quality resources. Therefore, how to obtain national policy support and increase the enthusiasm of teachers and learners will be the main problems in the construction of MOOCs in Romania.

Russia

The development of Russian MOOCs is an extension and an important part of distance education. It started in 2013 and has developed rapidly since 2014. In the construction and development of Russian MOOCs, the state has played a leading role. It has built a national open education platform, and implemented the "Russian Modern Digital Education Environment" project, which has vigorously promoted the development of Russian MOOCs. This article introduces the development of Russian MOOCs by focusing on its background, MOOC platforms and future development trends, in the hope that it will provide references for the development of MOOCs around the world.

Spain

Since the emergence of the first MOOC course in Spain in 2013, the country has continuously explored and innovated the course system, management system and certification system of MOOCs. MOOCs in Spain have always been market-oriented to deepen the supply-side reforms. Through cooperation with universities, famous museums and well-known companies, Spanish MOOCs have expanded the range of categories, innovated business models, and built a paradigm for sustainable development of MOOCs. This article uses a diachronic method to look at the history and path of Spanish MOOC development, which can provide references for the development of MOOC platforms in Spanish-speaking countries.

The United Kingdom

FutureLearn, representative of British MOOC platforms, is an important online education platform in the world. This article first analyzes the origin and development of British MOOCs by focusing on the history of British higher education and online education. Then, it analyzes the British MOOC platform FutureLearn in detail, from the perspectives of policies and systems, curriculum settings, platform characteristics, learner analysis, management system, and international cooperation. Finally, the article discusses the challenges and development trends faced by British MOOCs.

Mexico

Since the 1960s, Mexico has been continuously exploring the development path of distance education in order to improve its public education system and promote education equity. In recent years, Mexico has actively integrated itself into the global MOOC development trend. It not only relies on the world's major MOOC platforms to offer courses, but also builds a local MOOC platform MéxicoX based on the country's reality, providing new ideas and new approaches for countries around the world to develop MOOCs.

Australia

Australia, a country with vast but sparsely populated territory, developed "School of the Air" in the 1950s, which was the embryonic form of MOOCs. Around 2000, a number of government initiatives and projects were implemented, which promoted the development of open courses in the Internet era. MOOCs in Australia, in the real sense of the term, started with the establishment of Open Learning Agency of Australia Pty Ltd in 1993. They target international students and actively expand into the Southeast Asian market, promoting cooperation in MOOCs through international exchanges. In addition, the country is actively reforming the traditional learning model, while maintaining flexibility in the evaluation model.